Das Leistungsstörungsrecht des polnischen Obligationsgesetzbuchs von 1933
und das deutsche Recht

Rechtshistorische Reihe

Band 482

Zur Qualitätssicherung und Peer Review der vorliegenden Publikation

Die Qualität der in dieser Reihe erscheinenden Arbeiten wird vor der Publikation durch einen der Herausgeber der Reihe geprüft.

Notes on the quality assurance and peer review of this publication

Prior to publication, the quality of the work published in this series is reviewed by one of the editors of the series.

Antje Franz

Das Leistungsstörungsrecht des polnischen Obligationsgesetzbuchs von 1933 und das deutsche Recht

PETER LANG

Bibliografische Information der Deutschen Nationalbibliothek
Die Deutsche Nationalbibliothek verzeichnet diese Publikation in der Deutschen Nationalbibliografie; detaillierte bibliografische Daten sind im Internet über http://dnb.d-nb.de abrufbar.

Zugl.: Potsdam, Univ., Diss., 2018

Die vorliegende Arbeit wurde von Prof. Dr. Stefan Saar zur Aufnahme in die Reihe empfohlen.

517
ISSN 0344-290X
ISBN 978-3-631-78661-1 (Print)
E-ISBN 978-3-631-79009-0 (E-PDF)
E-ISBN 978-3-631-79010-6 (EPUB)
E-ISBN 978-3-631-79011-3 (MOBI)
DOI 10.3726/b15620

Peter Lang – Berlin · Bern · Bruxelles · New York · Oxford · Warszawa · Wien

Diese Publikation wurde begutachtet.

www.peterlang.com

Inhaltsübersicht

Inhaltsverzeichnis

Vorwort

Mein Interesse für die polnische Geschichte und zunehmend auch die Rechtsgeschichte der Zweiten Polnischen Republik ergab sich als Folge eines Auslandsstudienjahres 1986/87 an der Katholischen Universität Lublin. Die deutsch-polnischen Beziehungen waren und sind mir ein Anliegen. Die Wahl eines entsprechenden Dissertationsthemas lag daher nahe. Die Arbeit hat mir trotz vieler Mühen immer wieder Freude gemacht. Sie wurde im Wintersemester 2018/19 von der Juristischen Fakultät der Universität Potsdam als Dissertation angenommen. Ihr liegt der Stand der Literatur vom Juli 2017 zugrunde.

Meinem Doktorvater, Herrn Professor Dr. Stefan Chr. Saar, gilt mein besonderer Dank für die Betreuung der Arbeit. Seine vielfältige und kluge Unterstützung bei der Durchführung dieser Untersuchung war unverzichtbar. Unsere Gespräche waren darüber hinaus von seiner Lebenserfahrung und menschlich zugewandten Art geprägt. Herr Professor Dr. Götz Schulze hat trotz seiner Belastungen durch das Amt des Dekans sehr zügig die Zweitkorrektur erstellt und nur wenige Tage vor seinem völlig unerwarteten Tod abgeschlossen.

Herrn Professor Dr. Werner Benecke von der Europa-Universität Viadrina danke ich für seine Hinweise auf eine polnische Statistik aus den 1920er Jahren.

Bei der Erstellung der Arbeit wurde ich von vielen Menschen aus dem Kreis meiner Freunde und meiner Familie ermutigt. Das hat mir sehr geholfen. Eckhard Franz hat in den ersten Jahren viel zu dieser Arbeit beigetragen. Meiner Schwester Wiebke Schmidt möchte ich an dieser Stelle besonders danken. Sie hat sich klaglos der Mühe unterzogen, diese Arbeit mit den geschulten und kritischen Augen einer Juristin zu lesen. Meinen Eltern kommt das große Verdienst zu, mir das damals durchaus ausgefallene Auslandsjahr in Polen ermöglicht zu haben. Ihnen möchte ich dieses Buch widmen.

Von Herzen danke ich auch meinen Töchtern Henriette, Luise und Leonore. Sie haben verschwenderisch ihre unnachahmliche Gabe genutzt, ihre Mutter anzuspornen.

Einleitung

Als Polen nach mehr als 120-jähriger Teilungszeit 1918 seine Eigenstaatlichkeit wiedererlangte, stand es vor der schwierigen Aufgabe, das zersplitterte Zivilrecht zu vereinheitlichen und neu zu ordnen. Im Zuge dieses Projekts wurde 1933 als erster Schritt einer umfassenden Kodifikation des gesamten bürgerlichen Rechts das Obligationsgesetzbuch (OGB)[1] verabschiedet. Den zugrundeliegenden Gesetzentwurf erarbeitete eine 1919 eingesetzte Kodifikationskommission. In das Gesetz wurden zum einen Elemente der bisher in Polen geltenden Rechte, insbesondere des BGB, des auf dem französischen Code civil beruhenden Kodeks Napoleona (KN) und des österreichischen Allgemeinen Bürgerlichen Gesetzbuches (ABGB) übernommen. Zum anderen wurden das Schweizerische Obligationenrecht (SOR) sowie der französisch-italienische Entwurf für ein gemeinsames Obligationenrecht von 1927 berücksichtigt. Die Arbeiten an weiteren Teilen der geplanten polnischen Zivilrechtskodifikation konnten bis zum Beginn des Zweiten Weltkriegs nicht beendet werden. Das OGB stellt daher das Kernstück der privatrechtlichen Gesetzgebung der Zweiten Polnischen Republik dar.[2] Zwar wurde das Gesetz 1964 bei der Verabschiedung des Polnischen Zivilgesetzbuches (ZGB) mit Wirkung zum 1. Januar 1965 aufgehoben; ein Teil der Regelungen wurde aber inhaltsgleich in das neue Recht übernommen.

Das OGB ist in einer Situation entstanden, die aufgrund des Erbes der Teilungszeit durch ein Neben- und Miteinander verschiedener kontinentaleuropäischer Rechtsordnungen auf polnischem Staatsgebiet geprägt war. Nach Emil Stanisław Rappaport, dem Generalsekretär der Kodifikationskommission, bot das Land „den Anblick eines Laboratoriums en miniature für internationale gesetzgeberische Arbeit, in welchem die Ideen eines neuen, modernen polnischen Rechtes – de lege ferenda – mit der lex lata fremder Rechtsordnungen verglichen werden

---

1 Kodeks Zobowiązań, Verordnung des Präsidenten der Republik Polen vom 27. Oktober 1944, Dz. U. 1933 Nr. 82, Pos. 598. Eine deutsche Übersetzung wurde 1934 von der Geschäftsstelle Posen der deutschen Sejm- und Senatsabgeordneten herausgegeben (*Das polnische Recht der Schuldverhältnisse und das polnische Handelsgesetzbuch nebst den zugehörigen Einführungsbestimmungen*). Die in dieser Arbeit zitierten wesentlichen Artikel des OGB sind im Abschnitt 2.1.4 wiedergegeben.

2 Daneben wurden auf dem Gebiet des Privatrechts 1924 das Wechsel- und Scheckrecht verabschiedet. 1926 folgten die Gesetze zum Internationalen und Interregionalen Privatrecht, das Gesetz über den unlauteren Wettbewerb sowie das Urheberrecht. Auf verfahrensrechtlichem Gebiet wurde 1930 die Zivilprozessordnung verkündet.

können."[3] Die Ablösung der vier bisher geltenden Rechtsordnungen durch ein neues polnisches Zivilrecht finde zudem in einem europäischen Umfeld statt, das vom Streben nach Rechtsvereinheitlichung gekennzeichnet sei.[4]

Die vorliegende Arbeit geht der Frage nach, welche Rolle das deutsche Zivilrecht in diesem Prozess spielte. Die besondere Situation Polens am Ende der langen Teilungszeit kann hierbei nicht unberücksichtigt bleiben. Sie war unter anderem dadurch gekennzeichnet, dass ABGB, BGB, KN und russisches Zivilrecht auf sehr unterschiedliche Weise im Land Bedeutung erlangt hatten. Das Rechtswesen der einzelnen Teilungsgebiete vor 1918 wich deutlich voneinander ab, z. B. hinsichtlich der Möglichkeiten einer polnischsprachigen Ausbildung und der Beteiligung polnischstämmiger Juristen an Rechtsprechung und Lehre. Im ersten Kapitel dieser Arbeit wird daher untersucht, welche Position das deutsche Recht zu Beginn der polnischen Rechtsvereinheitlichung Anfang der 1920er Jahre im Vergleich zu den anderen in Polen geltenden Rechten einnahm. Einführend werden die politischen und wirtschaftlichen Rahmenbedingungen der rechtlichen Neuordnung, die ebenfalls durch das Ende der mehr als ein Jahrhundert währenden Herrschaft der Teilungsmächte geprägt waren, kurz dargestellt.

Die Arbeit beschränkt sich hierbei in zeitlicher Hinsicht auf die Entwicklung seit Mitte des 19. Jahrhunderts und hinsichtlich der untersuchten Bereiche auf den Zugang zu juristischer Ausbildung und Berufsausübung, die Beteiligungsmöglichkeiten an der Gesetzgebung, den Umfang polnischsprachiger Fachliteratur und die Ausbildung einer polnischsprachigen Terminologie. Die Frage nach der Rolle des deutschen Rechts in der polnischen Zivilrechtsentwicklung nach 1918 wird daher im ersten Kapitel nicht umfassend beantwortet, aber doch näherungsweise anhand einiger wichtiger Faktoren.[5] Berücksichtigung finden dabei auch Leben und Werk der drei Mitglieder der Kodifikationskommission, die an der Erarbeitung des OGB wesentlich beteiligt waren: Ernest Till, Roman Longchamps de Berier, Ludwik Domański.

Im zweiten Kapitel wird der oben wiedergegebenen Aufforderung Rappaports zum Vergleich des OGB mit den damals geltenden Bestimmungen des BGB nachgekommen. Allerdings wäre ein bloßer Abgleich der Rechtslage im

---

3 *Rappaport*, Internationales Anwaltsblatt 14 (1928), S. 196, 197.

4 *Rappaport*, a. a. O.

5 Nur punktuell berücksichtigt werden konnte etwa die Frage, inwieweit auch die Rechtsprechung und Wissenschaft in den ehemals russischen oder österreichischen Landesteilen zum Transfer deutschen Rechts beitrugen.

damaligen Polen und Deutschland für die Frage möglicher Spuren des deutschen Zivilrechts im OGB wenig aussagekräftig. Spezifische Einflüsse deutschen Rechts lassen sich aber dort feststellen, wo sich entweder der polnische Gesetzgeber ausdrücklich auf ein deutsches Vorbild berief oder OGB und BGB inhaltlich übereinstimmten, während ABGB, KN, russisches Recht und SOR vom polnischen Recht abwichen. Die vier vorgenannten Rechte werden daher in die Untersuchung einbezogen. Die Arbeit beschränkt sich exemplarisch auf den Bereich der Leistungsstörungen, der in den Rechtsordnungen der Teilungsmächte rechtstechnisch große Unterschiede aufwies, sodass die Kodifikationskommission immer wieder eine Bewertung der möglichen Modelle vornehmen musste. Hinweise auf die Rolle des deutschen Zivilrechts bei der innerpolnischen Rechtsvereinheitlichung lassen sich aber nicht nur aus der Übernahme von Regelungen des BGB in das OGB gewinnen. Vielmehr ist auch von Interesse, inwieweit in den Gesetzgebungsmaterialien und in der Gesetzesbegründung auf Diskussionen in der deutschen Rechtswissenschaft Bezug genommen wurde oder auf andere Weise im Rahmen des Gesetzgebungsprozesses eine Auseinandersetzung mit der deutschen Zivilistik stattfand.

Dies führt zu der Frage, ob es sich hierbei um einen einseitigen Prozess handelte. Schließlich war die Einladung Rappaports zur rechtsvergleichenden Beobachtung des polnischen „Laboratoriums en miniature" auch an die damaligen Juristen im westlichen Nachbarland gerichtet. Im dritten Kapitel wird daher untersucht, wie das OGB von der damaligen deutschen Rechtswissenschaft aufgenommen und bei rechtsvergleichenden Forschungen berücksichtigt wurde. Allerdings soll hier keine Symmetrie des gegenseitigen Interesses am Recht des jeweiligen Nachbarlandes nachgewiesen werden. Dies wäre schon deshalb verfehlt, weil die Situation in Polen und Deutschland nicht vergleichbar war. Das BGB war in Polen bis zur Verabschiedung neuer polnischer Regelungen geltendes Recht in den ehemals preußischen Landesteilen. Die Beschäftigung mit diesem Recht hatte natürlicherweise einen anderen Stellenwert als die wissenschaftliche Auseinandersetzung mit dem neuen polnischen Recht in Deutschland.[6] Auch im Hinblick auf die große Bedeutung der deutschen Rechtswissenschaft für die europäische Rechtsentwicklung insbesondere im 19. Jahrhundert war ein gewisses Ungleichgewicht in den deutsch-polnischen Wissenschaftsbeziehungen vorgegeben.

---

6 Dazu auch *Giaro,* in: *ders.* (Hrsg.), Rechtskulturen Bd. 1, S. 275, 296 f. mit der Feststellung, dass Transfers von Ost nach West so gut wie unbekannt seien.

Wenn auch die Zivilgesetzgebung der Zweiten Polnischen Republik in deutschen Fachkreisen der Zwischenkriegszeit durchaus zur Kenntnis genommen wurde, ist sie in der Gegenwart hierzulande fast unbekannt. Auch als Beispiel einer Rechtsvereinheitlichung europäischen Charakters findet das OGB kaum Beachtung. Die Arbeit soll deshalb auch eine Lücke in der Wahrnehmung der polnischen Rechtsgeschichte schließen.

1 Rahmenbedingungen der Neuordnung des Zivilrechts in der Zweiten Polnischen Republik

1.1 Politische und wirtschaftliche Rahmenbedingungen

1.1.1 Wesentliche Konfliktfelder der Außen- und Innenpolitik

Politik und Wirtschaft der Zweiten Polnischen Republik standen von Beginn an vor existenziellen Herausforderungen.[7] Im Bereich der Außenpolitik war der Verlauf der Staatsgrenzen umstritten. Die Folge waren weitere kriegerische Auseinandersetzungen (polnisch-sowjetischer Krieg 1920–1921) und eine sich bis 1923 hinziehende Klärung der Grenzfragen. Am Ende dieses Prozesses waren die Beziehungen zu den meisten Nachbarn (Deutsches Reich, Sowjetunion, Tschechoslowakei, Freie Stadt Danzig und Litauen) erheblich belastet. Anderes galt nur für Lettland und Rumänien.[8] In der Innenpolitik hingegen stand in den Jahren 1919–1926 die Bildung einer handlungsfähigen Regierung im Vordergrund. Die zentrale Rolle in der Gesetzgebung spielte der Sejm, neben dem Senat die zweite Kammer des Parlaments. Das in Polen geltende Verhältniswahlrecht und die zersplitterte Parteienlandschaft führten zu einer Vielzahl von Parlamentsfraktionen.[9] Dauerhafte Koalitionen und stabile parlamentarische Mehrheiten, auf die eine Regierung sich hätte stützen können, kamen nicht zustande.

Mit dem Staatsstreich Piłsudskis im Mai 1926 endete die parlamentarische Phase der Zweiten Polnischen Republik bereits nach wenigen Jahren. Durch Verfassungsänderung vom 2. August 1926 wurden die Rechte der Volksvertretung wesentlich beschnitten. Der Präsident konnte das Parlament auflösen und unter bestimmten Voraussetzungen Verordnungen mit Gesetzeskraft erlassen. Mit Gesetz vom selben Tage wurde der Präsident auch zum Erlass von Rechtsverordnungen mit Gesetzeskraft im Bereich der Neuordnung des Rechtswesens ermächtigt. Nachfolgend sind denn auch die Mehrzahl aller noch nicht abgeschlossenen zivilrechtlichen Projekte der seit 1919 bestehenden Kodifikationskommission

---

7 Die nachfolgende Darstellung beschränkt sich auf die Situation bis zur Verabschiedung des OGB im Jahr 1933.

8 *Borodziej*, Geschichte Polens, S. 124.

9 Dazu *Jaworski/Lübke/Müller*, Kleine Geschichte Polens, S. 317: Im Jahr 1925 waren im Sejm 32 Parteien vertreten; weitere Angaben bei *Borodziej*, Geschichte Polens, S. 126.

ohne parlamentarische Beratung im Verordnungswege verabschiedet worden.[10] Im weiteren Verlauf ging die Regierung dann immer mehr dazu über, den Sejm zu umgehen.[11] An die Stelle des – von Piłsudski und seinen Anhängern als gescheitert erachteten – parlamentarischen Systems sollte die so genannte Sanacja, d. h. eine Politik der moralischen Gesundung des Landes treten. Es folgte die bis zum Kriegsbeginn andauernde Sanacja-Herrschaft des Piłsudski-Lagers, die Polen in ein autoritäres Staatswesen verwandelte.

1.1.2 Wirtschaftliche Folgen der Teilungszeit

Als Mammutaufgabe des neuen polnischen Staates erwies sich die Herstellung der inneren Einheit nach 120 Jahren Teilungszeit. Als deren Folge hatten sich die drei Teilungsgebiete auch wirtschaftich auseinander entwickelt: Der grenzüberschreitende Handelsverkehr zwischen den drei Gebieten war zum Ende der Teilungszeit bedeutungslos geworden, die Kreditinstitute waren in das jeweilige nationale Bankensystem integriert und die Verkehrsinfrastruktur war auf die drei Hauptstädte hin orientiert.[12] Als plastisches Beispiel wird häufig auf das Eisenbahnnetz verwiesen, das nicht nur durch verschiedene Spurbreiten gekennzeichnet war, sondern auch durch unterschiedliche Dichte (feinmaschig in ehemals preußischen Gebieten, eher rudimentär in Ost- und Zentralpolen) sowie fehlende Anschlüsse über die alten Grenzen hinweg.[13] Gravierende Unterschiede im wirtschaftlichen Entwicklungsstand der verschiedenen Regionen des Landes kamen hinzu. Östliche und südöstliche Gebiete wiesen einen eklatanten Rückstand auf, während in der Wojewodschaft Śląsk (Schlesien), aber auch in Łódź und Warschau moderne Industrie vorhanden war.[14] Zwar kannten auch andere Staaten dramatische Entwicklungsgefälle. Es spricht aber einiges dafür, dass die Situation Polens infolge der Teilungszeit besonders kompliziert war: Drei Landesteile, die bisher jeweils unterschiedlichen Volkswirtschaften angehörten, bildeten nun einen einheitlichen Wirtschaftsraum. Bisherige Einkaufs- und Kundenbeziehungen brachen ab, manche Märkte waren nicht mehr

10 *Górnicki*, Prawo cywilne, S. 95.

11 *Borodziej*, Geschichte Polens, S. 164.

12 *Jaworski/Lübke/Müller*, Kleine Geschichte Polens, S. 312.

13 Dazu die Karte bei *Borodziej*, Geschichte Polens, S. 483. Ein Zug von Warschau nach Schlesien bewegte sich 300 km durch Gebiete, in denen der KN galt, 60 km in Gebieten mit der Anwendung deutschen Rechts und schließlich 40 km im Bereich österreichischen Rechts (Beispiel bei *Landau/Tomaszewski*, Zarys historii, S. 53 f.).

14 Vgl. *Landau/Tomaszewski*, a. a. O., S. 51.

zugänglich. Einige Wirtschaftszweige (z. B. Chemie und Elektrotechnik) fehlten in Polen praktisch völlig.[15]

1.1.3 Heterogene Bevölkerungsstruktur

Auch die polnische Gesellschaft war in hohem Maße heterogen. Fast ein Drittel der polnischen Bevölkerung rechnete sich einer Minderheit zu.[16] Die verschiedenen Minoritäten hatten kaum Gemeinsamkeiten – dies galt z. B. für die wirtschaftlich gut situierten Deutschen in den ehemals preußischen Gebieten einerseits und die häufig als Kleinbauern tätigen Ukrainer beziehungsweise Belarussen im Osten des Landes andererseits.[17] Zudem war das Bildungsniveau extrem unterschiedlich: Die Analphabetenquote der Frauen auf dem Land variierte 1931 zwischen 1,6 Prozent in Schlesien und 71,4 Prozent in der Wojewodschaft Polesie.[18] Eine der Ursachen des niedrigen Bildungsniveaus im Osten war, dass dort erst seit 1919 die allgemeine Schulpflicht bis zum 14. Lebensjahr galt.[19] Der große Minderheitenanteil an der Gesamtbevölkerung ging mit einer entsprechenden sprachlichen Vielfalt einher. Aber auch die polnische Sprache selbst war in den drei Teilungsgebieten im Verlauf der letzten 120 Jahre in unterschiedlichem Maße durch die Sprache der jeweiligen Teilungsmacht beeinflusst worden.[20] Zudem hatte die Teilungszeit zu einem „mentalen Entfremdungsprozess"[21] der drei Landesteile beigetragen, der sich unter anderem in Vorurteilen der polnischen Bevölkerung untereinander niederschlug. So gab es bei der Posener Bevölkerung die Befürchtung, die neue Zentralregierung werde bisher geordnete Verhältnisse in Unordnung bringen, während man im ehemals

15 *Landau/Tomaszewski*, a. a. O., S. 52 f.

16 *Borodziej*, Geschichte Polens, S. 131, mit folgenden näheren Angaben (auf der Grundlage der Bevölkerungszählung von 1921): Bei einer Gesamtbevölkerung von 27 Mio. Bürgern waren 18 Mio. Polen, 3,7 Mio. Ukrainer, 2,7 Mio. Juden sowie gut 1 Mio. Belarussen und 1 Mio. Deutsche.

17 *Jaworski/Lübke/Müller*, Kleine Geschichte Polens, S. 316.

18 *Główny Urząd Statystyczny*, Mały Rocznik 1939, S. 29. Ähnlich hohe Raten gab es in anderen östlichen Wojewodschaften auf dem Land: z. B. Wołyń (68,3 Prozent der Frauen, 52,3 Prozent der gesamten ländlichen Bevölkerung) und Stanisławów (50,6 Prozent der Frauen, 41,8 Prozent der gesamten ländlichen Bevölkerung).

19 *Borodziej*, Geschichte Polens, S. 130.

20 *Landau/Tomaszewski*, Zarys historii, S. 54 f.

21 *Jaworski/Lübke/Müller*, Kleine Geschichte Polens, S. 314 (unter Hinweis auf die zeitweise Forderung der Polen aus dem Gebiet Posen nach einer Zollgrenze gegenüber Restpolen).

österreichischen Galizien der Bevölkerung Zentralpolens Ahnungslosigkeit hinsichtlich der Errichtung einer neuen staatlichen Verwaltung unterstellte.[22]

1.2 Die rechtliche Ausgangssituation im Jahr 1918

Während der Teilungszeit hatten Österreich, Preußen und Russland den Geltungsbereich ihrer jeweiligen Rechte auf die von ihnen beherrschten Gebiete ausgedehnt.[23] Bei Wiedererlangung der staatlichen Souveränität nach dem Ersten Weltkrieg kamen daher auf polnischem Staatsgebiet verschiedene ausländische Rechte zur Anwendung. Dieses Nebeneinander verschiedener Rechte betraf nicht nur einige isolierte Rechtsgebiete, sondern die gesamte Rechtsordnung, unter anderem das Zivilrecht sowie das Gerichtsverfassungs- und das Zivilprozessrecht.[24] Infolgedessen galten Ende 1918 auf polnischem Staatsgebiet fünf Zivilrechte: das österreichische ABGB, das BGB, der russische Svod Zakonov, ungarisches Recht und das französisch-polnische Zivilrecht in Gestalt des KN.[25]

1.2.1 Die zivilrechtliche Entwicklung im preußischen Teilungsgebiet

In Preußen stand man nach der zweiten polnischen Teilung im Jahr 1793 vor der Frage, welches Recht in den annektierten Gebieten zur Anwendung kommen sollte. Hierfür bot sich das im Entwurf vorliegende Allgemeine Gesetzbuch für die preußischen Staaten an. Dessen In-Kraft-Treten zum 1. Juni 1792 war kurz zuvor aufgrund politischer Widerstände suspendiert worden.[26] Die zweite polnische Teilung lieferte nun einen Anlass, das Gesetz nach kurzer Überarbeitung 1794 doch noch als Allgemeines Landrecht für die preußischen Staaten (ALR) in ganz Preußen in Kraft zu setzen.[27] Das als subsidiäre Kodifikation angelegte ALR kam in den 1793 annektierten Gebieten, d. h. in der neuen Provinz Südpreußen,

---

22 *Landau/Tomaszewski*, Zarys historii, S. 55; dazu auch *Kraft*, Europa, S. 36 (Fn. 22), 52.

23 Für einige Gebiete war dies erst sukzessive im Verlauf der Teilungszeit geschehen. Für andere Gebiete, z. B. Kongresspolen, gelten Besonderheiten. Die nachfolgende Darstellung gibt – soweit nicht anders vermerkt – den Stand von November 1918 wieder.

24 Zur Vereinheitlichung des Zivilprozessrechts in Polen *Polkowski*, Zivilprozessordnung.

25 Eine Karte der verschiedenen Geltungsgebiete findet sich bei *Slapnicka*, Österreichs Recht, S. 82 f. In anderen Rechtsgebieten, z. B. im Strafrecht, beschränkte sich die Zersplitterung auf das Nebeneinander dreier Rechte (d. h. des deutschen, österreichischen und des russischen Strafrechts).

26 *Hattenhauer*, Einführung, S. 28.

27 *Hattenhauer*, a. a. O.; ähnlich *Janicka*, in: *Dölemeyer/Mohnhaupt* (Hrsg.): Allgemeines Landrecht, S. 437, 440.

zunächst nur nachrangig nach polnischem Recht zur Anwendung, bereits ab 1797 jedoch ohne diese Beschränkung.[28] Nach dem Wiener Kongress galt das ALR auch auf dem Gebiet des neu entstandenen Großherzogtums Posen[29] sowie (mit regionalen Unterschieden) in den bereits im Zuge der ersten Teilung zu Preußen gekommenen Gebieten Westpreußens.[30]

Mit der Reichsgründung 1871 wurden die nach 1815 bei Preußen verbliebenen polnischen Gebiete Teil des Deutschen Reichs. Infolgedessen trat dort überall zum 1. Januar 1900 das BGB in Kraft. Dies bedeutete u. a., dass 1910 in den preußischen Ostprovinzen (Posen, Westpreußen, Schlesien) mehr als drei Millionen polnischsprachige Menschen im Geltungsbereich des BGB lebten.[31] Damit verfügte das preußische Teilungsgebiet über ein Zivilrecht, das erheblich jünger war als die Gesetzbücher der anderen Teilungsgebiete.

1.2.2 Französisch-polnisches Zivilrecht in Kongresspolen

In dem von Napoleon in Zentralpolen gegründeten Herzogtum Warschau galt seit 1808 der Code civil (CC), zeitweilig auch Code Napoléon genannt; dem folgt die polnische Bezeichnung Kodeks Napoleona. 1815 wurde auf dem Wiener Kongress das Königreich Polen geschaffen, welches zunächst nur in Personalunion mit Russland verbunden war und wegen der Umstände seiner Entstehung auch Kongresspolen genannt wurde. Trotz der Niederlage Napoleons blieb der KN in diesem zentralpolnischen Teil des russischen Teilungsgebiets in Kraft. Das französisch-polnische Zivilrecht wurde auch dann beibehalten, als das Königreich Polen im Laufe des 19. Jahrhunderts letzte Reste seiner verfassungsrechtlichen Autonomie an Russland verlor und zunehmend in das russische Kaiserreich eingegliedert wurde.

Während der Geltung des KN im Herzogtum Warschau und nachfolgend in Kongresspolen kam es zu Änderungen insbesondere im Sachen- und

---

28 *Janicka,* a. a. O., S. 447. Eine amtliche Übersetzung des ALR in polnischer Sprache erschien 1826, *Janicka,* a. a. O., S. 450.

29 *Janicka,* a. a. O., S. 448.

30 Zur Rechtsentwicklung Westpreußens *Janicka,* a. a. O., S. 441–445. Die im Zuge der dritten Teilung zu Preußen gekommenen Gebiete sind nach 1815 nicht bei Preußen verblieben und werden hier nicht weiter berücksichtigt.

31 *Kotowski,* Staatsräson, S. 17 f. mit dem Hinweis auf vielfältige Probleme bei der Bewertung der preußischen Bevölkerungsstatistiken. Die amtliche Statistik weist für das Jahr 1910 für die preußischen Ostprovinzen 2,99 Mio. Bewohner polnischer Muttersprache aus (*Kotowski,* a. a. O.). Die tatsächlichen Zahlen dürften allerdings höher gelegen haben (*Kotowski,* a. a. O.; *Loew,* Unsichtbare, S. 34 f.).

Familienrecht.[32] Das Erste Buch und einige Teile des Dritten Buchs des KN wurden 1825 durch originär polnische Vorschriften ersetzt (Kodeks Cywilny Królestwa Polskiego – Zivilgesetzbuch für das Königreich Polen).[33] Weitere polnische zivilrechtliche Regelungen waren im Ehegesetz von 1836 und zwei Gesetzen von 1818 und 1825 enthalten, die das Hypothekenrecht und andere Bereiche des Immobiliarsachenrechts betrafen.[34] Der schuldrechtliche Teil des Gesetzbuchs blieb hingegen unverändert und war zum Ende der Teilungszeit in Kongresspolen geltendes Recht. Französisches Recht war auch in anderen Rechtsbereichen anwendbar, so z. B. französisches Handelsrecht[35] und (von 1808–1864) die französische Zivilprozessordnung[36].

Im Mutterland des Code civil blieb das allgemeine Schuldrecht seit 1804 im Wesentlichen unverändert.[37] Der französische Gesetzgeber überließ die Anpassung und Ausfüllung der zahlreichen Regelungslücken der Rechtsprechung, die bereits kurz nach In-Kraft-Treten des Gesetzbuches begann, das französische Schuldrecht fortzuentwickeln.[38] Infolgedessen bestand das französische Vertrags- und sonstige Schuldrecht schon bald überwiegend aus Richterrecht.[39] Die kongresspolnische Rechtsprechung stand in gleicher Weise vor der Aufgabe der Ergänzung des lückenhaften Schuldrechts des KN, folgte dabei aber nicht unbedingt französischen Mustern. In der Literatur finden sich Hinweise, dass kongresspolnische Gerichte in manchen Fällen Lösungsansätze aus anderen Rechten übernahmen.[40] Insoweit ist auch die Feststellung zutreffend, dass

32 Dazu auch *Lityński*, in: *Schulze* (Hrsg.), Französisches Zivilrecht, S. 253, 264 f.; *Janicka*, in: *Dölemeyer/Mohnhaupt/Somma* (Hrsg.), Richterliche Anwendung, S. 291, 293; *Sójka-Zielińska*, Kodeks Napoleona, S. 211–223.

33 *Geilke*, JOR 1963, S. 105, 108.

34 *Geilke*, a. a. O., S. 108.

35 *Geilke*, a. a. O., S. 108.

36 *Polkowski*, Zivilprozessordnung, S. 30.

37 *Witz/Kull*, NJW 2004, S. 3757, 3760.

38 *Witz/Kull*, a. a. O.

39 *Ranieri*, in: *Schubert/Schmoeckel* (Hrsg.): 200 Jahre Code civil, S. 85, 108; ähnlich *Witz/Kull*, a. a. O.

40 *Lityński*, in: *Schulze* (Hrsg.), Französisches Zivilrecht, S. 253, 265; dazu auch *Janicka*, in: *Dölemeyer/Mohnhaupt/Somma* (Hrsg.), Richterliche Anwendung, S. 291, 308, mit Hinweisen zu inhaltlichen Abweichungen der polnischen von der französischen Rechtsprechung in der Zwischenkriegszeit, teilweise unter Heranziehung des deutschen und schweizerischen Rechts; ähnlich schon *Longchamps*, PPiA Bd. 55 (1930), S. 304, 305: Die polnische Rechtsprechung zum KN weiche bisweilen von der französischen

der KN während der Teilungszeit in Polen durchaus ein Eigenleben geführt habe.[41]

1.2.3 Der russische Svod Zakonov in Ostpolen

Das ehemals russische Teilungsgebiet umfasste neben dem zuvor erwähnten Kongresspolen weitere Gebiete in Ostpolen, in denen nicht der KN, sondern russisches Zivilrecht galt. Dieses war nicht kodifiziert (im Sinne einer systematischen Ordnung des Rechtsgebiets in einem Gesetzbuch). Vielmehr war die Fülle aller geltenden Einzelgesetze in einer Gesetzessammlung in 15 Bänden, dem erstmals 1832 veröffentlichten Svod Zakonov, zusammengefasst.[42] Das Zivilrecht (Band X Teil 1 Svod Zakonov) wurde allgemein wegen seiner Lückenhaftigkeit, des kasuistischen Aufbaus sowie des Fehlens einer Systematik und einer einheitlichen Terminologie als reformbedürftig angesehen.[43] Als Folge dieser Defizite beruhte ein Drittel des russischen bürgerlichen Rechts auf Richterrecht.[44] Die genannten Mängel schlugen sich auch im Schuldrecht nieder. Fehlende Definitionen und fehlende Regelungen der verschiedenen Vertragstypen, die Verortung des Kaufrechts im Sachenrecht, zahlreiche Formvorschriften und andere Kritikpunkte begründeten die Einschätzung, das Schuldrecht des Svod Zakonov sei noch unzureichender ausgeprägt gewesen als andere Rechtsbereiche.[45] Kodifikationsversuche wurden bei Ausbruch des Ersten Weltkriegs aufgegeben.[46] In den polnischen Ostgebieten galt daher 1918 unverändert Band X Teil 1 des Svod Zakonov (Ausgabe 1914).[47]

1.2.4 Das ABGB im österreichischen Teilungsgebiet

Im ehemaligen österreichischen Teilungsgebiet war das 1812 in Kraft getretene ABGB anwendbar. In den Regionen, die Österreich bereits im Verlauf der

---

ab, um eine inhaltliche Annäherung an die anderen in Polen geltenden Rechte zu ermöglichen.

41 *Lityński*, in: *Schulze* (Hrsg.), Französisches Zivilrecht, S. 253, 261.

42 *Kettler*, in: *Nußberger*, Einführung, S. 117.

43 *Schultz*, Russische Rechtsgeschichte, S. 218 f.; *Drujinina*, Russisches Haftungsrecht, S. 20 f.; dazu auch *Slystschenkow*, ZNR 27 (2005), S. 189, 190–192.

44 *Schultz*, a. a. O., S. 219; dazu auch *Slystschenkow*, a. a. O., S. 192–194.

45 *Schultz*, a. a. O., S. 221.

46 *Kettler*, in: *Nußberger*, Einführung, S. 118.

47 Im Jahr 1914 war die letzte Ausgabe des Svod Zakonov erschienen (*Slystschenkow*, ZNR 27 (2005), S. 189, 190 (Fn. 3)).

ersten und dritten Teilung annektiert hatte, trat bereits 1798 ein Vorläufer des ABGB in Kraft (Bürgerliches Gesetzbuch für Galizien).[48] In der Republik Krakau (1815–1846) galt französisches Recht. Das ABGB wurde in der Stadt erst 1855 eingeführt.[49] Das ABGB enthält mit 1502 Paragraphen[50] weniger Vorschriften als das BGB oder der CC, die beide deutlich mehr als 2000 Regelungen umfassten. Damit einher gingen aber diverse Regelungslücken, weshalb in den Jahren 1914–1916 drei umfangreiche Teilnovellen durchgeführt wurden.[51] Die III. Teilnovelle von 1916 betraf auch viele schuldrechtliche Regelungen, insbesondere das allgemeine Vertragsrecht sowie das Recht der Miet-, Pacht-, Dienst- und Werkverträge.[52] Prägend für die ABGB-Novelle war die nur wenige Jahre zurückliegende Verabschiedung des BGB.[53]

1.2.5 Ungarisches Zivilrecht in Spisz und Orawa

In zwei kleinen an der Grenze zur Tschechoslowakei gelegenen Gebieten, d. h. den polnischen Teilen von Spisz (Zips) und Orawa (Arwa), die bis 1918 zum ungarischen Teil der Doppelmonarchie gehörten, galt ungarisches Recht. Das ungarische Zivilrecht war wie das russische nicht kodifiziert. Anwendbar waren die so genannten Vorläufigen Rechtsprechungsregeln, die nach 1860 von der Landesrichterkonferenz (Judexkurialkonferenz) erarbeitet worden waren und eine modernisierte Form ungarischen Gewohnheitsrechts darstellten.[54] Durch eine Verordnung des polnischen Ministerrats[55] wurde 1922 das zu dieser Zeit

48 *Brauneder,* JuS 2000, S. 15, 16 sowie *Mączyński,* in: *Fischer-Czermak/Hopf/Kathrein u. a.* (Hrsg.), Festschrift, S. 175, 176, jedoch mit unterschiedlicher Akzentuierung in der Frage, ob es sich bei der Inkraftsetzung im Jahr 1798 um eine gezielte Erprobung des Gesetzentwurfs von Martini in einem Teilgebiet des Reiches (*Mączyński,* a. a. O.) oder um eine bloß zeitlich vorgezogene Einführung in Galizien (*Brauneder,* a. a. O.) gehandelt habe.

49 *Mączyński,* a. a. O., S. 177.

50 Stand von 1812.

51 *Zweigert/Kötz,* Rechtsvergleichung, S. 161 f.

52 *Zweigert/Kötz,* Rechtsvergleichung, S. 162; dazu auch *Ogris,* in: *Geistlinger/Harrer/Mosler u. a.* (Hrsg.), 200 Jahre ABGB, S. 1, 14.

53 Zur damaligen Diskussion in Österreich, in welchem Umfang eine Orientierung am deutschen Vorbild wünschenswert sei, s. *Dölemeyer,* in: *Coing* (Hrsg.), Handbuch III/2, S. 1782, 1787–1790; s. auch die Charakterisierung der ABGB-Novelle als „systemimmanente Einarbeitung der von der Pandektenwissenschaft entwickelten Grundsätze" durch *Ogris,* in: *Geistlinger/Harrer/Mosler u. a.* (Hrsg.), 200 Jahre ABGB, S. 1, 14.

54 *Küpper,* Einführung, S. 311 f.

55 Verordnung vom 14. September 1922, Dz. U. 1922, Nr. 90, Pos. 833.

im ehemaligen österreichischen Teilungsgebiet geltende Recht auch in den Gebieten von Spisz und Orawa eingeführt, sodass nunmehr auch hier das ABGB Anwendung fand.[56] Das ungarische Recht hatte keinen weiteren Einfluss auf die Rechtsentwicklung der Zweiten Polnischen Republik.

1.2.6 Die Fortgeltung der bisherigen Rechte nach 1918

Nach der polnischen Staatsgründung wurden die auf polnischem Gebiet geltenden Rechte als regionale Rechte beibehalten. Im Bereich des Zivilrechts galten daher die fünf zuvor dargestellten Gesetzeswerke fort. Nur das ungarische Recht musste – wie beschrieben – bereits 1922 dem ABGB weichen. Aufgehoben wurden auch solche Regelungen, die im Gegensatz zur polnischen Verfassung standen. Außerdem verabschiedete der polnische Gesetzgeber in den folgenden Jahren eine Reihe von Vorschriften, die das übernommene Recht der Teilungsmächte ergänzten oder verdrängten. Änderungen im Zivilrecht betrafen beispielsweise den Mieterschutz[57] sowie das Arbeitsrecht[58]. Im Großen und Ganzen blieben die vier Zivilrechtsordnungen jedoch unverändert nebeneinander bestehen. Angesichts dessen war die Schaffung eines interregionalen Kollisionsrechts unverzichtbar. Mit Gesetz vom 2. August 1926 wurde daher ein interlokales Privatrecht verabschiedet.[59]

Der Geltungsbereich des BGB in der Zweiten Polnischen Republik umfasste die Wojewodschaften Poznań (Posen), Pomorze (Pommern) sowie große Teile der Wojewodschaft Śląsk (Schlesien)[60], d. h. insgesamt eine Fläche von ca. 47.000 km^2 mit 1930 ca. 4 Mio. Einwohnern.[61] Im Obersten Gerichtshof war seit 1921 eine eigene Kammer für die Straf- und Zivilsachen aus diesem Gebiet zuständig.[62]

56 *Geilke*, JOR 1963, S. 105, 115 f., mit Hinweisen zu Ausnahmen im Personen- und Eherecht.

57 Dazu *Radwański*, CPH 1969, Nr. 1, S. 31, 38; *Dziadzio*, in: *Berger* (Hrsg.), ABGB III, S. 205, 209.

58 *Radwański*, a. a. O. S. 37.

59 Zeitgleich mit dem Gesetz zum internationalen Privatrecht: Dz. U. 1926, Nr. 101, Pos. 580 und 581.

60 Dazu die Karte bei *Slapnicka*, Österreichs Recht, S. 82 f.

61 Die Gesamtfläche Polens betrug 1930 ca. 388.000 km^2, die polnische Gesamtbevölkerung ca. 30 Mio. (*Główny Urząd Statystyczny*, Concise Statistical Year-Book of Poland I (1930), S. 3, 4).

62 *Gulczyński*, in: *Dajczak/Knothe* (Hrsg.), Deutsches Sachenrecht, S. 77, 80.

Die Rechtszersplitterung stellte für die anstehenden Gesetzgebungsarbeiten eine schwierige Ausgangslage dar; dies gilt nach Einschätzung vieler Autoren auch im internationalen Vergleich.[63] Zwar führte der Zerfall des österreichischen Kaiserreichs in vielen der Nachfolgestaaten zu uneinheitlichen Rechtsverhältnissen. So galten etwa in Rumänien u. a. österreichisches, russisches und ungarisches Recht, in der Tschechoslowakei österreichisches, ungarisches und in einem kleinen Gebiet auch deutsches Recht.[64] Auch Jugoslawien wies sechs Rechtsgebiete auf, in denen u. a. österreichisches, ungarisches oder Abwandlungen dieser Rechte galten.[65] Allerdings überwog etwa in Jugoslawien der Einfluss des ABGB ganz eindeutig, was für die weitere Rechtsentwicklung bestimmend war.[66] Auf polnischem Staatsgebiet waren hingegen der romanische und der germanische Rechtskreis vertreten, und zwar durch ihre Hauptprotagonisten, den KN, das ABGB und das BGB. Damit waren im polnischen Rechtsleben nebeneinander sehr unterschiedliche Modelle präsent: ABGB und KN als naturrechtlich geprägte Gesetzbücher sowie das BGB mit seinem pandektenrechtlichen Charakter; das französische Recht mit richterrechtlicher Ausformung in weiten Bereichen einerseits und die auf Vollständigkeit bedachte Gesetzgebungstechnik des deutschen Rechts andererseits. Hierbei nahm keine der drei Rechtsordnungen von vornherein eine eindeutige Vorrangstellung ein.[67]

1.3 Der juristische Berufsstand: Ausbildung, Berufsausübung und gesetzgeberische Erfahrungen

Der juristische Berufsstand Polens war während der Teilungszeit durch die vier Rechtsordnungen auf sehr verschiedene Weise geprägt worden. Wichtige Faktoren hierfür waren die juristische Ausbildung[68] und die Berufsausübung.

63 Vgl. z. B. *Fierich,* RPEiS 1925, Nr. 3, S. 655; *Jędrejek*, Roczniki nauk prawnych, Tom XI (2001), zeszyt 1, S. 47, 65; *Sójka-Zielińska*, Kodeks Napoleona, S. 258; *Dziadzio*, in: *Berger* (Hrsg.), ABGB III, S. 205, 207.

64 *Slapnicka*, Österreichs Recht, S. 15.

65 *Slapnicka*, a. a. O., S. 15.

66 *Dziadzio*, in: *Berger* (Hrsg.), ABGB III, S. 205.

67 Anderes galt jedoch für das reformbedürftige russische Recht; s. im Übrigen auch 1.3.3 und 1.3.4.

68 Zur Bedeutung der Juristenausbildung für den Rechtstransfer in Osteuropa *Pokrovac*, in: *ders.* (Hrsg.): Rechtswissenschaft, S. VII.

1.3.1 Preußisches Teilungsgebiet

1.3.1.1 Ausbildung und Berufschancen polnischer Juristen

Die berufliche Situation polnischstämmiger Juristen in Preußen war durch die Tatsache geprägt, dass es im preußischen Teilungsgebiet keine Universität gab. Sie mussten daher wie jeder angehende preußische Jurist ein Studium an einer (deutschen) Universität außerhalb des Teilungsgebiets absolvieren. Die Zulassung zum Richter oder Rechtsanwalt setzte ein dreijähriges Jurastudium voraus, davon mindestens drei Semester an einer deutschen (d. h. möglicherweise auch nicht-preußischen) Universität.[69] Eine Auswertung der Daten von 105 polnischen Rechtsanwälten und Richtern, die in der zweiten Hälfte des 19. Jahrhunderts und Anfang des 20. Jahrhunderts an Gerichten in der Provinz Posen[70] beschäftigt waren, ergab als häufigste Studienorte Breslau, Berlin, Leipzig, München und Heidelberg; dabei war es auch unter polnischen Studenten üblich, während der Ausbildung den Studienort zu wechseln.[71] Ein Studienaufenthalt an einer der deutschen Universitäten, die international einen sehr guten Ruf genossen, war im Übrigen auch für Polen aus Galizien oder Kongresspolen als Auslandssemester von Interesse.[72]

Im Rahmen der weiteren Ausbildung mussten polnischstämmige Juristen, die später in Preußen z. B. als Richter oder Anwalt tätig werden wollten, das gesetzlich vorgesehene vierjährige Referendariat absolvieren.[73] Allerdings wurden polnische Referendare im Zuge der antipolnischen Politik ebenso wie polnische Richter in der zweiten Hälfte des 19. Jahrhunderts zunehmend in westlichen

---

69 § 2 Gerichtsverfassungsgesetz (GVG) vom 27. Januar 1877, RGBl. 1877, S. 41.

70 Die Provinz Posen machte nur einen Teil des preußischen Teilungsgebiets aus, das darüber hinaus u. a. noch Westpreußen umfasste.

71 *Molik*, Inteligencja, S. 375.

72 Vgl. *Molik*, Polskie peregrynacje, S. 57. In den Biographien der bekannteren polnischen Juristen lassen sich hierfür zahllose Beispiele finden, bisweilen in Kombination mit Studienaufenthalten in Frankreich. Exemplarisch seien hier genannt (Angaben gemäß *Polski Słownik Biograficzny*): Franciszek Ksawery Fierich (1860–1928, Berlin und München), Stanislav Dnistrjanskyj (1870–1935, Berlin, Leipzig), Karol Lutostański (1880–1939, Leipzig, Berlin, Paris), Antoni Peretiatkowicz (1884–1956, Berlin, Paris, Genf, Heidelberg), Szymon Rundstein (1876–1942, Heidelberg und Berlin). Weitere Angaben zu Studienorten nach *Pol*, Poczet, S. 296, 672: Władysław Holewiński (1834–1919, Bonn und Toulouse); Fryderyk Zoll (1865–1948, Leipzig, Berlin, Göttingen). Zu den Berliner Studienaufenthalten von Leon Petrażycki 1.3.1.2 sowie von Roman Longchamps de Berier 1.7.2.1.

73 §§ 6, 7 des Gesetzes über die juristischen Prüfungen und die Vorbereitung zum höheren Justizdienste vom 6. Mai 1869. Vgl. auch *Molik*, Inteligencja, S. 376.

Landesteilen Preußens – und damit heimatfern – eingesetzt.[74] Dies führte im Ergebnis dazu, dass es zum Ende der Teilungszeit an Gerichten der preußischen Provinz Posen kaum noch Richter polnischer Herkunft gab.[75]

Anders stellte sich die Situation im anwaltlichen Bereich dar. Mit der Einführung der freien Advokatur in Preußen im Jahr 1879 wurde die Zulassung zur Anwaltschaft weitgehend liberalisiert, insbesondere wurde keine Bedarfsprüfung mehr vorgenommen. Nach dem Grundsatz der Freizügigkeit konnte sich jeder Anwalt an einem Ort seiner Wahl niederlassen. Der Rechtsanwalt wurde daher zu einem bevorzugten Beruf polnischer Akademiker[76], die meisten Juristen polnischer Herkunft wurden anwaltlich tätig[77]. In der Provinz Posen stellten sie in den letzten Jahrzehnten der Teilungszeit immerhin ein Viertel der dortigen Anwaltschaft.[78] Vom einträglichen Notariat wurden sie allerdings in der Praxis weitgehend ausgeschlossen.[79] Zudem wird darauf hingewiesen, dass Polen häufig die Zulassung zum Referendariat aus politischen Gründen verweigert wurde, wodurch den Betroffenen zugleich der Zugang zur Rechtsanwaltschaft verwehrt war.[80] Im Übrigen war die Ausbildung, die einschließlich der Prüfungszeiten acht Jahre dauerte, vergleichsweise lang und kostspielig.[81] Trotz der Möglichkeiten anwaltlicher Betätigung war daher die Zahl polnischstämmiger Juristen zum Ende der Teilungszeit relativ klein.[82]

Da Gerichtssprache[83] und ausschließliche Geschäftssprache[84] aller Behörden, Beamten und politischen Körperschaften des Staats das Deutsche war,

---

74 *Molik*, a. a. O., S. 376. Vgl. auch *Gulczyński*, in: *Dajczak/Knothe* (Hrsg.), Deutsches Sachenrecht, S. 77, 82.

75 *Gulczyński*, a. a. O., s. 82 f.; *Molik*, a. a. O., S. 217; zur Situation nach 1918 unter 1.3.4.

76 *Molik*, a. a. O., S. 218.

77 *Gulczyński*, in: *Dajczak/Knothe* (Hrsg.), Deutsches Sachenrecht, S. 77, 83.

78 *Molik*, Inteligencja, S. 218.

79 *Molik*, Inteligencja, S. 220.

80 *Koszewski*, Palestra 1927, Nr. 3, S. 106, 108 f.; ähnlich *Ajnenkiel*, CPH 1987, Nr. 1, S. 205, 206; vgl. auch die lebendige Schilderung einer Referendarzeit als Pole im preußischen Teilungsgebiet von *Hempowicz*, Referendariusz, S. 91–99.

81 *Molik*, Polskie peregrynacje, S. 117.

82 Auf eine Schätzung des Posener Professors Popieszalski, wonach es 1919 in ganz Westpolen maximal 150–200 Juristen mit deutscher Ausbildung gegeben habe, verweist *Schnur*, Einflüsse, S. 14.

83 Vgl. für die streitige Gerichtsbarkeit § 186 Gerichtsverfassungsgesetz – GVG von 1877. Bei Beteiligung von Personen ohne Deutschkenntnisse war die Hinzuziehung eines Dolmetschers vorgeschrieben (§ 187 GVG).

84 § 1 des Gesetzes betreffend die Geschäftssprache der Behörden, Beamten und politischen Körperschaften des Staats vom 28. August 1876. Bei Beteiligung von Personen,

fand der Berufsalltag polnischstämmiger Juristen vorrangig auf Deutsch statt. Zudem waren amtliche Übersetzungen deutscher Vorschriften ins Polnische und polnischsprachige Fachliteratur zum deutschen Recht kaum vorhanden.[85]

Insgesamt waren daher die Ausbildung und Berufspraxis polnischstämmiger Juristen aus dem preußischen Teilungsgebiet weitgehend deutsch geprägt. Die Möglichkeiten der Berufsausübung beschränkten sich im Wesentlichen auf den anwaltlichen Bereich. Dennoch hatten einige polnische Juristen aus dem preußischen Teilungsgebiet eine eindrucksvolle Karriere auch in anderen Bereichen aufzuweisen. Dies gilt etwa für Władysław Kazimierz Seyda (1863–1939), den späteren Präsidenten des polnischen Obersten Gerichtshofes.[86] Ein weiteres Beispiel stellt Ignacy Koschembahr-Łyskowski (1864–1945) dar, der nach Studium und Doktorat in Berlin zunächst als Referendar am Reichsgericht und nachfolgend als Professor in Freiburg/Schweiz, Lemberg und schließlich ab 1915 an der Universität Warschau tätig war.[87] In der Zweiten Polnischen Republik wurde er 1919 Mitglied der Kodifikationskommission und beteiligte sich mit einem eigenen Konzept an den Vorarbeiten für das OGB.[88]

1.3.1.2 Beteiligung polnischer Juristen an der Entstehung des BGB

Eine nennenswerte Mitwirkung polnischer Juristen an der deutschen bzw. preußischen (Zivil-) Gesetzgebung, die als Erfahrungswissen nach 1918 in Polen hätte fortwirken können, gab es nicht. Soweit eine Beteiligung an der fachlichen

die des Deutschen nicht mächtig waren, musste ein beeidigter Dolmetscher eingeschaltet werden (§ 4 des Gesetzes).

85 Dazu auch 1.4.1.

86 Seyda studierte 1880–1883 an der Universität Breslau. Während seiner Referendarszeit und der nachfolgenden Anwaltstätigkeit war er an verschiedenen Gerichten in der Provinz Posen tätig und daneben von 1907–1918 Mitglied des Deutschen Reichstags (Polnische Fraktion). Nachdem er 1919/20 das Amt des polnischen Ministers für das ehemalige preußische Teilungsgebiet bekleidet hatte, wurde er 1920 zum Richter am Obersten Gerichtshof ernannt und übernahm nachfolgend den Vorsitz der neu eingerichteten Fünften Kammer für Zivil- und Strafsachen aus dem ehemaligen preußischen Teilungsgebiet. Alle biografischen Angaben gemäß *Polski Słownik Biograficzny*, Tom XXXVI (1995/96), S. 359–361.

87 *Polski Słownik Biograficzny*, Tom XVIII (1973), S. 605 f.

88 *Górnicki*, Prawo cywilne, S. 398.

Diskussion über das zukünftige BGB oder am entsprechenden Gesetzgebungsverfahren feststellbar ist[89], haben die Akteure keinen oder keinen wesentlichen Beitrag zur polnischen Kodifikationsarbeit nach 1918 geleistet:

Der Posener Rechtsanwalt Sigismund von Dziembowski-Pomian (Zygmunt Dziembowski, 1858–1918) war nach Studium in Breslau und Promotion in Marburg langjähriger Reichstagsabgeordneter und Mitglied der Polnischen Fraktion. Zwar gehörte er der für die Beratung des BGB zuständigen XII. Kommission des Reichstags an[90] und spielte dort eine aktive Rolle.[91] Er verstarb aber wenige Monate vor Kriegsende und erlebte die Wiedergeburt des polnischen Staates nicht mehr. Bei Leon Petrażycki (1867–1931), der vor allem als Rechtssoziologe bekannt wurde, handelte sich hingegen nicht um einen in Preußen lebenden Polen, sondern um einen aus dem russischen Teilungsgebiet stammenden ausländischen Gastwissenschaftler, der in den Jahren 1893–1895 während eines Studienaufenthalts in Berlin *Die Lehre vom Einkommen: vom Standpunkt des gemeinen Civilrechts unter Berücksichtigung des Entwurfs eines bürgerlichen Gesetzbuchs für das Deutsche Reich* veröffentlichte. Die Abhandlung, in der sich der Autor gegen die Verabschiedung des zweiten BGB-Entwurfs aussprach[92], wurde in der damaligen Diskussion aufmerksam aufgenommen.[93] Petrażycki war in den Folgejahren als Professor in Petersburg tätig und nach 1918 bis zu seinem Tod 1931 Mitglied der polnischen Kodifikationskommission, jedoch ohne dort eine aktive Rolle einzunehmen.[94]

---

89 Unzutreffend insoweit *Kraft*, Europa, S. 56.

90 *Polski Słownik Biograficzny*, Tom VI (1948), S. 138 f.

91 Dazu *Wolters*, Zentrumspartei, S. 402: Dziembowski-Pomian stellte u. a. während der Kommissionssitzungen mindestens 46 schriftliche Anträge und war damit deutlich aktiver als die Vertreter anderer kleiner Fraktionen.

92 *Petrażycki*, Die Lehre vom Einkommen, Bd. II, S. V.

93 *Sójka-Zielińska*, Wielkie kodyfikacje, S. 296. S. etwa *Oertmann*, Jahrbuch für Gesetzgebung, Verwaltung und Volkswirtschaft im Deutschen Reich, Bd. 19 (1895), Nr. 4, S. 1095–1142; *Sohm*, Beiträge zur Erläuterung des Deutschen Rechts, Bd. 39 (1895), S. 737–766.

94 Vgl. *Górnicki*, Prawo cywilne, S. 399.

1.3.2 Russisches Teilungsgebiet

1.3.2.1 Ausbildung und Berufschancen polnischer Juristen

Anders als im preußischen Teilungsgebiet befand sich im ehemals russischen Landesteil - jedenfalls zeitweise - eine eigene juristische Ausbildungsstätte. In den Jahren 1862–1869 bestand in Warschau die polnischsprachige so genannte Hauptschule (Szkoła Główna).[95] Deren juristische Fakultät sollte insbesondere der Erhaltung des französisch-polnischen Rechts dienen.[96] Der Schule wird trotz ihres kurzen Bestehens eine prägende Rolle für die polnische Rechtswissenschaft beigemessen.[97] Die Tatsache, dass in den 1860er Jahren allein sechs der polnischen Professoren der Warschauer Rechtsfakultät in Heidelberg promoviert und zahlreiche dort studiert hatten[98], spricht dafür, dass auch das deutsche Recht eine Rolle spielte. Unter den Dozenten der Schule war nur die Gruppe der Absolventen aus Petersburg größer.[99]

Im Zuge der seit 1864 einsetzenden Russifizierungspolitik wurde die Schule jedoch 1869 geschlossen und nachfolgend die Cesarski Warszawski Uniwersytet (CUW) mit russischen Lehrinhalten[100] eröffnet, deren Bedeutung für die Rechtswissenschaft als gering angesehen wird.[101] Aus polnischer Sicht handelte es sich um eine fremde Einrichtung der Teilungsmacht, die auch in der Literatur kein nennenswertes Interesse hervorrief.[102] Unterrichtet wurde ausschließlich auf Russisch.[103] Polnische Wissenschaftler wurden fast vollständig aus dem Lehrbetrieb verdrängt.[104] Ein neues Kapitel der Warschauer Hochschule begann erst

---

95 Die Universität Wilna wurde nach dem Novemberaufstand von 1830 aufgelöst.

96 *Sójka-Zielińska*, Kodeks Napoleona, S. 233 f.

97 Vgl. *Sójka-Zielińska*, a. a. O., S. 238.

98 *Kodrębski*, Prawo rzymskie, S. 200 (Fn. 177), zu den Warschauer Pandektenvorlesungen in den 1860er Jahren S. 187–190; *Giaro*, Rechtshistorisches Journal Bd. 12 (1993), S. 326, 340; zum Einfluss der Pandektistik auf Zentralpolen Ende des 19. Jahrhunderts *Giaro*, in: *ders.* (Hrsg.), Rechtskulturen Bd. 1, S. 275, 305, 307.

99 *Kodrębski*, a. a O., S. 200 (Fn. 177).

100 *Sobociński*, in: *Leśnodorski/Sobociński/Sawicki*, Studia, S. 142.

101 *Paszkowska*, Studia Iuridica, Tom 42 (2003), S. 151; zu der günstigeren Einschätzung durch einen russischen Rechtshistorikers *Bosiacki*, Studia Iuridica, Tom 45 (2006), S. 19, 25.

102 *Paszkowska*, a. a. O., S. 151; *Bosiacki*, a. a. O., S. 19.

103 *Paszkowska*, a. a. O., S. 153 f.

104 So wurden z. B. bereits erworbene ausländische oder polnische Doktorgrade nicht anerkannt; dies betraf z. B. Wissenschaftler mit zweifachem Doktortitel aus Deutschland und Warschau. Im Studienjahr 1904/05 gab es an der Juristischen Fakultät nur noch einen Polen unter den Lehrenden, der Anteil polnischer Studenten sank von

1915 mit der Wiederbegründung der Universität Warschau (Uniwersytet Warszawski – UW) als polnische Einrichtung.

Der schlechte Ruf der Ausbildung an der Cesarski Warszawski Uniwersytet und die Verdrängung polnischer Inhalte und polnischen Personals führten dazu, dass kongresspolnische Studenten auch außerhalb Warschaus studierten, unter anderem in Krakau und Lemberg.[105] Je nach Studienort konnten dort zeitweise auch Kenntnisse im französisch-polnischen Zivilrecht erworben werden.[106] Für polnische Bewohner aus den östlich von Kongresspolen gelegenen Regionen (d. h. aus den russischen Westprovinzen), die im Geltungsbereich russischen Zivilrechts lebten, war dagegen ein Studium an russischen Universitäten (Moskau, Petersburg und Kiew) der Normalfall.

Die beruflichen Möglichkeiten polnischer Juristen in der Gerichtsbarkeit waren eingeschränkt: Als 1875/76 in Kongresspolen im Zuge einer Justizreform nicht nur Russisch als Gerichtssprache, sondern auch das russische Straf- und Zivilprozessrecht eingeführt wurden, setzte auch die Russifizierung der Richterschaft ein.[107] Als deren Ergebnis war bei Ausbruch des Ersten Weltkriegs an der – als Appelationsgericht fungierenden – Warschauer Gerichtskammer (Warszawska Izba Sądowa) kein polnischer Richter mehr tätig.[108] Auch an den Bezirksgerichten (Sądy okręgowe) ging deren Anteil bis Ende des Jahrhunderts deutlich zurück und betrug in den 1890er Jahren zwischen 20 und 30 Prozent sowie 1909 nur noch 12 Prozent.[109] Im Ergebnis war für Juristen polnischer Herkunft der Zugang zum Richteramt zwar nicht gänzlich unmöglich, aber doch erheblich beschränkt.[110] In den Gerichtskanzleien war hingegen die Mehrheit der

---

91 Prozent (1870) auf 70 Prozent (1905), *Paszkowska*, a. a. O. S. 154; dazu auch *Brzozowski*, in: *Suchodolski* (Hrsg.), Historia nauki, Tom IV, Część I/II, S. 361, 400. Zur absoluten Zahl der Jurastudenten an der Cesarski Warszawski Uniwersytet s. *Kiepurska*, in: *Kieniewicz*, Dzieje Uniwersytetu, S. 495, 556 (586 Studenten im Jahr 1905, 951 Studenten im Jahr 1914).

105 Dies war aber kein Massenphänomen: An der Universität Krakau stammten nur ca. 3 Prozent der Jurastudenten aus Kongresspolen, in Lemberg maximal 2 Prozent (*Brzozowski*, a. a. O., S. 68, 163, 291).

106 An den Universitäten Moskau und Petersburg bestanden von 1840–1859 bzw. 1861 Lehrstühle für kongresspolnisches (Zivil-)Recht (*Wrzyszcz*, in: *Pokrovac* (Hrsg.), Juristenausbildung, S. 191, 197; dazu auch *Sójka-Zielińska*, Kodeks Napoleona, S. 232 f.).

107 Zu weiteren Inhalten der Reform *Kraft*, Europa, S. 45.

108 *Chwalba*, Polacy, S. 182.

109 *Chwalba*, a. a. O., S. 182 f., 185.

110 *Chwalba*, a. a. O., S. 183.

Beschäftigten polnischer Herkunft.[111] Dasselbe galt für die Richter der Gemeindegerichte (Sądy gminne) im ländlichen Bereich, die von der örtlichen Bevölkerung gewählt wurden.[112] Die Rechtsanwaltschaft sowie das Notariat befanden sich ebenfalls – und zwar durchgehend bis 1918 – weitgehend in polnischen Händen.[113]

Trotz der beschriebenen Beschränkungen bestand in Kongresspolen zum Ende der Teilungszeit durchaus ein eigenständiges polnisches Rechtsleben. Dass Kongresspolen das polnische Kernland, die Hauptstadt und aufkommende Industriezentren umfasste, könnte sich hierfür als begünstigender Faktor erwiesen haben.[114] Entscheidend dürfte aber gewesen sein, dass der KN als letzte Bastion der verbliebenen Unabhängigkeit gegenüber Russland[115] und als Ausdruck der kulturellen Verbundenheit mit dem westlichen Europa galt. Die Pflege der eigenen zivilrechtlichen Tradition in polnischer Sprache wurde als nationale Aufgabe wahrgenommen. Dieses Verständnis spielte in der Ausbildung der damaligen Juristengenerationen eine bestimmende Rolle.[116]

1.3.2.2 Beteiligung polnischer Juristen an der russischen Gesetzgebung

Trotz der insgesamt sehr eingeschränkten beruflichen Betätigungsmöglichkeiten im universitären Bereich und am Gericht war auch im Zarenreich eine (wenn auch nur punktuelle) polnische Beteiligung an zivilrechtlichen Gesetzgebungsprojekten möglich[117]: So wurde der langjährige Professor an der Hauptschule und Universität Warschau Władysław Holewiński 1882 in die Petersburger Gesetzgebungskommission zur Erarbeitung eines neuen russischen Zivilgesetzbuchs berufen[118], die ihren Entwurf 1905 vorlegte. Die Frage eines neuen russischen Zivilgesetzbuches wurde allerdings mit Kriegsausbruch gegenstandslos.[119]

---

111 *Sobociński*, in: *Leśnodorski/Sobociński/Sawicki*, Studia, S. 143.

112 *Korobowicz*, Sądownictwa, S. 100. An den Gemeindegerichten war der Gebrauch der polnischen Sprache in begrenztem Umfang zugelassen (*Kraft*, Europa, S. 46).

113 *Korobowicz*, a. a. O., S. 109 f.

114 Ähnlich *Lityński*, in: *Schulze* (Hrsg.), Französisches Zivilrecht, S. 253, 268.

115 S. auch die Bezeichnung des KN als „wichtigste Waffe gegen die Zwangsrussifizierung" bei *Staudinger*-Symposium 1998/*Jędrasik-Jankowska*, S. 177.

116 *Lityński*, in: *Schulze* (Hrsg.), Französisches Zivilrecht, S. 253, 269.

117 Ungenau insoweit *Kraft*, Europa, S. 56; Beispiele polnischer Mitarbeit an russischer Gesetzgebungsarbeit in der ersten Hälfte des 19. Jahrhunderts bei *Jędrejek*, CPH 2000, Nr. 1/2, S. 259, 270.

118 *Pol*, Poczet, S. 301. Daneben war er auch an anderen Gesetzgebungsprojekten beteiligt, insbesondere mit einem Entwurf zur Strafprozessordnung.

119 *Küpper*, Einführung, S. 161.

Holewiński starb 1919 wenige Wochen nach seiner Berufung in die polnische Kodifikationskommission. Einige polnische Abgeordnete der seit 1906 bestehenden Duma wurden später ebenfalls zu Mitgliedern der Kodifikationskommision berufen, z. B. Henryk Konic, der auch maßgeblich an der Beratung des OGB beteiligt war.

1.3.3 Österreichisches Teilungsgebiet

1.3.3.1 Ausbildung und Berufschancen polnischer Juristen

Die Möglichkeiten juristischer Ausbildung und Berufsausübung waren im österreichischen Teilungsgebiet unvergleichlich besser als in den beiden anderen Teilungsgebieten. Dort befanden sich die renommierten Rechtsfakultäten der Universitäten Krakau und Lemberg, an denen seit den 1870er Jahren (in Krakau teilweise schon seit 1861[120]) polnisch allgemeine Unterrichtssprache war.[121] In kleinerem Umfang zogen beide Universitäten auch Jurastudenten aus den anderen polnischen Teilungsgebieten an.[122] Diese Entwicklung dürfte durch die Russifizierung des Warschauer Lehrbetriebs, die zeitlich in etwa parallel zur Polonisierung der beiden galizischen Universitäten erfolgte, verstärkt worden sein. Zudem wurde in Krakau bis 1879 auch französisches Recht gelehrt[123], in Lemberg war dies ebenfalls zeitweise der Fall[124]. Die Studentenzahlen beider Universitäten waren beachtlich: Im Jahr 1897/98 verzeichnete die Universität Krakau mehr als 700 Jurastudenten, ab 1900 waren dort auch Frauen als extraordinäre Hörerinnen zugelassen.[125] In Lemberg stieg die Zahl der Jurastudenten von über 1000 in den 1890er Jahren auf über 2500 Anfang des 20. Jahrhunderts.[126] Das Bild der Lemberger Universität wurde dadurch erheblich geprägt: Anfang des 20. Jahrhunderts gehörten 75 Prozent der gesamten Studentenschaft der juristischen Fakultät an.[127]

Im Ergebnis konnten daher polnische Studenten in Galizien seit dem letzten Drittel des 19. Jahrhunderts das dort geltende (österreichische) Recht vor Ort

---

120 *Mączyński*, in: *Fischer-Czermak/Hopf/Kathrein u. a.* (Hrsg.), Festschrift, S. 175, 182.

121 *Wrzyszcz*, in: *Pokrovac* (Hrsg.), Juristenausbildung, S. 191, 243.

122 *Wrzyszcz*, a. a. O., S. 249; dazu auch 1.3.2.1.

123 *Wrzyszcz*, a. a. O., S. 239.

124 *Wrzyszcz*, a. a. O., S. 244.

125 *Wrzyszcz*, a. a. O., S. 241; zur Zahl der Studenten an der jurististischen Fakultät Krakau im Zeitraum 1870–1900 *Patkaniowski*, Dzieje S. 432 f.

126 *Wrzyszcz*, a. a. O., 245 f.

127 *Brzozowski*, in: *Suchodolski* (Hrsg.), Historia nauki, Tom IV, Część. I/II, S. 68, 291.

(also an galizischen Universitäten) in polnischer Sprache (und in der Regel bei polnischen Professoren) erlernen. Damit unterschied sich ihre Situation ganz wesentlich von der ihrer Landsleute im preußischen oder russischen Teilungsgebiet. Diese Konstellation entsprach dem allgemeinen politischen Umfeld: Beginnend in den 1860er Jahren wurden Galizien weitreichende Autonomierechte eingeräumt. Polnisch wurde zur Amtssprache in weiten Teilen der Verwaltung und des Gerichtswesens. Der galizische Landtag führte seine Beratungen auf polnisch und ukrainisch. In Wien wurde die Funktion eines Ministers für die Angelegenheiten Galiziens geschaffen; die Amtsinhaber waren in der Folgezeit durchweg Polen. Daneben kam es zu einer Polonisierung der galizischen Verwaltung und Gerichtsbarkeit. Infolgedessen stieg der Bedarf an polnischen Juristen für den Dienst in galizischen Behörden und Gerichten. Auch dies war ein Grund für die stark steigenden Studentenzahlen an den rechtswissenschaftlichen Fakultäten in Krakau und Lemberg.[128]

Hinsichtlich der juristischen Lehrinhalte waren die galizischen Universitäten in dem hier zu betrachtenden Zeitraum einem Veränderungsprozess ausgesetzt, der die gesamte österreichische Zivilrechtswissenschaft betraf und bisweilen mit „Pandektenkur"[129] umschrieben wird: Beginnend mit der zweiten Hälfte des 19. Jahrhunderts übernahm die österreichische Rechtswissenschaft Ansätze und Methoden der deutschen gemeinrechtlichen Jurisprudenz, die zu damaliger Zeit von der Pandektenwissenschaft bestimmt wurde. Trotz später einsetzender Kritik an dieser Entwicklung stand die österreichische Zivilrechtswissenschaft auch Anfang des 20. Jahrhunderts noch unter deutlichem Einfluss der deutschen Rechtswissenschaft und des BGB. Zoll spricht insoweit von einem „überwältigenden Einfluss der deutschen Rechtsentwicklung" auf die polnischen Professoren aus Lemberg und Krakau wie auch auf deren österreichische Kollegen.[130] Insoweit handelte es sich also um eine allgemeine Entwicklung der österreichischen Rechtswissenschaft, an der auch die Universitäten Lemberg und Krakau teilnahmen. Im Hinblick auf Besonderheiten der polnischen Gebiete wird allerdings darauf hingewiesen, dass die Rezeption der Pandektistik in Polen (und zwar in allen Landesteilen, wie auch in Russland und Ungarn) einen anderen Charakter als in Westeuropa aufwies. Da in Polen zuvor keine Rezeption des römischen Rechts stattgefunden hatte, stellte die Pandektisierung dort nicht die Verwissenschaftlichung des geltenden Rechts, sondern die Übernahme einer

128 *Patkaniowski*, Dzieje, S. 437.

129 *Ogris*, in: *Geistlinger/Harrer/Mosler u. a.* (Hrsg.), 200 Jahre ABGB, S. 1, 13.

130 *Zoll*, in: *Fischer-Czermak/Hopf/Kathrein u. a.* (Hrsg.), Festschrift, S. 319, 320.

allgemeinen Privatrechtsdogmatik dar.[131] Teilweise wird zudem von einer eigenständigen Lemberger Schule der Pandektistik ausgegangen.[132]

Die mit der galizischen Autonomie einhergehenden Chancen politischer Betätigung nutzten viele polnische Hochschullehrer, sowohl auf kommunaler als auch auf regionaler oder zentraler Ebene.[133] Polnische Rechtswissenschaftler in politischen Ämtern (z. B. der Krakauer Zivilrechtler Stanisław Madeyski als Parlamentsabgeordneter und Bildungsminister in Wien, andere Professoren ebenfalls als Minister oder Abgeordnete) waren daher keine Seltenheit.[134] Auch in der österreichischen Gerichtsbarkeit waren polnische Juristen auf allen Ebenen vertreten, unter anderem in den obersten Gerichten. Daneben stand ihnen eine Karriere als höhere Ministerialbeamte offen.[135] Viele entschieden sich dennoch für den Anwaltsberuf, sodass Anfang der 1920er Jahre der Anteil galizischer Rechtsanwälte bei Weitem höher war als der aus den anderen beiden Teilungsgebieten.[136]

1.3.3.2 Beteiligung an der ABGB-Novelle

Im Vergleich mit Preußen und Russland bot Österreich auch die besten Möglichkeiten der Mitwirkung an der Gesetzgebung. So war z. B. der Krakauer Professor Frederyk Zoll (1865 – 1948) Mitglied einer Kommission zur Vorbereitung eines österreichischen Gesetzes zum Internationalen Privatrecht; er konnte die dabei gewonnenen Erfahrungen nach 1918 für seinen Entwurf eines polnischen Gesetzes zum internationalen und interregionalen Privatrecht nutzen.[137] Bei der Novellierung des ABGB in den Jahren 1914–1916 war Madeyski Mitglied einer Vorbereitungskommission.[138] Parallel zu den Arbeiten dieser Kommission entstand ein Regierungsentwurf, der nachfolgend dem Herrenhaus übermittelt

---

131 *Giaro,* Rechtshistorisches Journal Bd. 12 (1993), S. 326, 339; vgl. auch *Kodrębski,* a. a. O., S. 187.

132 *Kodrębski,* Prawo rzymskie, S. 248 (S. 237 f. zum ersten polnischsprachigen Pandektenlehrbuch aus den 1860er Jahren); ähnlich *Jędrejek,* CPH 2000, Nr. 1/2, S. 259, 267.

133 *Wrzyszcz,* in: *Pokrovac* (Hrsg.), Juristenausbildung, S. 191, 240 f., 246.

134 *Wrzyszcz,* a. a. O., S. 240 f., 246 mit weiteren Beispielen.

135 Beispiele bei *Slapnicka,* Österreichs Recht, S. 53.

136 *Materniak-Pawłowska,* Adwokatura, S. 290. Dies gilt sowohl für die absoluten Zahlen als auch für das Verhältnis der Anzahl von Rechtsanwälten zur Größe der Bevölkerung.

137 *Slapnicka,* Österreichs Recht, S. 48, 57.

138 *Slapnicka,* a. a. O., S. 48.

wurde.[139] Dem dort zuständigen Subkomitee gehörte erneut Madeyski an.[140] Auch an der begleitenden wissenschaftlichen Diskussion beteiligten sich polnische Zivilrechtler (darunter einige, die nach 1918 wesentlich an der Erarbeitung des polnischen OGB beteiligt waren). Dies gilt etwa für Fischlowitz[141], Longchamps de Berier[142], Zoll[143] und insbesondere Till[144]. Eine Stellungnahme Tills wurde vom Subkomitee des Herrenhauses im Rahmen der Zweiten Lesung des Gesetzentwurfs erörtert.[145] Die wissenschaftliche Auseinandersetzung mit dem Gesetzgebungsprozess betraf auch Fragen, die nach 1918 in Polen eine Rolle spielen sollten: Welche Anforderungen sind an ein modernes Schuldrecht zu stellen? Wie kann dies gesetzgeberisch umgesetzt werden? Wie kann eine Verbindung österreichischen Rechts mit Lösungen des BGB aussehen? Nachdem sich das weitere Verfahren wegen des Kriegsausbruchs verzögerte, wurde die bereits 1912 vom Herrenhaus verabschiedete Fassung des Gesetzesprojekts in drei Teilnovellen in den Jahren 1914–1916 als kaiserliche Notverordnungen verabschiedet.[146]

1.3.4 Die dominierende Rolle galizischer Juristen nach 1918

In die polnischen Gesetzgebungsarbeiten der Zwischenkriegszeit waren naturgemäß vorwiegend Personen eingebunden, die zu Beginn der 1920er Jahre bereits Berufserfahrung in einem der Teilungsgebiete gesammelt hatten.[147] Diese Generation polnischer Juristen war in vieler Hinsicht sehr heterogen. Ursachen waren neben der Prägung durch vier unterschiedliche Rechte die ungleichen

---

139 Zu weiteren Einzelheiten der Entstehung der ABGB-Novelle *Dölemeyer*, in: *Coing* (Hrsg.), Handbuch III/2, S. 1782–1784.

140 *Dölemeyer*, a. a. O., S. 1784.

141 *Fischlowitz*, PPiA 1908, S. 609–629.

142 *Longchamps*, in: Księga pamiątkowa ku czci Bolesława Orzechowicza II, S. 1, 8. Die Schreibweise des Nachnamens von Longchamps de Berier variiert. In polnischen Texten der damaligen Zeit findet sich überwiegend die – in der vorliegenden Arbeit übernommene – Schreibweise Berier, in französischen Texten Bérier.

143 *Zoll*, PPiA 1904, S. 535–553.

144 *Till*, PPiA 1906, S. 601–614; *ders.*, Allgemeine österreichische Gerichtszeitung 1907, S. 41–45; *ders.*, Entwurf einer österreichischen Zivilgesetznovelle; *ders.*, Nowela do kodeksu cywilnego austryackiego; *Till/Wolf*, Teilnovelle.

145 Dazu auch *Dölemeyer*, in: *Coing* (Hrsg.), Handbuch III/2, S. 1782, 1793.

146 *Dölemeyer*, a. a. O., S. 1784.

147 Dazu auch die Auswertung der Geburtsjahrgänge aller Mitglieder der Kodifikationskommission bei *Kraft*, Europa, S. 99 (Fn. 64): 48 vor 1880, 10 zwischen 1880 und 1890, 4 nach 1890.

Ausbildungs- und beruflichen Betätigungsmöglichkeiten. Auch die zahlenmäßige Verteilung der Juristen aus den drei Teilungsgebieten war nach 1918 sehr ungleich.[148] Wie unterschiedlich der aus den Teilungsgebieten übernommene juristische Personalbestand war, zeigt eine amtliche Erhebung über den öffentlichen Dienst von 1923[149], in der auch 3430 Richter[150] erfasst wurden. Danach waren Anfang der 1920er Jahre 50,7 Prozent aller Richter im österreichischen Teilungsgebiet geboren, nur 5,8 Prozent hingegen im ehemals preußischen bzw. 31,1 Prozent im russischen Teilungsgebiet.[151] 56,9 Prozent aller Richter hatten ihr Studium in Österreich (einschließlich Galizien) und damit im Geltungsbereich österreichischen Rechts abgeschlossen, nur 4 Prozent an deutschen Universitäten und 31,1 Prozent in Russland.[152] Immerhin 2041 der befragten Richter, Staatsanwälte und Applikanten (59,5 Prozent) waren bereits 1914 im öffentlichen Dienst im Bereich der Justiz tätig, 1344 davon in Galizien, 376 im russischen Teilungsgebiet, 16 im preußischen Teilungsgebiet und 305 außerhalb der drei Teilungsgebiete.[153] Die in diesen Daten deutlich werdende personelle Gewichtung entspricht in keiner Weise der sonstigen Bevölkerungsverteilung. So betrug die Gesamtbevölkerung Polens 1921 ca. 27,4 Mio. In den ehemals österreichischen Gebieten lebten zu diesem Zeitpunkt ca. 7,5 Mio. Menschen (ca. 27 Prozent der Gesamtbevölkerung). 15,6 Mio. Menschen (ca. 57 Prozent) lebten in ehemals russischen Landesteilen (Zentralpolen und die östlichen Wojewodschaften). Die ehemals preußischen Landesteile (Wojewodschaften Poznań, Pomorze und Śląsk[154]) hatten eine Bevölkerungszahl von 4,3 Mio.

---

148 Für den anwaltlichen Bereich *Materniak-Pawłowska*, Adwokatura, S. 290. Ähnlich schon der Befund von *Domański* aus dem Jahr 1931, dass die zahlenmäßige Verteilung und das berufliche Niveau der Rechtsanwaltschaft in den ehemaligen Teilungsgebieten höchst unterschiedlich seien (*Domański*, Palestra 1931, Nr. 10/11, S. 480).

149 *Główny Urząd Statystyczny Rzeczypospolitej Polskiej*: Funkcjonariusze państwowej służby cywilnej, Wyniki spisu ze stycznia 1923 r.

150 Soweit nicht anders angegeben umfasst die Gruppe der Richter auch Staatsanwälte, Ermittlungsrichter und Applikanten (Referendare).

151 12,4 Prozent gaben einen Geburtsort außerhalb der drei Teilungsgebiete an. *Główny Urząd Statystyczny*, Funkcjonariusze, S. XLVI. Ohne Staatsanwälte, Ermittlungsrichter und Applikanten liegen diese Werte sogar bei 56,3 Prozent (Galizien) bzw. 2,4 Prozent (Preußen) und 30,8 Prozent (Russland).

152 *Główny Urząd Statystyczny*, Funkcjonariusze, S. XLVI.

153 *Główny Urząd Statystyczny*, Funkcjonariusze, S. 4. Ein weiterer Richter gab an, im preußischen Teilungsgebiet in einem anderen Verwaltungszweig tätig gewesen zu sein.

154 Zur Wojewodschaft Śląsk (Schlesien) gehörte allerdings auch ein kleineres ehemals österreichisches Gebiet.

(ca. 15 Prozent).[155] Zahlenmäßig fiel das personelle Erbe des ehemals preußischen Landesteils also vergleichsweise dürftig aus; der von dort stammende Anteil polnischer Juristen war auch außerhalb der Richterschaft klein und aufgrund der bis 1918 herrschenden politischen Verhältnisse auf den anwaltlichen Bereich beschränkt.[156]

Infolge der besonderen Situation im österreichischen Teilungsgebiet war bei polnischen Juristen aus Galizien für viele Bereiche berufliches Expertenwissen vorhanden, das nach 1918 eine wichtige Rolle spielen konnte. Dies galt auch für die Gesetzgebung.[157] Dieser allgemeine Befund ist für den Bereich des Zivilrechts um zwei wichtige Gesichtspunkte zu ergänzen: Zum einen wurde die österreichische Zivilistik des 19. Jahrhunderts bestimmt von der Auseinandersetzung mit der deutschen Rechtslehre. Vieles (Methoden, aber auch inhaltliche Ergebnisse) wurde übernommen. Gute Kenntnisse des deutschen Rechts waren daher unabdingbar. Zum anderen stand spätestens seit Ende des 19. Jahrhunderts die Frage einer Novelle des ABGB im Zentrum der Diskussion. Hierbei hatte das junge BGB einen entscheidenden Einfluss. Polnische Rechtswissenschaftler aus dem Bereich des Zivilrechts bewegten sich also in einem Umfeld, das durch deutsches und österreichisches Recht geprägt wurde. Fragen der zeitgemäßen Kodifikation und Gesetzgebung standen oben auf der Tagesordnung und wurden auch von galizischen Juristen immer wieder erörtert.[158] Soweit also das deutsche Zivilrecht in der weiteren Rechtsentwicklung Polens Spuren hinterlassen hat, war dies kaum eine Folge des personellen Erbes der preußischen Teilungszeit. Als Faktoren kommen hingegen die beschriebenen Einflüsse des BGB auf die österreichische Rechtswissenschaft sowie die vielen Beispiele von Studienaufenthalten namhafter polnischer Rechtswissenschaftler aus dem russischen und österreichischen Teilungsgebiet an deutschen Universitäten in Betracht.[159]

---

155 *Główny Urząd Statystyczny*, Mały Rocznik Statystyczny Rok 10 (1939), S. 10. Hinsichtlich der Fläche liegen folgende Angaben vor: ca. 68 Prozent des polnischen Staatsgebiets waren ehemals russische Gebiete, ca. 11 Prozent ehemals preußisch und ca. 20 Prozent ehemals österreichisch (Stand von 1939, *Polska Agencja Telegraficzna*, Rocznik Polityczny i Gospodarczy 1939, 11).

156 Dazu 1.3.1.1.

157 *Kraft*, Europa, S. 56 f.

158 Dass diese Vorkenntnisse und Erfahrungen auch bei der OGB-Gesetzgebung eine Rolle spielten, bejaht *Mączyński*, in: *Fischer-Czermak/Hopf/Kathrein u. a.* (Hrsg.), Festschrift, S. 175, 187.

159 Dazu 1.3.1.1.

Da die juristischen Fakultäten nach 1918 der Rechtszersplitterung innerhalb Polens Rechnung tragen mussten, wurden in der Regel die Rechte, die am jeweiligen Studienort nicht galten, zumindest vergleichsweise behandelt.[160] Der universitäre Lehrbetrieb war also ebenso wie der Berufsalltag von Anwälten und Richtern in hohem Maße rechtsvergleichend ausgerichtet.[161]

1.4 Polnischsprachige Fachliteratur und Ausbildung einer eigenen Rechtssprache

Hinsichtlich der Terminologie stand vor 1918 in allen Teilungsgebieten die Frage im Vordergrund, welcher polnische Begriff einem Terminus aus der Rechtsterminologie der jeweiligen Teilungsmacht am ehesten entsprach. In der Sache ging es also um eine möglichst treffende Übersetzung ins Polnische.[162] Da das alte polnische Recht aus der Zeit vor den Teilungen verschiedene Begriffe nicht kannte und dementsprechend die polnische Rechtssprache des 18. Jahrhunderts diverse Lücken aufwies, mussten diese durch Wortschöpfungen gefüllt werden.[163]

---

160 *Meyer*, DJZ 38 (1933), Sp. 1451, 1452; dazu auch *Longchamps*, Wstęp, S. I; *Redzik*, Prawo prywatne, S. 38. In den Lehrbüchern wurden mehrere Rechtsordnungen nebeneinander und teilweise auch rechtsvergleichend dargestellt, so z. B. in dem Werk *Zivilrecht in polnischen Landen* von *Jaworski*, (*Prawo cywilne na ziemiach polskich*, Bd. I zum Eherecht von 1919 und Bd. II zum Kindschaftsrecht von 1920). Zur Frage der Lehrbücher auch *Mączyński*, in: *Fischer-Czermak/Hopf/Kathrein u. a.* (Hrsg.), Festschrift, S. 175, 189; zu ähnlichen Publikationen in anderen Nachfolgestaaten Österreich-Ungarns *Slapnicka*, Österreichs Recht, S. 16 f.

161 Dazu auch *Płaza*, Historia prawa III, S. 81.

162 Einen Eindruck der damit verbundenen Schwierigkeiten liefert der Beitrag in PPiA 1897, S. 647–657 (o. N.) mit dem Titel *Zur Vereinheitlichung der polnischen Terminologie* (*W sprawie ujednostajnienia terminologji polskiej*): Ein Gericht wandte sich mit der Frage an die Redaktion, welcher polnische Begriff am ehesten den Termini „Beschädigung“, „Verletzung“ und „thätliche Misshandlung“ im österreichischen Strafrecht entspreche. Da hierüber auch unter mehreren befragten Sachverständigen keine Einigkeit herrschte, wurde die Terminologische Kommission der Juristischen Gesellschaft (Komisya terminologiczna Towarzystwa prawniczego) unter Vorsitz von Till befragt.

163 Als Ursachen für die Unvollständigkeit der alten polnischen Rechtssprache aus dem 18. Jahrhundert werden u. a. folgende Faktoren genannt: Eine ausgeprägte Laiengerichtsbarkeit, deren Urteile weitgehend unjuristisch abgefasst waren, sowie der Gebrauch eines polnisch-lateinischen Sprachgemischs, d. h. ein häufiger Wechsel von der polnischen in die lateinische Sprache, auch innerhalb eines Satzes (*Glass*, GSW 1922, S. 250, 251).

Nach 1918 war hingegen das Fehlen einer gesamtpolnischen, einheitlichen Rechtssprache das vorrangige Problem – unter anderem für die anstehende Rechtsvereinheitlichung.[164] Die Rechtsterminologien der drei Teilungsgebiete, die auf der Grundlage eines jeweils anderen Rechts gewachsen waren, wichen in vielen Punkten voneinander ab. Auch hinsichtlich der juristischen Fachliteratur bestanden große Unterschiede zwischen den Teilungsgebieten.

1.4.1 Preußisches Teilungsgebiet

Da im preußischen Teilungsgebiet Studienmöglichkeiten in polnischer Sprache fehlten und auch sonst die polnische Sprache im öffentlichen Bereich seit Ende des 19. Jahrhunderts zunehmend verdrängt wurde, konnte es dort kaum zur differenzierten Ausbildung einer – auf der Grundlage des deutschen Rechts gebildeten – modernen polnischen Rechtssprache kommen. So sind für das BGB aus der Zeit vor 1919 nur private Übersetzungen bekannt, während die erste amtliche Übersetzung des BGB ins Polnische von polnischen Behörden nach Erlangung der Unabhängigkeit 1923 veranlasst wurde.[165] Die einleitenden Bemerkungen der Bearbeiter dieser Übersetzung lassen erkennen, wie wenig gefestigt das polnische Vokabular für bestimmte Termini des BGB war. Die Übertragung so grundlegender Begriffe wie „Anfechtung“ oder „Auflassung“ bereitete daher beträchtliche Schwierigkeiten.[166] Wegen des ausschließlichen Gebrauchs des Deutschen vor Gericht und in der Verwaltung war für die Frage, welcher polnische Terminus einem deutschen Rechtsbegriff entsprach, die Praxis der Gerichtsdolmetscher ein prägender Faktor. Zur Kennzeichnung der so entstandenen – mehr oder weniger einheitlichen – polnischen Rechtssprache im preußischen Teilungsgebiet ist daher ist auch vom „Dolmetscher-Polnisch“ die Rede.[167] Unterstützend konnten bilinguale Rechtswörterbücher herangezogen

---

164 Dazu aus der zeitgenössischen Literatur z. B. *Meyer*, Zeitschrift für polnisches Recht 1924, S. 84, 89; *Koschembahr-Łyskowski*, Them. Pol. 1924/25, Tom II, S. 1, 15 f.; *Freund*, Osteuropa 9 (1933/34), S. 451, 461; aus jüngerer Zeit z. B. *Płaza*, Historia prawa III, S. 27, 42.

165 *Ministerstwo Sprawiedliwości* (Hrsg.), Kodeks cywilny obowiązujący na ziemiach zachodnich Rzeczpospolitej Polskiej (przekład urzędowy). Anders hatte sich die preußische Regierung hinsichtlich des ALR verhalten, dessen amtliche Übersetzung ins Polnische 1826 erschien (*Janicka*, in: *Dölemeyer/Mohnhaupt* (Hrsg.): Allgemeines Landrecht, S. 437, 450).

166 *Ministerstwo Sprawiedliwości* (Hrsg.), a. a. O., S. VII.

167 *Meyer*, Zeitschrift für polnisches Recht 1924, S. 84, 89.

werden.[168] Polnischsprachige Fachliteratur über deutsches (Privat-)Recht aus der Zeit vor 1919 ist hingegen kaum zu finden.[169] Soweit dies überhaupt der Fall ist, handelt es sich häufig um broschürenartige Schriften. Sie dienten offensichtlich der Information der örtlichen Bevölkerung und verfolgten keine wissenschaftlichen Zwecke.[170] Daneben gab es vereinzelte polnischsprachige Beiträge zum deutschen Recht, die aus dem russischen oder österreichischen Landesteil stammten. Erst nach 1918 erschienen polnischsprachige Lehrbücher über das fortgeltende deutsche Recht, z. B. der *Abriss des Zivilrechts des ehemals preußischen Landesteils, Teil 2, Schuldrecht* (*Zarys prawa cywilnego byłej dzielnicy pruskiej, Część 2, Zobowiązania*) von Alfred Ohanowicz aus dem Jahre 1922.[171] Vom selben Autor stammte ein Beitrag über das deutsche Zivilrecht im 1925 erschienenen dritten Teil einer mehrbändigen Enzyklopädie des in Polen geltenden Rechts.[172] Darin gab Ohanowicz als weiterführende Literatur fast durchweg deutschsprachige Titel an und fügte hinzu, dass der Bestand an polnischer Literatur zum deutschen Zivilrecht weiterhin dürftig sei, denn intensiver habe man sich in Polen mit dem BGB erst seit Wiedererlangung der Unabhängigkeit beschäftigt.[173] Bezeichnend für die Gesamtsituation ist eine Statistik in der *Polnischen Juristischen Bibliographie* (*Bibljografja Prawnicza Polska – Bibliographia Juridica Polonica*) von Alfred Suligowski aus dem Jahr 1911, die polnischsprachige Werke des 19. und der ersten Dekade des 20. Jahrhunderts aus allen drei Teilungsgebieten erfasste.[174] Danach sind im Zivilrecht in den Jahren 1864–1910

168 Z. B. *Herse*, Deutsch-Polnisches Wörterbuch (1. Auflage von 1905); Herse beklagt im Vorwort aus dem Jahre 1904 die stümperhafte Qualität der wenigen Übersetzungen deutscher oder preußischer Rechtstexte ins Polnische und den zunehmenden Mangel an guten Gerichtsdolmetschern (*Herse*, Deutsch-Polnisches Wörterbuch, 2. Auflage, S. VIII); *Kościński*, Deutsch-polnisches Wörterbuch; aus der Zwischenkriegszeit *Zolondek*, Deutsch-polnisches/Polnisch-deutsches juristisches Wörterbuch.

169 Ebenso *Longchamps*, Wstęp, S. 52; *Mączyński*, in: *Fischer-Czermak/Hopf/Kathrein u. a.* (Hrsg.), Festschrift, S. 175, 188.

170 Dazu auch *Suligowski*, Bibljografja, S. LIV (Fn. 1).

171 Ohanowicz war Schüler des Lemberger Zivilrechtlers Till und stammte ursprünglich aus Galizien. Als Hochschullehrer für deutsches Zivilrecht an der Universität Posen hielt er die ersten polnischsprachigen Vorlesungen über das BGB (*Sójka-Zielińska*, Wielkie kodyfikacje, S. 173, Fn. 434).

172 *Ohanowicz*, in: *Peretiatkowicz* (Hrsg.), Encyklopedja Prawa III, S. 147–192.

173 *Ohanowicz*, a. a. O., S. 155.

174 Die tabellarische Statistik ist untergliedert nach Ort der Herausgabe, Zeiträumen (1801–1832, 1833–1863, 1864–1900, 1901–1910) und Rechtsgebieten (*Suligowski*, Bibljografja, S. 441–458).

in Galizien 175 Einzelwerke und 368 Beiträge in Sammelwerken oder Zeitschriften publiziert worden. Im russischen Teilungsgebiet waren es 102 Einzelwerke und 241 anderweitige Beiträge und im preußischen Gebiet 13 Einzelwerke und ein Beitrag zu einem Sammelwerk bzw. einer Zeitschrift.[175]

1.4.2 Russisches Teilungsgebiet

In Kongresspolen konnte sich trotz zunehmender Verdrängung des Polnischen aus dem öffentlichen Leben eine eigene polnische Rechtssprache erhalten und weiter ausbilden.[176] Insoweit unterschied sich die dortige Situation in vieler Hinsicht von derjenigen im preußischen Teilungsgebiet. So wurde eine polnische Übersetzung des KN aus dem Jahre 1808 aufgrund amtlichen Dekrets bereits 1809 zur maßgeblichen Fassung für den gerichtlichen Gebrauch erklärt.[177] Weitere polnischsprachige Übersetzungen sind aus den Jahren 1813, 1860/61, 1877, 1914 bekannt.[178] Ein wichtiger Faktor für die Herausbildung der juristischen Fachsprache in Kongresspolen dürfte auch gewesen sein, dass während der gesamten Teilungszeit – mal mehr, mal weniger, aber dennoch durchgehend – in polnischer Sprache zu Fragen des (Zivil-)Rechts publiziert wurde.[179] Dabei

175 Dasselbe Bild ergibt sich, wenn man die Publikationen aller Rechtsgebiete zugrunde legt (vgl. die Tabelle bei *Suligowski*, a. a. O., S. 458). Da die Statistik nur nach den Herausgabeorten unterschied, ist denkbar, dass sich auch einige der in Galizien oder im russischen Teilungsgebiet erschienenen Werke mit dem deutschen Recht befassten. Der verschwindend geringe Anteil polnischsprachiger Literatur zum deutschen Recht dürfte dadurch aber kaum nennenswert vergrößert worden sein.

176 Dembiński geht davon aus, dass es in der zivilrechtlichen Rechtssprache Kongresspolens noch Verbindungen zum alten polnischen Recht aus der Zeit vor den Teilungen gegeben habe (*Dembiński*, Zeitschrift für Ostrecht 1932, S. 551).

177 *Sójka-Zielińska*, Kodeks Napoleona, S. 275; dazu auch *Dölemeyer*, in: *Dölemeyer/Mohnhaupt/Somma* (Hrsg.), Richterliche Anwendung, S. 1, 18.

178 *Dölemeyer*, a. a. O., S. 34.

179 Bereits in der ersten Hälfte des 19. Jahrhunderts wurden an der Universität neben Lehrbüchern aus Westeuropa Lehrmaterialien in polnischer Sprache verwendet (*Wrzyszcz*, in: *Pokrovac* (Hrsg.), Juristenausbildung, S. 191, 212). Während des Bestehens der Hauptschule (1862–1869) wurden weitere polnischsprachige Werke publiziert (*Sójka-Zielińska*, Kodeks Napoleona, S. 235). In dieser Zeit erschien auch erstmalig eine systematische Darstellung zum Schuldrecht in polnischer Sprache von Władysław Holewiński (*Sójka-Zielińska*, a. a. O., S. 236). Wegen des Niedergangs der Warschauer Universität ab 1869 kam neu entstehenden polnischsprachigen Fachzeitschriften, z. B. der seit 1873 erscheinenden *Warschauer Gerichtszeitung* (*Gazeta Sądowa Warszawska – GSW*), erhebliche Bedeutung zu (Sójka-Zielińska, a. a. O.,

trug das Grundverständnis, dass die Pflege der eigenen (zivil-)rechtlichen Rechtstradition eine nationale Aufgabe sei, dazu bei, dem Erhalt und Ausbau einer polnischen Terminologie ebenfalls erhebliche Bedeutung beizumessen.

Trotz eines auf den ersten Blick recht eindrucksvollen Stands der juristischen Fachliteratur in Kongresspolen zum französisch-polnischen Zivilrecht wird vielfach darauf hingewiesen, dass diese bei der Interpretation des KN und der bloßen Übermittlung der französischen Literatur stehengeblieben sei.[180] Zudem stammten polnischsprachige Publikationen zum KN – insbesondere Monographien und Lehrbücher – vorwiegend aus der Zeit bis ca. 1875, während in Galizien der Schwerpunkt der Publikationstätigkeit in den letzten Jahrzehnten der Teilungszeit lag.[181] Beide Faktoren waren für den Stellenwert der französisch-polnischen Rechtswissenschaft im Polen der Zwischenkriegszeit nicht förderlich.

Zum russischen Zivilrecht, d. h. Band X Teil 1 Svod Zakonov, erschien während der Teilungszeit nur wenig polnischsprachige Literatur. Vorwiegend handelte es sich hierbei um Zeitschriftenaufsätze.

1.4.3 Österreichisches Teilungsgebiet

Die bereits beschriebene Entwicklung einer polnischen Rechtswissenschaft, eines polnischen Gerichtswesen und polnischer Verwaltung in Galizien ging mit einer Fülle polnischsprachiger Publikationen einher. Auf diese Weise entstand in der zweiten Hälfte des 19. Jahrhunderts bis zum Ende der Teilungszeit eine umfangreiche polnischsprachige Fachliteratur zum österreichischen Recht.[182] Eine erste (amtliche) Übersetzung des ABGB ins Polnische erschien bereits 1811.[183] Bemerkenswert – etwa im Vergleich zur preußischen Politik – ist auch

---

S. 239 f.). Daneben erschienen polnischsprachige Entscheidungssammlungen (*Sójka-Zielińska*, a. a. O., S. 224).

180 Dazu *Suligowski*, Bibljografja, S. LX, LXVII; *Grodziski*, in: *Suchodolski* (Hrsg.), Historia nauki, Tom IV, Część. III, S. 938, 967 f.; *Sójka-Zielińska*, Kodeks Napoleona, S. 244. Mączyński weist darauf hin, dass die polnische Literatur zum kongresspolnischen (Zivil-)Recht zum Zeitpunkt der Wiedererlangung der Unabhängigkeit veraltet war (*Mączyński*, in: *Fischer-Czermak/Hopf/Kathrein u. a.* (Hrsg.), Festschrift, S. 175, 188). *Giaro*, in: *ders.* (Hrsg.), Rechtskulturen Bd. 1, S. 275, 318, betont die Praxisorientierung der privatrechtlichen Literatur im russischen Landesteil.

181 Dazu auch *Suligowski*, a. a. O., S. LXII-LXVII.

182 Eine wichtige Rolle spielte hierbei die seit 1876 in Lemberg erscheinende Zeitschrift *Rechts- und Verwaltungsrundschau* (*Przegląd Prawa i Administracji – PPiA*); dazu auch 1.7.1.

183 Vgl. *Slapnicka*, Österreichs Recht, S. 64 f., *Mączyński*, in: *Fischer-Czermak/Hopf/Kathrein u. a.* (Hrsg.), Festschrift, S. 175, 178.

eine gesetzliche Vorgabe aus dem Jahr 1869, dass das österreichische Reichsgesetzblatt in allen landesüblichen Sprachen herauszugeben sei.[184] Eine polnischsprachige Fassung erschien seit 1870.[185] Das Landesgesetzblatt für Galizien[186], das Landesgesetze, Sejm-Beschlüsse und Verordnungen enthielt,[187] erschien dreisprachig, dabei war der polnische Text der authentische.[188]

Da polnische Juristen ein halbes Jahrhundert in Verwaltung und Gesetzgebung eines vergleichsweise modernen Staates eingebunden waren und dabei weitgehend in ihrer Muttersprache agieren konnten, kam es zur Ausbildung einer zeitgemäßen Rechtssprache.[189]

Insoweit zeigte sich in den drei Teilungsgebieten eine gegenläufige Entwicklung: Während in Preußen und Kongresspolen das Polnische im letzten Drittel des 19. Jahrhunderts zunehmend aus der juristischen Praxis verdrängt wurde, kam es zeitgleich in Galizien zu einer Polonisierung des öffentlichen Lebens. Da diese Phase polnischer Autonomie dem Beginn der polnischen Unabhängigkeit unmittelbar vorausging, entsprachen die im Galizien erworbenen Kenntnisse und wissenschaftlichen Errungenschaften 1918 dem aktuellen Stand. Beim Start in das unabhängige Polen gab es daher für den österreichischen Rechtsraum eine weitgehend einheitliche und über die letzten Jahrzehnte gewachsene polnischsprachige Rechtsterminologie, die den Anforderungen der damals aktuellen Rechtsentwicklung genügte.[190]

---

184 Der deutsche Text galt als der authentische, während die Ausgaben in den übrigen landesüblichen Sprachen Übersetzungen darstellten. Die verschiedenen Ausgaben des Gesetzblatts waren in der Regel gleichzeitig herauszugeben; dazu auch *Slapnicka*, Österreichs Recht, S. 65–68.

185 Reichsgesetzblatt für die im Reichsrathe vertretenen Königreiche und Länder (Dziennik Ustaw Państwa dla królestw i krajów w radzie państwa reprezentowanych), zitiert nach *Fellerer*, Mehrsprachigkeit, S. 116.

186 Landesgesetz- und Verordnungsblatt für das Königreich Galizien und Lodomerien (Dziennik ustaw i rozporządzeń krajowych dla Królestwa Galicji i Lodomerii), zitiert nach *Fellerer*, a. a. O., S. 116.

187 *Fellerer*, a. a. O., S. 116, 118.

188 *Slapnicka*, Österreichs Recht, S. 68; *Fellerer*, a. a. O., S. 118 f.

189 *Kraft*, Europa, S. 56. Kritisch zum Ausmaß des österreichischen Einflusses auf die galizische Terminologie *Ślaski*, RPEiS 1925, S. 597, 598; dazu auch *Płaza*, Historia prawa III, S. 27.

190 So auch *Zatley*, GSW 1922, S. 190, 197.

1.4.4 Die Vereinheitlichung der Terminologie nach 1918

Über die Frage der Terminologie des zukünftigen gesamtpolnischen Rechts gab es eine – teilweise sehr engagierte – öffentliche Diskussion.[191] Die Kritik richtete sich insbesondere gegen eine (jedenfalls so empfundene) übermäßige Anlehnung an die österreichische Rechtssprache.[192] Dem wurde die Rechtssprache Kongresspolens gegenübergestellt. Die dortige Rechtswissenschaft habe in terminologischen Fragen an die polnische Rechtssprache aus der Zeit vor den Teilungen angeknüpft und sei insoweit originär polnisch geblieben.[193] Die terminologischen Differenzen betrafen nicht etwa nur entlegene Rechtsgebiete, sondern auch zentrale Begriffe des Schuldrechts: Die Verwendung des Ausdrucks „świadectwo" für den Begriff der „Leistung" wurde 1922 heftig kritisiert, da er in Kongresspolen die Bedeutung „zeznań przez świadków" (d. h. Zeugenaussage/-beweis) habe und für eine Leistung im Sinne des Zivilrechts die Begriffe „uiszczenie" oder „zapłata" zur Verfügung stünden. Der Begriff „zapadłość" beruhe auf einer sklavischen Übersetzung des deutschen Begriffs „Fälligkeit" und sei durch „płatność" oder „wymagalność" zu ersetzen.[194] Im Ergebnis hat aber auch hier der Modernitätsvorsprung der galizischen Rechtswissenschaft dazu geführt, dass die neue gesamtpolnische Terminologie wesentlich auf der Grundlage der galizischen Rechtssprache entstand.[195]

---

191 Vgl. z. B. die scharfe Kritik am Entwurf der Kodifikationskommission für eine neue Zivilprozessordnung von *Sitnicki*, Głos Sądownictwa I (1929), S. 461, 466; dazu die Erwiderung von *Skąpski*, Palestra 1931, Nr. 1/2, S. 44–52; vgl. auch *Posner*, Palestra 1925, Nr. 5, S. 780, 782 mit einem Plädoyer für die Anwendung der französischen oder schweizerischen Rechtssprache, keinesfalls jedoch der Rechtssprache des BGB.

192 *W.M.*, GSW 1922, S. 76; dazu auch *Glass*, GSW 1922, 250, 252; *Zatley*, GSW 1922, S. 190, 198.

193 *W.M.*, a. a. O., S. 76.

194 Terminologische Unsicherheiten begleiteten auch die Gesetzgebungsarbeiten der Kodifikationskommission, vgl. etwa die bereits zitierte Diskussion um den Entwurf einer neuen Zivilprozessordnung (*Sitnicki*, Głos Sądownictwa I (1929), S. 461–467; *Skąpski*, Palestra 1931, Nr. 1/2, S. 44–52). Beispiele für terminologische Unsicherheiten im Bereich des Schuldrechts auch bei *Longchamps*, PPiA 1930, S. 304, 306 (betreffend die Sach- und Rechtsmängelhaftung).

195 Vgl. etwa *Wojciechowski*, in: *Geistlinger/Harrer/Mosler u. a.* (Hrsg.), 200 Jahre ABGB, S. 183, 188. Für das Privatrecht wird in diesem Zusammenhang der mehrbändigen polnischsprachigen Gesamtdarstellung *Österreichisches Privatrecht* (*Prawo Prywatne Austryackie*) von Till aus den Jahren 1884–1904 grundlegende Bedeutung beigemessen (*Wojciechowski*, a. a. O., S. 188); dazu auch 1.7.1.1.

1.5 Die Einstellung zur Rechtsordnung der Teilungsmacht

Der Marschall des Sejms Wojciech Trąmpczyński gab anlässlich der Inauguration der Kodifikationskommission im Oktober 1919 folgende Einschätzung ab: Die Gesetze, unter denen die polnische Nation für mehr als ein ganzes Jahrhundert gezwungenermaßen habe leben müssen, hätten sich nicht an polnischen Interessen, Gebräuchen und Traditionen orientiert, sondern seien in der Regel auf die Untergrabung der polnischen nationalen Existenz ausgerichtet gewesen. Es sei daher festzustellen, dass in keinem Teil des polnischen Staates die Bevölkerung eine Verbundenheit mit den bisherigen Gesetzen fühle. Frei von historischen Bindungen könnten die Mitglieder der Kommission daher dasjenige Recht in Gesetze gießen, das zusammen mit der polnischen Nation entstanden sei.[196]

Eine gegenteilige Bewertung wird in einem Beitrag des Mitglieds der Kodifikationskommission Zoll zu deren zehnjährigem Bestehen deutlich. Danach habe es im Verlauf der Teilungszeit einen grundlegenden Wandel in der Einstellung den fremden Rechten gegenüber gegeben. Nach anfänglichem Widerstand in allen drei Teilungsgebieten gegen die Einführung der fremden Zivilrechte hätten sich in der Folgezeit die Lebensbedingungen sowie ethische, gesellschaftliche und wirtschaftliche Anschauungen den auferlegten Rechtsnormen angepasst. Im weiteren Verlauf der Entwicklung habe man allmählich begonnen, das jeweilige Teilungsrecht als das eigene und sogar als das beste anzusehen: „Die Kongresspolen lieben das französische Gesetzbuch. Die Kleinpolen meinen, dass das österreichische Gesetzbuch, zumal nach der Novellierung 1914–1916, ein hervorragendes Werk sei. Derselben Auffassung sind die Bewohner der westlichen Gebiete hinsichtlich des BGB. Und sogar unter den Polen, bei denen der Svod Zakonov gilt, regt sich starker Widerstand bei dem Gedanken, dort französisches Recht einzuführen."[197]

Möglicherweise ist es kein Zufall, dass zwischen diesen beiden Einschätzungen ein Zeitraum von zehn Jahren lag. Teilweise hat man in Polen die Bindung an das jeweils gewohnte Recht zunächst unterschätzt. Bald wurde deutlich, dass die Menschen – bei aller Bejahung der Kodifikationsbemühungen im Allgemeinen – vertraute Rechtsgewohnheiten bisweilen ungern aufgaben. Dieser

---

196 *KKRP*, dz. og., Tom I, zeszyt 1, S. 17. Möglicherweise ist diese Einschätzung durch den Werdegang Trąmpczyńskis (1860–1953) geprägt, der aus dem preußischen Teilungsgebiet stammte. Nach dem Studium in Breslau sowie Berlin war er als Rechtsanwalt und später auch als Notar in Posen tätig. Von 1912–1918 gehörte er dem Deutschen Reichstag an; daneben war er auch Mitglied des Preußischen Abgeordnetenhauses.

197 *KKRP*, dz. og., Tom I, zeszyt 13, S. 17 f.

„Patriotismus der Regionen“[198] bestand nicht nur in der juristischen Fachwelt, sondern auch in weiteren Kreisen der Bevölkerung. Allerdings zeigen sich auch hier deutliche Unterschiede zwischen den drei Teilungsgebieten.

Prägender Faktor für die Situation in Kongresspolen war die Tatsache, dass der KN nicht Teil der Rechtsordnung der Teilungsmacht war. Eine positive Einstellung zum KN und eine oppositionelle Haltung gegenüber Russland waren kein Gegensatz, sondern häufig miteinander verbunden. Das damalige Verhältnis zum französisch-polnischen Zivilrecht nicht nur der juristischen Fachwelt, sondern auch der polnischen Bevölkerung wird übereinstimmend als uneingeschränkt positiv beschrieben.[199] Dabei lassen die Schilderungen erkennen, dass sich die Wertschätzung wesentlich aus der symbolischen Bedeutung des KN für die Eigenständigkeit Polens speiste.[200] Vor diesem Hintergrund war der 100. Jahrestag der Einführung französischen Rechts in Polen ein Ereignis, dem die führende Warschauer Fachzeitschrift Gazeta Sądowa Warszawska eine Jubiläumsausgabe widmete.[201]

In Galizien betrachteten viele Mitglieder der galizischen Führungsschicht das ABGB im gewissen Grade als eigenes Recht.[202] Bezeichnend für diese Haltung waren die verschiedenen Beiträge galizischer Juristen zum 100. Jahrestag der Verkündung des Gesetzes im Jahr 1911. Die im selben Jahr in Wien

---

198 So *Górnicki*, Prawo cywilne, S. 479.

199 Vgl. aus der jüngeren Literatur z. B. *Lityński*, in: *Schulze* (Hrsg.), Französisches Zivilrecht, S. 253, 265 f.; sowie aus der Zwischenkriegszeit *Longchamps,* Palestra 2007, Nr. 7/8, S. 194, 198 (Nachdruck aus PPiA 1921); *Parczewski,* Rocznik Prawniczy Wileński 1925, S. 1, 56; *Rappaport*, Review of Polish Law and Economics (Zeitschrift für polnisches Recht und Wirtschaftswesen) 1928, S. 16, 17: „This French law, […], became by and by, in the Nineteenth Century, in the heart of Poland, a law cherished by the Polish population, a pledge of the bonds which continued to exist between it and the juridical culture of the French and Belgian West.“

200 Von „sentimentaler Verbundenheit“ spricht *Zoll,* in: *Fischer-Czermak/Hopf/Kathrein u. a.* (Hrsg.), Festschrift, S. 319, 320. Allerdings handelte es sich bei der Besonderheit französisch-polnischen Rechts um ein Phänomen, das (jedenfalls seit der zweiten Hälfte des 19. Jahrhunderts) auf den Bereich des Zivilrechts beschränkt war; s. auch *Rappaport,* Internationales Anwaltsblatt 14 (1928), S. 196, 197.

201 GSW 1908, S. 327–368, s. insbesondere der Beitrag von *Posner (Heute und vor hundert Jahren. Unsere historische Beziehung zum Kodex*, S. 357–362).

202 So die übereinstimmende Einschätzung der Literatur: *Dziadzio,* in: *Berger* (Hrsg.), ABGB III, S. 205, 218; *Zoll,* in: *Fischer-Czermak/Hopf/Kathrein u. a.* (Hrsg.), Festschrift, S. 319, 320; vgl. auch *Slapnicka*, Österreichs Recht, S. 47, 71, 80 sowie *Kraft*, Europa, S. 56 f.

herausgegebene *Festschrift zur Jahrhundertfeier des Allgemeinen Bürgerlichen Gesetzbuches* enthielt Aufsätze mehrerer polnischer Professoren, unter anderem von Till[203] und Zoll. Die Lemberger Anwaltskammer sowie die Notariatskammern von Krakau und Lemberg beteiligten sich durch Spenden am Zustandekommen des Werkes. Eine weitere Festschrift gab 1911 die juristische Fakultät der Universität Lemberg heraus.[204] Das Redaktionskomitee (unter dem Vorsitz Tills) machte im Vorwort deutlich, wie die in Österreich praktizierte Beteiligung polnischer Juristen an der Gesetzgebung dazu beitrug, dass diese das ABGB als eigenes Recht annahmen: Den Autoren des Gesetzes sei es gelungen, unter Hintanstellung nationaler und politischer Ressentiments eine der besten Kodifikationen zu schaffen. Daher wolle man an die Verabschiedung des Gesetzes erinnern, das für die örtliche Bevölkerung – anders als in den übrigen Teilungsgebieten – eine ordnungsgemäße Entwicklung der zivilrechtlichen Beziehungen sicherstelle. Eine Rückschau auf die hundertjährige Geschichte des Gesetzes sei aber auch deshalb wünschenswert, weil die Polen nunmehr durch ihre parlamentarische Vertretung gesicherten Anteil an der Gesetzgebung hätten und die Bestrebungen nach einer Reform des ABGB Gestalt annähmen.[205]

Zu der Frage, welche Einstellung die polnische Bevölkerung zum Ende der Teilungszeit zu den jeweils geltenden (Zivil-)rechten hatte, äußert sich die Literatur für KN und ABGB sehr einheitlich und deutlich. Entsprechende Aussagen bezogen auf das BGB sind hingegen nicht zu finden. Generell wird aber angenommen, dass die Erfahrungen der polnischen Bewohner des preußischen Teilungsgebiets mit dem dortigen Recht sehr zwiespältig waren. Ein vergleichsweise rechtsstaatliches System und die Modernisierung vieler Lebensbereiche gingen mit zunehmender Germanisierung einher.[206] Die als „organische Arbeit" bekannt gewordene Entwicklung polnischer Parallelstrukturen vollzog sich auf der Grundlage eines für die damalige Zeit modernen Rechtssystems und begleitet durch eine funktionierende Verwaltung und Gerichtsbarkeit. Dieselben staatlichen Strukturen traten den Polen aber auch bei der Durchsetzung der Germanisierungspolitik entgegen.[207] Diese einerseits förderlichen, andererseits

203 Till war auch Mitglied des Festkomitees (*Slapnicka*, Österreichs Recht, S. 51).

204 *Księga Pamiątkowa wydana w setną rocznicę ogłoszenia kodeksu cywilnego z dnia 1. czerwca 1811 roku*, PPiA 1911, S. 513–796.

205 Gekürzte Wiedergabe der wesentlichen Passagen des Vorwortes (PPiA 1911, S. 515–517).

206 *Kraft*, Europa, S. 49; dazu auch *Borodziej*, Geschichte Polens, S. 40–43.

207 *Kraft*, a. a. O., S. 51.

repressiv wirkenden rechtlichen Rahmenbedingungen mussten als sehr widersprüchlich empfunden werden.[208] Die eingangs wiedergegebene Einschätzung Zolls aus dem Jahr 1929, in Westpolen halte man das deutsche BGB für ein hervorragendes Werk, war daher nicht selbstverständlich. Sie findet aber durchaus Bestätigung: So wurden nach 1918 im ehemaligen preußischen Teilungsgebiet Befürchtungen geäußert, die bevorstehende Rechtsvereinheitlichung könne zu Rückschritten gegenüber dem bisherigen Rechtszustand führen.[209] Auf dem Polnischen Juristentag 1920 widersprach ein führender westpolnischer Jurist vehement einem Vorschlag Alfons Parczewskis, den KN jedenfalls vorübergehend auf das gesamte polnische Staatsgebiet auszudehnen, und setzte sich leidenschaftlich für die regionale Weitergeltung des BGB ein.[210] Wie Parczewski einräumte, ließ der Redebeitrag erkennen, wie weitgehend das deutsche Recht im Rechtsdenken Posens verwurzelt sei.[211]

Soweit die Gesetzgebung daher bei der anstehenden Rechtsvereinheitlichung auf gewachsene Einstellungen der Bevölkerung Rücksicht nehmen wollte und konnte, musste sie in der Tat von einem Patriotismus der Regionen ausgehen, der alle drei Teilungsgebiete betraf und die Einführung von übermäßig vielen Neuerungen oder die allzu deutliche Übernahme von Regelungen vorwiegend aus einem der beteiligten Rechte nicht begünstigte.[212]

---

208 Vgl. auch die bei *Borodziej*, Geschichte Polens, S. 42 f. wiedergegebenen Stimmen betreffend das Deutsche Kaiserreich.

209 Vgl. z. B. *Kraft*, Europa, S. 52.

210 *Parczewski*, Rocznik Prawniczy Wileński 1925, S. 1, 67.

211 *Parczewski*, a. a. O., S. 67. Daneben gab es auch unter den Juristen aus anderen Teilungsgebieten sehr unterschiedliche Beurteilungen des deutschen Rechts, sehr kritisch zum BGB z. B. *Posner*, Palestra 1925, Nr. 5, S. 780, 789 f., 794; hingegen mit insgesamt positiver Einschätzung des deutschen Rechts *Rappaport*, Internationales Anwaltsblatt 14 (1928), S. 196, 197; abwägend *Zoll* (*KKRP*, dz. og., Tom I, zeszyt 13, S. 23).

212 Die Kritik an – so empfundenen – übermäßigen Einflüssen einer der drei maßgeblichen Rechtsordnungen dauerte auch in den 1930er Jahren an, vgl. die Kritik *Bekermans* (Palestra 1935, Nr. 5, S. 405, 406, 408 f.) aus dem Jahre 1935: Das OGB sei zu sehr vom BGB beeinflusst und wie dieses ein „kleiner Windscheid", Ursache hierfür sei der übermächtige Einfluss der deutschen Universitäten auf die Juristen außerhalb Kongresspolens.

1.6 Die Ausarbeitung des OGB durch die Kodifikationskommission

1.6.1 Die Kodifikationskommission

Bereits mit Gesetz vom 3. Juni 1919[213] berief der Sejm eine Kodifikationskommission, die zivil-, straf- und prozessrechtliche Gesetzesvorschläge für ganz Polen erarbeiten sollte. Hinsichtlich deren Stellung gegenüber Sejm und Regierung, insbesondere dem Justizministerium, blieb zwar vieles unklar.[214] Soweit aber nach 1926 Gesetze im Verordnungswege verabschiedet wurden, waren Gesetzesvorschläge der Kommission dem Justizministerium vorzulegen.

Trotz gegenteiliger Stimmen setzte sich bald die Auffassung durch, dass die Rechtsvereinheitlichung nicht im Wege der teilweisen oder vollständigen Rezeption eines der bisher in Polen geltenden Rechte erfolgen, sondern ein eigenständiges neues Recht geschaffen werden sollte.[215] Für diese Konzeption sprachen nicht nur die davon erwarteten positiven Wirkungen auf dem Weg zur inneren Einheit des neuen polnischen Staates[216], sondern auch die andernfalls befürchteten negativen Reaktionen der Bevölkerung der anderen Landesteile.[217] Den Kodifikatoren war zudem daran gelegen, für die verschiedenen Bevölkerungsteile allzu große Veränderungen zu vermeiden, und die bestehenden Rechte nur vorsichtig fortzuentwickeln: Evolution statt Revolution.[218] Es bestand daher weitgehende Übereinstimmung, dass das zukünftige polnische Recht nicht etwas völlig neues darstellen, sondern – als Ergebnis einer rechtsvergleichenden Betrachtung – bewährte und allgemein übliche Rechtsinhalte aus den bisher

---

213 Dz. U. 1919, Nr. 44, Pos. 315.

214 Zur Rechtsstellung der Kommission gegenüber Sejm und Regierung *Górnicki*, Prawo cywilne, S. 19–36 sowie *Polkowski*, Zivilprozessordnung, S. 51–54; zur Rolle und Arbeitsweise der Kommission vgl. auch *Kraft*, Europa, S. 80–106.

215 *Płaza*, CPH 2005, Nr. 1, S. 219–221. Parczewski berief sich in seiner Kritik an einer als verfrüht empfundenen Kodifikation auf Savigny (*Sójka-Zielińska*, CPH 1975, Nr. 2, S. 271, 278; *Polkowski*, a. a. O., S. 41).

216 *KKRP*, dz. og., Tom I, zeszyt 1, S. 30 (Eröffnungsrede des Kommissionspräsidenten Fierich vom 10. November 1919); *Koschembahr-Łyskowski*, Them. Pol. 1924/25, Tom II, S. 1, 2; *Płaza*, CPH 2005, Nr. 1, S. 219, 220.

217 *Sójka-Zielińska*, CPH 1975, Nr. 2, S. 271, 277 f.

218 So ausdrücklich *Longchamps*, in: Księga Pamiątkowa ku czci Władysława Abrahama I, S. 351, 353; ähnlich schon 1922 *Koschembahr-Łyskowski*, Them. Pol. 1924/25, Tom II, S. 1, 14, mit kritischem Hinweis auf die Entwicklung infolge der Revolution in Russland.

geltenden Kodifikationen übernehmen sollte.[219] Darüberhinaus war man sich der Tatsache bewusst, dass aus außenpolitischen und wirtschaftlichen Gründen eine Berücksichtigung der internationalen Rechtsentwicklung angeraten war.[220]

Die Zusammensetzung der Kodifikationskommission sollte die Einbeziehung der verschiedenen Landesteile mit ihren jeweiligen Rechten und unterschiedlicher juristischer Berufe gewährleisten.[221] Im Ergebnis war jedoch die Gruppe der Professoren besonders stark vertreten.[222] Wie es der Gesamtsituation im polnischen Rechtswesen entsprach, waren in regionaler Hinsicht nur Kongresspolen und das ehemalige österreichische Teilungsgebiet von entscheidender Bedeutung, während die anderen Landesteile nur in geringerem Maße vertreten waren.[223] Präsident der Kommission war von 1919–1928 der Krakauer Zivilrechtsprofessor Xawery Fierich.[224] Die Kommission bildete verschiedene Untergliederungen (Abteilungen, Sektionen, Untersektionen und Unterkommissionen)[225] und verabschiedete eine Verfahrensordnung.[226] Die Schwerfälligkeit der Arbeitsweise der Kommission in den Anfangsjahren und damit einhergehende Kritik an deren Arbeitstempo führten später dazu, dass die Erarbeitung von Gesetzentwürfen nicht mehr kollektiv, sondern zunehmend durch einzelne

---

219 Hinweise zu Äußerungen einzelner Politiker und Kommissionsmitglieder bei *Polkowski,* Zivilprozessordnung, S. 63 f.

220 *Polkowski,* a. a. O., S. 64; s. auch die Eröffnungsrede Fierichs von 1919 (*KKRP,* dz. og., Tom I, zeszyt 1, S. 31).

221 *Polkowski,* a. a. O., S. 64; *Wojciechowski,* in: *Geistlinger/Harrer/Mosler u. a.* (Hrsg.), 200 Jahre ABGB, S. 183, 190; *Malec,* in: *Dölemeyer/Mohnhaupt* (Hrsg.), 200 Jahre ABGB, S. 235, 244 f.

222 Nach *Polkowski,* a. a. O., S. 64, trugen 22 von 44 Mitgliedern einen Professorentitel.

223 Vgl. auch *Polkowski,* a. a. O., S. 64. Die dort wiedergegebene Zahl der Kommissionsmitglieder aus dem ehemaligen deutschen Teilungsgebiet (neun von 44) beruht auf der Angabe des Wohnortes der Kommissionsmitglieder aus dem Jahr 1919 (vgl. *KKRP,* dz. og., Tom I, zeszyt 2, S. 63–65). Die ursprüngliche Herkunft wich jedoch teilweise davon ab. So war Tadeusz Dziurzyński zwar (wie von der Kommission angegeben) Professor in Posen, jedoch ursprünglich Professor der Universität Krakau; Wiktoryn Mańkowski war (wie von der Kommission angegeben) Vizepräsident des Appelationsgerichts in Posen, stammte aber ebenfalls aus Galizien. Zur regionalen Zusammensetzung der Kommission auch *Kraft*, Europa, S. 92 f.

224 *Kraft*, a. a. O., S. 93.

225 *KKRP*, dz. og., Tom I, zeszyt 12, S. 379 f. (Bericht des Generalsekretärs der Kommission Rappaport anlässlich deren zehnjährigen Bestehens); *Polkowski,* Zivilprozessordnung, S. 54 f.

226 Zu Struktur und Verfahrensweise der Kommission *Polkowski,* a. a. O., S. 55–60.

Kommissionsmitglieder als zuständige Referenten erfolgte[227] und das gesamte kommissionsinterne Verfahren gestrafft wurde.[228]

1.6.2 Das kommissionsinterne Beratungsverfahren zum OGB

Da eine Vereinheitlichung des Schuldrechts einerseits vergleichsweise einfach und andererseits besonders dringlich erschien[229], wurde schon 1922 beschlossen, nach dem Vorbild des schweizerischen Rechts zunächst ein gesondertes Obligationenrecht zu erarbeiten.[230] Die förmlichen Beratungen der zuständigen Unterkommission setzten allerdings erst 1929 auf der Grundlage folgender Gesetzentwürfe ein[231]:

- ein Entwurf zum Allgemeinen Teil aus dem Jahr 1923[232], der von Ernest Till als 1923 zuständigem Hauptreferenten und weiteren Mitgliedern eines örtlichen Komitees der Kodifikationskommission in Lemberg (d. h. der Professoren der dortigen Universität Maurycy Allerhand, Aleksander Doliński, Roman Longchamps de Berier, Kamil Stefko) stammte[233],
- ein Gegenentwurf zum Allgemeinen Teil von Ludwik Domański als Mitreferent aus dem Jahre 1927,[234]
- der Gesetzentwurf zum Besonderen Teil von Till und Longchamps aus dem Jahre 1928,[235]

---

227 *KKRP*, dz. og., Tom I, zeszyt 12, S. 379 f. (Bericht des Generalsekretärs der Kommission); *Kraft*, Europa, S. 90; *Polkowski*, a. a. O., S. 58.

228 Zu den widrigen Arbeitsbedingungen der Kommission, die eine effektive Arbeitsweise zusätzlich erschwerten, *Polkowski*, a. a. O., S. 66–68.

229 Dazu *KKRP*, dz. og., Tom I, zeszyt 13, S. 20; *Longchamps*, Zobowiązania, S. 3.

230 *Górnicki*, Prawo cywilne, S. 397; *Redzik*, Prawo prywatne, S. 230.

231 *KKRP*, Podkomisja Prawa o Zobowiązaniach, zeszyt 1, S. 3.

232 *Till*, Polskie Prawo Zobowiązań, Część ogólna (nachfolgend: *Till*, Gesetzentwurf AT). Der offizielle Untertitel lautete „Vorentwurf mit Begründungen". Diese Bezeichnung war konsequent, da der eigentliche Gesetzentwurf erst das Ergebnis der Kommissionsarbeit sein konnte. Die Erläuterungen zu Art. 111–215 waren in PPiA 1924, S. 1–52 abgedruckt (nachfolgend: *Till*, Gesetzentwurf AT, PPiA 1924).

233 *Redzik*, Prawo prywatne, S. 230.

234 *Domański*, Projekt Prawa o Zobowiązaniach w opracowaniu Koreferenta Projektu Adwokata Ludwika Domańkiego (nachfolgend: *Domański*, Gesetzentwurf AT).

235 *Till/Longchamps*, Projekt Prawa o Zobowiązaniach, Część szczegółowa (nachfolgend: *Till/Longchamps*, Gesetzentwurf BT), ebenfalls im Untertitel als „Vorentwurf mit Begründungen" bezeichnet (siehe Fn. 232).

- Gegenentwürfe von Domański zum Kaufrecht und Henryk Konic zum Gesellschaftsrecht.

Die erste Lesung der Unterkommission fand vom 15. August 1929 bis 18. März 1931, die zweite vom 29. August 1931 bis 26. November 1931 und die dritte vom 7. November 1932 bis 30. April 1933 statt. Die Mitgliederzahl der Unterkommission schwankte zwischen vier und sechs Personen, daneben nahmen einige weitere Personen (unter anderem ein Protokollant und ein Vertreter des Justizministeriums) teil. Zwischen zweiter und dritter Lesung wurde von Anfang März bis Ende Juni 1932 Gerichten, Verbänden und juristischen Fachorganisationen Gelegenheit zur Stellungnahme eingeräumt.[236] Die Diskussion in der Öffentlichkeit beschränkte sich im Wesentlichen auf arbeitsrechtliche Fragen.[237] Im Juni 1933 nahm ein sechsköpfiges Beschlussgremium der Kodifikationskommission das Projekt an.[238] Nachfolgend wurde es an das Justizministerium übermittelt, das eine weitere Beratung des Gesetzes im Rahmen einer interministeriellen Konferenz veranlasste.[239] Dort vorgenommene kleinere Änderungen betrafen z. B. Art. 269 OGB.[240] Das Gesetz wurde schließlich zusammen mit entsprechenden Einführungsbestimmungen im Wege einer Verordnung des Staatspräsidenten (und damit ohne parlamentarisches Verfahren) verkündet und trat zum 1. Juli 1934 in Kraft.

Die Protokolle der Beratungen zum OGB sind nicht erhalten.[241] Die Kodifikationskommission veröffentlichte aber eine von Longchamps nach Verabschiedung des OGB verfasste umfangreiche Gesetzesbegründung aus den Jahren 1934–1939.[242] Zu deren Geltung als quasi-amtliche Begründung machte

---

236 *Górnicki*, Prawo cywilne, S. 401.

237 *Górnicki*, a. a. O., S. 401 f.; dazu auch *Redzik*, Prawo prywatne, S. 233.

238 Zum gesamten Beratungsablauf auch *KKRP*, Podkomisja Prawa o Zobowiązaniach, zeszyt 1, S. 3–5.

239 *Górnicki*, Prawo cywilne, S. 403.

240 Dazu 2.8.4. Soweit nicht anders erwähnt, sind alle sonstigen in dieser Arbeit untersuchten Regelungen des OGB unverändert aus dem Entwurf der Kommission in den endgültigen Gesetzestext übernommen worden. Daneben gab es kleinere redaktionelle Änderungen.

241 *Górnicki*, Prawo cywilne, S. 401; *Falkowska*, in: *Malecki* (Hrsg.), Świat, S. 609, 611 f.

242 *Longchamps*, Begründung des Entwurfs zum OGB unter Berücksichtigung des endgültigen Textes des OGB (Uzasadnienie Projektu Kodeksu Zobowiązań, Z uwzględnieniem ostatecznego tekstu kodeksu; nachfolgend: *Longchamps*, Gesetzesbegründung). Wie sich aus deren offiziellem Titel ergibt, handelte es sich dabei zwar um eine Begründung des von der Kommission 1933 vorgelegten Schlussentwurfs, es wurden aber auch

der Mitreferent Domański zwar einschränkend geltend, sie sei ohne Mitwirkung der anderen Kommissionsmitglieder entstanden und daher eher als persönlicher Kommentar des Autors zu betrachten; sie gebe aber für die Mehrzahl der Vorschriften den Meinungsstand der Unterkommission zutreffend wieder.[243] Abweichende Positionen Domańskis betrafen in der Tat nur wenige Bereiche, z. B. Formerfordernisse und die aus dem französischen Recht bekannte Frage der „causa"[244], nicht jedoch das Leistungsstörungsrecht. Zur Arbeitsweise der Kommission lassen sich wegen des Verlusts der Protokolle keine näheren Aussagen machen.[245] Unverkennbar spielten jedoch rechtsvergleichende Vorüberlegungen eine wichtige Rolle[246], was in der damaligen Zeit keine Ausnahme war[247]. Till und Longchamps formulierten zudem folgenden Grundsatz: Soweit die Rechtslage nach allen oder doch mehreren der bisher in Polen geltenden Rechte einheitlich war, sollte diese übernommen werden, anderenfalls die sachdienlichste Lösung gewählt werden.[248]

1.6.3 Die Rolle des französisch-italienischen Entwurfs und des schweizerischen Rechts

In der Diskussion um das zukünftige polnische Schuldrecht wurde auch eine vollständige oder teilweise Übernahme des 1928 von einer bilateralen Kommission veröffentlichten französisch-italienischen Entwurfs für ein gemeinsames Obligationenrecht[249] in Erwägung gezogen.[250] Das Mitglied der zuständigen

---

die Änderungen nach Abschluss der Kommissionsarbeiten (d. h. im Rahmen des nachfolgenden Konsultationsverfahrens im Justizministerium) berücksichtigt.

243 *Domański*, GSW-NKZ 1934, S. 185, 186; *ders.*, Instytucje I, S. 6.

244 *Domański*, GSW-NKZ 1934, S. 185, 186 f.

245 Ebenso *Falkowska*, in: *Malecki* (Hrsg.), Świat, S. 609, 611 f.

246 Dazu auch die Eröffnungsrede des Kommissionspräsidenten Fierich von 1919 (*KKRP*, dz. og., Tom I, zeszyt 1, S. 31).

247 So für die Schweiz *Zweigert/Kötz*, Rechtsvergleichung, S. 167 f.; vgl. auch *Jędrejek*, Roczniki nauk prawnych, Tom XI (2001), zeszyt 1, S. 47, 64.

248 *Till*, Gesetzentwurf AT, S. 44; *Longchamps*, in: Księga Pamiątkowa ku czci Władysława Abrahama I, S. 351, 353; ähnlich auch Zoll anlässlich des zehnjährigen Bestehens der Kodifikationskommission (*KKRP*, dz. og., Tom I, zeszyt 13, S. 22); kritisch hierzu allerdings Koschembahr-Łyskowski (*KKRP*, a. a. O., S. 23 f.); zu dieser Kontroverse auch *Płaza*, Historia prawa III, S. 51 sowie *Dziadzio*, in: *Berger* (Hrsg.), ABGB III, S. 205, 211 f.

249 *Commission d'Etudes de l'Union Législative entre les Nations Alliées et Amies*: Projet de Code des Obligations et des contrats, texte définitif approuvé à Paris en Octobre 1927; dazu auch *Zweigert/Kötz*, Rechtsvergleichung, S. 103.

250 *Górnicki*, Prawo cywilne, S. 400.

Unterkommission der Kodifikationskommission Koschembahr-Łyskowski stand 1926 im direkten Kontakt mit den französischen und italienischen Autoren und beschäftigte sich intensiv mit diesem Gesetzesvorschlag.[251] Auch Domański würdigte ihn bereits 1926, also noch vor seiner Verabschiedung, sehr detailliert und insgesamt wohlwollend, ohne allerdings dessen möglichen Modellcharakter für das zukünftige polnische Recht ausdrücklich zu thematisieren.[252] Sein Gegenentwurf für das allgemeine Schuldrecht entstand dennoch unter wesentlicher Berücksichtung des französisch-italienischen Projekts sowie des russischen Schuldrechtsentwurf von 1913[253] und enthielt zu jeder Regelung rechtsvergleichende Hinweise auf die entsprechenden Vorschriften des französisch-italienischen Entwurfs. Mit großer Entschiedenheit äußerte hingegen Longchamps im Jahr 1929 seine Ablehnung: Das Projekt sei als Grundlage der polnischen Kodifikationsarbeiten ungeeignet, da es unter anderem an veralteten Konzepten festhalte, was für einen bedeutenden Teil Polens einen Rückschritt bedeuten würde, und die Parteien allzu oft an den Richter verwiesen würden. Einer punktuellen Berücksichtigung positiver Neuerungen des Entwurfs stehe aber nichts entgegen.[254] Die zuständige Unterkommission der polnischen Kodifikationskommission beschloss im selben Jahr, das französisch-italienische Projekt als Hilfsquelle heranzuziehen.[255]

Während die Resonanz auf dieses französisch-italienische Vorhaben insgesamt sehr unterschiedlich ausfiel, wurde dem SOR für die Erarbeitung des Gesetzesprojekts uneingeschränkt eine wichtige Vorbildrolle zuerkannt. Entscheidend hierfür waren mehrere Faktoren: Das SOR wurde ebenfalls im Vorgriff auf eine spätere Gesamtkodifikation des Zivilrechts verabschiedet und enthielt Elemente französischen und deutschen Rechts.[256] Zudem wurden dem schweizerischen

---

251 *Górnicki*, a. a. O., S. 399.

252 *Domański*, GSW 1926, S. 2. Soweit der Entwurf bisheriges französisches Richterrecht kodifiziere, könne er aber für die polnische Rechtsprechung zum KN eine wichtige Orientierungshilfe sein.

253 *Domański*, GSW-NKZ 1934, S. 14, 15 (Fn. 3).

254 *Longchamps*, GSW 1929, S. 421, 424–426; zur unterschiedlichen Beurteilung des französisch-italienischen Entwurfs in der damaligen polnischen Diskussion s. auch *Górnicki*, Prawo cywilne, S. 407.

255 *Górnicki*, a. a. O., S. 400.

256 Vgl. *Longchamps*, in: Księga Pamiątkowa ku czci Władysława Abrahama I, S. 351, 353; teilweise ebenso Zoll anlässlich des zehnjährigen Bestehens der Kommission 1929 (*KKRP*, dz. og., Tom I, zeszyt 13, S. 20).

Gesetz ganz allgemein besondere Qualitäten (z. B. hinsichtlich der gesetzgeberischen Technik) beigemessen.[257]

1.6.4 Das Erbe der Teilungszeit als wesentlicher Faktor der Kommissionsarbeit

Die Inhomogenität des polnischen Rechtswesens und vieler anderer Bereiche des neuen polnischen Gemeinwesens musste bei der anstehenden Rechtsvereinheitlichung in Rechnung gestellt werden. Dies war auch den Mitgliedern der Kodifikationskommission bewusst.[258] Noch anlässlich des zehnjährigen Jubiläums der Kommission äußerte sich deren Mitglied Zoll wie folgt: Die Gewöhnung an die verschiedenen fremden Rechte habe zu Unterschieden in der polnischen Rechtskultur geführt, die sich immer noch wie tiefe Gräben entlang der bisherigen Teilungsgrenzen durch das Land zögen. Die Einheit der Nation werde aber solange nicht vollendet werden können, wie im Bereich des Rechts der Geist des russischen Imperiums, des Österreichischen Kaiserreichs und des Königreichs Preußen das Land teile.[259] Die Berücksichtigung unterschiedlicher Rechtskulturen und entsprechender Gewohnheiten in den verschiedenen Landesteilen wird dementsprechend in der Gesetzesbegründung zum OGB immer wieder als Argument für oder gegen eine bestimmte Lösung verwendet.[260]

Die Frage der Terminologie stellte die Kommission vor zusätzliche Probleme: Till erklärte in einem einleitenden Hinweis zu seinem Entwurf, dass die Frage der Terminologie noch offen sei. Angesichts der Unterschiede der verschiedenen regionalen Terminologien habe man aber versucht, im Entwurf eine möglichst allgemein verständliche Ausdrucksweise zu verwenden.[261] Auch eine von Longchamps erstellte *Terminologie (zugleich Sachregister)* für die von Till

---

257 *Till,* Gesetzentwurf AT, S. 44; ähnlich *Posner,* Palestra 1925, Nr. 5, S. 780, 794.

258 Dazu die Eröffnungsrede des Kommissionspräsidenten Fierich vom 10. November 1919 (*KKRP,* dz. og., Tom I, zeszyt 1, S. 29 f.): Die anstehende Kodifikation werde u. a. durch kulturelle und ökonomische Unterschiede sowie ein unterschiedliches Rechtsgefühl erschwert.

259 *KKRP,* dz. og., Tom I, zeszyt 13, S. 18. Zu den Auswirkungen des Erbes der Teilungszeit auf die Rechtsvereinheitlichung vgl. auch die in der GSW-NKZ 1934, S. 7 f. angegebene umfangreiche weitere Literatur.

260 Dazu beispielsweise 2.5.2.2 und 2.6.2.7.2, sowie die Gesetzesbegründung zu Art. 43 § 2 OGB, wonach das Erfordernis der unverzüglichen Anfechtung wie in § 121 BGB für die ehemals österreichischen und russischen Landesteile eine allzu große Umstellung bedeutet hätte (*Longchamps,* Gesetzesbegründung I, S. 49 f.).

261 *Till,* Gesetzentwurf AT, S. 45.

und ihm verfassten OGB-Entwürfe (1928 in der Publikationsreihe der Kodifikationskommission veröffentlicht) enthielt keine Begriffserklärungen.[262] Ein anderes Mitglied der zuständigen Unterkommission, Koschembahr-Łyskowski, beklagte in einem 1925 veröffentlichen Text Verständigungsschwierigkeiten während der Beratungen zwischen kongresspolnischen und solchen Kommissionsmitgliedern, die aus dem Bereich des deutschen oder österreichischen Rechts stammten.[263] Die Dringlichkeit der Terminologiefrage und einer möglichst weitgehenden Annäherung der verschiedenen Rechtskulturen verdeutlicht auch die Tatsache, dass die Kommission 1925 Domański durch förmlichen Beschluss beauftragte, in Zusammenarbeit mit der Unterkommission für eine Harmonisierung der Terminologie und der juristischen Konstruktionen des OGB-Entwurfs mit dem KN Sorge zu tragen[264]. Dieser sah sich allerdings auch nach Verabschiedung des OGB verschiedentlich zu sprachlichen Erläuterungen veranlasst[265] und wies auf diverse Verständigungsprobleme hin, die sich für kongresspolnische Juristen bei der Lektüre der Gesetzesbegründung von Longchamps ergeben könnten.[266]

Auch über Terminologiefragen hinaus bestanden in der Unterkommission deutliche Unterschiede zwischen den Vertretern französischer und deutsch-österreichischer Rechtsauffassungen[267], die möglicherweise persönlich gefärbt waren.[268] So findet sich bei Domański die Darstellung, die Beratungen hinsichtlich des allgemeinen Teils seien auf der Grundlage seines eigenen Entwurfs,

---

262 *KKRP,* Podsekcja III. Prawa Cywilnego, Tom I, zeszyt 4. *Czachórski*, Zobowiązania, S. 15, betrachtet die damaligen Gesetzesautoren, insbesondere Longchamps, als Schöpfer der modernen polnischen Terminologie für das Zivilrecht.

263 *Koschembahr-Łyskowski,* Them. Pol. 1924/25, Tom II, S. 1, 15; zu terminologischen Streitfragen in der Kommission auch *Polkowski,* Zivilprozessordnung, S. 65.

264 *Górnicki*, Prawo cywilne, S. 398.

265 S. beispielsweise *Domański,* Instytucje I, S. 10: Der Ausdruck „zdarzenie", der in Kongresspolen „Zufall" bedeute, werde in Art. 1 und 46 OGB im Sinne eines „Ereignis" verwendet. *Ders.*, GSW-NKZ 1934, S. 26, 27 f. betreffend den Begriff der Gesamtschuld.

266 *Domański*, GSW-NKZ 1934, S. 185, 186 f., 189. Eine überwiegende Nähe des Formulierungsstils des OGB zum SOR sieht *Zoll,* OstEurR 2012, S. 29, 32.

267 *Domański*, GSW-NKZ 1934, S. 14, 15; vgl. z. B. dessen (auf die polnische Rechtsprechung zum KN gestützte) abweichende Auffassung, der Rücktritt vom Vertrag nach Art. 250 OGB könne widerrufen werden (dazu 2.6.2.3); zu Differenzen hinsichtlich des französisch-italienischen Entwurfs s. auch 1.6.3.

268 Zu Animositäten in anderen Bereichen der Kodifikationskommission *Grodziski,*PiP 2000, Nr. 4, S. 11, 19 (Fn. 28).

wiewohl unter Berücksichtigung des Vorschlags von Till, geführt worden.[269] Andere Darstellungen lassen eine solche Vorrangstellung nicht erkennen.[270] Daneben bestanden Unterschiede in der Frage einer sozialen Ausrichtung des Schuldrechts zum Schutz des wirtschaftlich schwächeren Vertragsteils. Befürworter dieser Richtung waren Koschembahr-Łyskowski[271] und punktuell auch Domański, während Till und seinen Mitautoren insoweit eine eher zurückhaltende Position zugeschrieben wird.[272]

Hinsichtlich der Differenzen zwischen den Vertretern der verschiedenen Rechtskreise wurde in den Beschreibungen der (an der Erarbeitung des OGB) Beteiligten regelmäßig nur zwischen französischem Recht einerseits und österreichisch-deutschem Recht andererseits unterschieden. Stellungnahmen hinsichtlich spezifischer Einflüsse gerade des deutschen Rechts oder der deutschen Terminologie wurden eher außerhalb der Kommission geäußert.[273]

1.7 Die Hauptakteure in der Kodifikationskommission

Die Erarbeitung des OGB-Entwurfs wurde wesentlich bestimmt von Till als Hauptreferent sowie dessen Nachfolger ab 1926 Longchamps und Domański als Mitreferent. Aus der Feder dieser drei Kommissionsmitglieder stammten auch die den Beratungen zugrundeliegenden Gesetzentwürfe.[274] In grundsätzlicher Hinsicht waren sie übereinstimmend der Auffassung, dass die innerpolnische Rechtsvereinheitlichung nicht im Wege der Übernahme eines der bisher in Polen geltenden Rechte erfolgen, sondern stattdessen ein originär polnisches Gesetz verabschiedet werden sollte. Zu der Frage, welche Bedeutung dem deutschen Recht im Prozess der polnischen Schuldrechtsvereinheitlichung zukommen sollte, lassen sich jedoch Unterschiede ausmachen. Teilweise kann insoweit auf ausdrückliche schriftliche Äußerungen zurückgegriffen werden. Ergänzend sollen sonstige Bezüge zum deutschen Recht in Leben und Werk dieser drei polnischen Juristen berücksichtigt werden.

---

269 *Domański*, GSW-NKZ 1934, S. 14, 15.

270 *KKRP*, Podkomisja Prawa o Zobowiązaniach, zeszyt 1, S. 3; *Górnicki*, Prawo cywilne, S. 400; dazu auch *Redzik*, Prawo prywatne, S. 233 (danach war wesentliche Beratungsgrundlage der Entwurf von Till).

271 Vgl. dazu *Koschembahr-Łyskowski*, Them. Pol. 1924/25, Tom II, S. 1, 18–20.

272 *Górnicki*, Prawo cywilne, S. 411; *Płaza*, Historia prawa III, S. 157 f.

273 Vgl. etwa die Kritik am OGB von *Bekerman*, Palestra 1935, Nr. 5, S. 405, 406 (oben Fn. 212).

274 Dazu 1.6.2.

1.7.1 Ernest Till

Ernest Till (1846–1926), Professor der Universität Lemberg, gilt bisweilen als Nestor der polnischen Zivilistik.[275] Nach einem Jurastudium in Galizien (1865–1870, mit deutsch als vorrangiger Unterrichtssprache[276]) wurde er 1871 an der Krakauer Universität promoviert und 1877 auch habilitiert.[277] Während dieser Jahre legte er die Anwaltsprüfung ab und war bis 1905 anwaltlich tätig.[278] Seine bis zum Tode fortgeführte Lehrtätigkeit an der Universität Lemberg begann im Jahr 1877.[279] Daneben war Till von 1880–1926 langjähriger Herausgeber und Redaktionsleiter einer der wichtigsten polnischsprachigen Fachzeitschriften, der Lemberger *Rechts- und Verwaltungsrundschau (Przegląd Prawa i Administracji).*[280]

275 Vgl. beispielsweise *Redzik*, Palestra 2006, Nr. 3/4, S. 125. Deutschsprachige Angaben zu Till bei *Ranieri*, ZNR 33 (2011), S. 137, 144–146 sowie (teilweise mit abweichenden Jahresangaben) bei *Giaro*, in: *Stolleis* (Hrsg.), Juristen, S. 630 f.

276 *Sójka-Zielińska*, KPP 1997, zeszyt 3, S. 396, 397.

277 *Redzik*, Palestra 2006, Nr. 3/4, S. 125–127. Ein erster Habilitationsversuch mit einer von Jhering beeinflussten Arbeit über das subjektive Recht und subjektlose Rechte aus dem Jahr 1872 war gescheitert (*Pol*, Poczet, S. 386).

278 *Redzik*, a. a. O., S. 125, 127.

279 *Redzik*, a. a. O., S. 126 f.

280 *Redzik*, a. a. O., S. 127.

Nach 1911 – möglicherweise bereits im Hinblick auf eine zukünftig anstehende Kodifikation eines eigenen polnischen Rechts – beschäftigte sich Till zunehmend mit rechtsvergleichenden Untersuchungen unter Berücksichtigung des deutschen, französischen und schweizerischen Rechts.[281] Das ihm in der Zweiten Polnischen Republik übertragene Amt des Vizepräsidenten der Kodifikationskommission bekleidete er bis zu seinem Lebensende im Jahre 1926. Trotz seiner Verbundenheit mit dem österreichischen Recht war auch er überzeugt, dass für das neue Polen nicht die Übernahme eines der bisher geltenden Rechte, sondern nur die Verabschiedung eines eigenständigen Zivilrechts in Frage komme.[282] Ein erstes (nicht verabschiedetes) Projekt aus seiner Feder betraf die juristische Person, d. h. Vereine und Stiftungen. Mit Ausnahme des BGB regelten die bisher in Polen geltenden Rechte diesen Rechtsbereich nicht oder nur fragmentarisch. Auch deshalb wird teilweise von einer inhaltlichen Nähe dieses Entwurfs zum BGB ausgegangen.[283] Sein wesentliches Projekt aber war der Entwurf des allgemeinen Schuldrechts von 1923. Die Arbeiten für einen Entwurf des besonderen Schuldrechts wurden von ihm begonnen und nach seinem Tod von Longchamps fortgeführt.

1.7.1.1 Einstellung zur Pandektistik

Die von dem österreichischen Juristen Joseph Unger betriebene pandektistische Neuausrichtung der österreichischen Zivilistik wurde von Ernest Till in jungen Jahren durchaus positiv aufgenommen.[284] Eine von Tills Hauptleistungen war denn auch eine auf der Pandektistik beruhende Gesamtdarstellung des österreichischen Privatrechts[285], die in den Jahren 1884–1904 in polnischer Sprache unter dem Titel *Prawo prywatne austryackie*[286] erschien. Till orientierte sich an

---

281 *Longchamps,* Ernest Till, S. 19 f., 29. Das 1912 in Kraft getretene schweizerische Zivilgesetzbuch spielte in der österreichischen Reformdiskussion naturgemäß eine wichtige Rolle. Vielen galt es als Beispiel gelungener Gesetzgebung (*Dölemeyer,* in: *Dölemeyer/ Mohnhaupt* (Hrsg.), 200 Jahre ABGB, S. 353, 368, 373).

282 *Longchamps,* a. a. O., S. 23.

283 *Sójka-Zielińska,* KPP 1997, zeszyt 3, S. 396, 422; zurückhaltender *Longchamps,* a. a. O., S. 24.

284 *Sójka-Zielińska,* a. a. O., S. 407.

285 Für das Kapitel über die Unmöglichkeit der Leistung hatte Till beispielsweise u. a. Literatur von Dernburg, Mommsen, Windscheid und Jhering ausgewertet.

286 S. auch *Brauneder,* Europäische Privatrechtsgeschichte, S. 139. Zu einzelnen systematischen und inhaltlichen Abweichungen Tills von der Pandektistik: *Longchamps,* Ernest Till, S. 9–11; *Sójka-Zielińska,* KPP 1997, zeszyt 3, S. 396, 406.

der Systematik und Methode Ungers[287], dessen *System des österreichischen allgemeinen Privatrechts* (ab 1856) jedoch unvollendet geblieben war. Tills fast 3000 Seiten umfassendes Werk stellte zugleich die erste polnischsprachige Gesamtdarstellung eines der in Polen geltenden Rechte dar.[288] Diverse Rechtsinstitute waren in der neueren polnischen Literatur bisher noch nicht oder kaum behandelt worden.[289] Den sich daraus ergebenden terminologischen Fragen schenkte Till besondere Aufmerksamkeit und schuf so in vieler Hinsicht Grundlagen einer modernen polnischen Rechtsterminologie.[290] Im weiteren Verlauf nahm Till eine kritischere Haltung gegenüber der historischen Rechtsschule und der Pandektenwissenschaft ein, insbesondere gegenüber einer allzu schematischen Übertragung von Ergebnissen der deutschen Lehre auf das österreichische Privatrecht, zumal es in Österreich – anders als in Deutschland – bereits sei längerem eine landesweite Kodifikation gab.[291] Dieser Perspektivenwechsel entsprach durchaus der allgemeinen Entwicklung in der österreichischen Zivilistik, die auch infolge der erstmaligen Veröffentlichung der Gesetzgebungsmaterialien (ca. 1880) eine positivere Haltung zum ABGB einnahm. Eigenheiten desselben wurden nicht mehr als Mangel, sondern zumindest teilweise als bewusste Fortbildungen gemeinen Rechts durch den damaligen Gesetzgeber erkannt.[292]

Zugleich forderte Till immer wieder eine stärkere Beachtung der Bedürfnisse der Rechtspraxis.[293] Dieser Haltung entsprach auch das Vorwort zur dritten Auflage seines bereits erwähnten Lehrbuchs, in dem er die durch den sozialen Wandel bedingten Herausforderungen hervorhob (z. B. Gleichstellung der Frau, Schutz der schwächeren Partei im Vertragsrecht, Abschwächung des Schuldprinzips im Deliktsrecht).[294] Die von Unger eingeleiteten Veränderungen sah er rückblickend als notwendiges Zwischenstadium der österreichischen Zivilrechtslehre an, das eine Verbesserung methodischer und begrifflicher Fähigkeiten ermöglichte.[295]

---

287 *Sójka-Zielińska*, Wielkie kodyfikacje, S. 163; vgl. auch die Würdigung Ungers durch *Till*, PPiA 1913, S. 433–444.

288 *Longchamps*, Ernest Till, S. 9.

289 *Longchamps*, a. a. O., S. 12.

290 *Longchamps*, a. a. O., S. 12 mit Schilderung der schwierigen Begriffsbildung für den deutschen Begriff „Erbanfall".

291 *Sójka-Zielińska*, KPP 1997, zeszyt 3, S. 396, 407 f.

292 *Brauneder*, Europäische Privatrechtsgeschichte, S. 150; ein Beispiel für eine solche Betrachtungsweise findet sich bei *Till*, Allgemeine österreichische Gerichtszeitung 1907, S. 41, 42.

293 *Sójka-Zielińska*, KPP 1997, zeszyt 3, S. 396, 407 f.

294 *Sójka-Zielińska*, Wielkie kodyfikacje, S. 138.

295 *Till*, PPiA 1913, S. 433, 440.

1.7.1.2 *Kritik am BGB und kritische Begleitung der ABGB-Novelle*

Dem allgemeinen Interesse an der „gewaltigen Gesetzgebungsarbeit“[296] im Nachbarland und der von ihm für unverzichtbar gehaltenen historischen Auslegungsmethode entsprechend[297] war Till nicht nur mit der deutschen Rechtslehre des 19. Jahrhunderts, sondern auch mit der Entstehungsgeschichte des BGB bestens vertraut.[298] Dem Gesetz selbst stand er wie viele andere[299] mit einer Mischung aus Anerkennung, insbesondere seines großen wissenschaftlichen Wertes[300], und kritischer Distanz gegenüber. Hinsichtlich der äußeren Anordnung, der modernen Gesetzgebungstechnik, theoretischer Korrektheit und Vollständigkeit sei es dem ABGB überlegen.[301] Die fehlende Verständlichkeit hingegen bemängelte er[302] ebenso wie – unter Berufung auf Unger – den fehlenden „freien schöpferischen Zug“ des Gesetzes[303]. Allgemein war Till der Auffassung, es sei „nicht Aufgabe eines Gesetzbuches, das getreue Abbild der jedesmal zur Zeit herrschenden Theorien zu sein. Es hat den Bedürfnissen des Lebens zu dienen, mit der theoretischen Konstruktion muss sich dann schon die Wissenschaft zu helfen wissen.“[304] Aus dieser Perspektive konnten die von ihm konstatierten Vorteile des BGB dessen Nachteile sicher nicht ganz aufwiegen.

Seine enge – auch emotional gefärbte – Beziehung zum österreichischen Zivilrecht hingegen kam wiederholt zum Ausdruck, beispielsweise im Rahmen seiner Beteiligung an den Feierlichkeiten anlässlich des 100. Jahrestages der Verabschiedung des ABGB. So war Till Mitglied des Komitees für die Jahrhundertfeier im Jahr 1911 und in der zu diesem Anlass erschienenen Festschrift mit einem Beitrag vertreten.[305] Für eine weitere, polnischsprachige

---

296 *Till,* Allgemeine österreichische Gerichtszeitung 1907, S. 41.

297 *Longchamps,* Ernest Till, S. 13 f.; *Sójka-Zielińska,* KPP 1997, zeszyt 3, S. 396, 416.

298 Bereits 1896 führt er in Lemberg eine Lehrveranstaltung über die Grundsätze des BGB durch (*Redzik,* Palestra 2006, Nr. 3/4, S. 125, 128); vgl. z. B. die zahlreichen Hinweise auf das BGB (Vorgeschichte und öffentliche Diskussion) in *Till,* Allgemeine österreichische Gerichtszeitung 1907, S. 41–45, sowie *ders.,* Entwurf einer österreichischen Zivilgesetznovelle, S. 30, 31; ebenso in der Begründung seines Gesetzentwurfs zum allgemeinen Schuldrecht (z. B. *Till,* Gesetzentwurf AT, S. 100 f., 103, 105).

299 Till selbst berief sich in seiner Kritik z. B. auf Gierke, Dernburg, Oertmann (*Till,* PPiA 1924, S. 89, 90 f.).

300 *Till,* a. a. O., S. 90 f.

301 *Till,* Allgemeine österreichische Gerichtszeitung 1907, S. 41, 43.

302 *Till,* a. a. O., S. 42 (Fn. 8).

303 *Till,* PPiA 1924, S. 90 f.

304 *Till,* Entwurf einer österreichischen Zivilgesetznovelle, S. 2.

305 *Slapnicka,* Österreichs Recht, S. 51.

Festschrift[306], die 1911 von der juristischen Fakultät der Universität Lemberg herausgegeben wurde, übernahm Till zudem den Vorsitz des Redaktionskomitees. Seine diversen Stellungnahmen zu Notwendigkeit, Umfang und Inhalt einer ABGB-Novelle machen ebenfalls deutlich, dass Till dem bestehenden – von ihm mit den Attributen „Güte und Angemessenheit“ versehenen – Recht eng verbunden war und deshalb auf eine behutsame Anpassung des „altbewährten Rechtsgebäudes“ setzte.[307] So erkannte er zwar die vielfältigen Mängel des Gesetzes an, stand aber einer vollständigen Revision ablehnend gegenüber. Selbst bei einer von Unger vorgeschlagenen teilweisen Novellierung befürchtete er, das ABGB werde – auch wegen des allzu mächtigen deutschen Einflusses – als Ganzes „nicht mehr zu retten“[308] sein. Gerechtfertigt sei demgegenüber eine Anpassung einzelner Bestimmungen, das Füllen gesetzlicher Lücken und die Streichung veralteter Inhalte. Diese Änderungen seien auf das unbedingt Notwendige zu beschränken.[309] Im Übrigen müsse die Novelle nicht von einem wissenschaftlichen, sondern von einem praktischen Standpunkt aus betrieben und „das theoretische Gewissen zum Schweigen gebracht werden“.[310] Auch zu den möglichen Inhalten der Reform nahm Till wiederholt (auf deutsch und auf polnisch) Stellung.[311] Während er z. B. die Vorschläge zur Gleichstellung der Frauen begrüßte, nahm er die Einführung eines gesetzlichen Rücktrittsrechts

---

306 *Księga Pamiątkowa wydana w setną rocznicę ogłoszenia kodeksu cywilnego z dnia 1. czerwca 1811 roku*, PPiA 1911, S. 513–796. Zum Inhalt des von Till verfassten Vorworts s. oben 1.5.

307 *Till*, Entwurf einer österreichischen Zivilgesetznovelle, S. 1 f.

308 *Till*, Allgemeine österreichische Gerichtszeitung 1907, S. 41, 43.

309 *Till*, a. a. O., S. 44; ähnlich *ders.*, Entwurf einer österreichischen Zivilgesetznovelle, S. 2 f.

310 *Till*, Entwurf einer österreichischen Zivilgesetznovelle, S. 2.

311 *Till*, Entwurf einer österreichischen Zivilgesetznovelle (dieser Vortrag, gehalten in der Wiener Juristischen Gesellschaft am 19. Februar 1908, wurde von der Herrenhauskommission zur Beratung herangezogen); *ders.*, Nowela do kodeksu cywilnego austryackiego (Kommentierung von Änderungen im Personen-, Familien- und Erbrecht); *ders.*, Druga i trzecia Nowela (polnischsprachiger Gesetzestext der II. und III. Teilnovelle mit Erläuterungen); *Till/Wolf*, Teilnovelle (Gesetzestext der I. Teilnovelle mit Erläuterungen aus den Motiven zur Regierungsvorlage und dem Bericht der Herrenhauskommission). Siehe auch die zahlreichen von Till in der PPiA veröffentlichten Rezensionen deutschsprachiger Literatur zur ABGB-Novelle (PPiA 1908, S. 325–328, 604–608; PPiA 1917, S. 42–44). Zu weiteren deutschsprachigen Aufsätzen Tills betreffend Einzelfragen der Novelle *Longchamps*, Ernest Till, S. 18 sowie *Sójka-Zielińska*, KPP 1997, zeszyt 3, S. 396, 419.

bei gegenseitigen Verträgen (§§ 918–920 ABGB) zurückhaltend auf und lehnte eine – an § 226 BGB Recht orientierte – Schadensersatzpflicht bei schikanöser Rechtsausübung (§ 1295 Abs. 2 ABGB) ab.[312] Eine der Stellungnahmen Tills wurde auch vom Subkomitee des österreichischen Herrenhauses erörtert.[313] Im Hinblick auf die Frage, ob eine Pandektisierung des ABGB durch den Gesetzgeber oder die Bewahrung des bewährten ABGB vorzuziehen sei, war Till sicherlich eher ein Anhänger der letzteren Position.[314]

1.7.1.3 Bewertung

Zusammenfassend lässt sich feststellen, dass Till mit der deutschen Rechtssprache und -lehre, sowohl des 19. als auch des 20. Jahrhunderts, bestens vertraut war. Till folgte in seiner wissenschaftlichen Laufbahn im Großen und Ganzen der Entwicklung der österreichischen Zivilrechtswissenschaft im Allgemeinen. Die Prüfung eines mehr oder weniger weitgehenden Transfers deutscher Vorbilder, sei es aus der Pandektistik, sei es nach 1900 aus dem kodifizierten Recht, war jahrzehntelang sozusagen sein tägliches Brot. Die Frage, welche Elemente deutschen Rechts sinnvollerweise in das österreichische Recht übertragen werden konnten und sollten, stellte sich ihm immer wieder, nicht nur im Rahmen allgemeiner Diskussionen um die Pandektisierung der österreichischen Zivilistik, sondern auch hinsichtlich konkreter Einzelfragen, insbesondere im Rahmen der ABGB-Novelle.[315] Seine kritische Haltung gegenüber dem häufig als zu theoretisch empfundenen BGB hinderte Till, der für eine Rechtslehre und Gesetzgebung gemäß den Anforderungen der Praxis plädierte, nicht daran, immer wieder auf deutsche Vorbilder zu verweisen, wenn diese ihm im konkreten Fall aus wohlerwogenen Gründen vorzugswürdig erschienen.[316] Die Tatsache, dass

---

312 *Till*, Entwurf einer österreichischen Zivilgesetznovelle, S. 4 f., 30–32.

313 *Dölemeyer*, in: *Coing* (Hrsg.), Handbuch III/2, S. 1782, 1793; vgl. auch die Bezugnahmen auf Till im Bericht der Herrenhauskommission (*Herrenhausbericht III. TN*, S. 288 sowie *Till/Wolf*, Teilnovelle, S. VIII).

314 Zu diesen zwei Grundpositionen in der Diskussion um die ABGB-Novelle *Dölemeyer*, in: *Dölemeyer/Mohnhaupt* (Hrsg.), 200 Jahre ABGB, S. 353, 373.

315 Zur Bedeutung entsprechender Erfahrungen betreffend die Übernahme deutschen oder schweizerischen Rechts für die Arbeit am OGB *Longchamps*, Ernest Till, S. 24 f.

316 Vgl. etwa folgende Beispiele aus dem Gesetzesprojekt zum allgemeinen Schuldrecht: *Till*, Gesetzentwurf AT, S. 101 (Sorgfaltsmaßstab gemäß den Anforderungen im Verkehr entsprechend § 276 BGB), S. 120 (Notstand entsprechend § 228 BGB), S. 122 (Selbsthilfe entsprechend § 229 BGB); *Till*, Gesetzentwurf AT, PPiA 1924, S. 6 (Erlöschen von Sicherungen bei Schuldübernahme entsprechend § 418 BGB).

Till auch für das zukünftige polnische Recht für einen Rückgriff auf bewährte Lösungen plädierte und von Neuerungen und unerprobten Konzepten weitgehend abriet[317], dürfte die Übernahme deutscher Muster eher begünstigt haben, insbesondere wenn die anderen in Frage kommenden Rechte keine oder deutlich veraltete Lösungen enthielten.

1.7.2 Roman Longchamps de Berier

Neben Till war als weiterer namhafter Vertreter der „Lemberger Zivilrechtsschule"[318] auch Roman Longchamps de Berier (1883–1941) Mitglied der zuständigen Unterkommission der Kodifikationskommission.[319] Seine Familie war hugenottischer Herkunft, aber seit langem polonisiert.[320] Longchamps studierte 1901–1905 an der Universität seiner Geburtsstadt Lemberg, mit anschließender Promotion im Jahr 1906. Das Studienjahr 1907/08 verbrachte

---

317 *Longchamps,* Ernest Till, S. 25. Zur skeptischen Haltung Tills gegenüber der Freirechtsschule *Longchamps,* a. a. O., S. 14, sowie *Sójka-Zielińska,* KPP 1997, zeszyt 3, S. 396, 415. Seine Grundposition wird auch als ein „den Anforderungen des Lebens und der guten Sitten Rechnung tragender Positivismus" beschrieben (*Sójka-Zielińska,* a. a. O., S. 427).

318 *Redzik,* KPP 2006, zeszyt 1, S. 5, 94.

319 Deutschsprachige Angaben zu Longchamps bei *Giaro,* in: *Stolleis* (Hrsg.), Juristen, S. 400; auf englisch bei *Fedynskyj,* in: *Wagner* (Hrsg.), Polish Law, S. 417, 469–473.

320 *Redzik,* KPP 2006, zeszyt 1, S. 5, 8.

er an der Universität Berlin. 1906–1920 war Longchamps zudem in der anfänglich österreichischen Finanz-, ab 1919 polnischen Generalprokuratur in Lemberg beschäftigt. Nach der Habilitation im Jahr 1916 begann Longchamps seine zivilrechtliche Lehrtätigkeit an der Universität Lemberg, die er ab 1920 als Professor fortsetzte und bis zu seinem Tode beibehielt.[321] Dabei übernahm er immer wieder auch Vorlesungen im französischen Recht[322], das im Polen der Zwischenkriegszeit jedenfalls in Grundzügen auch außerhalb des ehemaligen Kongresspolens gelehrt wurde.[323] Seit 1922 Mitglied der Kodifikationskommission wurde er 1926 der Nachfolger Tills als Hauptreferent für die Vorbereitung des OGB.[324] Im weiteren Verlauf wurde Longchamps auch zunehmend auf dem Gebiet der Rechtsvergleichung und -vereinheitlichung aktiv.[325] Im Rahmen eines Treffens von Juristen der slawischen Staaten 1933 in Bratislava äußerte er sich zur Frage der Vereinheitlichung des Schuldrechts der slawischen Staaten, wobei er sich u. a. für eine schrittweise und „evolutive" Vereinheitlichung des Schuldrechts dieser Staaten aussprach.[326] Ein Jahr zuvor hatte Longchamps bereits am I. Internationalen Kongress für Rechtsvergleichung in Den Haag mit einem Landesreferat zur Frage des Zustandekommens und der Nichterfüllung schuldrechtlicher Verträge teilgenommen.[327] Als einer von drei Generalberichterstattern hatte er zudem eine Zusammenfassung der zu diesem Thema eingereichten Landesreferate als Grundlage für die spätere Diskussion während des Kongresses zu

---

321 *Redzik*, a. a. O., S. 21 f., 65. Parallel war er auch an der 1918 gegründeten Universität Lublin tätig.

322 *Redzik*, a. a. O., S. 25 f.

323 Zu weiteren Details der Lehrtätigkeit an der Universität Lemberg und zur Rolle Longchamps' bei der Einführung einer getrennten Sitzordnung für jüdische Studenten an der Universität (so genanntes Sitzbank-Ghetto, getto ławkowe) im Jahr 1938 *Redzik*, a. a. O., S. 20–34: Danach war die von Longchamps als Prorektor verordnete Trennung der Sitzordnung nicht Ausdruck einer antisemitischen Gesinnung, sondern Folge der zunehmend chaotischen Umstände an der Universität. Mitglied einer Partei war Longchamps nicht (*Redzik*, a. a. O., S. 55).

324 *Redzik*, a. a. O., S. 42. Zu seiner Haltung gegenüber dem französisch-italienischen Entwurf oben 1.6.3.

325 Beispielsweise mit einem Vortrag über Probleme der internationalen Vereinheitlichung des Schuldrechts im Rahmen des Polnischen Juristentages 1929 in Warschau (*Longchamps*, Them. Pol. 1928/29, Tom IV, S. 30–43).

326 *Longchamps*, PPiA 1933, S. 167–178.

327 *Longchamps*, Formation et inexécution des contrats en général, Rapport au Congrès international de droit comparé à la Haye 1932, Them. Pol. 1931/32, Tom VII, S. 100–137.

erstellen.[328] Mit einem Referat über die Haftung für Schädigung durch Sachen war er auch 1937 am II. Kongress in Den Haag beteiligt[329], dessen Präsidium er als Vizepräsident angehörte.[330]

Gastvorlesungen in Lyon und Vorträge in Paris im Jahr 1935, insbesondere über das neue polnische Schuldrecht, sowie weitere Aufenthalte in Frankreich weisen auf enge Kontakte zu französischen Kollegen hin.[331] Dem entsprach auch sein Engagement als Präsident einer 1937 ins Leben gerufenen bilateralen polnisch-französischen Juristengruppe.[332] Auch über die polnisch-französischen Beziehungen hinaus war es ihm ein wichtiges Anliegen, den Bekanntheitsgrad der Leistungen polnischer Rechtswissenschaft im Ausland zu fördern, etwa durch Teilnahme polnischer Wissenschaftler an internationalen Konferenzen, den Austausch von Wissenschaftlern und die Übersetzung polnischer Literatur in andere Sprachen.[333] Ausdruck entsprechender Bemühungen Longchamps' sind seine diversen französischsprachigen Beiträge, z. B. in dem in Paris herausgegebenen Bulletin trimestriel de la Société de Législation comparée, sowie von ihm mitverfasste Übersetzungen der Gesetzentwürfe zum OGB ins Französische. Seine Auslandsfahrten führten ihn am häufigsten nach Frankreich, daneben aber u. a. in die Schweiz, Deutschland, Österreich.[334] Verschiedene Hinweise lassen zudem erkennen, dass Longchamps unermüdlich Anfragen ausländischer Kollegen zum polnischen Schuldrecht beantwortete und im Ausland als profilierter Vertreter der polnischen Zivilrechtswissenschaft wahrgenommen wurde.[335]

Hinsichtlich einer Zuordnung Longschamps' zu einer bestimmten rechtswissenschaftlichen Schule wird auf dessen „Eklektizismus" verwiesen, der allerdings mit einer besonderen Betonung des teleologischen Ansatzes bei

---

328 Acta Academiae Universalis Iurisprudentiae Comparativae/Mémoires de l'Académie internationale de droit comparé, Tome II, Deuxième Partie, S. 493–521.

329 *Longchamps,* PPiA 1937, S. 231, 234.

330 *Longchamps,* PPiA 1937, S. 177, 182.

331 *Redzik*, KPP 2006, zeszyt 1, S. 5, 49.

332 *Redzik*, a. a. O., S. 50; *Sójka-Zielińska*, Kodeks Napoleona, S. 253; vgl. auch den Bericht über den Besuch einer 16-köpfigen französischen Delegation in Warschau im Mai 1939 in PPiA 1939, S. 226 f. (o.V.).

333 *Longchamps,* PPiA 1928, S. 417, 423.

334 *Redzik*, KPP 2006, zeszyt 1, S. 5, 60.

335 Vgl. die Verweise auf „freundliche Mitteilungen von Prof. Longchamps" bei *Rukser*, RabelsZ 1934, S. 342, 352 (Fn. 3) und *Wahle*, Währungsrechtliche Bestimmungen, S. 181, 193 (Fn. 63), 195 (Fn. 74); sowie der Hinweis auf Longchamps bei *Rabel,* On Comparative Research, Gesammelte Aufsätze III, S. 247, 249.

der Rechtsauslegung einhergegangen sei.[336] In einigen Texten ist eine Nähe zum (Gesetzes-)Positivismus erkennbar[337]: Neben der klaren Ablehnung eines „objektiven Naturrechts"[338] bekannte sich Longchamps zu der Auffassung, dass Recht nur die allgemein verbindliche und durch den Willen der Gemeinschaft als Rechtsnorm verabschiedete Regel sei. Wenn eine bestimmte Entscheidung der Natur der Sache entspreche, aber nicht wenigstens implizit im positiven Recht enthalten sei, dann handele es sich eben nur um ein ethisches oder vernünftiges Postulat, aber nicht um Recht.[339]

Neben seiner polnischen Muttersprache beherrschte er deutsch und französisch und in eingeschränktem Maße auch italienisch und ukrainisch.[340] Gegenstand seiner Publikationen[341] waren u. a. die juristische Person[342], Fragen der Gewährleistung[343], die österreichischen Teilnovellen[344], Darstellungen der in Polen geltenden Rechte in Lehrbuchform[345] sowie insbesondere ab 1928 diverse Aspekte des neuen polnischen Schuldrechts[346] und der internationalen Schuldrechtsvereinheitlichung[347]. Daneben war er nach 1926 langjähriger Mitherausgeber der Fachzeitschrift *Rechts- und Verwaltungsrundschau (Przegląd Prawa i*

---

336 *Redzik*, KPP 2006, zeszyt 1, S. 5, 93. Eine verbreitete Neigung polnischer Juristen, die verschiedenen juristischen Schulen (Naturrechtsschule, Historische Rechtsschule, Begriffs- und Interessenjurisprudenz) zu kombinieren, konstatiert *Szpunar*, in: *Szpunar/Przybyłowski/Siedlecki*, Nauka prawa prywatnego, S. 17.

337 Als Positivist eingeordnet wird Longchamps auch von *Kodrębski* in: *Stasiewicz-Jasiukowa (Hrsg.)*, Lwowskie środowisko naukowe, S. 120, 126; ähnlich *Redzik*, Prawo prywatne, S. 344.

338 *Longchamps*, Wstęp, S. 59.

339 *Longchamps*, a. a. O., S. 61.

340 *Redzik*, KPP 2006, zeszyt 1, S. 5, 60.

341 Dazu *Redzik*, a. a. O., S. 5, 97–108 (Liste aller Publikationen); zu seinen weniger bekannten Veröffentlichungen im Bereich des Familienrechts näher *Jędrejek*, in: *Dębiński/Pyter/Czech-Jezierska*, Nauki prawne, S. 39–65.

342 *Longchamps*, Studya nad istotą osoby prawniczej.

343 *Longchamps*, Rękojmia z powodu wad i braków a obowiązek świadczenia (Habilitationsarbeit über Mängelgewährleistung und Leistungspflicht von 1916); *ders.*, PPiA 1917, S. 68–84; *ders.*, in: Księga pamiątkowa ku czci Bolesława Orzechowicza II, S. 1–9.

344 *Longchamps*, PPiA 1916, S. 203–263; *ders.*, PPiA 1917, S. 68–84.

345 *Longchamps*, in: *Peretiatkowicz* (Hrsg.): Encyklopedja Prawa III, S. 1–146 (Darstellung des französischen und österreichischen Zivilrechts in einer 1925 erschienenen Enzyklopädie des in Polen geltenden Rechts); *ders.*, Wstęp (Einführung in die Zivilrechtslehre unter besonderer Berücksichtigung von ABGB, BGB und KN von 1922).

346 Dazu die in Kapitel 2 zitierte Literatur.

347 Siehe oben Fn. 325–328.

Administracji). Seine Schriften lassen durchgehend hervorragende Kenntnisse des deutschen Rechts und der deutschen Lehre erkennen.[348]

Mit nur 57 Jahren wurde Longchamps Opfer der nationalsozialistischen Barbarei: Am 30. Juni 1941 wurde Lemberg, das seit September 1939 unter sowjetischer Besatzung stand, von der deutschen Wehrmacht eingenommen. In der Nacht vom 3. zum 4. Juli 1941 begann der „Lemberger Professorenmord". Longchamps sowie drei seiner Söhne (25, 23 und 18 Jahre) wurden in dieser Nacht von der deutschen SS festgenommen und in den frühen Morgenstunden des 4. Juli 1941 zusammen mit 34 anderen Personen erschossen.[349]

1.7.2.1 Einflüsse des Studienaufenthalts in Berlin

Veröffentlichungen Longchamps' aus der ersten Phase seiner wissenschaftlichen Tätigkeit (bis 1922)[350] geben einen Eindruck davon, wie sehr er sich in dieser Zeit in der deutschsprachigen Zivilistik zuhause fühlte, sich gleichermaßen mit österreichischen und deutschen Autoren – gern auch in Grundsatzfragen – auseinandersetzte, während französische Autoren eine vergleichsweise untergeordnete Bedeutung hatten. Dass diese Tendenz durch den Studienaufenthalt 1907/08 an der Berliner Universität zumindest begünstigt wurde, legt ein Bericht des jungen Longchamps nahe: In einem Zeitschriftenaufsatz schilderte Longchamps 1908 seine Eindrücke aus dem einjährigen Studienaufenthalt an der Berliner Universität[351], wo er unter anderem Vorlesungen von Gierke, Seckel und Brunner besucht[352] und an Seminaren von Kipp und Kohler teilgenommen hatte[353]. Der kaum 25-Jährige beschrieb den universitären Lehrbetrieb detailliert und überwiegend positiv, aber nicht unkritisch.[354] Offensichtlich fasziniert war

---

348 Dazu auch 1.7.2.2; Hinweise auf die Gesetzgebungsgeschichte des BGB z. B. bei *Longchamps*, Wstęp, S. 30 f., 44; *ders.*, Rękojmia, S. 19, 30, 73 f. Die Beschäftigung mit deutschem Recht dauerte auch nach Verabschiedung des OGB an, so z. B. 1936 in einem Beitrag betreffend die Sicherungsabtretung (*Longchamps*, in: Księga Pamiątkowa ku czci Leona Pinińskiego II, S. 88–116).

349 *Schenk*, Lemberger Professorenmord, S. 117–129.

350 Eine Unterteilung der wissenschaftlichen Tätigkeit Longchamps' in verschiedene Phasen (1907–1920, 1921–1928 und 1929–1941) findet sich auch bei *Redzik*, KPP 2006, zeszyt 1, S. 5, 69–92.

351 *Longchamps,* PPiA 1908, S. 1020–1028.

352 *Redzik*, KPP 2006, zeszyt 1, S. 5, 15

353 *Longchamps,* PPiA 1908, S. 1020, 1024.

354 Vgl. etwa den Hinweis auf das „durchschnittliche Niveau" der Seminararbeiten im Seminar von Kipp (*Longchamps,* a. a. O., S. 1024 f.).

Longchamps von der Themenvielfalt im Seminar von Kohler, in dessen Rahmen Studenten aus ganz Europa Arbeiten im Bereich des römischen Rechts und des Zivilprozessrechts, über „irgendein altes bulgarisches Gesetz", zum persischen und türkischen Staatsrecht und Longchamps selbst zum Zivilrecht verfassten. Die regelmäßig vorzutragenden Arbeitsfortschritte wurden von Kohler kommentiert.[355] Das von Kipp veranstaltete Seminar forderte und förderte die Fähigkeit zum selbstständigen Arbeiten. Erwähnt wird die geschickte Diskussionsleitung des als sympathisch beschriebenen Kipp[356], weshalb die Veranstaltung „eine hervorragende Schule juristischer Konstruktion" gewesen sei.[357] Longchamps selbst beschäftigte sich im Rahmen des Seminars mit dem *Problem der unkörperlichen Sachen im deutschen und österreichischen bürgerlichen Rechte*.[358]

Als typische Eigenschaften der Berliner Bevölkerung machte er unter anderem Fleiß, Ausdauer, Genauigkeit und militärischen Drill aus, wobei letzterer nach einiger Zeit auch auf den Zugereisten abfärbe und im Übrigen in gewissem Maße auch in der Wissenschaft notwendig sei.[359] Vor dem Hintergrund der damaligen antipolnischen Politik Preußens und entsprechender Stimmungen jedenfalls in Teilen der Bevölkerung wies Longchamps zudem darauf hin, dass er trotz seines deutlichen und wiederholten Bekenntnisses zur polnischen Nationalität Anfeindungen oder Unannehmlichkeiten weder innerhalb noch außerhalb der Universität erlebt habe.[360]

Mag man auch aus einigen Formulierungen mehr Bewunderung als Sympathie für Land und Leute herauslesen, so war der Aufenthalt an der Berliner Universität mit ihrer international zusammengesetzten Studentenschaft[361] für Longchamps erkennbar ein positives Erlebnis und der persönliche Kontakt mit verschiedenen Professoren sehr eindrucksvoll.[362] An Longchamps' eigenem

355 *Longchamps*, a. a. O., S. 1025.

356 In seinem Nachruf auf Kipp (PPiA 1931, S. 258) beschreibt *Longchamps* diesen als sehr beliebten Professor mit Interesse für die Studenten.

357 *Longchamps*, PPiA 1908, S. 1020, 1024 f.

358 *Redzik*, KPP 2006, zeszyt 1, S. 5, 70.

359 *Longchamps*, PPiA 1908, S. 1020 f.; ähnlich S. 1027.

360 *Longchamps*, a. a. O., S. 1028. Abschließend verlieh Longchamps seiner Hoffnung Ausdruck, dass dies so bleiben möge, insbesondere im Bereich der Wissenschaft. Wie wir wissen, sollte sich diese Hoffnung später auf schreckliche Weise als trügerisch erweisen.

361 Die Kontakte mit anderen ausländischen Studenten beschrieb *Longchamps* als besonders bewegend und bildend (a. a. O., S. 1020 f.).

362 Dazu auch *Longchamps*, a. a. O., S. 1020 f. (mit Hinweisen auf abendliche Einladungen durch Professoren unter besonderer Einbeziehung ausländischer Studenten); *ders.*,

Lehrstuhl in Lemberg wurden in späteren Jahren praktische Übungen auf der Grundlage von Jherings *Rechtsfällen ohne Entscheidungen* abgehalten.[363] Diese Fallsammlung wurde nach Jherings Tod von dessen Schüler Kipp fortgeführt, der dieses Unterrichtsmaterial bereits jahrelang selbst als Dozent erprobt hatte. Es ist naheliegend, dass Longchamps sich in Lemberg bei der Auswahl von Unterrichtsmaterialien auch an eigenen Erfahrungen während seiner Berliner Studienzeit orientierte.

1.7.2.2 Einflüsse Jherings

Für die Frage nach etwaigen Prägungen durch deutsche Rechtswissenschaft und deutsches Zivilrecht sind auch Hinweise polnischer Autoren zu berücksichtigen, wonach Longchamps sich häufig auf Positionen Jherings bezogen habe, bisweilen allerdings unter Vornahme eigener Modifikationen.[364] Verweise auf Gedanken Jherings finden sich etwa in der mehr als 250 Seiten umfassenden *Studie zum Wesen der juristischen Person* (Studya nad istotą osoby prawniczej) von 1911.[365] Dass es sich bei dieser Arbeit auch um die Früchte des nur wenige Jahre zurückliegenden Aufenthaltes in Berlin handelte, ist wahrscheinlich.[366] Longchamps skizzierte darin nicht nur die entsprechenden Positionen von Savigny, Puchta, Unger, Windscheid, Jhering, Zitelmann, Meurer, Planiol, Kelsen, Bluntschli, v. Gierke, Jellinek und Bernatzik, sondern formulierte als Ausgangspunkt eines eigenen Verständnisses der juristischen Person zunächst den Begriff des subjektiven Rechts: Ähnlich wie bei Jhering sei dieses die „durch die Rechtsordnung geschützte Möglichkeit der Befriedigung eines bestimmten Interesses nach eigenem Willen oder dem Willen eines rechtlich anerkannten Stellvertreters".[367] Diese Definition – so die Analyse des Autors – unterscheide

---

PPiA 1931, S. 258 (Nachruf auf Kipp mit der Erwähnung geselliger Zusammenkünfte in der Wohnung des Professors).

363 Daneben ist bekannt, dass Longchamps im Studienjahr 1928/29 in seinem Seminar das 1889 erschienene Werk *Das Wesen der Dinglichkeit* von Eugen Fuchs behandelte (*Redzik*, Prawo prywatne, S. 69).

364 *Redzik*, KPP 2006, zeszyt 1, S. 5, 93; *ders.*, Prawo prywatne, S. 346; ähnlich *Jan Kodrębski*, in: *Stasiewicz-Jasiukowa (Hrsg.)*, Lwowskie środowisko naukowe, S. 120, 126.

365 Ausführlich zu dieser Arbeit *Redzik*, KPP 2006, zeszyt 1, S. 5, 72–76; *Herbet*, in: *Dębiński/Pyter/Czech-Jezierska*, Nauki prawne, S. 83–94.

366 Ebenso hinsichtlich der Wahl des Themas und der angewandten Untersuchungsmethode *Herbet*, a. a. O., S. 84.

367 *Longchamps*, Studya nad istotą osoby prawniczej, S. 104 f.; dazu auch *Herbet*, a. a. O., S. 89.

sich von der Jhering'schen Formulierung, wonach Rechte rechtlich geschützte Interessen seien, in zwei Punkten[368]: Ein subjektives Recht sei die rechtlich geschützte Möglichkeit der Interessensbefriedigung, nicht jedoch – wie bei Jhering – das rechtlich geschützte Interesse selbst.[369] Zum anderen aber habe Jhering allzu radikal bei der Definition des subjektiven Rechts auf das Willensmoment gänzlich verzichtet, während doch das subjektive Recht die Befriedigung des geschützten Interesses gerade dem individuellen Willen des berechtigten Individuums überlasse. Die Lehren Jherings waren hier also der Ausgangspunkt eigener Überlegungen, für die Longchamps sich unter anderem auf die Pandekten von Regelsberger bezog.[370] Hinsichtlich der Kernfrage der Arbeit, d. h. der Natur der juristischen Person, äußerte Longchamps sehr viel deutlichere Kritik an Jhering: Dieser habe das Problem der juristischen Person nicht gelöst, da er als eigentliches Subjekt des Rechts im Ergebnis doch nur einen Mensch, den Destinatär, in Betracht ziehe.[371] Demgemäß wich das Gesamtergebnis der Arbeit deutlich vom Modell Jherings ab; die von Longchamps entwickelte Konzeption der juristischen Person entsprach eher der Theorie von der realen Verbandspersönlichkeit.[372]

An die in der *Studie zum Wesen der juristischen Person* formulierte Definition des subjektiven Rechts knüpfte Longchamps in späteren Jahren immer wieder an, so z. B. in einer 1912 veröffentlichten Rezension des Titels *Soziale Machtverhältnisse. Grundzüge einer allgemeinen Lehre vom positiven Recht auf soziologischer Grundlage* von Ignatz Kornfeld.[373] Diese Rezension zeigte im Übrigen Longchamps' ausgeprägtes rechtsphilosophisches Interesse in den

368 *Longchamps,* a. a. O., S. 105–107.

369 Interessen (z. B. Durst, der Bedarf von Kindern hinsichtlicher elterlicher Sorge) waren für Longchamps „rein faktische Beziehungen zur äußeren Welt" (*Longchamps,* a. a. O., S. 105).

370 *Longchamps* (a. a. O., S. 105–107); dazu *Regelsberger*, Pandekten, Bd. I, S. 76 mit einer ähnlichen Beschreibung des subjektiven Rechts: „Das Recht ist die Macht zur Befriedigung eines anerkannten Interesses. [...] Das subjektive Recht ist nicht der einzige Weg zum rechtlichen Schutz von Interessen." Zudem grenzte Longchamps seine Definition des subjektiven Rechts von Konzeptionen der Autoren Bernatzik, Michaud, Jellinek, Saleille, Leonhard, Piniński ab (*ders.,* a. a. O., S. 107–113).

371 *Longchamps,* a. a. O., S. 16 f.

372 *Przybyłowski,* PiP 1947, Nr. 5/6, S. 64; *Herbet,* in: *Dębiński/Pyter/Czech-Jezierska,* Nauki prawne, S. 83, 91.

373 *Longchamps,* PPiA 1912, S. 951–959, insbesondere S. 957.

Anfangsjahren seiner wissenschaftlichen Tätigkeit.[374] Auch seiner Einführung in die Zivilrechtslehre von 1922 legte er seine obige Definition des subjektiven Rechts zugrunde, erneut unter ausdrücklicher Abgrenzung von Jhering.[375]

In seiner Habilitationsarbeit über Mängelgewährleistung und Leistungspflicht aus dem Jahr 1916 griff Longchamps ebenfalls Gedanken Jherings auf: Er widersprach darin der herrschenden österreichischen Lehre, wonach Mängelgewährleistungsansprüche eine Art Entschädigung für die Schlechterfüllung der vertraglichen Hauptleistungspflicht darstellten.[376] Vielmehr handele es sich bei Mängelgewährleistungsansprüchen um ein gesondertes Haftungssystem.[377] Der Gewährleistungsanspruch sei nämlich nicht auf einen Wertausgleich zwischen mangelfreier und mangelhafter Leistung gerichtet, sondern stelle einen Ausgleich für das infolge der mangelhaften Leistung gestörte vertragliche Äquivalenzverhältnis dar.[378] In der Sache handele es sich um den Ersatz des negativen Interesses.[379] Allerdings müsse insoweit eine Erweiterung der Jheringschen Definition des negativen Interesses vorgenommen werden, d. h. es gehe nicht nur um das Vertrauen in die Richtigkeit der Angaben des Vertragspartners, sondern auch um das Vertrauen auf die Gleichwertigkeit der Gegenleistungen.[380] Die einfachste Lösung sei daher, die Gegenleistungen nach dem Vorbild des § 472 BGB-1900 verhältnismäßig anzupassen.[381] Die Arbeit enthielt zahlreiche rechtsvergleichende Hinweise, insbesondere auf das deutsche Recht. Die verwertete Literatur umfasste ausweislich des Literaturverzeichnisses auch zahlreiche Titel zum deutschen Recht.[382] Daneben wurden die Gesetzgebungsmaterialien zum BGB berücksichtigt.[383]

---

374 Dies galt auch für Fragen der Methodik, wie eine weitere Rezension erkennen lässt: *Das Niessbrauchsrecht des BGB, unter den Gesichtspunkten der Rechtstatsachenforschung: zugleich ein Beitrag zur Kritik des BGB* von *Arthur Nussbaum* weckte Longchamps' Interesse als eines der „interessantesten Erscheinungen der neueren Zivilistik in methodischer Hinsicht". (*Longchamps,* PPiA 1921, S. 209–211).

375 *Longchamps,* Wstęp, S. 65–67.

376 *Longchamps,* Rękojmia, S. 1–4.

377 *Przybyłowski,* PiP 1947, Nr. 5/6, S. 64.

378 *Longchamps,* Rękojmia, S. 53, 75.

379 *Longchamps,* a. a. O., S. 81.

380 *Longchamps,* a. a. O., S. 83 (unter ausdrücklichem Verweis auf *Jhering,* Jahrbücher für die Dogmatik des heutigen römischen und deutschen Privatrechts Bd. 4, 1861, S. 1, 17).

381 *Longchamps,* a. a. O., S. 75 f.

382 *Longchamps,* a. a. O., S. 83–85.

383 Zudem finden sich Verweise auf das ALR (*Longchamps,* Rękojmia, S. 15, 26, 59, 61).

Im Ergebnis bestätigt sich daher, dass Longchamps insbesondere in seinen früheren Jahren wiederholt Gedanken Jherings aufgreift, häufig unter Fortentwicklung von dessen Überlegungen. Eine weitergehende Nähe zum Vater der Zweckjurisprudenz ist den hier untersuchten Texten nicht zu entnehmen. Allerdings kann im vorliegenden Rahmen nicht erschöpfend beantwortet werden, ob andere Gesichtspunkte im Werk Longchamps' (z. B. die Betonung der teleologischen Rechtsauslegung und der Notwendigkeit einer praxisorientierten Rechtsanwendung) für eine stärkere Beeinflussung durch Jhering sprechen könnten.[384]

1.7.2.3 Positionen zur Vereinheitlichung des Schuldrechts

Nach der Wiedergeburt des polnischen Staates wandte sich Longchamps zunehmend der Rechtsvergleichung (insbesondere unter Berücksichtigung von KN, ABGB, BGB und SOR) und der Vereinheitlichung des Schuldrechts auf nationaler und europäischer Ebene zu. Seine in diesem Zusammenhang geäußerten rechtspolitischen Überlegungen geben genauere Hinweise, welche Bedeutung Longchamps dem deutschen Recht für die weitere (polnische) Zivilrechtsentwicklung zumaß: Festzustellen sei, dass sich die jüngeren zivilrechtlichen Kodifikationen und Novellen überwiegend am deutschen und schweizerischen Recht orientierten. Dahinter stehe die Erwägung der jeweiligen Gesetzgeber, dass diese beiden Rechte die besten Lösungen böten.[385] Auf internationaler Ebene gebe es zudem eine begrüßenswerte Tendenz zur Vereinheitlichung des Schuldrechts, die nach seiner Auffassung nur im Wege einer Zusammenführung von Elementen des französischen und deutschen Rechtskreises möglich sein werde.[386] Dementsprechend sei auch die innerpolnische Rechtsvereinheitlichung nur im Wege eines Kompromisses zwischen ABGB, BGB und KN denkbar.[387] Denn der KN sei zu alt, das BGB zu kompliziert und das ABGB trotz der Teilnovellen noch zu sehr dem alten Gesetz von 1811 verhaftet. Daher sei keine der drei Kodifikationen so überlegen, dass bei Einführung im ganzen Land eine Akzeptanz in den anderen Landesteilen erwartet werden könne.[388]

---

384 Dazu auch *Redzik*, Prawo prywatne, S. 346.

385 *Longchamps*, PPiA 1933, S. 167, 168

386 *Longchamps*, a. a. O., S. 169. Eine Einbeziehung des angelsächsischen Rechts werde hingegen am dort herrschenden Konservatismus scheitern.

387 *Longchamps*, a. a. O., S. 172.

388 *Longchamps*, Bulletin trimestriell de la Société de Législation comparé 1935, Nr. 3, S. 329 f. ähnlich *Longchamps*, Palestra 2007, Nr. 7/8, S. 194, 198 (Nachdruck aus PPiA 1921): Die Rolle des KN in Polen gehe naturgemäß ihrem Ende zu.

Longchamps betonte zudem, dass Polens zukünftiges Recht sich in den europäischen Kontext einfügen müsse.[389] Die Berücksichtigung rechtsvergleichender Untersuchungen von ABGB, BGB und KN sollte daher zugleich gewährleisten, dass das neue polnische Recht (west-)europäischen Rechtsgrundsätzen entsprach.

In Übereinstimmung mit diesen Zielvorstellungen war Longchamps (trotz gewisser politischer Sympathien für eine Annäherung an den romanischen Rechtskreis[390]) ein entschiedener Gegner der Übernahme des französisch-italienischen Entwurfs[391]. Zur Begründung wies er u. a. darauf hin, dass im französischen Schuldrecht den Gerichten eine vergleichsweise gewichtige Rolle zukam, die bei einer Übernahme des KN in ganz Polen von polnischen Gerichten mangels entsprechender Erfahrungen nur unter Schwierigkeiten würde ausgefüllt werden können.[392]

1.7.2.4 Bewertung

Angesichts der zahlreichen Kontakte Longchamps' nach Frankreich und sonstigen vielfältigen Interessen (insbesondere rechtsvergleichender Art) fällt es nicht leicht, die Bedeutung des deutschen Rechts und der deutschen Lehre für dessen Werk auszumachen. In der polnischen Literatur findet sich hierzu die – allerdings nicht näher begründete – Einschätzung, Longchamps sei im Vergleich zu seinen damaligen Kollegen in einem eher geringen Maß von deutscher Lehre beeinflusst worden.[393]

Jedenfalls war Longchamps ausweislich seiner Publikationen ein hervorragender Kenner des deutschen Rechts – dies auch ein Ergebnis seines Berliner Studienaufenthaltes. Für das spätere Werk Longchamps' nach 1918 ist zudem dessen europäische Ausrichtung kennzeichnend. Das Ziel einer Annäherung des polnischen Schuldrechts an das Recht anderer europäischer Staaten stand für ihn ebensowenig außer Frage wie die weitere Rechtsvereinheitlichung auf europäischer Ebene. Dass in diesem Rahmen das deutsche Recht als eine der jüngsten Kodifikationen eine gewichtige Rolle spielen würde und sollte, stand für Longchamps ebenfalls außer Zweifel. Zusammenfassend lässt sich Longchamps Verhältnis zu den maßgeblichen Rechten am ehesten mit dem Begriff

---

389 *Longchamps,* Them. Pol. 1928/29, Tom IV, S. 30, 39, 42 f.

390 *Longchamps,* GSW 1929, S. 373.

391 Vgl. hierzu oben 1.6.3.

392 *Longchamps,* GSW 1929, S. 421, 426.

393 *Kodrębski* in: *Stasiewicz-Jasiukowa (Hrsg.),* Lwowskie środowisko naukowe, S. 120, 122.

der Äquidistanz beschreiben, einhergehend mit profunden Kenntnissen u. a. des BGB und der deutschen Zivilistik des 19. Jahrhunderts.

1.7.3 Ludwik Domański

Mit dem Warschauer Rechtsanwalt Ludwik Domański (1877–1952) war auch ein vom französischen Recht geprägter Praktiker an der Erarbeitung des OGB beteiligt: Domański war nach einem Jurastudium an der Warschauer Universität seit 1906 in Warschau in einer eigenen Anwaltskanzlei tätig, die er mit kriegsbedingter Unterbrechung auch nach 1918 fortführte. Neben seiner langjährigen Mitgliedschaft in der Kodifikationskommission, insbesondere als Mitreferent für das OGB, war Domański schwerpunktmäßig berufspolitisch und in der anwaltlichen Selbstverwaltung engagiert. Sein Einsatz galt dabei vor allem der anwaltlichen Unabhängigkeit gegenüber staatlicher Aufsicht durch das Justizministerium. Seit 1936 bekleidete er das Amt des Präsidenten des landesweiten Obersten Rates der Rechtsanwälte (Naczelna Rada Adwokacka). Seine Amtszeit endete 1939 mit der Auflösung des Rates durch deutsche Besatzungsstellen. Deren Ansinnen, die Streichung jüdischer Anwälte aus der Anwaltsliste durch den ehemaligen Vorstand absegnen zu lassen, verweigerte er sich, worauf er seinerseits von der Liste gestrichen wurde. Während der Zeit der deutschen Besatzung lebte Domański ununterbrochen in Warschau und wurde zeitweise verhaftet. Nach dem Krieg war er – nunmehr in Łódź – weiterhin anwaltlich tätig und übte daneben eine zivilrechtliche Lehrtätigkeit an der dortigen Universität aus, bis er 1950 aus politischen Gründen suspendiert wurde. Domański starb wenige Jahre später in Warschau.[394]

1.7.3.1 Vertreter der französischen Rechtskultur

Als Vertreter der französisch geprägten Rechtskultur Kongresspolens warb Domański während der Arbeiten am OGB immer wieder für eine stärkere Berücksichtigung französischen Rechts und des französisch-italienischen Entwurf.[395] Seine Gegenentwürfe zum allgemeinen Schuldrecht und zum Kaufrecht dienten der Kodifikationskommission (neben anderen Entwürfen) als offizielle Beratungsgrundlage.[396] Zudem kam ihm dort die Aufgabe zu, über die Vereinbarkeit des zukünftigen polnischen Schuldrechts mit dem KN zu wachen.[397] Domańskis Publikationstätigkeit umfasste einige kleinere Arbeiten[398], diverse Aufsätze[399] und als Hauptwerk einen zweibändigen Kommentar zum OGB *Institutionen des OGB (Instytucje Kodeksu Zobowiązań)*[400] von 1936–1938. Das deutsche Recht kannte er gut, wie sich aus seinen Veröffentlichungen ergibt.[401] Zahlreiche Hinweise auf deutschsprachige Literatur lassen darüber hinaus vermuten, dass er diese im Original lesen konnte.[402]

---

394 *Krzemiński*, Palestra 1982, Nr. 1–3, S. 51–53; *ders.*, Warszawscy adwokaci, S. 135–146.

395 1.6.3.

396 1.6.2.

397 1.6.4.

398 Zum Ehe- und Hypothekenrecht, vgl. die Angaben bei *Krzemiński*, Palestra 1982, Nr. 1–3, S. 51 f. sowie *ders.*, Warszawscy adwokaci, S. 135, 141, 146.

399 Darunter auf deutsch *Bewegliches Pfand als Kreditgarantie im Privatrecht auf dem Gebiete des ehem. Kongress-Polen*, Review of Polish Law and Economics (Zeitschrift für polnisches Recht und Wirtschaftswesen) 1930/31, S. 48–60, sowie auf polnisch die in dieser Arbeit zitierten Artikel zum OGB (2.1.3 a. E.).

400 2.1.3.

401 Siehe dazu die rechtsvergleichenden Hinweise auf das BGB in seinem OGB-Kommentar, ferner *Domański*, GSW 1926, S. 2 f.; *ders.*, Przegląd Notarialny 1949, Nr. 11/12, S. 427–470 (Vergleich eines polnischen Nachkriegsentwurfs zum allgemeinen Schuldrecht mit dem BGB).

402 Siehe beispielsweise die Quellenangaben und Literaturhinweise bei *Domański*, Dz. urz. Min. Spr., dz. nieurz., R. 1921, Nr. 4–8, S. 161–173, sowie *ders.*, GSW-NKZ 1934, S. 18, 19.

1.7.3.2 Kritik am BGB

Domańskis Blick auf das deutsche Zivilrecht wird in einem Beitrag von 1921 deutlich, in dem er Vorschläge zur Systematik des zukünftigen polnischen Zivilgesetzbuches entwickelte und in diesem Zusammenhang auch die Charakteristika von BGB und KN beschrieb:[403] Jede Kodifikation weise ein inneres und ein – davon beeinflusstes – äußeres System auf. Die europäischen Rechte könne man in dieser Hinsicht in drei Gruppen einteilen, d. h. diejenigen mit einer subjektiv- oder einer objektiv-rechtlichen Systematik oder solche mit Mischcharakter. Zur ersteren sei der naturrechtlich beeinflusste KN zu zählen, da dieser hinsichtlich der äußeren Systematik bekanntermaßen dem Institutionensystem folge und hinsichtlich der inneren Systematik eine konsequente Umsetzung der Freiheit des Individuums und der Willensautonomie verfolge. Vereinfacht dargestellt sei danach in den zivilrechtlichen Beziehungen alles erlaubt, was nicht gesetzlich verboten sei.[404] Das unter dem Einfluss der Pandektistik stehende BGB folge hingegen der objektiv-rechtlichen Systematik. Dies zeige sich etwa am Fehlen eines gesonderten Personenrechts und dem im BGB wirkenden Gestaltungsprinzip der Willensheteronomie, wonach persönliche und wirtschaftliche Freiheit keine angeborenen, sondern vom Willen des Gesetzgebers abhängige und damit abgeleitete Rechte seien.[405] Zur Charakterisierung des BGB hob Domański darauf ab, dass nach deutschem Verständnis erst das objektive Recht „Herrschafts-" und „Gestaltungsrechte" unter genauer Festlegung der Voraussetzungen und Grenzen subjektiven menschlichen Verhaltens begründe.[406] Die Überschreitung der Grenzen eines subjektiven Rechts stelle nach dieser Denkweise die Verletzung des objektiven Rechts dar, das Verteidigungsrechte in Form eines Anspruchs nur nach Maßgabe gesetzten Rechts zubillige. Wer ein Recht nutzen wolle, der müsse sich nach deutschem Recht erst vergewissern, ob ihm das jeweilige Recht nach dem BGB zustehe und ob er durch dessen Ausübung nicht den Ansprüchen Dritter ausgesetzt werde.[407] Eine gemischte Systematik

---

403 *Domański,* Dz. urz. Min. Spr., dz. nieurz., R. 1921, Nr. 4–8, S. 161–173.

404 *Domański,* a. a. O., S. 161 f.; ebenso *ders.*, GSW-NKZ 1934, S. 11.

405 *Domański,* GSW-NKZ 1934, S. 14.

406 Siehe auch *Domański,* a. a. O., S. 22: Umfang und Grenzen der Vertragsfreiheit seien im objektiven System allein vom Gesetzgeber zu bestimmen. Im subjektiven System hingegen werde die Vertragsfreiheit vorausgesetzt, die der Gesetzgeber nur einschränken könne.

407 *Domański,* Dz. urz. Min. Spr., dz. nieurz., R. 1921, Nr. 4–8, S. 161, 162 f. *Domański* verwies in diesem Zusammenhang auf Arthur Engelmann, *Das Bürgerliche Recht*

erkannte er im schweizerischen Zivilgesetzbuch, das hinsichtlich äußerer Merkmale eher dem KN entspreche (u. a. wegen des Fehlens eines Allgemeinen Teils). Hinsichtlich seiner inneren Systematik enthalte das schweizerische Gesetz aber in vielen Bereichen, darunter auch im Schuldrecht, Einschränkungen oder gar den Ausschluss der Willensautonomie.[408]

Seine Prägung durch das französische Recht hielt Domański nicht von dem klaren Bekenntnis ab, dass der KN (wie auch das ABGB) veraltet seien.[409] Auch im Hinblick auf berechtigte sozialpolitische Forderungen sprach er sich daher für ein gemischtes System aus[410], das er später im OGB tatsächlich umgesetzt sah.[411]

Die Einordnung der Rechtsordnungen (insbesondere des BGB und des KN) als subjektiv-, objektiv- oder gemischtrechtlich strukturierte Systeme spielte bei Domański wiederholt und auch in späteren Jahren eine grundlegende Rolle.[412] Die Frage, ob diese Systematisierung zielführend und Domańskis dadurch geprägter Blick auf KN und BGB zutreffend sind, muss hier ebenso unbeantwortet bleiben wie diejenige nach den Quellen, aus denen sich seine Betrachtungsweise speiste.[413] In der Grundsatzfrage nach Herleitung und Begründung subjektiver Rechte vertrat Domański naturrechtlich geprägte Auffassungen[414], die

---

Deutschlands (1913); Johannes Biermann, *Bürgerliches Recht* (1908); Emil Seckel, *Die Gestaltungsrechte des bürgerlichen Rechts* (1903).

408 *Domański,* a. a. O., S. 163 f.

409 *Domański,* a. a. O., S. 170.

410 *Domański,* GSW-NKZ 1934, S. 22.

411 *Domański,* a. a. O., S. 15.

412 *Domański,* Dz. urz. Min. Spr., dz. nieurz., R. 1921, Nr. 4–8, S. 161–164; *ders.,*GSW-NKZ 1934, S. 11, 14 f., 18–20, 22–24, 42–44, 77–84, 85–88. Dieselbe Systematik findet sich bei *Górnicki,* Prawo cywilne, S. 412–433. Danach seien weitere Charakteristika der subjektiv-rechtlichen Ausrichtung des KN u. a. der große Umfang dispositiver Normen im Vertragsrecht, der Rückgriff auf allgemeine statt auf detaillierte Regelungen und weitgehende richterliche Entscheidungsbefugnisse. Typisch für objektivrechtlich strukturierte Rechte seien hingegen u. a. die Abstraktheit von Begriffen und Rechtsinstituten (*Górnicki,* a. a. O., S. 413).

413 Zur Auseinandersetzung um das Verhältnis von Wille und Rechtsordnung und die Auswirkungen der Autonomie des Einzelnen auf die Ausgestaltung des Privatrechts Ende des 19. Jahrhunderts in der deutschen Rechtswissenschaft *Hofer,* Freiheit ohne Grenzen?, S. 186–204.

414 Siehe etwa das Bekenntnis zu angeborenen und keiner gesetzlichen Einschränkung zugänglichen Rechten bei *Domański,* Dz. urz. Min. Spr., dz. nieurz., R. 1921, Nr. 4–8, S. 161, 171.

mit den Prinzipien unvereinbar waren, die er dem deutschen Recht zuschrieb. In der Sache ging es dabei um den unausgesprochenen Vorwurf eines Gesetzespositivismus, der naturgegebene Rechte des Individuums und die Vertragsfreiheit vernachlässige. Angesichts der bei Domański deutlich wahrnehmbaren Betonung der Überpositivität des Rechts war eine eher skeptische Grundhaltung gegenüber dem BGB unvermeidbar.[415]

1.8 Bewertung: Das Erbe der Teilungszeit und die Bedeutung des BGB

Nach einer Einschätzung des polnischen Rechtshistorikers Górnicki aus dem Jahr 2012 kam dem deutschen Zivilrecht und insbesondere dem BGB nach 1918 eine wichtige, wenn nicht gar vorrangige Bedeutung für die polnische Gesetzgebung und Lehre zu, ohne dass dies jedoch hinreichend in der juristischen Fachliteratur zum Ausdruck gekommen sei. Zur Frage der Geschichte des BGB in Polen lasse der derzeitige Stand der Wissenschaft noch keine präzisen detaillierten Antworten, sondern nur einige allgemeine Schlussfolgerungen zu.[416] Dass der Umfang der deutschen Literatur hierzu ebenfalls außerordentlich gering ist, mag unter anderem einer geschichtsbedingten Befangenheit geschuldet sein. Denn die Fragestellung nach den Einflüssen deutschen Rechts in Polen wurde in der Vergangenheit immer wieder auch mit einem Gestus kultureller Überlegenheit angegangen.[417] Anders als etwa in Österreich, wo anlässlich des 200. Jubiläums des ABGB diverse Beiträge über dessen Einfluss in Polen erschienen[418], wird diese Frage im Hinblick auf das BGB in der deutschen Literatur kaum gestellt.[419]

415 Anders als Longchamps (dazu 1.7.2.2.) äußerte sich *Domański* (GSW-NKZ 1934, S. 26) zu Jhering deutlich ablehnend: Dessen Theorie zur Rolle des Rechts als Schutz von Interessen und die „Zweckgesetzgebung" weiche von den Grundsätzen der Gerechtigkeit und Billigkeit ab.

416 *Górnicki,* KPP 2012, zeszyt 1, S. 67, 73.

417 Zur Forschungsgeschichte des Themas „Deutsches Recht im Osten" (inbesondere Sachsenspiegel, Schwabenspiegel sowie die Stadtrechte von Magdeburg und Lübeck) *Lück,* ZRG GA 126 (2009), S. 175–206.

418 Vgl. etwa den Beitrag von *Mączyński,* in: *Fischer-Czermak/Hopf/Kathrein u. a.* (Hrsg.), Festschrift, S. 175, 175–193; *Wojciechowski,* in: *Geistlinger/Harrer/Mosler u. a.* (Hrsg.), 200 Jahre ABGB, S. 183–196; *Zoll,* in: *Fischer-Czermak/Hopf/Kathrein u. a.* (Hrsg.), Festschrift, S. 319–330.

419 Ausnahmen bilden z. B. der kurze Beitrag *Bedeutung und Auswirkungen des deutschen BGB in Polen* anlässlich des 100. Jahrestages der Verabschiedung des BGB, *Staudinger*-Symposium 1998/*Jędrasik-Jankowska,* S. 177–180, sowie der von der Frage nach europäischen Gemeinsamkeiten geprägte Sammelband *Dajczak/Knothe* (Hrsg.),

Eine Einschätzung der Bedeutung des BGB für die polnische Zivilgesetzgebung nach 1918 kommt wegen der spezifischen polnischen Situation am Ende der Teilungszeit nicht ohne eine Berücksichtigung der anderen bisher im Land geltenden Rechte aus. Insbesondere aufgrund der unterschiedlichen politischen Situation in den Teilungsgebieten waren deutsches, französisches, österreichisches und russisches Recht in Polen auf unterschiedliche Weise vertreten und teilweise auch verwurzelt: Zum Ende der Teilungszeit bestanden in Galizien im Vergleich zum preußischen und russischen Landesteil deutlich bessere Möglichkeiten der juristischen Ausbildung und Berufsausübung, der politischen und wissenschaftlichen Betätigung sowie für die Entstehung einer modernen Fachterminologie in polnischer Sprache. Infolge des daraus entstandenen Vorsprungs übernahm das (ehemals) galizische Rechtswesen ab 1918 in vieler Hinsicht eine dominierende Rolle in der Rechtsentwicklung des neuen gesamtpolnischen Staates. Deutsches Zivilrecht galt zwar in den ehemals preußischen Gebieten nach 1918 fort. Die deutsche Zivilrechtslehre war aber weder durch eine nennenswerte Zahl in Preußen ausgebildeter Juristen noch durch polnischsprachige Fachliteratur in Polen vertreten. Die damalige Anziehungskraft deutscher Universitäten führte allerdings dazu, dass viele der führenden Juristen der Zwischenkriegszeit Auslandssemester in Deutschland verbracht hatten. Die Bedeutung des französisch-polnischen Zivilrechts beruhte hingegen wesentlich darauf, dass es als Ausdruck verbliebener Unabhängigkeit gegenüber Russland und der kulturellen Bindung an das westliche Europa galt. Insoweit handelte es sich auch um eine symbolische Komponente. Zugleich wies das französisch-polnische Zivilrecht eine durchaus (gegenüber der französischen Rechtsentwicklung) eigenständige Entwicklung auf.[420]

Bei Wiedererlangung der polnischen Unabhängigkeit lagen die Verabschiedung des BGB und der ABGB-Novellen (sowie des schweizerischen Zivilgesetzbuchs) nur wenige Jahre zurück. Diese drei Rechte mussten daher für die anstehende Kodifikation des polnischen Zivilrechts eine wichtige Rolle spielen, nicht als unbesehen zu übernehmende Vorbilder, aber doch als mögliche Modelle. Auch insoweit ergaben sich allerdings Unterschiede, die zum bereits konstatierten Modernitätsvorsprung des galizischen Rechtswesens beitrugen: Die Entstehung des BGB war von polnischen Juristen zwar aufmerksam

---

Deutsches Sachenrecht in polnischer Gerichtspraxis; sehr viel allgemeinerer Natur ist der Beitrag von *Schnur* aus dem Jahr 1985 *Einflüsse des deutschen und österreichischen Rechts in Polen.*

420 Ähnlich *Giaro,* in: *ders.* (Hrsg.), Rechtskulturen Bd. 1, S. 275, 319.

verfolgt und teilweise auch kritisch kommentiert worden. An der wissenschaftlichen Diskussion um Ausmaß und Inhalte der Novellierung des ABGB hingegen waren galizische Juristen nicht nur als ausländische Betrachter, sondern unmittelbar und teilweise mit eigenen Beiträgen aktiv beteiligt. Dabei gewonnene Erfahrungen prädestinierten die führenden Vertreter der galizischen Rechtswissenschaft, bei entsprechenden polnischen Gesetzgebungsprojekten eine tragende Rolle einzunehmen.

Betrachtet man die Faktoren juristische Ausbildung und Berufsausübung, Rechtswissenschaft, Terminologie sowie Beteiligung an der Gesetzgebung, so spricht wenig dafür, dass es einen direkten – d. h. durch die Geltung preußischen oder deutschen Rechts in polnischen Gebieten vermittelten – Einfluss deutschen Zivilrechts in Polen gegeben hat. So gab es kaum Juristen mit vollständiger Ausbildung an einer deutschen Universität, mit Berufspraxis im deutschen Recht, z. B. auch als Lehrstuhlinhaber, die als Mittler hätten wirken können. Vielfach beschrieben und bekannt sind aber die erheblichen Auswirkungen des deutschen auf das österreichische Zivilrecht. So übernahm die österreichische Zivilistik in der zweiten Hälfte des 19. Jahrhunderts viele Inhalte und Ansätze der deutschen Rechtswissenschaft und auch die Überarbeitung des ABGB im Rahmen der drei Teilnovellen stand unter dem deutlichen Eindruck des kurz zuvor verabschiedeten BGB. Deutsche Zivilrechtslehre des 19. Jahrhunderts und ab 1900 das kodifizierte Recht konnten daher vermittelt durch das österreichische Recht auch nach Galizien wirken. Die Rolle des BGB in Polen ist daher schwerer zu fassen als die des ABGB und des KN, was einer der Gründe für die von Górnicki konstatierte Literaturlage sein dürfte.[421]

Im Übrigen hatte im gesamten polnischen Rechtsleben der Zwischenkriegszeit die Rechtsvergleichung zwangsläufig hohe praktische Bedeutung. Sachverhalte mit Bezügen zu mehreren der im Inland geltenden Rechte gehörten zum juristischen Alltagsgeschäft. Auch die universitäre Lehre und die Fachliteratur mussten diesem Phänomen Rechnung tragen. Daneben gibt es die These, dass wegen des Fehlens einer nennenswerten Zivilistik aus der Vorteilungszeit eine nationale Tradition in der polnischen Rechtsentwicklung nicht die Rolle spielte, wie dies in Westeuropa der Fall war.[422] Ein erfreulicher Mangel an ideologischen Vorurteilen seitens des damaligen polnischen Gesetzgebers bei der Bewertung der ausländischen Vorbilder aus ABGB, BGB und KN wird ebenfalls beobachtet.[423] Ohne diese Einschätzungen an dieser Stelle in Gänze prüfen zu können,

---

421 Oben Fn. 416.

422 *Jędrejek*, Roczniki nauk prawnych, Tom XI (2001), zeszyt 1, S. 47, 48 f. (Fn. 3).

423 *Dajczak*, Forum Iuris Europaeum 2014, Nr. 1, S. 75, 76.

so geben sie doch eine Richtung vor. Die Wahrnehmung und Bewertung möglicher Modelle des deutschen Rechts wurden durch eine solche – weniger an Traditionen als an der Rechtsvergleichung orientierte – Herangehensweise des polnischen Gesetzgebers zumindest teilweise erleichtert.

Die drei für das OGB zuständigen Hauptakteure in der Kodifikationskommission repräsentierten die Vielfalt der polnischen Rechtskultur der Zwischenkriegszeit: der Warschauer Rechtsanwalt Domański als Vertreter des französisch-polnischen Zivilrechts, Till und Longchamps als Vertreter der österreichischen Zivilistik Galiziens. Gute oder auch hervorragende Kenntnisse des deutschen Rechts wiesen alle drei auf. Bei Domański war aber eine skeptische Grundhaltung gegenüber dem deutschen Recht unverkennbar. Demgegenüber war für Till eine – auch emotional gefärbte – enge Beziehung zum ABGB kennzeichnend, wobei ein Rückgriff auf deutsche Vorbilder im Einzelfall keineswegs ausgeschlossen war, mochte das BGB auch insgesamt als allzu theoretisch und kompliziert erscheinen. Die Arbeit von Longchamps hingegen war am ehesten durch dessen besonderes Interesse an der Rechtsvergleichung und der internationalen Schuldrechtsangleichung geprägt. Bestimmte Vorzüge des vergleichsweise modernen BGB, etwa seine präzise Begriffsbildung und Systematik, mussten bei einer solchen Herangehensweise in besonderer Weise zum Tragen kommen.

2 Das Leistungsstörungsrecht des OGB

Zum Einfluss des BGB auf das OGB finden sich in der Literatur unterschiedliche Angaben.[424] Vor dem Hintergrund dieser Meinungsvielfalt mit häufig sehr allgemein gehaltenen Begründungen wird hier der Frage nach den Spuren deutschen Rechts im OGB exemplarisch mit einer detaillierten Untersuchung des Leistungsstörungsrechts nachgegangen. Dieser zentrale Rechtsbereich des allgemeinen Schuldrechts war in den Rechten der Teilungsmächte und im SOR in vielen Punkten unterschiedlich ausgestaltet, sodass der polnische Gesetzgeber immer wieder eine Auswahl zwischen verschiedenen Vorbildern treffen musste.

Eine Auswertung der verschiedenen Projektfassungen im Laufe des Kommissionsverfahrens ergibt ein genaueres Bild der Entscheidungsprozesse in der Kommission. Über die Feststellung hinaus, dass im Ergebnis dieses oder jenes Element des BGB Eingang in das OGB gefunden hat, wird dabei erkennbar, wie der polnische Gesetzgeber einzelne Bereiche des Leistungsstörungsrechts bewusst in Anlehnung an das Vorbild des BGB geformt hat, und zwar erst im Laufe des Kommissionsverfahrens.

---

424 Von einem überwiegenden Einfluss des BGB auf das OGB als Ganzes gehen aus *Dziadzio*, in: Berger (Hrsg.), ABGB III, S. 205, 220 (mehr BGB als ABGB); *Staudinger*-Symposium 1998/*Jędrasik-Jankowska*, S. 177–179; zurückhaltender *Jędrejek*, Roczniki nauk prawnych, Tom XI (2001), zeszyt 1, S. 47, 67; *Ranieri*, ZNR 33 (2011), S. 137, 149; *Rukser*, RabelsZ 1934, S. 342, 343; *Wojciechowski*, in: *Geistlinger/Harrer/Mosler u. a.* (Hrsg.), 200 Jahre ABGB, S. 183, 191 f.; den Mischcharakter des OGB vor allem aus Elementen des KN, BGB und SOR betont *Górnicki*, Prawo cywilne, S. 454; *ders.*, Zeszyty Prawnicze TBSP UJ 2005, zeszyt 13, S. 57, 67; mehr Ähnlichkeiten mit dem SOR als dem BGB sieht *Capitant*, Préface, S. VII; weitere Hinweise zur Meinungsvielfalt bei *Glatz*, Polnisches Zivilrecht, S. 29; unentschieden *Besiekierska*, Leistungserschwerungen, S. 83; den Einfluss des BGB als übermäßig kritisiert *Bekerman*, Palestra 1935, Nr. 5, S. 405, 406 (oben Fn. 212). Detaillierter zu den Einflüssen auf das Recht der Leistungsstörungen *Malec*, in: *Dölemeyer/Mohnhaupt* (Hrsg.), 200 Jahre ABGB, S. 235, 249 f. (Einfluss der III. Teilnovelle); *Górnicki*, Prawo cywilne, S. 422; *ders.* Zeszyty Prawnicze TBSP UJ 2005, zeszyt 13, S. 57, 67 (teilweise BGB, teilweise ABGB); *Klein*, Prawo Odstąpienia, S. 25, und *Petraniuk*, Odstąpienie, S. 43 (gesetzliches Rücktrittsrecht vom gegenseitigen Vertrag nach dem Muster des ABGB).

2.1 Einleitende Bemerkungen und Gesetzestext

2.1.1 Die Begriffe „Nichterfüllung" und „Leistungsstörung"

Der polnische Gesetzestext und die begleitende polnischsprachige Literatur zum OGB verwenden im Bereich der Leistungsstörungen den Ausdruck „Nichterfüllung von Verpflichtungen".[425] Unter diesem Oberbegriff wurden auch der Schuldnerverzug sowie alle sonstigen vom Schuldner zu vertretenden Abweichungen vom vertraglich Geschuldeten zusammengefasst. Nicht einbezogen waren nur die nicht zu vertretende nachträgliche Unmöglichkeit und Fälle, in denen ein Vertrag wegen bestehender Leistungshindernisse gar nicht erst wirksam zustande kam. Diese beiden Konstellationen wurden im Gesetz an anderer Stelle geregelt und in der begleitenden Literatur gesondert abgehandelt.[426] Deutschsprachige Darstellungen des (geltenden) polnischen Rechts fassen teilweise alle Störungen des Schuldverhältnisses unter der Überschrift „Schlecht- und Nichterfüllung" zusammen, also unter Einbeziehung der nicht zu vertretenden nachträglichen Unmöglichkeit[427], oder verwenden den Begriff „Leistungsstörungen"[428].

In der deutschen Lehre wird der Begriff „Nichterfüllung" uneinheitlich verwendet. Häufig wird er in einem engeren Sinne (d. h. für das gänzliche Ausbleiben der Leistung) gebraucht; Fälle der Schlechterfüllung, des Verzugs und der positiven Vertragsverletzung[429] sind hierbei nicht erfasst.[430] Bisweilen wird deshalb zwischen Nichterfüllung im engeren und weiteren Sinne unterschieden.[431]

---

425 „Niewykonanie zobowiązań". Dementsprechend lautet die Überschrift von Titel IV, Teil I, Abteilung X des OGB (Art. 239 ff.) „Die Folgen der Nichterfüllung von Verpflichtungen im Allgemeinen". Diese Überschrift verwenden z. B. *Longchamps,* Zobowiązania, S. 351–375; *Czachórski,* Zarys, S. 216–245 (letzterer abweichend von der Gesetzessystematik unter Einbeziehung des Gläubigerverzugs).

426 Art. 56 f. und Art. 267 f. OGB; *Czachórski,* Zarys, S. 155 f. und S. 259–263; *Domański,* Instytucje I, S. 34–38 und S. 899–903; *Longchamps,* Zobowiązania, S. 153–157 und S. 401–404.

427 *Bobrzyński/Liebscher/Zoll,* in: *Liebscher/Zoll* (Hrsg.), Einführung, S. 231, 267–284.

428 *Kempter,* Einfluss, S. 156–191.

429 Wegen seiner allgemeinen Verbreitung wird in der vorliegenden Arbeit der Begriff „positive Vertragsverletzung" statt der möglicherweise zutreffenderen Bezeichnung „positive Forderungsverletzung" verwendet.

430 Vgl. *Huber,* Leistungsstörungen I, S. 5 f.; HKK/*Schermaier,* §§ 280–285 BGB, Rn. 1, 101.

431 *Huber,* a. a. O., S. 4 f.

Die zweite Variante erinnert an den Begriff der „non-performance“ des Einheitskaufrechts, der wiederum ein Vertretenmüssen nicht voraussetzt.[432]

Mit dem Sammelbegriff der Leistungsstörungen werden seit Stoll[433] Fallgestaltungen bezeichnet, in denen Hindernisse die „ordnungsgemäße Erfüllung erschweren oder ausschließen“ oder eine „Schädigung der einen Partei durch die andere“ eintritt.[434] Auch nach der Schuldrechtsreform ist er weiter gebräuchlich.[435] Obwohl auch für die Leistungsstörungen die Frage der Einbeziehung einiger Fallgestaltungen (etwa des Gläubigerverzugs[436]) nicht einheitlich beantwortet wird, soll er dennoch in der nachfolgenden Untersuchung als beschreibender Oberbegriff verwendet werden, da die mit dem unterschiedlichen Gebrauch der „Nichterfüllung“ einhergehenden Unklarheiten gewichtiger sind. Zu den Leistungsstörungen sollen dabei gezählt werden: das gänzliche Ausbleiben der Leistung, die Verspätung der Leistung, die Schlechtleistung, die Verletzung von Nebenpflichten, die Nichtannahme der Leistung durch den Gläubiger sowie – in besonderen Fällen – Leistungserschwerungen.[437] Gegenstand der Untersuchung sind nur die allgemeinen Regelungen der vorgenannten Leistungsstörungen im OGB, nicht hingegen das besondere Leistungsstörungsrecht. Dies gilt insbesondere für die Mängelgewährleistung im Rahmen einzelner Vertragsarten, die auch im OGB im Rahmen von Spezialregelungen im Besonderen Teil des Schuldrechts geregelt wurde. Fragen der culpa in contrahendo werden ebenfalls nicht erörtert.[438]

---

432 *Huber,* ZIP 2000, S. 2273, 2279. Zum unterschiedlichen Gebrauch des Begriffs „Nichterfüllung“ im Wortlaut des BGB(-1900) *ders.,* Leistungsstörungen I, S. 5.

433 *Stoll,* Leistungsstörungen, S. 13.

434 *Palandt/Heinrichs,* BGB, 48. Auflage, Vorbem. v. § 275, Anm. 1.

435 Vgl. etwa *Medicus/Lorenz,* Schuldrecht I, 5. Teil.

436 Dagegen spricht, dass es sich beim Gläubigerverzug nur um eine Obliegenheitsverletzung handelt. Dazu *Jauernig/Vollkommer,* BGB, 2. Auflage, Vor §§ 275–292, Anm. 1 (Einordnung des Gläubigerverzugs als Leistungsstörung sei streitig; in aktuellen Auflagen findet sich der Hinweis nicht mehr); BeckOK BGB/*Unberath,* BGB § 275, Rn. 2 (keine Leistungsstörung „im eigentlichen Sinne“). Zum unterschiedlichen Sprachgebrauch hinsichtlich des Begriffs „Leistungsstörungen“ *Huber,* Leistungsstörungen I, S. 3.

437 Diese Aufzählung folgt im Wesentlichen der Darstellung bei *Medicus,* Schuldrecht I, S. 154 f.

438 Eine allgemeine Regelung der culpa in contrahendo enthielt das OGB nicht, jedoch Schadensersatzregelungen, denen die Annahme bestimmter Sorgfaltspflichten bei der Vertragsanbahnung zugrunde lagen, z. B. Art. 62 § 4 (Nichterfüllung der Verpflichtung zum Vertragsschluss aus einem Vorvertrag) sowie Art. 73 § 2 OGB (Verweigerung eines Vertragsschlusses gemäß öffentlichen Preisverzeichnissen, Reklamen usw.).

2.1.2 Die Rechtslage von 1918 als Ausgangspunkt

Die Arbeiten der Kodifikationskommission beruhten wesentlich auf rechtsvergleichenden Überlegungen unter Berücksichtigung des in Polen geltenden Rechts (ABGB, BGB, KN[439] und Svod Zakonov) sowie des schweizerischen Rechts. Bei der Untersuchung der unterschiedlichen Einflüsse auf das OGB muss daher die Rechtslage von 1918 zugrunde gelegt werden. Aussagen zum russischen Recht beziehen sich demnach nicht auf das sowjetische ZGB von 1922, sondern auf den Svod Zakonov. Soweit für die Kommission der Stand der deutschen, österreichischen oder französischen Rechtsprechung und Lehre von Bedeutung war, wurde in entsprechender Weise bevorzugt auf damalige Literatur zurückgegriffen. Auf Hinweise, inwieweit die den damaligen Arbeiten am OGB zugrunde gelegte Rechtslage nach ABGB, KN und SOR sich seit 1918 geändert hat, wurde bis auf wenige Ausnahmen verzichtet. Damals geltende Vorschriften des BGB, die zwischenzeitlich geändert wurden, sind als „BGB-1900" gekennzeichnet.

Die rechtsvergleichenden Erwägungen der Kommission beschränkten sich vielerorts auf eine Gegenüberstellung der entsprechenden Regelungen des ABGB, BGB, KN und in untergeordnetem Maße auch des Svod Zakonov und SOR. Die in den Gesetzesmaterialien formulierten Unterschiede zwischen diesen Rechten bezogen sich daher in den meisten Fällen auf die gesetzlichen Regelungen an sich. Ob eine bestimmte Vorschrift in der Praxis durch die Rechtsprechung eingeschränkt, modifiziert oder korrigiert wurde, ist in der Gesetzesbegründung vereinzelt erläutert worden (etwa um auf die Vor- oder Nachteile einer bestimmten Lösung hinzuweisen). Bei einer vertieften Berücksichtigung von Rechtsprechung und Lehre wären in Einzelfällen möglicherweise größere Gemeinsamkeiten der vier Rechte feststellbar gewesen.

Auch die vorliegende Arbeit bietet keinen umfänglichen Rechtsvergleich. Über die Gesetzesmaterialien hinausgehende Hinweise auf die Rechtsprechung und Lehre zu ABGB, KN oder Svod Zakonov wurden nur aufgenommen, soweit dies für die Untersuchung erforderlich war. Wenn etwa in einer bestimmten Frage richterrechtliche Fortbildungen des französischen Schuldrechts für die Überlegungen der Kommission keine Rolle gespielt haben, wurde auch in der Arbeit auf weiterführende Hinweise zum französischen Recht verzichtet. Dasselbe gilt für das russische Recht, das insgesamt in der Arbeit der Kommission

---

439 Die in dieser Arbeit zitierten Regelungen des KN entsprechen den Regelungen des französischen CC. Die Nummerierung der Artikel ist in beiden Gesetzbüchern identisch. Soweit auf den Wortlaut des KN verwiesen wird, kann daher ersatzweise eine deutsche oder französische Fassung des CC herangezogen werden.

nur eine untergeordnete Rolle spielte. Das schweizerische Recht wird berücksichtigt, soweit es von der Kommission vergleichsweise herangezogen wurde.

2.1.3 Die verfügbaren Gesetzesmaterialien

Aus dem Beratungsverfahren der Kodifikationskommission sind folgende Dokumente verfügbar[440]:

- der Gesetzentwurf zum Schuldrecht, Allgemeiner Teil, von Till aus dem Jahr 1923 mit Erläuterungen;[441]
- der Gegenentwurf zum Schuldrecht, Allgemeiner Teil von Domański aus dem Jahre 1927 ohne Erläuterungen;[442]
- der Gesetzentwurf zum Schuldrecht, Besonderer Teil, von Till und Longchamps aus dem Jahre 1928 mit Erläuterungen;[443]
- die von Longchamps nach Verabschiedung des OGB verfasste Gesetzesbegründung aus den Jahren 1934–1939.[444]

Da die Sitzungsprotokolle der Kommission nicht erhalten sind[445], können Hinweise auf Diskussionsverläufe oder Erwägungen der Kommission nur aus anderen Quellen erschlossen werden. In Betracht kommen hierfür insbesondere die von einzelnen Kommissionsmitgliedern verfassten Lehrbücher und Monographien zum OGB:

- *Instytucje Kodeksu Zobowiązań, Część ogólna* von Domański aus dem Jahr 1936[446];
- *Zobowiązania* von Longchamps, erstmals erschienen 1934–1938.

Beide Autoren haben sich darüber hinaus in Zeitschriftenbeiträgen zu Fragen des neuen polnischen Schuldrechts geäußert, teilweise unter ausführlicher Bezugnahme auf die Kommissionsarbeit.[447]

---

440 Zum kommissionsinternen Verfahren 1.6.

441 Dazu Fn. 232.

442 Dazu Fn. 234.

443 Dazu Fn. 235.

444 Dazu Fn. 242. Für eine Übersetzung der Gesetzesbegründung in eine der international gängigen Sprache wirbt *Dajczak*, KPP 2014, zeszyt 4, S. 829, 854.

445 *Górnicki*, Prawo cywilne, S. 401; *Falkowska*, in: *Malecki* (Hrsg.), Świat, S. 609, 611 f.

446 *Domański* wies im Vorwort (S. 6) ausdrücklich auf die Bedeutung des Kommentars als Ergänzung der Gesetzesbegründung von Longchamps hin. Dazu auch *Górnicki*, a. a. O., S. 410.

447 Vgl. etwa von *Domański* die Beitragsreihen *System Kodeksu Zobowiązań* in GSW-NKZ 1934 und *Uzasadnienie projektu Kodeksu Zobowiązań* in GSW-NKZ 1934/35 sowie

2.1.4 Der Gesetzestext (Auszug)

Das polnische Obligationsgesetzbuch von 1933

(Auszug aus der deutschen Übersetzung von 1933/34, herausgegeben von der Geschäftsstelle Posen der deutschen Sejm- und Senatsabgeordneten; wiedergegeben werden die in dieser Arbeit zitierten Vorschriften)

Art. 1

Die Verpflichtungen entstehen aus Willenserklärungen sowie aus Handlungen und anderen Ereignissen, mit denen das Gesetz das Entstehen einer Verpflichtung verbindet.

[...]

Art. 50

§ 1 Ein Vertrag entsteht durch die übereinstimmende Willenserklärung zweier Parteien, von denen sich die eine zu einer Leistung verpflichtet, die andere diese Leistung annimmt.

§ 2 Gegenstand eines Vertrages kann gleichfalls die Entstehung, Änderung oder das Erlöschen eines Rechtsverhältnisses sein, ohne sich zu einer Leistung zu verpflichten.

Art. 51

Wenn beide Parteien sich gegenseitig so verpflichten, daß die eine Leistung das Gegenstück (odpowiednik) zu der anderen Leistung sein soll, so ist der Vertrag ein gegenseitiger.

[...]

Art. 56

§ 1 Verträge, deren Inhalt sich unmöglich ausführen läßt, sowie Verträge, die der öffentlichen Ordnung, dem Gesetze oder den guten Sitten zuwiderlaufen, sind ungültig.

§ 2 Wenn Mängel dieser Art nur einige Bestimmungen des Vertrages betreffen, so bleiben die anderen Bestimmungen in Kraft, es sei denn, daß anzunehmen ist, daß ohne die durch die Ungültigkeit betroffenen Bestimmungen die Parteien den Vertrag nicht abgeschlossen haben würden.

---

von *Longchamps*, RPEiS 1934, Nr. 2, S. 77–93; *ders.*, Bulletin trimestriell de la Société de Législation comparé 1935, Nr. 3, S. 329–347.

Art. 57

Die Partei, die bei dem Abschluß des Vertrages die Unmöglichkeit der Leistung kannte, ist zum Ersatze des Schadens verpflichtet, den die andere Partei dadurch erleidet, daß sie den Vertrag in Unkenntnis der Unmöglichkeit der Leistung geschlossen hat.

[...]

Art. 76

§ 1 Bei dem Abschluß eines Vertrages kann sich jede der Parteien das Recht vorbehalten, von dem Vertrage zurückzutreten.

§ 2 Wenn die Parteien keine Frist für den Rücktritt vom Vertrage bestimmt haben, so kann der berechtigten Partei durch die andere Partei eine entsprechende Frist gestellt werden, nach deren Ablauf das Recht auf Rücktritt erlischt.

Art. 77

§ 1 Das Recht des Rücktritts vom Vertrage wird ausgeübt durch die Benachrichtigung der anderen Partei.

§ 2 Wenn der Wert des Gegenstandes des Vertrages eintausend Złoty übersteigt, so muß die Benachrichtigung schriftlich geschehen.

Art. 78

§ 1 Im Falle des Rücktritts vom Vertrage wird es so angesehen, als wenn der Vertrag überhaupt nicht abgeschlossen worden ist.

§ 2 Das, was sich die Parteien schon geleistet haben, unterliegt der Rückgabe im unveränderten Zustande, es sei denn, daß die Änderung in den Grenzen der gewöhnlichen Verwaltung notwendig war.

§ 3 Für geleistete Dienste sowie für den Gebrauch einer Sache steht der anderen Partei eine entsprechende Entschädigung zu.

Art. 79

Wer nicht das, was er erhalten hat, in unverändertem Zustande zurückgeben kann, ist verpflichtet den Schaden zu ersetzen, der durch den Verlust, die Beschädigung oder Belastung des Gegenstandes der Leistung entstanden ist, es sei denn, daß der Schaden durch Umstände entstanden ist, für die er nicht haftet.

[...]

Art. 110

Das Verlangen des Gesetzes oder eines Vertrages, daß die schriftliche Form gewahrt wird, ohne die Androhung der Ungültigkeit, hat nur die Bedeutung, daß im Streitfall der Zeugenbeweis ohne Einverständnis beider Parteien unzulässig ist.

[...]

Art. 129

Die Rückgabe einer erfüllten Leistung kann verlangt werden, wenn der rechtliche Grund der Leistung weggefallen oder nicht verwirklicht (urzeczywistniony) worden ist deswegen, weil der ausbedungene Zweck der Leistung nicht erreicht wurde.

[...]

Art. 134

Wer durch eigene Schuld einem anderen einen Schaden zugefügt hat, ist zu seinem Ersatze verpflichtet.

[...]

Art. 138

§ 1 Für einen Schaden, der im Zustande des geistigen Schwachsinns (niedorozwój) oder der Geisteskrankheit oder einer anderen Geistesstörung zugefügt wurde, haftet der Täter im allgemeinen nicht.

§ 2 Wer jedoch der Störung der Geistestätigkeit infolge des Gebrauchs von berauschenden Getränken oder anderen ähnlichen Mitteln unterlegen ist, ist zum Schadenersatz verpflichtet, es sei denn, daß er nachweist, daß ein solcher Zustand ohne sein Verschulden hervorgerufen wurde.

[...]

Art. 157

§ 1 Der Schadenersatz umfaßt den Verlust, den der Geschädigte erlitten hat, und den Vorteil, der erwartet werden konnte, wenn ihm der Schaden nicht zugefügt worden wäre.

§ 2 Der zum Schadenersatz Verpflichtete haftet nur für die normalen Folgen der Handlung oder Unterlassung, die den Schaden verursacht hat.

§ 3 In den durch das Gesetz vorgesehenen Fällen kann unabhängig von dem Ersatz des Vermögensschadens eine Entschädigung für moralischen Schaden verlangt werden.

Art. 158

§ 1 Die Höhe des Schadenersatzes wird unter Berücksichtigung aller vorliegenden Umstände festgesetzt.

§ 2 Wenn der Beschädigte zu der Zufügung des Schadens beigetragen hat, so unterliegt der Schadenersatz einer entsprechenden Ermäßigung.

Art. 159

Der Schadenersatz ist in Geld zu leisten. Das Gericht kann jedoch auf Verlangen des Geschädigten gemäß den Umständen den Schadenersatz durch Wiederherstellung des früheren Zustandes der Sache auferlegen.

Art. 160

Bei der Bestimmung des Vermögensschadens wird der Wert einer Sache gemäß den Marktpreisen in Rechnung gezogen, jedoch im Falle der Böswilligkeit oder der groben Fahrlässigkeit des zum Schadenersatz Verpflichteten auch der besondere Wert der Sache für den Beschädigten.

[...]

Art. 165

§ 1 Im Falle der Beschädigung des Körpers oder der Hervorrufung der Zerrüttung der Gesundheit, der Beraubung des Lebens oder der Beraubung der Freiheit oder der Verletzung der Ehre kann das Gericht dem Geschädigten oder der durch ihn bezeichneten Institution eine angemessene (stosowna) Geldsumme als Genugtuung für körperliche Leiden und moralischen Schaden zuerkennen.

§ 2 Obige Vorschrift wird gleichfalls in den Fällen angewandt, wenn eine Frau oder ein Minderjähriger oder geistig zurückgebliebener (upośledzony) Mann vermittels List, Gewalt, Mißbrauch des Abhängigkeitsverhältnisses oder Ausbeutung einer kritischen Lage gezwungen wurde, sich einer unzüchtigen (nierządny) Handlung zu unterwerfen.

§ 3 Das Recht der Genugtuung geht auf die Erben über, wenn sie vertraglich oder durch rechtskräftiges Urteil für die Lebenszeit des Geschädigten zuerkannt wurde und in dem im ersten Paragraphen vorgesehenen Falle auch dann, wenn die Klage zu Lebzeiten des Geschädigten eingeleitet wurde.

[...]

Art. 189

Die Parteien müssen Verpflichtungen in Übereinstimmung mit ihrem Inhalt in der Art erfüllen, die den Anforderungen des guten Glaubens und den Gebräuchen eines redlichen Verkehrs entspricht.

[...]

Art. 192

§ 1 Der Schuldner ist verpflichtet, die Leistung in der Frist zu erfüllen, die in dem Vertrage angegeben ist oder sich aus der Natur der Verpflichtung ergibt.

§ 2 Wenn die Frist zur Erfüllung der Leistung nicht in dieser Weise bestimmt werden kann, so ist der Schuldner verpflichtet, die Leistung unverzüglich nach dem Entstehen der Verpflichtung zu erfüllen.

[...]

Art. 206

§ 1 Der Gläubiger kann die Annahme einer Teilleistung verweigern, wenn die ganze Schuld fällig ist.

§ 2 Die einmalige oder mehrfache Annahme eines Teils einer fälligen Schuld durch den Gläubiger nimmt ihm nicht das Recht, vom Schuldner die unverzügliche Einzahlung des Restes der Schuld zu verlangen, es sei denn, daß der Gläubiger sich ausdrücklich mit der Stundung der Schuld oder Zerlegung der Schuld in Raten einverstanden erklärt hat.

[...]

Art. 209

Wenn Gegenstand der Verpflichtung eine Sache ist, die nur der Gattung nach ohne nähere Bezeichnung bestimmt ist, dann muß der Schuldner eine Sache mittlerer Art und Güte (średniej jakości i dobroci) geben.

[...]

Art. 215

§ 1 Leistungen, die beiden Parteien aus gegenseitigen Verträgen zustehen, müssen gleichzeitig erfüllt werden, soweit ein anderes nicht aus dem Vertrage oder der Natur der Verpflichtungen hervorgeht.

§ 2 Jede der Parteien kann ihre Leistung zurückhalten, solange die andere Partei nicht ihre Leistung erfüllt.

[…]

Art. 231

Der Gläubiger kommt in Verzug, wenn er ohne begründeten Anlaß sich der Annahme der Leistung, die ihm tatsächlich angeboten wird, entzieht oder die Vornahme einer Handlung ablehnt, ohne welche die Leistung nicht erfüllt werden kann, oder erklärt, daß er die Leistung nicht annimmt.

Art. 232

Wenn der Gläubiger mit der Annahme der Leistung in Verzug gekommen ist, so hat der Schuldner das Recht, den Gegenstand der Leistung bei Gericht zu hinterlegen, und, wenn der Gegenstand sich nicht dazu eignet, vom Gericht die Bestimmung eines Aufsehers oder Verwalters zum Zwecke seiner Aufbewahrung zu fordern.

Art. 233

Von der Hinterlegung des Gegenstandes der Leistung bei Gericht oder von der Verfügung des Gerichtes bezüglich ihrer Aufbewahrung ist der Schuldner verpflichtet, den Gläubiger unverzüglich schriftlich zu benachrichtigen.

Art. 234

§ 1 Nach der Hinterlegung des Gegenstandes der Leistung bei Gericht oder zur Aufbewahrung kann der Gläubiger seine Herausgabe verlangen, aber solange er ein solches Verlangen nicht anmeldet, kann der Schuldner den Gegenstand zurücknehmen.

§ 2 Im Falle der Zurücknahme des Gegenstandes durch den Schuldner wird die Hinterlegung bei Gericht oder zur Aufbewahrung als nicht geschehen angesehen.

Art. 235

§ 1 Sachen, die einem schnellen Verderb unterliegen oder bedeutende Aufbewahrungskosten erfordern, können auf Verlangen des Schuldners und mit Genehmigung des Gerichtes im Wege der öffentlichen Versteigerung verkauft und der aus dem Verkauf erzielte Erlös kann bei Gericht hinterlegt werden.

§ 2 Wenn die Sachen einen Marktpreis oder Börsenpreis haben, so können sie durch öffentliche Versteigerung nur dann verkauft werden, wenn sie aus freier Hand nicht zum laufenden Preise verkauft werden können.

Art. 236

Eine gültige Hinterlegung bei Gericht oder zur Aufbewahrung befreit den Schuldner von der Verpflichtung und legt dem Gläubiger die Pflicht der Rückerstattung der ausgelegten Kosten an den Schuldner auf.

[…]

Art. 238

Wenn der Gläubiger mit der Annahme der Leistung in Verzug gekommen ist, kann der Schuldner den Ersatz des daraus entstandenen Schadens verlangen.

Art. 239

Der Schuldner ist gegenüber dem Gläubiger für allen Schaden verantwortlich, der aus der Nichterfüllung oder der nicht gehörigen Erfüllung der Verpflichtung entsteht, es sei denn, daß er beweist, daß die Nichterfüllung oder nicht gehörige Erfüllung die Folge von Umständen ist, für die er nicht haftet.

Art. 240

§ 1 Der Schuldner ist nicht nur für eine vorsätzliche Handlung oder eine vorsätzliche Unterlassung verantwortlich, sondern auch für Nichtanwendung der Sorgfalt, die in dem redlichen Verkehr oder in dem betreffenden Rechtsverhältnis erfordert wird.

§ 2 Die Bestimmung des Vertrages, daß der Schuldner nicht für einen Schaden haftet, den er dem Gläubiger vorsätzlich zufügen kann, ist ungültig.

Art. 241

Der Schuldner kann sich nicht damit rechtfertigen (zasłaniać), daß er die Erfüllung der Verpflichtung einem anderen aufgetragen hat, auch wenn er hierzu berechtigt war, oder daß die Verpflichtung, die in seinem Namen eingegangen wurde, durch seinen gesetzlichen Vertreter erfüllt werden muß. Für eine Handlung und Unterlassung dieser Personen haftet er so wie für seine eigene Handlung und Unterlassung.

Art. 242

Der Schadenersatz bestimmt sich nach den Bestimmungen des Vertrages oder den einzelnen Vorschriften des Gesetzes; mangels solcher werden entsprechend die Vorschriften über den Ersatz eines Schadens angewandt, der durch eine unerlaubte Handlung zugefügt wurde.

Art. 243

§ 1 Der Schuldner gerät in Verzug, wenn er die Leistung nicht in der Frist erfüllt, die im Vertrage oder im Gesetz bestimmt ist, und falls die Frist nicht bestimmt ist, wenn er die Leistung nicht unverzüglich nach der Aufforderung durch den Gläubiger erfüllt.

§ 2 Die Verzögerung in der Erfüllung der Leistung, die eine Folge von Umständen ist, für die der Schuldner nicht haftet, wird nicht als Verzug angesehen.

Art. 244

Im Falle des Verzuges des Schuldners kann der Gläubiger unabhängig von der Leistung den Ersatz des Schadens verlangen, der durch den Verzug verursacht ist.

Art. 245

Der im Verzuge befindliche Schuldner haftet für den Verlust oder die Beschädigung des Gegenstandes der Leistung, es sei denn, daß er beweist, daß das eine oder das andere eingetreten wäre, auch wenn er die Leistung zur rechten Zeit erfüllt hätte.

Art. 246

Wenn die Leistung in der Übergabe einer Sache besteht, die nur der Gattung nach bestimmt ist, so kann der Gläubiger im Falle des Verzuges des Schuldners eine Sache derselben Gattung auf Kosten des Schuldners erwerben oder die Bezahlung des Wertes der Sache verlangen, wobei er in beiden Fällen das Recht auf Schadenersatz behält.

Art. 247

§ 1 Im Falle des Verzuges des Schuldners mit der Erfüllung der Verpflichtung zu einer Handlung (czynienie) kann der Gläubiger die gerichtliche Ermächtigung zur Vornahme der Handlung auf Kosten des Schuldners verlangen, indem er das Recht auf den Schadenersatz behält.

§ 2 Wenn die Verpflichtung in einem Nichthandeln, einer Unterlassung oder einem Dulden (nieczynienie, zaprzestanie lub znoszenie) besteht, kann der Gläubiger die gerichtliche Ermächtigung zur Beseitigung auf Kosten des Schuldners alles dessen verlangen, was der Schuldner entgegen der Verpflichtung getan hat, wobei er das Recht auf den Schadenersatz behält.

§ 3 In eiligen Fällen kann der Gläubiger ohne gerichtliche Ermächtigung die Handlung auf Kosten des Schuldners vornehmen oder auf seine Kosten das beseitigen, was entgegen der Verpflichtung getan wurde.

Art. 248

§ 1 Wenn der Schuldner sich mit der Erfüllung einer Geldverpflichtung verspätet, muß er dem Gläubiger als Schadenersatz für die Verspätung die vereinbarten Zinsen zahlen, und mangels eines Vertrages in dieser Beziehung die gesetzlichen Zinsen, zählend vom Tage der Fälligkeit der Schuld an.

§ 2 Die Zinsen gebühren dem Gläubiger ohne die Notwendigkeit des Nachweises irgendeines Schadens durch ihn und ohne Rücksicht darauf, ob den Schuldner ein Verschulden trifft.

§ 3 Der Gläubiger kann außerdem einen zusätzlichen Schadenersatz nach allgemeinen Grundsätzen verlangen.

Art. 249

§ 1 Von rückständigen Zinsen können Zinsen für die Verspätung erst von dem Augenblicke der Einleitung der Klage auf sie berechnet werden, es sei denn, daß die rückständigen Zinsen nach dem Willen der Parteien schon nach dem Eintritt der Rückständigkeit kapitalisiert wurden.

§ 2 Obige Vorschrift steht abweichenden Vorschriften und den Handelsgebräuchen nicht entgegen.

§ 3 Von rückständigen wiederkehrenden (okresowych) Leistungen können Zinsen für die Verspätung wie bei Geldverpflichtungen berechnet werden.

Art. 250

§ 1 Wenn eine der Parteien mit der Erfüllung einer gegenseitigen Verpflichtung in Verzug gerät, so kann die andere Partei nach ihrer Wahl entweder die Erfüllung der Verpflichtung und Schadenersatz für den Verzug geltend machen oder der anderen Partei eine entsprechende Frist zur Erfüllung mit dem Vorbehalt bestimmen, daß sie nach fruchtlosem Ablauf der bestimmten Frist vom Vertrage zurücktritt.

§ 2 Wenn die Leistungen beider Parteien teilbare sind, so beschränkt sich im Falle des Verzuges eine der Parteien mit der Erfüllung der Verpflichtung bezüglich eines Teiles der Leistung das Recht auf den Rücktritt, das der anderen Partei zusteht, nach ihrer Wahl auf diesen Teil oder auf den ganzen Rest der nichterfüllten Leistung.

§ 3 Wenn der Wert des Gegenstandes des Vertrages tausend Złoty übersteigt, so muß die Bestimmung der Frist zur Erfüllung der Verpflichtung mit der Androhung des Rücktritts schriftlich erfolgen.

Art. 251

§ 1 Wenn die Parteien sich das Recht des Rücktritts vom Vertrage für den Fall der Nichterfüllung der gegenseitigen Verpflichtung in einer genau bestimmten Frist vorbehalten haben, so kann die berechtigte Partei im Falle des Verzuges der anderen Partei ohne Bestimmung einer zusätzlichen Frist erklären, daß sie vom Vertrage zurücktritt.

§ 2 Diese Vorschrift wird gleichfalls in dem Falle angewandt, wenn die Erfüllung der Verpflichtung durch die eine der Parteien nach der Frist für die andere Partei keine Bedeutung hat, sei es mit Rücksicht auf die Natur der Verpflichtung, sei es mit Rücksicht auf die Unmöglichkeit der Erreichung des Zweckes, zu dem der Vertrag geschlossen wurde.

Art. 252

Wenn die Erfüllung der gegenseitigen Verpflichtungen infolge von Umständen unmöglich wird, für die die verpflichtete Partei haftet, so kann die berechtigte Partei nach ihrer Wahl entweder Schadenersatz für die Nichterfüllung der Verpflichtung verlangen oder erklären, daß sie vom Vertrage zurücktritt. Im Falle der teilweisen Unmöglichkeit kann die andere Partei vom Vertrage zurücktreten, wenn aus der Natur der Verpflichtung oder aus dem von den Parteien beabsichtigten Zweck hervorgeht, daß die teilweise Erfüllung für die berechtigte Partei keine Bedeutung hat.

Art. 253

Die Partei, die vom Vertrage zurücktritt, muß der anderen Partei alles, was sie von ihr auf Grund des Vertrages erhalten hat, zurückgeben und hat das Recht, nicht nur die Zurückgabe dessen zu verlangen, was sie gegeben hat, sondern auch den Ersatz des Schadens, der durch die Nichterfüllung der gegenseitigen Verpflichtung verursacht wurde.

[…]

Art. 267

§ 1 Wenn die Erfüllung der Leistung infolge von Umständen unmöglich geworden ist, für die der Schuldner nicht haftet, so erlischt die Verpflichtung.

§ 2 Der Schuldner, der infolge der Unmöglichkeit von der Pflicht zur Leistung in ihrer Gesamtheit oder zum Teile befreit ist, verliert das Recht auf die Gegenleistung in ihrer Gesamtheit oder zum Teile und ist, wenn er sie schon erhalten hat, zur Rückgabe verpflichtet.

§ 3 Wenn bei einer gegenseitigen Verpflichtung die Leistung der einen Partei nur zu einem Teil unmöglich wird zu erfüllen, so kann die andere Partei von dem Vertrage zurücktreten, wenn aus der Natur der Verpflichtung, oder aus dem Zweck, der durch die Parteien beabsichtigt ist, hervorgeht, daß die teilweise Erfüllung der Verpflichtung für die berechtigte Partei keine Bedeutung hat.

Art. 268

Wenn die Sache, die Gegenstand der Leistung ist, verloren geht und dem Schuldner aus diesem Grunde Schadenersatzansprüche gegen dritte Personen zustehen, so ist er verpflichtet, dem Gläubiger diese Ansprüche oder den erlangten Schadenersatz abzutreten.

Art. 269

Wenn aus Anlaß von außergewöhnlichen Ereignissen, wie: Krieg, Seuche, vollständigem Mißwuchs und anderen Elementarschäden die Leistung mit übermäßigen Schwierigkeiten verbunden war oder der einen der Parteien ein auffallender (rażący) Schaden droht, was die Parteien nicht bei dem Abschluß des Vertrages vorhersehen konnten, so kann das Gericht, wenn es dies nach den Grundsätzen des guten Glaubens für notwendig ansieht, nach Abwägung der Interessen beider Parteien die Art der Erfüllung, die Höhe der Leistung bestimmen oder sogar den Vertrag auflösen.

[...]

Art. 306

§ 1 Der Verkäufer ist zur Gewährleistung (rękojmia) verpflichtet, wenn es sich zeigt, daß das durch ihn verkaufte Recht in seiner Gesamtheit oder zum Teil einer dritten Person zusteht, beschränkt oder belastet ist oder nicht besteht (rechtliche Mängel).

§ 2 Der Verkäufer ist zur Gewährleistung verpflichtet, wenn die verkaufte Sache im Zeitpunkte der Übergabe nicht die Eigenschaften (właściwości) besitzt, deren Vorhandensein er dem Käufer zugesichert hat, oder wenn sie Fehler hatte, die ihren Wert oder ihre Brauchbarkeit mit Rücksicht auf den Zweck vermindern, der im Vertrage bestimmt ist oder aus der Natur oder der Bestimmung der Sache hervorgeht (physische Mängel).

[...]

Art. 309

Wenn der Käufer vom Vertrage aus Anlaß des Fehlers zurücktritt, so müssen beide Parteien sich gegenseitig die erhaltenen Leistungen nach den Vorschriften zurückgeben, die das vertragliche Rücktrittsrecht betreffen.

Art. 310

Wenn der Käufer die Herabsetzung des Preises aus Anlaß eines Fehlers fordert, so erfolgt diese in dem Verhältnis, in welchem der Wert des Verkaufsgegenstandes, frei von Fehlern, zu seinem Werte steht, der mit Berücksichtigung der bestehenden Fehler berechnet wird.

[...]

Art. 315

§ 1 Wenn das verkaufte Recht in seiner Gesamtheit einer dritten Person zusteht oder nicht besteht, so kann der Käufer vom Vertrage zurücktreten.

[...]

Art. 317

§ 1 Der Käufer, der vom Vertrage zurücktritt oder die Herabsetzung des Preises verlangt, kann von dem Verkäufer den Ersatz des Schadens fordern, den er dadurch erlitten hat, daß er den Vertrag in Unkenntnis des rechtlichen Mangels schloß; insbesondere kann er die Rückerstattung der durch den Prozeß verursachten Kosten und auch die Rückerstattung der auf die Sache gemachten Verwendungen (nakłady) fordern, soweit er infolge der Entziehung der Sache keine Nutzungen (korzyści) aus ihr hatte und nicht eine Entschädigung von einer dritten Person erhalten hat.

§ 2 Der Verkäufer haftet gegenüber dem Käufer gleichfalls für jeden anderen Schaden, es sei denn, daß er beweist, daß ihn keine Schuld trifft.

[...]

Art. 337

§ 1 Der Käufer ist verpflichtet, den vereinbarten Preis zu bezahlen sowie die Sache abzunehmen, wenn der Verkäufer die Pflicht hat, sie zu übergeben.

§ 2 Wenn die Sache von einem anderen Ort aus versandt werden muß, so ist der Käufer verpflichtet, den Preis erst nach Eingang der Sache an dem Bestimmungsort und nachdem ihm die Untersuchung ermöglicht wurde, zu zahlen.

2.2 Die gesetzliche Systematik des Leistungsstörungsrechts im OGB

Regelungen zum Leistungsstörungsrecht waren im OGB auf mehrere Abschnitte verteilt. Der hierfür zentrale Titel IV, Teil I, Abteilung X (Art. 239–253 OGB) mit der Überschrift „Die Folgen der Nichterfüllung von Verpflichtungen im Allgemeinen" enthielt drei Unterabschnitte:

- Schadensersatz (Art. 239–242 OGB)
- Schuldnerverzug (Art. 243–249 OGB)
- Folgen der Nichterfüllung gegenseitiger Verpflichtungen (Art. 250–253 OGB).

Fragen der nicht zu vertretenden nachträglichen Unmöglichkeit waren in Art. 267–268 OGB (Titel IV, Teil IV, „Die Unmöglichkeit der Leistung") geregelt. Art. 269 OGB (Titel IV, Teil V) enthielt eine Regelung betreffend das Erlöschen oder die Veränderung von Verpflichtungen wegen außergewöhnlicher Ereignisse. Der Gläubigerverzug war Gegenstand der Art. 231–238 („Der Verzug des Gläubigers und die Hinterlegung bei Gericht"). Für Fälle der anfänglichen Unmöglichkeit waren Art. 56–57 OGB im Titel II, Teil I, Abteilung IV („Verträge im Allgemeinen") einschlägig.

Das OGB folgte damit einer Systematik, die an einzelne Formen der Leistungsstörung (Schuldnerverzug, Unmöglichkeit usw.) anknüpfte. Andererseits enthielt das Gesetz eine weite Generalklausel für Schadensersatzansprüche unabhängig von der Art der Nichterfüllung vertraglicher Verpflichtungen (Art. 239 OGB).[448] Hierbei wurde nicht auf spezielle Leistungsstörungstatbestände Bezug genommen; die Norm war vielmehr auf die gemeinsame Rechtsfolge (der Ersatzanspruch des Gläubigers) ausgerichtet. Die vorliegende Untersuchung folgt dieser gemischten Struktur des Gesetzes. Eine Gliederung ausschließlich anhand der einzelnen Arten von Leistungsstörungen würde den Blick darauf verstellen, dass sich der polnische Gesetzgeber beim vertraglichen Schadensersatz bewusst für eine Regelung unabhängig von einzelnen Störungstatbeständen entschieden hat.

448 Dazu 2.4.

Die genannten Regelungen des OGB galten für alle Arten von Verpflichtungen, die nach Art. 1 OGB sowohl aus Willenserklärungen als auch aus Handlungen (z. B. unerlaubter Handlung) und anderen Ereignissen (z. B. ungerechtfertigter Bereicherung) entstehen konnten. In der Sache ging es hier also gleichermaßen um rechtsgeschäftliche wie um gesetzliche Schuldverhältnisse.[449] Die Regelungen hinsichtlich der Nichterfüllung gegenseitiger Verpflichtungen (Art. 250–253 OGB) betrafen allerdings nur solche auf der Grundlage eines gegenseitigen Vertrages (vgl. Art. 51 OGB).[450] Art. 269 OGB über das Erlöschen oder die Veränderung von Verpflichtungen wegen außergewöhnlicher Ereignisse war wie die Störung der Geschäftsgrundlage im deutschen Recht nur auf schuldrechtliche Verträge anwendbar, nicht dagegen auf gesetzliche Schuldverhältnisse.[451]

2.3 Verträge mit anfänglich unmöglichem Leistungsinhalt

2.3.1 Die anfängliche objektive Unmöglichkeit

2.3.1.1 Nichtigkeit des Vertrages (Art. 56 § 1 OGB)

Nach Art. 56 OGB waren Verträge ungültig, deren Inhalt sich unmöglich ausführen ließ oder die der öffentlichen Ordnung, dem Gesetz oder den guten Sitten zuwiderliefen. Verträge mit nicht erfüllbarem Inhalt wurden also mit gesetz- oder sittenwidrigen Verträgen in einer Regelung zusammengefasst. Rechtsfolge war deren (absolute) Nichtigkeit.[452]

Die Regelung bezog sich nur auf die objektive Unmöglichkeit.[453] Zudem musste die Unmöglichkeit schon im Augenblick des Vertragsschlusses vorliegen.[454] Im Bereich der Unmöglichkeit wurde in der polnischen Literatur zum OGB und in den Gesetzesmaterialien eine dem deutschen Recht weitgehend ähnliche Terminologie verwendet. So wurde auch in der polnischen Literatur zwischen anfänglicher und nachträglicher sowie zwischen objektiver und subjektiver Unmöglichkeit unterschieden: Unmöglichkeit lag vor, wenn eine Verpflichtung nicht erfüllt werden konnte. War dies bereits bei Begründung des Schuldverhältnisses der Fall, handelte es sich um ursprüngliche bzw. anfängliche

---

449 *Czachórski*, Zarys, S. 217; *Pajor*, Odpowiedzialność, S. 43.

450 *Longchamps*, Gesetzesbegründung I, S. 64.

451 Dazu 2.8.

452 *Longchamps*, Gesetzesbegründung I, S. 79; *ders.*, Zobowiązania, S. 154.

453 *Till*, Gesetzentwurf AT, S. 79; *Korzonek/Rosenblüth*, Kodeks Zobowiązań, S. 124 f.; *Czachórski*, Zarys, S. 155.

454 *Longchamps*, Zobowiązania, S. 153.

Unmöglichkeit, anderenfalls um nachträgliche Unmöglichkeit. Konnte die Verpflichtung von niemandem erfüllt werden, wurde dies als objektive Unmöglichkeit bezeichnet. Anderenfalls handelte es sich um subjektive Unmöglichkeit.[455] Art. 56 OGB erfasste sowohl die faktische als auch die rechtliche Unmöglichkeit.[456]

Die Regelung entsprach damit zwar im Wesentlichen § 306 BGB-1900, der ebenfalls die Nichtigkeit anfänglich (objektiv) unmöglicher Verträge statuierte. Den Wortlaut der Regelung entnahm die Kommission aber der deutschsprachigen Fassung des Art. 20 SOR.[457] In Anlehnung an das schweizerische Vorbild und anders als in § 306 BGB-1900 wurde in der polnischen Vorschrift nicht auf die Unmöglichkeit der Leistung, sondern auf die Unmöglichkeit des Inhalts abgestellt. Damit sollte der Tatsache Rechnung getragen werden, dass nach Art. 50 § 2 OGB nicht nur eine Leistungsverpflichtung, sondern auch die Entstehung, Änderung oder das Erlöschen eines Rechtsverhältnisses Gegenstand eines Vertrages sein konnte.[458] Diese sprachliche Lösung wurde allerdings nicht konsequent durchgeführt. So war im Zusammenhang mit der Schadensersatzpflicht der bösgläubigen Partei eines wegen Unmöglichkeit nichtigen Vertrages in Art. 57 OGB nur von der Kenntnis der „Unmöglichkeit der Leistung“ die Rede.[459]

Die anfängliche objektive Unmöglichkeit wurde im Zusammenhang mit dem Vertragsschluss und der Gültigkeit von Verträgen im II. Titel („Die Entstehung von Verpflichtungen“) geregelt und damit gesondert vom sonstigen Leistungsstörungsrecht, wie dies auch im BGB[460] und SOR[461] der Fall war.

---

455 *Longchamps*, Gesetzesbegründung I, S. 77 f.; *ders.*, Zobowiązania, S. 153. Auch der Begriff des „Unvermögen“ für die subjektive Unmöglichkeit wurde gelegentlich verwendet (*Longchamps*, Gesetzesbegründung I, S. 78). Dazu aus neuerer Zeit *Czachórski*, Zobowiązania, S. 53 (mit ergänzenden Hinweisen zu zwischenzeitlichen Änderungen der Terminologie); *Ohanowicz/Górski*, Zarys, S. 195; *Pajor*, Odpowiedzialność, S. 96.

456 *Longchamps*, Gesetzesbegründung I, S. 79; *Korzonek/Rosenblüth*, Kodeks Zobowiązań, S. 125; *Czachórski*, Zarys, S. 155.

457 *Domański*, GSW-NKZ 1934, S. 46, 47. Wortlaut des Art. 20 SOR: Ein Vertrag, der einen unmöglichen oder widerrechtlichen Inhalt hat oder gegen die guten Sitten verstößt, ist nichtig.

458 *Longchamps*, Gesetzesbegründung I, S. 80.

459 Zu Art. 57 OGB 2.3.1.3. Es sind keine Hinweise ersichtlich, dass mit dem enger gefassten Wortlaut des Art. 57 OGB eine Beschränkung etwaiger Schadensersatzansprüche auf Verträge, die eine Leistungsverpflichtung zum Inhalt hatten, erfolgen sollte.

460 § 306 BGB-1900 im Zweiten Abschnitt („Schuldverhältnisse aus Verträgen“), Erster Titel („Begründung. Inhalt des Vertrages“).

461 Art. 20 SOR im Ersten Titel („Die Entstehung der Obligationen“), Erster Abschnitt („Die Entstehung durch Vertrag“).

2.3.1.1.1 Der begrenzte Anwendungsbereich von Art. 56 OGB

Trotz der Ähnlichkeiten von Art. 56 OGB und § 306 BGB-1900 bestanden deutliche Unterschiede, die sich aus der – bereits in der Gesetzesbegründung angelegten – Einschränkung des Anwendungsbereichs der polnischen Regelung ergaben: Die Autoren des Gesetzentwurfs gingen wie auch das deutsche Recht von dem Grundsatz impossibilium nulla est obligatio aus.[462] Die Schlussfolgerung, dass deshalb nur Verträge mit objektiv möglichem Vertragsinhalt gültig seien, wurde hingegen abgelehnt, da an die Stelle der unmöglichen Leistungsverpflichtung auch eine andere Rechtsfolge treten könne, z. B. Schadensersatz- oder Gewährleistungspflichten.[463]

Wie schon zuvor u. a. die gemeinrechtliche Literatur[464] unterschied Longchamps in seiner Gesetzesbegründung zwischen Fällen, in denen die Leistung als solche unmöglich war (absolute Unmöglichkeit, z. B. der Bau eines Perpetuum mobile), und solchen, in denen sich die Unmöglichkeit erst aus den konkreten Umständen des Einzelfalls ergab (konkrete Unmöglichkeit, z. B. der Verkauf einer bereits untergegangenen Sache). Nach französischem Recht[465] sei der Vertrag ebenso wie nach § 306 BGB-1900 nichtig, während das russische Recht (in Ermangelung einer gesonderten Regelung für die anfängliche objektive Unmöglichkeit) Verträge mit unmöglichem Inhalt wirksam zustande kommen lasse, soweit nicht schon ein Willensmangel vorliege.[466] Nach § 878 ABGB waren Verträge hingegen nur dann ungültig, wenn ihr Gegenstand – so der Gesetzeswortlaut – „geradezu unmöglich" war. Dies waren nach der obigen Unterscheidung nur die absolut unmöglichen, also faktisch absurden Leistungen.[467] Der Kaufvertrag über eine bereits nicht mehr existierende Sache war – so

---

462 *Till*, Gesetzentwurf AT, S. 79.

463 *Longchamps*, Gesetzesbegründung I, S. 77–79. Diese Argumentation entsprach der damaligen Kritik an § 306 BGB-1900; dazu *Rabel*, Unmöglichkeit der Leistung, Gesammelte Aufsätze I, S. 1, 4 ff.; *Palandt/Friesecke*, BGB, 1. Auflage, § 306 BGB, Anm. 1; *Blomeyer/Duden/Wahl u. a.* in: *Schlegelberger u. a.* (Hrsg.), RvglHWB VI, S. 272, 299.

464 Dazu *Rabel*, in: *FS ABGB II*, S. 821, 827 f.

465 *Longchamps*, Gesetzesbegründung I, S. 78; dazu auch *Ferid/Sonnenberger*, Französisches Zivilrecht, 2. Auflage, Bd. 2, Anm. 2 G 388–392.

466 *Longchamps*, a. a. O., S. 78.

467 *Longchamps*, a. a. O., S. 78. Ebenso die hM: *Blomeyer/Duden/Wahl u. a.* in: *Schlegelberger u. a.* (Hrsg.), RvglHWB VI, S. 272, 298; *Reischauer*, in: *FS Stoll*, S. 345, 350; *Riedler*, in: *Schwimann/Kodek*, ABGB, Bd. IV, § 878, Rn. 5.

die Zusammenfassung der österreichischen Rechtslage durch Longchamps – danach gültig[468]; in diesem Fall bestand jedoch ein Anspruch auf Gewährleistung gemäß § 923 ABGB.[469]

Longchamps schloss sich in der Gesetzesbegründung zwar nicht ausdrücklich dem österreichischen Vorbild an. Er wies aber darauf hin, dass Art. 56 OGB nicht anwendbar sei, wenn sich die Unmöglichkeit aus Umständen des Einzelfalls ergebe, die nach spezielleren Vorschriften des OGB Gewährleistungsansprüche begründeten.[470] Nach Longchamps war Art. 56 OGB daher nicht nur auf Fälle subjektiver Unmöglichkeit (Unvermögen) unanwendbar, sondern auch auf eine praktisch sehr bedeutsame Fallgruppe der objektiven Unmöglichkeit: der Kaufvertrag über eine nicht mehr existierende individuelle Sache, bei dem an die Stelle der Leistungspflicht die Gewährleistungspflicht des Verkäufers trete.[471]

Zwar waren auch im damaligen deutschen Recht sowohl die Gewährleistungsvorschriften für Sachmängel (§§ 459 ff. BGB-1900) als auch die Haftung des Verkäufers für den Bestand einer verkauften Forderung oder eines sonstigen verkauften Rechtes (§ 437 BGB-1900) vorrangige Spezialregelungen gegenüber § 306 BGB-1900[472], sodass der zugrundeliegende Vertrag in diesen Fällen wirksam zustande kam. Beim Verkauf einer bereits vor Vertragsschluss untergegangenen Speziessache konnte zudem die Anwendung des (dispositiven) § 306 BGB-1900 durch Parteivereinbarung abbedungen werden.[473]

---

468 *Longchamps,* a. a. O., S. 78; dazu auch *Rabel,* in: *FS ABGB II,* S. 821, 828; *Reischauer,* a. a. O., S. 350; *Riedler,* a. a. O., Rn. 9.

469 *Longchamps,* a. a. O., S. 78; ebenso *Reischauer,* a. a. O., S. 350. Im Einzelnen ist hier vieles streitig, dazu *Ofner* in: *Schwimann/Kodek,* ABGB, Bd. IV, § 923, Rn. 11.

470 *Longchamps,* a. a. O., S. 78.

471 *Longchamps,* a. a. O., S. 79.

472 *Palandt/Friesecke,* BGB, 1. Auflage, § 306 BGB, Anm. 6; HKK/*Harke,* § 311a BGB, Rn. 8; dazu auch *Reischauer,* in: *FS Stoll,* S. 345, 350. § 437 BGB-1900 galt aber nur für den Verkauf von Forderungen oder sonstigen Rechten, nicht aber für den Verkauf von Sachen, auch nicht unter dem Gesichtspunkt der damit verbundenen Verpflichtung zur Übertragung des Eigentums.

473 Durch die großzügige Annahme einer solchen (stillschweigenden) Garantieübernahme durch den Verkäufer wurde in der Praxis der Anwendungsbereich des § 306 BGB-1900 deutlich eingeschränkt. Zur Kritik an der Regelung des § 306 BGB-1900 in der damaligen Literatur *Rabel,* Unmöglichkeit der Leistung, Gesammelte Aufsätze I, S. 1–55; aus späterer Zeit *Zweigert/Kötz,* Rechtsvergleichung, S. 486 f.

Die Argumentation in der Gesetzesbegründung zu Art. 56 OGB ging aber weiter und setzte voraus, dass kaufrechtliches Gewährleistungsrecht auch dann anwendbar war, wenn die Kaufsache bereits vor Vertragsschluss unterging. Zur Begründung verwies Longchamps auf Art. 306 § 1 OGB, der die kaufrechtliche Gewährleistung für Rechtsmängel zum Gegenstand hatte.[474] Nach dem Wortlaut dieser Regelung war der Verkäufer zur Gewährleistung verpflichtet, „wenn es sich zeigt, dass das durch ihn verkaufte Recht in seiner Gesamtheit oder zum Teil [...] nicht besteht (rechtliche Mängel).“ Nach der Gesetzesbegründung zu Art. 56 OGB galt der Verkauf einer untergegangenen Sache zugleich als Verkauf eines nicht bestehenden Eigentumsrechts. Als Konsequenz der Anwendung von Gewährleistungsrecht konnte der Käufer in diesen Fällen nicht nur vom Vertrag zurücktreten (Art. 315 § 1 OGB), sondern auch einen verschuldensunabhängigen Schadensersatzanspruch nach § 317 § 1 OGB (begrenzt auf das negative Interesse) sowie – bei Verschulden des Verkäufers – weitergehende Schäden nach Art. 317 § 2 OGB geltend machen.[475] Der Verkauf einer nicht mehr existierenden Sache wurde von Longchamps ausdrücklich nur beispielhaft genannt.[476] Danach sollte diese Argumentation auch für andere Vertragsarten in Betracht kommen. Zu Recht ist darauf hingewiesen worden, dass nach dieser – auch von anderen Autoren vertretenen[477] – Auslegung der praktische Anwendungsbereich von Art. 56 OGB sehr klein war.[478] Die Rechtslage nach dem OGB unterschied sich insoweit nicht nur vom deutschen, sondern auch vom schweizerischen Recht: Die Lieferverpflichtung einer bei Vertragsschluss nicht existenten Speziessache wird unter Verweis auf Art. 20 SOR als nichtig angesehen.[479]

2.3.1.1.2 Parallelen zur Diskussion in Österreich vor 1918

Mit der Beschränkung des Anwendungsbereichs von Art. 56 OGB im Wege extensiver Anwendung von Gewährleistungsvorschriften knüpfte Longchamps

474 Vgl. *Longchamps,* Gesetzesbegründung I, S. 79; *ders.*, Zobowiązania, S. 153.

475 *Longchamps*, Zobowiązania, S. 458, 461; *Korzonek/Rosenblüth*, Kodeks Zobowiązań, S. 701; *Rukser*, RabelsZ 1934, S. 342, 365.

476 *Longchamps*, Gesetzesbegründung I, S. 79; *ders.*, Zobowiązania, S. 153.

477 *Korzonek/Rosenblüth*, Kodeks Zobowiązań, S. 679; *Czachórski*, Zarys, S. 155; dazu auch *Till/Longchamps*, Gesetzentwurf BT, S. 82.

478 *Bobrzyński/Liebscher/Zoll*, in: *Liebscher/Zoll* (Hrsg.), Einführung, S. 231, 271.

479 *Ziegler*, Anfängliche Unmöglichkeit, S. 2.

unmittelbar an seine früheren Schriften zum österrreichischen Recht an. In seiner 1916 erschienenen Habilitationsschrift zum Verhältnis von Mängelgewährleistung und Leistungspflicht nach österreichischem Recht setzte er sich ausführlich mit der streitigen Frage auseinander, ob das Gewährleistungsrecht des ABGB (§ 923) auf den Erwerb einer bei Vertragsschluss nicht mehr existierenden Sache anwendbar sei und bejahte dies.[480] Die Regelung der anfänglichen Unmöglichkeit (§ 878 ABGB) sei in diesen Fällen nicht anwendbar.[481] Diese Auffassung wurde – wie dargestellt[482] – nicht nur durch den Wortlaut des § 878 ABGB gestützt, sondern es wurde auch in § 923 ABGB die Veräußerung einer nicht mehr vorhandenen Sache ausdrücklich als ein Fall der Gewährleistung erwähnt.[483] Longchamps hielt es rechtspolitisch für wünschenswert, dass in diesen Fällen der Erwerber über das Gewährleistungsrecht weitergehende Entschädigungsansprüche erhalte, als dies bei Anwendung des § 878 ABGB der Fall gewesen wäre. Trotz Gültigkeit des Vertrages entstehe gemäß dem Grundsatz impossibilium nulla est obligatio keine Verpflichtung zur Leistung der versprochenen Sache[484]; einzige Folge des Vertragsschlusses sei die Entstehung von Gewährleistungspflichten.[485] Im Wege der Analogie übertrug Longchamps diese Lösung auf die Gattungsschuld aus einem Kaufvertrag, sofern bei Vertragsschluss die ganze Gattung nicht mehr vorhanden war, sowie auf das Werkvertragsrecht.[486] Die hier angesprochenen Fragen waren vor dem Hintergrund der III. Teilnovelle des ABGB von besonderem Interesse. Zunächst war geplant gewesen, die Veräußerung einer nicht mehr vorhandenen Sache im Rahmen der Novelle aus dem Wortlaut des § 923 ABGB zu streichen, sodass auf diese Fälle § 878 ABGB anzuwenden gewesen wäre.[487]

---

480 *Longchamps,* Rękojmia, S. 11 ff.

481 *Longchamps,* a. a. O., S. 16.

482 Dazu 2.3.1.1.1.

483 Wortlaut des § 923 ABGB („Fälle der Gewährleistung"): „[...] wer eine nicht mehr vorhandene, oder eine fremde Sache als die seinige veräußert; [...]; der hat, wenn das Widerspiel hervorkommt, dafür zu haften."

484 *Longchamps,* Rękojmia, S. 16.

485 *Longchamps,* a. a. O., S. 18.

486 *Longchamps,* a. a. O., S. 27, 40. Wenn man dieser Analogie folgte, kam dieselbe Überlegung auch für das Werkvertragsrecht des OGB in Betracht: Im Werkvertragsrecht des OGB (Art. 488 OGB) wurde hinsichtlich rechtlicher Mängel auf die Kaufgewährleistungsvorschriften verwiesen. Art. 306 § 1 OGB war daher auch auf Werkverträge anwendbar.

487 *Rabel*, Warenkauf I, S. 121 (Fn. 2); *Reischauer*, in: *FS Stoll*, S. 345, 350; *Riedler*, in: *Schwimann/Kodek*, ABGB, Bd. IV, § 878, Rn. 9.

Die Aufgabe dieser Streichungspläne wurde von Longchamps ausdrücklich begrüßt.[488]

Seine auf der Grundlage des österreichischen Rechts gewonnene Rechtsauffassung übertrug er später auf das OGB. Allerdings lieferte (anders als im ABGB) weder der aus dem SOR übernommene Wortlaut des Art. 56 OGB noch der Wortlaut der Vorschrift über die Sachmängelhaftung (Art. 306 § 2 OGB) eine dem ABGB vergleichbare Grundlage für die Anwendung der Gewährleistungsvorschriften auf die untergegangene Kaufsache. Daher musste zur Begründung auf die Rechtsmängelhaftung des Art. 306 § 1 OGB zurückgegriffen werden. Hinweise darauf, dass im Gesetzgebungsverfahren erwogen wurde, die hier geschilderte restriktive Anwendung des Art. 56 OGB im Wortlaut der Vorschrift zu verankern, ergeben sich nicht. Die Gesetzentwürfe von Till[489] und Domański[490] entsprechen insoweit ganz dem endgültigen Gesetzestext.

2.3.1.1.3 Der Wortlaut des Art. 56 OGB im Lichte des Art. 1108 KN

Die Gesetzgebungsmaterialien lassen erkennen, dass bei der Regelung der anfänglichen objektiven Unmöglichkeit Einflüsse der französischen Rechtslehre kaum zum Tragen gekommen sind. Domański wies jedoch darauf hin, dass der Begriff des „unmöglich zu erfüllenden Vertragsinhalts“ in Art. 56 OGB nach richtigem Verständnis die Unmöglichkeit der Leistungserfüllung aufgrund der Unbestimmtheit des Objekts oder der Undurchführbarkeit der Sachen umfasse.[491] Bei dieser Lesart ergab sich eine Parallele mit Art. 1108 KN, der für die Gültigkeit eines Vertrages u. a. ein bestimmtes oder bestimmbares Objekt, das den Gegenstand der Verpflichtung bildet, voraussetzte.[492] Weitere Folgerungen ergaben sich daraus nicht.

2.3.1.2 Teilnichtigkeit (Art. 56 § 2 OGB)

Betraf die Unmöglichkeit nur einige Bestimmungen des Vertrages, war nach Art. 56 § 2 OGB davon auszugehen, dass die restlichen Vertragsbestimmungen gültig waren. Dies galt allerdings nicht, wenn anzunehmen war, dass die Parteien den dann verbliebenen Restvertrag (d. h. ohne die ungültigen Teile)

---

488 *Longchamps*, Rękojmia, S. 18.
489 *Till*, Gesetzentwurf AT, S. 10 (Art. 50).
490 *Domański*, Gesetzentwurf AT, S. 31 (Art. 119).
491 *Domański*, GSW-NKZ 1934, S. 46, 47.
492 Dazu auch *Ferid/Sonnenberger*, Französisches Zivilrecht, 2. Auflage, Bd. 1/1, Anm. 1 F 616.

nicht abgeschlossen hätten. Zur Begründung dieser Vorschrift wurde zwar auf entsprechende Vorbilder in § 139 BGB und § 878 ABGB verwiesen.[493] Das OGB folge jedoch eher dem österreichischen Modell, das vorrangig den Bestand des restlichen Vertrages fördere.[494] In der Tat wird nach § 139 BGB im Zweifel der gesamte Vertrag von der Nichtigkeit erfasst, während nach § 878 ABGB im Zweifelsfalle von der Gültigkeit des verbliebenen Vertragsteils auszugehen ist, sofern dieser als selbstständiges Rechtsgeschäft denkbar ist[495]. Mit der Entscheidung für das österreichische Vorbild sollte dem mutmaßlichen Parteiwillen Rechnung getragen werden.[496] Ein Fortbestand des Restvertrages kam in erster Linie in Betracht, wenn die Leistungsverpflichtung teilbar war oder wenn bei gegenseitigen Verträgen die Leistungen beider Seiten teilbar waren.[497]

2.3.1.3 Schadensersatzpflicht (Art. 57 OGB)

Die geschilderte Beschränkung des Anwendungbereichs von Art. 56 OGB wirkte sich auf die Ausgestaltung der Schadensersatzpflicht in Art. 57 OGB aus. Da die von Art. 56 OGB erfassten Fälle selten waren, erschien es gerechtfertigt und zur Vermeidung von Rechtsstreitigkeiten auch angeraten, das Risiko einer absoluten anfänglichen Unmöglichkeit gleichermaßen auf beide Parteien zu verteilen und Ersatzansprüche nur bei positiver Kenntnis der einen Seite (und Unkenntnis der anderen Seite) vorzusehen.[498] Damit oblag keiner der beiden Seiten eine Sorgfaltspflicht, z. B. bestimmte Nachforschungen zu unternehmen. Der Ersatzanspruch war auf das negative Interesse beschränkt.[499]

---

493 *Longchamps*, Gesetzesbegründung I, S. 79.

494 *Longchamps*, a. a. O., S. 79.

495 *Riedler*, in: *Schwimann/Kodek*, ABGB, Bd. IV, § 878, Rn. 11.

496 *Longchamps*, Gesetzesbegründung I, S. 79. Auch nach Art. 20 SOR ist im Zweifel davon auszugehen, dass die Vertragsteile, die nicht von der Unmöglichkeit betroffen sind, ihre Gültigkeit behalten.

497 *Korzonek/Rosenblüth*, Kodeks Zobowiązań, S. 126.

498 *Longchamps*, Gesetzesbegründung I, S. 81.

499 *Longchamps*, Zobowiązania, S. 155; *Korzonek/Rosenblüth*, Kodeks Zobowiązań, S. 128; *Czachórski*, Zarys, S. 156; zur Nichtanwendbarkeit der verkürzten Verjährungsfrist für deliktische Ersatzansprüche nach Art. 283 OGB *Longchamps*, Gesetzesbegründung I, S. 81; ähnlich zur Einordnung als vertraglicher (und nicht deliktischer) Anspruch mit entsprechenden Folgen für die Verjährung *Kurzer*, Głos Adwokatów 1934, S. 167, 172.

In der Gesetzesbegründung wurde auf das Fehlen einer entsprechenden Spezialregelung im KN hingewiesen[500]. Die polnische Regelung orientiere sich daher im Wesentlichen am deutschen und österreichischen Recht, weiche allerdings in der Frage der fahrlässigen Unkenntnis davon ab: Nach § 878 Satz 2 ABGB und § 307 Abs. 1 BGB-1900 konnte die Vertragspartei, welche den Vertrag in Unkenntnis der Unmöglichkeit der Leistung geschlossen hatte, Ersatzansprüche auch dann geltend machen, wenn die andere Partei die Unmöglichkeit der Leistung zwar nicht kannte, aber kennen musste. Eine entsprechende Formulierung fand sich noch im Entwurf von Till von 1923[501], wurde aber nicht in die Endfassung des OGB übernommen.

2.3.2 Die anfängliche subjektive Unmöglichkeit

In Fällen anfänglicher subjektiver Unmöglichkeit[502] war der jeweilige Vertrag gültig, da Art. 56 OGB nicht anwendbar war. Gesonderte Vorschriften für diese Fallgruppe enthielt das OGB – wie das BGB-1900 – nicht. Sie fand auch in der Gesetzesbegründung keine weitere Erwähnung. Im Falle der Nichterfüllung infolge anfänglichen Unvermögens kamen die allgemeinen Vorschriften zur Anwendung, d. h. insbesondere Art. 239 OGB.[503] Demnach haftete der Schuldner auf Schadensersatz, sofern er keinen Entlastungsbeweis führen konnte, dass die Nichterfüllung auf Umständen beruhte, die er nicht zu vertreten hatte.[504] Gegenstand des Vorwurfs war in diesen Fällen der Abschluss eines Vertrages trotz Unvermögens zur Leistung, d. h. der Schuldner hatte vor Eingehung einer Verpflichtung sein Leistungsvermögen sicherzustellen.[505] Longchamps sah hierin

500 *Longchamps*, Gesetzesbegründung I, S. 80 f.; zum französischen Recht *Zweigert/Kötz*, Rechtsvergleichung, S. 499. Das schweizerische Recht enthält ebenfalls keine gesonderte Regelung. Ersatzansprüche (gerichtet auf das negative Interesse) konnten daher nur auf der Grundlage der allgemeinen Haftung aus culpa in contrahendo geltend gemacht werden, wenn der Schädiger die Unmöglichkeit kannte oder kennen musste (*Rabel*, Warenkauf I, S. 122; *Ziegler*, Anfängliche Unmöglichkeit, S. 22).

501 *Till*, Gesetzentwurf AT, S. 10, 81 (Art. 51). Eine Beschränkung des Ersatzanspruchs auf Fälle positiver Kenntnis einer Vertragspartei ist hingegen enthalten im Vorschlag von *Domański*, Gesetzentwurf AT, S. 31 (Art. 120).

502 Zu diesem Begriff auch Fn. 455.

503 *Longchamps*, Zobowiązania, S. 153, 351 f.; ebenso für das geltende polnische Recht *Bobrzyński/Liebscher/Zoll*, in: *Liebscher/Zoll* (Hrsg.), Einführung, S. 231, 273.

504 Dazu näher 2.4.

505 *Longchamps*, Zobowiązania, S. 355; ebenso für das polnische ZGB *Ohanowicz/Górski*, Zarys, S. 196.

einen Fall der culpa in contrahendo, wobei der Ersatzanspruch auf das positive Vertragsinteresse gerichtet sei.[506] Für das ABGB war und ist die Frage, ob der Schuldner in Fällen anfänglichen Unvermögens das positive oder das negative Interesse zu ersetzen hat, streitig.[507] Für das deutsche Recht hingegen wurde nach allgemeiner Meinung bei anfänglichem Unvermögen von einer Garantieverpflichtung des Schuldners ausgegangen, die eine verschuldensunabhängige Haftung auf das positive Interesse nach sich zog.[508]

Im Falle anfänglichen unverschuldeten Unvermögens kam es weder zum Erlöschen der Verpflichtung (Art. 268 OGB)[509], noch wurden in der polnischen Literatur zum OGB sonstige Rechtsfolgen erörtert. Offensichtlich ging man davon aus, dass der nach Art. 239 OGB dem Schuldner obliegende Entlastungsbeweis in Fällen anfänglichen Unvermögens in der Praxis nicht zu führen sei und daher der Schuldner die Nichtleistung stets zu vertreten habe.[510] Im Ergebnis kam man daher wie nach deutschem Recht zu einer weit reichenden Haftung des Schuldners für sein anfängliches Leistungsvermögen, die zum Ersatz des positiven Interesses verpflichtete.

2.3.3 Bewertung

Die Regelung der anfänglichen objektiven Unmöglichkeit in Art. 56 OGB orientierte sich am Wortlaut von Art. 20 SOR. Danach waren Verträge mit unmöglichem Inhalt stets nichtig, ohne dass sich aus dem Gesetzeswortlaut eine Einschränkung – etwa im Hinblick auf Fälle der konkreten Unmöglichkeit – ergab. Die in der Gesetzesbegründung vorgeschlagene und von vielen Autoren übernommene restriktive Anwendung der Norm entsprach hingegen weitgehend den Überlegungen, die der Praxis zu § 878 ABGB zugrunde lagen. Entscheidend hierfür war eine Ausdehnung der Kaufgewährleistungspflichten wegen eines Rechtsmangels (Art. 306 § 1 OGB) auf Fälle, in denen

506 *Longchamps*, a. a. O., S. 355, 401.

507 Dazu *Riedler*, in: *Schwimann/Kodek*, ABGB, Bd. IV, § 878, Rn. 16 (Ersatz des Erfüllungsinteresses nur bei eindeutiger Garantieübernahme oder wenn der Schuldner schuldhaft die Beseitigung der Unmöglichkeit unterlassen hat); a. A. *Reischauer*, in: *Fischer-Czermak/Hopf/Kathrein u. a.* (Hrsg.), FS 200 Jahre ABGB, S. 577, 585 (Fn. 26, m. w. N.).

508 So die Rechtsprechung und h. L., dazu *Zweigert/Kötz,* Rechtsvergleichung, S. 487; *Jauernig/Vollkommer*, BGB, 2. Auflage, § 306, Anm. 3; *Palandt/Heinrichs*, BGB, 48. Auflage, § 306, Anm. 4.

509 *Longchamps*, Zobowiązania, S. 401.

510 So wohl *Longchamps*, a. a. O., S. 401.

eine Eigentumsverschaffung am Untergang der Kaufsache vor Vertragsschluss scheiterte. Im Unterschied zum österreichischen Recht gab es hierfür allerdings keine Anhaltspunkte im Gesetzeswortlaut des OGB. Die gesetzgeberische Zielsetzung, die Unwirksamkeit von Verträgen nur in Ausnahmefällen eintreten zu lassen, wurde auch bei der Regelung der Teilnichtigkeit in Art. 56 § 2 OGB deutlich: Anders als im deutschen Recht hatte der Vertrag trotz Unmöglichkeit eines Teils der Leistung im Zweifel Bestand.

Im Ergebnis wurde damit eine Gesamtlösung gewählt, die keine grundlegende Abkehr von den vorgefundenen Modellen anderer Rechtsordnungen bedeutete, die aber die Möglichkeiten einer Einschränkung der Vertragsnichtigkeit wegen anfänglicher Unmöglichkeit weitgehend ausschöpfte und daraus resultierende Ersatzansprüche an enge Voraussetzungen (positive Kenntnis) knüpfte. Angesichts der deutlichen Kritik an § 306 BGB-1900, die mit Rabel schon kurz nach Inkrafttreten des BGB einsetzte[511], ist es wenig erstaunlich, dass das deutsche Recht in der Frage der anfänglichen Unmöglichkeit keinen Vorbildcharakter hatte. Diese Kritik war Longchamp bekannt, wie sich aus seinem Werk *Die Mängelgewährleistung und die Leistungspflicht* mit verschiedenen Hinweisen auf einen entsprechenden Beitrag Rabels ergibt.[512]

2.4 Die allgemeine Schadensersatzhaftung bei Nichterfüllung

2.4.1 Die Generalklausel (Art. 239 OGB)

Nach Art. 239 OGB war der Schuldner für alle Schäden verantwortlich, die aus der Nichterfüllung oder nicht gehörigen Erfüllung einer Verpflichtung entstanden, es sei denn, er bewies, dass die Nicht- oder Schlechterfüllung auf Umständen beruhte, für die er nicht haftete. Diese Generalklausel stand am Anfang der Abteilung „Die Folgen der Nichterfüllung von Verpflichtungen im Allgemeinen". Hierbei handelte es sich um eine spezielle Vorschrift für vertragliche Schadensersatzansprüche, während das Deliktsrecht (ebenfalls mit einer Generalklausel in Art. 134 OGB) an anderer Stelle geregelt war. Als Begründung für die Trennung der beiden Bereiche wurde insbesondere auf Unterschiede hinsichtlich der Voraussetzungen und des Umfangs der jeweiligen Ersatzansprüche sowie hinsichtlich der Beweislast verwiesen.[513] Unterschiedliche Regelungen für deliktische

511 Dazu *Rabel*, Unmöglichkeit der Leistung, Gesammelte Aufsätze I, S. 1–55; *ders.*, in: FS ABGB II, S. 821–846.

512 *Longchamps*, Rękojmia, S. 12 f.

513 *Longchamps*, Gesetzesbegründung III, S. 349 f.

und vertragliche Ersatzansprüche wies neben dem BGB auch das französische Recht auf, während das ABGB in § 1295 eine einheitliche Generalklausel für beide Rechtsbereiche enthielt.

Verzichtbar erschien der Kommission eine Klausel nach dem Muster des Art. 1142 KN, wonach jede Verpflichtung, etwas zu tun oder zu unterlassen, sich bei Nichterfüllung in einen Schadensersatzanspruch verwandelt. Die Regelung wurde als veraltet angesehen und war auch im französisch-italienischen Entwurf für ein gemeinsames Obligationenrecht von 1927 nicht mehr enthalten.[514]

2.4.2 Die einzelnen Anspruchsvoraussetzungen

2.4.2.1 Nichterfüllung oder nicht gehörige Erfüllung

2.4.2.1.1 Generalklausel oder einzelne Leistungsstörungstatbestände als Regelungsmodelle

In den bisher in Polen geltenden Rechten war die Frage vertraglicher Schadensersatzansprüche[515] sehr unterschiedlich geregelt. So wurde mit unterschiedlicher Präzision beschrieben, welche Arten von Leistungsstörungen zum Schadensersatz verpflichteten. Das russische Recht enthielt keine Vorschriften über die Folgen der Nichterfüllung.[516] Das ABGB setzte in § 1295 für den Bereich der vertraglichen Haftung ganz allgemein die Übertretung einer Vertragspflicht voraus. Art. 1147 KN erwähnte ausdrücklich nur die Nichterfüllung und die verzögerte Erfüllung, ohne dass sich daraus eine Einschränkung der Ersatzansprüche auf bestimmte Fallgruppen ergab. Vielmehr wurde davon jede Nichterfüllung einer vertraglichen Verpflichtung, d. h. neben dem gänzlichen Ausbleiben der Leistung und deren Verzögerung auch die Schlecht- und Teilleistung sowie die Verletzung vertraglicher Nebenpflichten erfasst.[517] Das BGB-1900 hingegen enthielt eine gesetzliche Regelung von Schadensersatzansprüchen nur für die Unmöglichkeit (§§ 280 Abs. 1, 325 Abs. 1 BGB-1900) und den Schuldnerverzug (§§ 286 Abs. 1, 326 Abs. 1 BGB-1900). Die sich daraus ergebende Regelungslücke[518]

---

514 *Longchamps*, a. a. O., S. 365; dazu auch *Domański*, Instytucje I, S. 834. Zu Art. 1142 CC *Ferid*, Französisches Zivilrecht I, Anm. 2 C 107 f.

515 Genauer wäre die Formulierung „aus einem Schuldverhältnis resultierender Schadensersatzansprüche“.

516 *Longchamps*, Gesetzesbegründung III, S. 350.

517 *Zweigert/Kötz*, Rechtsvergleichung, S. 494; *Ranieri*, Europäisches Obligationenrecht, S. 575.

518 Zur (zeitweise streitigen) Frage, ob es sich hierbei tatsächlich um eine Regelungslücke handelte *Larenz*, Schuldrecht I, § 24 I a, S. 337 f.; *Ranieri*, a. a. O., S. 614 f., 677.

wurde mit Hilfe der gewohnheitsrechtlichen Rechtsfigur der positiven Vertragsverletzung geschlossen.

2.4.2.1.2 Die polnische Generalklausel und das deutsche Modell

Wie die Gesetzesbegründung erkennen lässt, war es Ziel der Kodifikationskommission, bei der Formulierung der Anspruchsgrundlage für vertragliche Ersatzansprüche diese aus dem deutschen Recht bekannte Lücke zu vermeiden.[519] Daher sollte die Regelung alle denkbaren Fälle der Nichterfüllung erfassen, einschließlich der verspäteten Leistung und der im deutschen Recht als positive Vertragsverletzung bezeichneten Fälle.[520] Dass dieser Zielsetzung bereits die Formulierungsvorschläge in den Entwürfen von Till und Domański entsprachen[521], lässt einen Konsens in dieser Frage erkennen. Auch an anderer Stelle wird ausdrücklich darauf hingewiesen, dass die von der deutschen Lehre als positive Vertragsverletzung bezeichneten Fallgruppen der Leistung auf nicht gehörige Weise, am nicht gehörigen Ort oder zu nicht gehöriger Zeit, der Leistung unter Verstoß gegen Treu und Glauben und die Verletzung von Unterlassungspflichten eine „nicht gehörige Erfüllung" im Sinne des Art. 239 OGB darstellten.[522]

Nach Longchamps war Art. 239 OGB daher auf folgende Fallgruppen anwendbar:

- die unmögliche Leistung (Fälle der nachträglichen objektiven oder subjektiven Unmöglichkeit sowie des anfänglichen Unvermögens);
- die Verspätung der Leistung (d. h. im Zeitpunkt der Fälligkeit wird die Leistung vom Schuldner nicht angeboten oder der Gläubiger verweigert aus berechtigten Gründen die Annahme);
- die Schlechtleistung (Leistungserbringung am nicht gehörigen Ort, zu nicht gehöriger Zeit oder auf nicht gehörige Weise, ohne dass der Gläubiger die Annahme verweigert);

---

519 *Longchamps*, Gesetzesbegründung III, S. 351.

520 *Longchamps*, a. a. O., S. 351.

521 *Till*, Gesetzentwurf AT, S. 34 (Art. 171); *Domański*, Gesetzentwurf AT, S. 73 (Art. 279). Beide Gesetzesvorschläge sahen eine Ersatzpflicht für Schäden vor, die aus der „Nichterfüllung oder nicht gehörigen Erfüllung" resultierten.

522 *Longchamps*, Zobowiązania, S. 373. Ausführlich zur positiven Vertragsverletzung aus damaliger polnischer Sicht *Wechsler*, Głos Prawa 1937, Nr. 7/8, S. 381, 406–408: Nach zusammenfassender Darstellung der Entwicklung des Begriffs in der deutschen Rechtslehre und der Ausdifferenzierung von Nebenpflichten kam der Autor ebenfalls zum Ergebnis, dass Art. 239 OGB auf alle vom Begriff der positiven Vertragsverletzung erfassten Fallgruppen anwendbar sei.

- die offene Leistungsverweigerung des Schuldners;
- der Verstoß gegen Unterlassungspflichten durch positives Tun des Schuldners.[523]

Eine Unterscheidung zwischen Haupt- und (gegebenenfalls weiter ausdifferenzierten) Nebenpflichten wurde hier nicht getroffen. Soweit die vorgenannte Aufzählung Verstöße gegen Unterlassungspflichten durch positives Tun als gesonderte Fallgruppe nennt, ist dies erneut als Verweis auf die positive Vertragsverletzung zu lesen.[524] Sie entsprach dem Verständnis der positiven Vertragsverletzung in der deutschen Rechtslehre. Das haftungsbegründende Verhalten des Schuldners bestand danach in einem pflichtwidrigen Tun (fehlerhafte Leistungsbewirkung oder Verletzung von Unterlassungspflichten), während Unmöglichkeit und Verzug durch ein Nichthandeln gekennzeichnet waren.[525]

Eine umfassende Anspruchsgrundlage für vertragliche Ersatzansprüche enthält auch das heutige polnische Recht: Nach Art. 471 ZGB erstreckt sich die Haftung des Schuldners auf Verletzungen von Haupt- und Nebenpflichten.[526] Eine Aufteilung in leistungsbezogene und sonstige Nebenpflichten wird dabei im (geltenden) polnischen Recht nicht vorgenommen; der Schuldner haftet wie im deutschen Recht z. B. für eine (bei der Abwicklung des Vertragsverhältnisses verursachte) Verletzung der Gesundheit, des Eigentums oder sonstiger Rechtsgüter der anderen Vertragspartei.[527]

Bei der Entscheidung für eine Generalklausel zur Regelung vertraglicher Ersatzansprüche ging die Kodifikationskommission zugleich davon aus, bei der weiteren Ausgestaltung des Leistungsstörungsrechts auf Spezialregelungen für einzelne Leistungsstörungstatbestände nicht gänzlich verzichten zu können. Die Unmöglichkeit der Leistung und die verspätete Leistung sollten in den weiteren

523 *Longchamps*, a. a. O., S. 351 f.

524 Diese gesonderte Nennung wäre entbehrlich gewesen, da die Verletzung einer Unterlassungspflicht sowohl die Verletzung einer Hauptleistungspflicht (dann liegt u. U. nachträgliche Unmöglichkeit oder Verzug vor) als auch die Verletzung einer Nebenpflicht darstellen kann und daher keine eigene Kategorie der Nichterfüllung darstellt.

525 Grundlegend *Staub*, in: *FS XXVI. Deutscher Juristentag*, S. 31.

526 *Bobrzyński/Liebscher/Zoll*, in: *Liebscher/Zoll* (Hrsg.), Einführung, S. 231, 269; *Kempter*, Einfluss, S. 158 f.; dazu auch *Pajor*, Odpowiedzialność, S. 124 f.

527 *Kempter*, a. a. O., S. 159 (mit Beispielen aus der Rechtsprechung). Zurückhaltend gegenüber einer Anerkennung vertraglicher Schutzpflichten im Sinne des deutschen Rechts (u. a. unter Hinweis auf die weitergehende deliktische Haftung nach polnischem Recht) *Pajor*, a. a. O., S. 126–133.

Vorschriften des OGB aber nur insoweit gesondert geregelt werden, als dies im Hinblick auf spezielle Rechtsfolgen (z. B. Befreiung von der Pflicht zur Gegenleistung, Rücktrittsrechte vom Vertrag, besondere Verzugsfolgen) notwendig war.[528] Differenzierungsbedarf sahen die Gesetzesautoren auch hinsichtlich des Umfangs von Ersatzansprüchen: Schadensersatz wegen (völliger) Nichterfüllung[529] sollte der Schuldner nicht schon bei jeder Nichterfüllung einer vertraglichen Verpflichtung geltend machen können, sondern nur unter eingeschränkten Voraussetzungen. Dieser seit 2002 in § 280 Abs. 3 BGB enthaltene Grundsatz fand Eingang in die Gesetzesbegründung zum OGB, versehen mit dem Hinweis, dass er sich auch aus den weiteren Vorschriften, insbesondere zum Verzug, ergebe.[530]

Das schweizerische Recht findet in der Gesetzesbegründung zu Art. 239 OGB als mögliches Vorbild keine Erwähnung. In der Tat lässt der Wortlaut der schweizerischen Regelung – anders als dies im polnischen Recht der Fall sein sollte – die Orientierung am „Grundmerkmal"[531] der nachträglichen Unmöglichkeit erkennen: Nach Art. 97 SOR hat der Schuldner Schadensersatz zu leisten, wenn die Erfüllung „nicht oder nicht gehörig bewirkt werden kann".[532]

2.4.2.2 Eintritt eines Schadens

Vertragliche Ersatzansprüche nach Art. 239 OGB waren nur gegeben, wenn infolge der Nichterfüllung ein Schaden eingetreten war. Der Umfang des

528 *Longchamps*, Gesetzesbegründung III, S. 351.

529 Im OGB und in der Gesetzesbegründung wurde der polnische Begriff „odszkodowanie za niewykonanie" (vgl. z. B. Art. 252 OGB sowie *Longchamps*, a. a. O., S. 353), d. h. „Schadensersatz für Nichterfüllung", gebraucht. Daher wird in der vorliegenden Arbeit auf den mit der deutschen Schuldrechtsreform eingeführten Begriff „Schadensersatz statt der Leistung" verzichtet und stattdessen der zuvor übliche Begriff „Schadensersatz wegen Nichterfüllung" verwendet.

530 *Longchamps*, a. a. O., S. 353. Dazu auch 2.5.3.1.

531 So *Gauch/Schluep/Rey*, Schweizerisches Obligationenrecht AT II, Rn. 2597; ähnlich Berner Kommentar/*Weber*, Obligationenrecht VI, 1, 5, Art. 97, Rn. 98.

532 Vor dem Hintergrund des nicht ganz klaren Wortlauts der schweizerischen Regelung wird für Art. 97 SOR nach heutigem Stand folgende Lesart vorgeschlagen: „Kann die Erfüllung der Verbindlichkeit überhaupt nicht oder nicht gehörig bewirkt werden oder ist sie nicht gehörig bewirkt worden, so hat der Schuldner [...]" (Berner Kommentar/*Weber*, Obligationenrecht VI, 1, 5, Art. 97, Rn. 14; ähnlich *Gauch/Schluep/Rey*, Schweizerisches Obligationenrecht AT II, Rn. 2612).

Ersatzanspruchs hing auch davon ab, ob ein Schaden infolge (vollständiger) Nichterfüllung, einer Verspätung der Leistung und oder einer Schlechterfüllung vorlag.[533] Wann ein ersatzfähiger Schaden vorlag, ergab sich aus gesonderten Vorschriften (Art. 157 ff. OGB).[534]

2.4.2.3 Die Verantwortlichkeit des Schuldners

Voraussetzung war nach Art. 239 OGB ferner, dass die Nichterfüllung oder nicht gehörige Erfüllung die Folge von Umständen war, für die der Schuldner haftete. Allerdings oblag die Beweislast insoweit dem Schuldner, sodass dieser schon dann zum Schadensersatz verpflichtet war, wenn er den entsprechenden Entlastungsbeweis nicht führen konnte.[535] Die Kodifikationskommission berief sich insoweit auf das in diesem Punkt einheitliche Vorbild aller in Polen geltenden Rechtsordnungen (u. a. §§ 282 und 285 BGB-1900, § 1298 ABGB, Art. 1147 und 1148 KN).[536] In der Frage, was im Einzelnen notwendiger Gegenstand des Entlastungsbeweises war, sah die Kodifikationskonferenz hingegen deutliche Unterschiede zwischen den Rechtsordnungen: § 1298 ABGB stellte in seinem Wortlaut auf fehlendes Verschulden ab.[537] Art. 1148 KN und in ähnlicher Weise auch das russische Recht erkannten (nur) den Nachweis von höherer Gewalt oder Zufall als entlastendes Moment an.[538] Die Entlastung des Schuldners, so das Verständnis von Longchamps, beruhe in diesen Fällen darauf, dass wegen der mangelnden Vorhersehbarkeit Gegenmaßnahmen vom Schuldner nicht verlangt werden könnten und ein Schuldvorwurf daher nicht zu machen sei.[539] Diese Ansätze des französischen, russischen und österreichischen Rechts, die in der Sache den Beweis der fehlenden Schuld (gegebenenfalls auch unter besonders strengen Voraussetzungen) erforderlich machten, erschienen der

---

533 *Longchamps*, Zobowiązania, S. 352 mit deutlicher Unterscheidung zwischen Verspätungsschaden (skoda z opóźnienia), Schaden infolge völliger Nichterfüllung (skoda z zupełnego niewykonania) und Schaden infolge Schlechterfüllung (skoda ze złego wykonania).

534 Zum Umfang des Ersatzanspruchs nach OGB 2.4.3.

535 Zu Fragen der Beweislast 2.4.4.

536 *Longchamps*, Gesetzesbegründung III, S. 350.

537 Ebenso Art. 97 SOR, dazu *Longchamps*, a. a. O., S. 352.

538 *Longchamps*, a. a. O., S. 351.

539 *Longchamps*, a. a. O., S. 351; zur französischen Rechtslage *Zweigert/Kötz*, Rechtsvergleichung, S. 498–501; *Schneider*, Verschuldensprinzip, S. 35–39; *Ranieri*, Europäisches Obligationenrecht, S. 581–586 (auch zur zentralen Rolle des Verschuldens für die Vertragshaftung seit Ende des 19. Jahrhunderts).

Kodifikationskommission zu eng. Es gebe Umstände, die der Schuldner nach Vertrag oder Gesetz zu vertreten habe, ohne dass der Begriff des Verschuldens passend sei.[540] Dies gelte etwa für das Verhalten Dritter, selbst wenn weder ein Auswahl- noch ein Überwachungsverschulden vorliege. Das OGB sollte daher – so das Ergebnis der Kommission – dem Vorbild des deutschen Rechts (§§ 280 Abs. 1, 282, 285 BGB-1900) folgen.[541] In der polnischen Regelung war demzufolge nur darauf abzustellen, ob der Schuldner die zugrundeliegenden Umstände im Sinne einer objektivierten, nicht notwendigerweise verschuldensabhängigen Zurechnung zu vertreten hatte. Die Grenzen der Verantwortung des Schuldners seien dann dem Vertrag oder anderen gesetzlichen Vorschriften zu entnehmen.[542] Damit übernahm der polnische Gesetzgeber zugleich (unter ausdrücklichem Hinweis auf das deutsche Vorbild) die Regelungstechnik des BGB, d. h. das Ineinandergreifen der Anspruchsgrundlage für vertragliche Ersatzansprüche, die nur ganz allgemein ein Vertretenmüssen voraussetzte (§ 280 Abs. 1 sowie §§ 286 Abs. 1 i. V. m. 285 BGB-1900), mit Regelungen zu der Frage, wofür der Schuldner im Normalfall verantwortlich war (§§ 276–279 BGB-1900).[543]

Während der Gesetzentwurf von Till eine Haftung des Schuldners vorsah, „[…] sofern er nicht beweist, dass er aufgrund einer solchen Ursache gehindert wurde, für die er keine Verantwortung trägt“[544], näherte sich die Endfassung des Art. 239 OGB („[…] es sei denn, dass er beweist, dass die Nichterfüllung oder nicht gehörige Erfüllung die Folge von Umständen ist, für die er nicht haftet.“[545]) auch in sprachlicher Hinsicht den entsprechenden deutschen Vorbildern an. In §§ 280, 282, 285 BGB-1900 wurde ebenfalls für den Entlastungsbeweis darauf abgestellt, dass die Leistung „infolge eines von dem Schuldner nicht zu vertretenden Umstandes“ unterblieb.[546]

540 *Longchamps*, a. a. O., S. 352.

541 *Longchamps*, a. a. O., S. 352.

542 *Longchamps*, a. a. O., S. 352. Auch nach *Domański,* Instytucje I, S. 832, lag der Haftung nach Art. 239 OGB eine an objektiven Kriterien ausgerichtete Verantwortung zugrunde, die sich von der auf Art. 1147 KN basierenden Verschuldensvermutung deutlich unterscheide.

543 *Longchamps*, a. a. O., S. 352.

544 Übersetzung der Verfasserin; vgl. *Till*, Gesetzentwurf AT, S. 34 (Art. 171): „[…]o ile nie udowodni, że doznał przeszkody z takiej przyczyny, za którą nie ponosi odpowiedzialności.“ Dazu auch Domański, Instytucje I, S. 831 f.

545 „[…] chybaby udowodnił, że niewykonanie lub nienależyte wykonanie jest następstwem okolicznośi, za które nie odpowiada.“

546 Nach *Pajor,* Odpowiedzialność, S. 40, war der polnische Passus „mittelbar“ den deutschen Vorschriften nachgebildet.

Der Gesetzentwurf von Domański enthielt für diesen Teil der Regelung hingegen eine dem Wortlaut von Art. 1147 KN entsprechende Klausel.[547] Die Argumente in der Beratung gegen diese Fassung werden aus den Gesetzesmaterialien nicht ersichtlich. Allerdings sah auch Domański in Art. 1147 CC den Ausgangspunkt der in der französischen Lehre vertretenen Verschuldensvermutung.[548] Die polnische Rechtspraxis zu dem bis 1934 als polnisches Recht geltenden Art. 1147 KN folgte ebenfalls dieser Lehre.[549] Da die Übernahme einer Verschuldensvermutung in das neue polnische Recht ausdrücklich nicht gewollt war, wäre die Verwendung wesentlicher Teile des Wortlauts von Art. 1147 KN zumindest missverständlich gewesen. Die Ablehnung des Formulierungsvorschlags von Domański war schon aus diesem Grund naheliegend.

2.4.2.3.1 Das Verschuldensprinzip als allgemeiner Haftungsmaßstab (Art. 240 § 1 OGB)

In Art. 240 § 1 OGB wurde beschrieben, welche Umstände der Schuldner im Regelfall zu vertreten hatte. Das OGB folgte für diese Fälle dem Verschuldensprinzip, wonach der Schuldners nur für eigenes schuldhaftes (vorsätzliches oder fahrlässiges) Verhalten haftet. In der polnischen Literatur zum OGB wurde zwischen objektiven und subjektiven Elementen der Schuld unterschieden.[550] Ersteres entsprach weitgehend dem Begriff der Rechtswidrigkeit im deutschen Recht.[551] Gemeint war damit ein Verhalten im Widerspruch zur Rechtsordnung.[552] Im Bereich der vertraglichen Haftung ergab sich das Verschulden im objektiven Sinne bereits aus der Nichterfüllung oder nicht gehörigen Erfüllung der Verpflichtung des Schuldners.[553] Art. 240 § 1 OGB beschrieb daher nur die subjektive Seite des Verschuldens.[554]

547 „[…] o ile nie udowodni, że niewykonanie pochodzi z przyczyny postronnej, która mu poczytaną być nie może“.

548 *Domański*, Instytucje I, S. 832.

549 Dazu *Longchamps*, in: *Peretiatkowicz* (Hrsg.), Encyklopedja Prawa III, S. 3, 29.

550 *Longchamps*, Zobowiązania, S. 234, 354; zur streitigen Frage, ob es sich hierbei um getrennte Rechtsbegriffe handele (in diesem Sinne *Longchamps*, a. a. O., S. 234 f.) oder ob dem objektiven Element der Schuld nur eine untergeordnete und unselbständige Rolle zukomme, *Czachórski*, Zarys, S. 222. Die Diskussion, deren Schwerpunkt im Deliktsrecht lag, hatte für die vertragliche Haftung nur geringe Bedeutung.

551 *Longchamps*, Zobowiązania, S. 235.

552 *Czachórski*, Zarys, S. 221.

553 *Longchamps*, Zobowiązania, S. 354; *Czachórski*, a. a. O., S. 221; zur Frage möglicher Rechtfertigungsgründe *Pajor*, Odpowiedzialność, S. 195–197.

554 *Longchamps*, a. a. O., S. 354; dazu auch *Czachórski*, a. a. O., S. 222.

Nach dem Vorbild von § 276 Abs. 1 BGB-1900 und Art. 99 SOR war der Schuldner nicht nur für vorsätzliches Tun oder Unterlassen verantwortlich, „sondern auch für Nichtanwendung der Sorgfalt, die in dem redlichen Verkehr oder in dem betreffenden Rechtsverhältnis erfordert wird."[555] Die geschuldete Sorgfalt bestimmte sich also nicht nur nach allgemeinen, objektiven und abstrahierten[556] Maßstäben des redlichen Verkehrs[557], sondern auch nach den Besonderheiten des jeweiligen Schuldverhältnisses. Ein solcher ausdrücklicher Hinweis auf Haftungsanforderungen, die sich aus dem Inhalt oder der Natur der jeweiligen Rechtsbeziehung ergeben, fand sich in keinem der beiden Gesetzentwürfe zum OGB und wurde erst im Laufe der Beratungen – möglicherweise nach dem Vorbild des Art. 99 Abs. 2 SOR[558] – ergänzt. In § 276 BGB wurde eine ähnliche Klarstellung erst im Rahmen der Schuldrechtsreform übernommen.

Der gesetzliche Verweis auf die Anforderungen des jeweiligen Schuldverhältnisses in Art. 240 § 1 OGB ließ die Übernahme einer § 1299 ABGB entsprechenden Regelung (d. h. erhöhte Sorgfaltsanforderungen an besonders qualifizierte Personen) in das polnische Recht entbehrlich erscheinen.[559] Im KN wurden die Sorgfaltspflichten des Schuldners im Wesentlichen der Vorschrift des Art. 1137 Abs. 2 KN entnommen, wonach dieser im Falle der Obhut über fremde Sachen die vertraglichen Pflichten wie ein guter Familienvater zu erfüllen habe. Diese Beschreibung des Sorgfaltsmaßstabs erschien der Kommission zu eng.[560]

Gesetzliche Haftungserleichterungen galten im OGB z. B. im Rahmen des unentgeltlichen Auftrags und der unentgeltlichen Verwahrung (Art. 505 und 528 OGB, Haftung nur für Vorsatz und Verletzung der eigenüblichen Sorgfalt, diligentia quam in suis) sowie des Schenkungsrechts (Art. 360 § 1 OGB, Haftung des Schenkers nur für grobe Fahrlässigkeit), Verschärfungen hingegen bei der Haftung des Gastwirts für eingebrachte Sachen (Art. 538 OGB, „ [...] Anwendung des höchsten Grades der Sorgfalt [...]").

---

555 *Longchamps*, a. a. O., S. 354.

556 *Czachórski*, Zarys, S. 223; *Pajor*, Odpowiedzialność, S. 205.

557 Diese Anforderungen waren nicht automatisch gleichzusetzen mit den üblichen Verkehrssitten, sodass sich der Schuldner zu seiner Entlastung nicht auf allgemein verbreitete Nachlässigkeiten berufen konnte (*Longchamps*, Gesetzesbegründung III, S. 354).

558 Art. 99 Abs. 2 SOR: „Das Mass der Haftung richtet sich nach der besonderen Natur des Geschäftes und wird insbesondere milder beurteilt, wenn das Geschäft für den Schuldner keinerlei Vorteil bezweckt."

559 *Longchamps*, Gesetzesbegründung III, S. 354; dazu auch *ders.*, Zobowiązania, S. 354.

560 *Longchamps*, Gesetzesbegründung III, S. 354.

Im OGB wurde demnach wie im BGB zwischen den verschiedenen Fahrlässigkeitsgraden unterschieden. Der polnische Gesetzgeber war aber im Hinblick auf mögliche Abgrenzungsprobleme bestrebt, den Begriff der groben Fahrlässigkeit möglichst nicht zu verwenden. Aus diesem Grund wurde etwa auf eine Übernahme des Regelungsinhalts von § 277 BGB verzichtet.[561] Danach haftet derjenige, der nur die eigenübliche Sorgfalt anzuwenden hat, dennoch für grob fahrlässiges oder vorsätzliches Verhalten, sodass eine Unterscheidung zwischen normaler und grober Fahrlässigkeit erforderlich wird.

Im Besonderen Teil des OGB hingegen konnte auf den Begriff der groben Fahrlässigkeit nicht gänzlich verzichtet werden (vgl. die oben genannte Vorschrift des Schenkungsrechts, Art. 360 § 1 OGB).

2.4.2.3.2 Grenzen des vertraglichen Haftungsausschlusses (Art. 240 § 2 OGB)

Nach Art. 240 § 2 OGB konnte die Haftung für Vorsatz nicht abbedungen werden. Eine entsprechende Formulierung enthielt bereits der Entwurf von Till.[562] Die Zulässigkeit eines Haftungsausschlusses auch für grobe Fahrlässigkeit entsprach § 276 Abs. 2 BGB-1900 sowie österreichischer Rechtsprechung und Lehre.[563] Den vertraglichen Haftungsauschluss für grobe Fahrlässigkeit wollte die Kodifikationskommission – anders als in Art. 100 SOR und Art. 105 des französisch-italienischen Entwurfs für ein gemeinsames Obligationenrecht – auch deshalb ermöglichen, weil die Grenzziehung zur gewöhnlichen Fahrlässigkeit im Einzelfall schwierig sei.[564] Als Vorbild nicht in Betracht kam das französische Recht, da die französische Rechtsprechung den Haftungsausschluss in noch weitergehender Weise beschränkte.[565]

2.4.2.3.3 Verschuldensfähigkeit

Nach § 276 Abs. 1 BGB war und ist Voraussetzung für die vertragliche Haftung des Schuldners dessen Verschuldensfähigkeit, die sich aus der entsprechenden

---

561 *Domański,* Instytucje I, S. 839. Zu ähnlichen Erwägungen bei der Begrenzung des vertraglichen Haftungsausschlusses 2.4.2.3.2.

562 *Till,* Gesetzentwurf AT, S. 34 (Art. 172).

563 *Longchamps,* Gesetzesbegründung III, S. 355; zum ABGB *Ehrenzweig,* Schuldverhältnisse, § 337, Anm. II., S. 293.

564 *Longchamps,* a. a. O., S. 355; *Domański,* Instytucje I, S. 842.

565 *Longchamps,* a. a. O., S. 355; dazu auch *Ferid,* Französisches Zivilrecht I, Anm. 2 C 29 f. (Unwirksamkeit eines Haftungsauschlusses für „faute lourde", in bestimmten Fällen Beschränkung der Rechtsfolge einer zulässigen Haftungsbegrenzung auf eine bloße Beweislastumkehr).

Anwendung deliktsrechtlicher Vorschriften ergibt (Verschuldensunfähigkeit u. a. bei Kindern unter 7 Jahren, in Fällen der Bewusstlosigkeit oder eines sonstigen Ausschlusses der freien Willensbestimmung). Ein vergleichbarer ausdrücklicher Verweis auf deliktsrechtliche Regelungen zur Verschuldensfähigkeit wurde in das OGB nicht übernommen.[566] Zwar ordnete Art. 242 OGB für vertragliche Ersatzansprüche die Geltung deliktsrechtlicher Vorschriften über den Umfang und die Art der Ersatzleistung an.[567] Art. 242 OGB galt aber nicht für den deliktsrechtlichen Haftungsausschluss bei „Geistesstörung" nach Art. 138 OGB.[568] Der Schuldner sollte demnach auch für solche Schäden haften, die er im Zustand fehlender Willensbestimmung verursacht hatte.[569] Die spätere Rechtsprechung der 1960er Jahre zog allerdings teilweise Art. 138 OGB zumindest analog heran.[570] Zudem war Art. 158 § 1 OGB auf vertragliche Ersatzansprüche entsprechend anwendbar. Danach war die Höhe des Schadensersatzes unter Berücksichtigung aller vorliegenden Umstände festzusetzen, was zumindest eine Minderung des Ersatzanspruchs bei fehlender Verschuldensfähigkeit des Schuldners ermöglichte.

2.4.2.3.4 Keine Sonderregelung für Gattungsschulden

Der Gesetzentwurf von Till sah nach dem Vorbild des (bei der Schuldrechtsreform entfallenen) § 279 BGB-1900 vor, dass der Schuldner einer Gattungsschuld[571] auch ohne Verschulden solange haftete, wie eine Leistung aus der Gattung noch möglich war.[572] Die Regelung wurde im Laufe der Beratungen als entbehrlich gestrichen.[573] Der polnische Gesetzgeber ging davon aus, dass in diesem Fall von Unmöglichkeit nicht die Rede sein könne, sodass eine ausdrückliche

---

566 *Domański*, Instytucje I, S. 841.

567 Dazu 2.4.3.

568 So ausdrücklich *Domański*, Instytucje I, S. 841. In der Gesetzesbegründung findet sich ebenfalls kein Hinweis auf eine entsprechende Heranziehung deliktsrechtlicher Vorschriften. Eine feste Altersgrenze für die Verschuldensfähigkeit von Kindern (vgl. § 828 Abs. 1 BGB) enthielt das OGB im Übrigen auch im Deliktsrecht nicht. Die Frage sollte im Einzelfall vom Richter geklärt werden (*Longchamps*, Gesetzesbegründung I, S. 201 f.).

569 *Domański*, a. a. O., S. 841.

570 *Pajor*, Odpowiedzialność, S. 217 (Fn. 85).

571 Nach Art. 209 OGB waren bei Gattungsschulden – wie nach § 243 Abs. 1 BGB – Sachen von mittlerer Art und Güte zu leisten.

572 *Till*, Gesetzentwurf AT, S. 34 (Art. 172).

573 *Domański*, Instytucje I, S. 840.

Regelung überflüssig sei.[574] Er folgte damit den meisten kontinentalen Rechtsordnungen, die auch ohne eine gesetzliche Bestimmung bei Gattungsschulden von der Übernahme des Beschaffungsrisikos durch den Schuldner ausgehen.[575]

2.4.2.3.5 Haftung für Verhalten Dritter (Art. 241 OGB)

Wie für eigenes Verhalten haftete der Schuldner nach Art. 241 OGB für das Tun oder Unterlassen Dritter, denen er die Erfüllung seiner Verpflichtung übertragen hatte oder die als gesetzlicher Vertreter des Schuldners die Erfüllung übernehmen mussten. Abweichend vom Grundsatz des Art. 240 OGB handelte es sich hierbei um eine verschuldensunabhängige Haftung, die ebenfalls ein Vertretenmüssen im Sinne des Art. 239 OGB begründen konnte. Auf ein Auswahl- oder Überwachungsverschulden kam es nicht an.[576] Von den bisher in Polen geltenden Rechten enthielten nur § 278 Satz 1 BGB und der diesem nachgebildete § 1313a ABGB[577] eine gesetzliche Regelung der Verantwortung des Schuldners für so genannte Erfüllungsgehilfen.[578] Das OGB folgte im Wesentlichen diesen beiden Vorbildern.[579] Davon abweichend wurde aber im Gesetzeswortlaut nicht auf ein „Verschulden" der Erfüllungsgehilfen oder gesetzlichen Vertreter abgestellt, welches der Schuldner zu vertreten habe, sondern auf das Einstehenmüssen für deren Verhalten (Tun oder Unterlassen). Die Kommission hatte hierbei auch Art. 101 SOR im Blick, der ebenfalls ein Verschulden der Hilfsperson nicht erwähnte; ausreichend war nach dem Wortlaut vielmehr, dass der Gehilfe einen Schaden verursacht hatte. Durch die polnische Formulierung sollte – so die Gesetzesbegründung von Longchamps – klargestellt werden, dass sich der Sorgfaltsmaßstab nicht nach dem Gehilfen, sondern dem Schuldner richtete und dass die Beweislast für fehlendes Vertretenmüssen auch bei Einschaltung Dritter beim Schuldner lag.[580]

---

574 *Domański*, a. a. O., S. 840.

575 *Ranieri*, Europäisches Obligationenrecht, S. 635 f. (mit Hinweisen zum französischen und österreichischen Recht).

576 *Longchamps*, Gesetzesbegründung III, S. 358; *ders.*, Zobowiązania, S. 356; ebenso zu § 278 BGB aus damaliger Zeit *Schollmeyer*, Schuldverhältnisse AT, § 278, Anm. 2.

577 Die Vorschrift wurde erst im Zuge der III. Teilnovelle nach dem Vorbild von § 278 BGB in das ABGB eingefügt. Dazu auch *Ranieri*, Europäisches Obligationenrecht, S. 797.

578 Zum französischen Recht *Ferid*, Französisches Zivilrecht I, Anm. 2 C 40; *Ranieri*, a. a. O., S. 797 f.

579 Nach *Domański*, Instytucje I, S. 843, ist Art. 241 OGB „vor allem" § 278 BGB nachgebildet.

580 *Longchamps*, Gesetzesbegründung III, S. 357; *ders.*, Zobowiązania, S. 356.

Hinsichtlich der von Longchamps erwähnten Punkte hatte diese abweichende Formulierung tatsächlich nur klarstellenden Charakter, jedenfalls soweit es um das BGB ging. Die Einschaltung eines Dritten bei der Erfüllung einer Verbindlichkeit ließ auch im deutschen Recht die Beweislast unberührt, d. h. sofern dem Schuldner gemäß §§ 282, 285 BGB-1900 die Beweislast für das Nichtvertretenmüssen oblag, musste er auch das Verschulden etwaiger Erfüllungsgehilfen ausschließen.[581] Des Weiteren rich(te)ten sich die Sorgfaltsanforderungen im Rahmen des § 278 BGB wie im polnischen Recht nach dem Schuldner und nicht nach dem Gehilfen.[582] Unter Hinweis auf die Formulierung des § 278 BGB, wonach der Schuldner für Verschulden und gerade nicht nur für das Verhalten des Gehilfen hafte, wurden allerdings teilweise gegenteilige Auffassungen vertreten[583], sodass in der Tat ein gewisser Klarstellungsbedarf bestand.

Die Anwendung von Art. 241 OGB entsprach in vieler Hinsicht dem deutschen und österreichischen Recht. So galt die Haftung für Dritte nach Art. 241 OGB nicht nur für Handlungen oder Unterlassungen, die der unmittelbaren Erfüllung der Hauptleistungspflicht dienten, sondern auch für solche, die nur in mittelbarem Zusammenhang damit standen.[584] Wie im deutschen Recht schied eine Haftung des Schuldners dann aus, wenn das schädigende Verhalten des Dritten nur „bei Gelegenheit" der Erfüllung stattfand.[585] Weiterhin wurde

581 Siehe z. B. aus damaliger Zeit *Staudinger/Werner*, BGB, 9. Auflage, § 282, Anm. II 2.; *Palandt/Friesecke*, BGB, 1. Auflage, § 278 BGB, Anm. 9 (keine Beweislast des Gläubigers für Verschulden des Erfüllungsgehilfen bei Unmöglichkeit); aus jüngerer Zeit *Jauernig/Stadler*, BGB, 15. Auflage, § 278, Rn. 16 und § 280, Rn. 25; zur Beweislast auch 2.4.4.

582 Dazu aus damaliger Zeit *Schollmeyer*, Schuldverhältnisse AT, § 278, Anm. 2; aus jüngerer Zeit MüKoBGB/*Grundmann*, BGB, § 278, Rn. 49; *Jauernig/Stadler*, a. a. O., § 278, Rn. 13.

583 Aus damaliger Zeit *Oertmann*, Schuldverhältnisse, § 278, Anm. 4 b; ebenso zum ABGB *Wolff*, in: *Klang* VI, § 1313a, Anm. 5.; gegenteiliger Auffassung *Ehrenzweig*, Schuldverhältnisse, § 337, Anm. IV. 5., S. 297.

584 *Korzonek/Rosenblüth*, Kodeks Zobowiązań, S. 522; zum BGB aus damaliger Zeit *Schollmeyer*, Schuldverhältnisse AT, § 278, Anm. 1 c; *Oertmann*, Schuldverhältnisse, § 278, Anm. 3 b, 3 e(ε); *Palandt/Friesecke*, BGB, 1. Auflage, § 278, Anm. 4; aus jüngerer Zeit MüKoBGB/*Grundmann*, BGB, § 278, Rn. 21; *Jauernig/Stadler*, BGB, 15. Auflage, § 278, Rn. 10; zum ABGB *Ehrenzweig*, a. a. O., § 337, Anm. IV. 3. a), S. 296.

585 *Korzonek/Rosenblüth*, a. a. O., S. 522; unter Hinweis auf Abgrenzungsprobleme eher zweifelnd *Czachórski*, Zarys, S. 226; zum BGB aus damaliger Zeit *Schollmeyer*, a. a. O., § 278, Anm. 1 c; *Palandt/Friesecke*, BGB, 1. Auflage, § 278, Anm. 4; aus jüngerer Zeit *Jauernig/Stadler*, a. a. O., § 278, Rn. 12; (einschränkend) MüKoBGB/*Grundmann*,

in Übereinstimmung mit dem deutschen Recht nicht vorausgesetzt, dass der Dritte gegenüber dem Schuldner in einem Abhängigkeitsverhältnis stand.[586] Unter Hinweis auf das deutsche und österreichische Recht wurde eine analoge Anwendung der Vorschrift auf Personen befürwortet, deren der Schuldner sich nicht bei der Erfüllung, sondern bei Vertragsschluss bediente, d. h. im Bereich der culpa in contrahendo.[587]

Die ausdrückliche Einbeziehung des gesetzlichen Vertreters in die Regelung des Art. 241 OGB erfolgte auch deshalb, weil die Frage der Haftung des Vertretenen für das Verhalten des Vertreters nach Einschätzung der Kodifikationskommission im französischen Recht nicht zweifelsfrei geklärt war.[588]

Während der Gesetzentwurf von Till eine Klausel enthielt, wonach die Haftung für Dritte vollständig ausgeschlossen werden konnte, verzichtete die Kommission später auf eine § 278 Satz 2 BGB entsprechende Regelung, da man zum selben Ergebnis im Wege der Auslegung gelangen könne.[589] Weil in Art. 240 OGB der Haftungsausschluss nur für die vorsätzliche Schadensverursachung durch den Schuldner selbst untersagt werde, ergebe der Umkehrschluss, dass die Haftung für Schäden, die auf vorsätzlichem Verhalten Dritter beruhten, wirksam ausgeschlossen werden könne.[590] Eine solche Ausschlussklausel könne aber im Einzelfall (z. B. in den in den in Art. 101 SOR genannten Fällen[591]) sittenwidrig und damit ungültig sein. Eine starre Vorschrift nach dem Muster des § 278 Satz 2 BGB trage diesen Fällen nicht hinreichend Rechnung.[592] Allerdings wäre auch im deutschen Recht die Feststellung der Unwirksamkeit eines nach § 138 BGB

BGB, § 278, Rn. 46; zum ABGB differenzierend *Ehrenzweig*, Schuldverhältnisse, § 337, Anm. IV. 3. a), S. 296; *Wolff*, in: *Klang* VI, § 1313a, Anm. 3.

586 *Domański*, Instytucje I, S. 843; *Korzonek/Rosenblüth*, a. a. O., S. 522; zum BGB aus damaliger Zeit *Schollmeyer*, a. a. O., § 278, Anm. 1 b; *Oertmann*, Schuldverhältnisse, § 278, Anm. 2 b (ε); *Palandt/Friesecke*, BGB, 1. Auflage, § 278, Anm. 3; aus jüngerer Zeit MüKoBGB/*Grundmann*, BGB, § 278, Rn. 44; *Jauernig/Stadler*, a. a. O., § 278, Rn. 6; zum ABGB *Ehrenzweig*, a. a. O., § 337, Anm. IV. 3. b), S. 296.

587 *Wechsler*, Głos Prawa 1937, Nr. 7/8, S. 381, 415; zum BGB aus damaliger Zeit *Palandt/Friesecke*, BGB, 1. Auflage, § 278, Anm. 1.

588 *Longchamps*, Gesetzesbegründung III, S. 358, unter Hinweis auf französische Gerichtsentscheidungen, wonach der Vertretene nicht für seinen gesetzlichen Vertreter hafte.

589 *Till*, Gesetzentwurf AT, S. 34 f. (Art. 173); *Longchamps*, Gesetzesbegründung III, S. 358 f.

590 *Longchamps*, Gesetzesbegründung III, S. 359.

591 D. h. wenn der Gläubiger im Dienst des Schuldners steht oder wenn die Haftung des Schuldners aus dem Betriebe eines obrigkeitlich konzessionierten Gewerbes folgt.

592 *Longchamps*, Gesetzesbegründung III, S. 359; dazu auch *Domański*, Instytucje I, S. 845.

sittenwidrigen Haftungsausschlusses für Vorsatz des Gehilfen nicht an § 278 Satz 2 BGB gescheitert.

2.4.2.3.6 Fälle verschärfter Haftung für Zufall

In manchen Fällen sah das OGB auch die Haftung für Zufall vor. Diese Verschärfung der Verantwortlichkeit knüpfte stets an einen vorherigen Pflichtenverstoß des Schuldners an (etwa während des Verzugs, Art. 245 OGB).[593] Im Übrigen konnte die Zufallshaftung auch vertraglich vereinbart werden.[594]

2.4.3 Der Umfang des Ersatzanspruchs (Art. 242 OGB)

Nach Art. 242 OGB bestimmte sich der Schadensersatz, soweit vertragliche Bestimmungen oder spezielle Vorschriften des OGB hierzu keine Regelung enthielten, nach den Vorschriften über den deliktischen Schadensersatz (d. h. insbesondere Art. 157–160 OGB).[595] Aus diesen Regelungen ergaben sich weitere Einzelheiten zum Umfang des Schadensersatzes, Art der Ersatzleistung etc. Sie waren nicht mehr Teil des Leistungsstörungsrechts im eigentlichen Sinne. Wegen des engen inhaltlichen Zusammenhangs und diverser Wechselwirkungen (eine weitreichende Haftung für die Nichterfüllung vertraglicher Verpflichtungen kann etwa durch eine Beschränkung des Umfangs des Ersatzanspruchs erheblich abgemildert werden) soll ihr Inhalt nachfolgend kurz skizziert werden.

Nach Art. 157 § 2 OGB haftete der Ersatzpflichtige ausdrücklich nur für die „normalen Folgen" der schädigenden Handlung oder Unterlassung. Gemeint war damit ein adäquater Kausalzusammenhang.[596] Die Kodifikationskommission entschied sich erst im Laufe ihrer Beratungen, das Erfordernis einer normal adäquaten Kausalität im Gesetz selbst zu regeln.[597] Da die Höhe des

---

593 Dazu 2.5.3.2. Beispiele im Besonderen Teil des Gesetzes: die Haftung des Auftragnehmers bei auftragswidriger Einschaltung eines Dritten (Art. 504 OGB) und die Haftung des Verwahrers bei vertragswidrigem Umgang mit der verwahrten Sache (Art. 529 OGB).

594 *Longchamps*, Zobowiązania, S. 357.

595 *Longchamps*, Gesetzesbegründung III, S. 359; *ders.*, Zobowiązania, S. 360.

596 So ausdrücklich *Longchamps*, Zobowiązania, S. 286; *ders.*, Gesetzesbegründung I, S. 227; *Domański*, Instytucje I, S. 665; *Till*, Gesetzentwurf AT, S. 109 (mit ausdrücklichem Verweis auf die deutsche Theorie der adäquaten Kausalität).

597 *Longchamps*, Gesetzesbegründung I, S. 227 f. Anlässlich der Diskussion um den französisch-italienischen Schuldrechtsentwurf hatte *Longchamps* noch 1929 dafür plädiert, die Frage des Kausalzusammenhangs der Rechtsprechung zu überlassen (*ders.*, GSW 1929, S. 405, 411).

Schadensersatzes nach Art. 158 § 1 OGB „unter Berücksichtigung aller vorliegenden Umstände" festgesetzt wurde, sollte für die vorgelagerte Frage, welche Schäden dabei zu berücksichtigen waren, Rechtssicherheit geschaffen werden. Dies erschien umso notwendiger, als es in der Frage des erforderlichen Kausalzusammenhangs zwischen den bisher in Polen geltenden Rechten deutliche Unterschiede gab.[598] Verworfen wurde in diesem Zusammenhang ein Vorschlag Domańskis, der die Übernahme einer dem KN entsprechenden Regelung beinhaltete. Der Ersatzanspruch wäre danach auf unmittelbare und direkte Folgen der Nichterfüllung sowie auf vorhersehbare Schäden begrenzt worden.[599] Da der Begriff der unmittelbaren und direkten Folgen von der Kommission als unpräzise angesehen wurde, nahm sie stattdessen eine Begrenzung der Haftung auf die normalen Folgen der schädigenden Handlung oder Unterlassung vor.[600]

Nach Art. 157 § 1 OGB waren sowohl Vermögenseinbußen (damnum emergens) als auch entgangene Vorteile (lucrum cessans) zu ersetzen.[601] Für immaterielle Schäden[602] konnte Ersatz nur in den gesetzlich vorgesehenen Fällen verlangt werden (Art. 157 § 3 OGB). Dies war nach Art. 165 OGB, der auch im Bereich vertraglicher Ersatzansprüche Anwendung fand, bei Schäden an Gesundheit, Leib und Leben, bei Freiheitsberaubungen und Ehrverletzungen sowie bei Verletzungen der sexuellen Selbstbestimmung[603] der Fall.[604] Nach damaligem deutschen Recht wurde hingegen Entschädigung in Geld für immaterielle Schäden nur im Rahmen deliktischer Ersatzansprüche gewährt (§§ 253, 847 BGB-1900). In der Gesetzesbegründung wurde – wie zuvor bei der Frage der adäquaten Kausalität – darauf verwiesen, dass die Unterschiede zwischen den bisher in Polen geltenden Rechten hinsichtlich des Ersatzes immaterieller Schäden eine gesetzliche Regelung erforderlich machten, da anderenfalls zu erwarten sei, dass die Rechtsprechung sich uneinheitlich entwickeln werde.[605]

---

598 *Longchamps*, Gesetzesbegründung I, S. 228.

599 *Domański*, Gesetzentwurf AT, S. 74 (Art. 284); dazu auch *Longchamps*, a. a. O., S. 228.

600 *Longchamps*, a. a. O., S. 227 f.

601 *Domański*, Instytucje I, S. 665, 834.

602 Im OGB wurde in diesem Zusammenhang der Begriff „krzywda moralna" (moralisches Unrecht) verwendet; der Anspruch war nach dem Wortlaut des Gesetzes nicht auf Entschädigung, sondern auf „zadośćuczynienie" (Genugtuung) gerichtet.

603 Anders als bei § 847 Abs. 2 BGB-1900 kamen als Geschädigte nicht nur Frauen, sondern auch Minderjährige und geistig behinderte Männer in Betracht (Art. 165 § 2 OGB).

604 *Longchamps*, Zobowiązania, S. 360; *Wałaszek*, PPiA 1937, S. 81, 82; a. A. *Chlamtacz*, in: Księga Pamiątkowa ku czci Leona Pinińskiego I, S. 164, 226.

605 *Longchamps*, Gesetzesbegründung I, S. 229.

Schadensersatz war in Geld zu leisten. Auf Verlangen des Geschädigten und unter Berücksichtigung der Umstände des einzelnen Falles konnte das Gericht jedoch Naturalherstellung anordnen (Art. 159 OGB). Bei einer Mitverursachung des Schadens durch den Geschädigten kam es zu einer Minderung des Schadensersatzes (Art. 158 § 2 OGB). Nach Art. 160 OGB war für die Wertbestimmung einer Sache der Marktpreis zugrunde zu legen, im Falle von Böswilligkeit oder grober Fahrlässigkeit aber auch ein etwaiger besonderer Wert für den Geschädigten (Liebhaberwert). In der Regel war also unabhängig vom Grad des Verschuldens stets voller Ersatz aller adäquat verursachten Schäden zu leisten.[606] Dies galt aber nicht uneingeschränkt, da zum einen bei der Festsetzung der Höhe der Entschädigung nach Art. 158 § 1 OGB der Grad des Verschuldens berücksichtigt wurde.[607] Zum anderen war dieser bei der Wertbestimmung einer Sache nach Art. 160 OGB unter Umständen von Bedeutung.

2.4.4 Fragen der Beweislast

2.4.4.1 Die Beweislastverteilung im Bereich des Art. 239 OGB

Dem Gläubiger oblag die Beweislast für die Entstehung der Verbindlichkeit sowie für den Eintritt eines durch die Nichterfüllung (adäquat) verursachten Schadens, dem Schuldner hingegen der Beweis fehlenden Vertretenmüssens.[608] Letzteres ergab sich ausdrücklich aus dem letzten Halbsatz des Art. 239 OGB („[...], es sei denn, dass er beweist, dass die Nichterfüllung oder nicht gehörige Erfüllung die Folge von Umständen ist, für die er nicht haftet"). Um sich zu entlasten, musste der Schuldner entweder den Beweis führen, dass Ursache der Nichterfüllung ein nicht von ihm zu vertretender Umstand war, oder aber den Nachweis erbringen, dass im konkreten Falle keiner der Umstände, die er zu vertreten hatte, als Ursache der Nichterfüllung in Betracht kamen.[609] Nach Longchamps hatte der Gläubiger, der seine Ansprüche auf die Unmöglichkeit der Leistung stützte, im Streitfall auch zu beweisen, dass überhaupt ein Fall der

---

606 Dies entsprach u. a. der deutschen Rechtslage, anders aber § 1324 ABGB und Art. 1150 KN. Dazu *Ranieri*, Europäisches Obligationenrecht, S. 610 f.

607 Als weitere zu berücksichtigende Gesichtspunkte kamen u. a. die Vermögenssituation des Schädigers sowie dessen Verhalten nach Schadenseintritt in Betracht (*Longchamps*, Gesetzesbegründung I, S. 232, unter Hinweis auf Art. 43 SOR).

608 *Longchamps*, Zobowiązania, S. 353; *Czachórski*, Zarys, S. 226 f.

609 *Longchamps*, a. a. O., S. 353; *Czachórski*, a. a. O., S. 227; zum heutigen polnischen Recht *Bobrzyński/Liebscher/Zoll*, in: *Liebscher/Zoll* (Hrsg.), Einführung, S. 231, 268; *Kempter*, Einfluss, S. 158.

Unmöglichkeit der Leistung vorlag.[610] Die in diesem Absatz geschilderte Beweislastverteilung entsprach dem auch im deutschen Recht geltenden Grundsatz, wonach jede Partei die Tatsachen darzulegen und zu beweisen hat, auf die sie den geltend gemachten Anspruch stützt.

2.4.4.2 Die polnische Reaktion auf die französische Unterscheidung von „obligation de résultat" und „obligation de moyen"

Zeitgleich zu den Arbeiten am OGB gab es außerhalb Polens eine lebhafte Diskussion darüber, inwieweit die für Erfolgspflichten geltenden Grundsätze der Darlegungs- und Beweislast auch auf Verhaltenspflichten anzuwenden waren. In Frankreich wurde hierzu nur wenige Jahre vor Verabschiedung des OGB die Unterscheidung zwischen einer „obligation de résultat" und einer „obligation de moyen" entwickelt.[611] Im ersteren Falle haftet der Schuldner bei Nichteintritt des Leistungserfolgs auch ohne weiteren Pflichtenverstoß und kann sich nur durch den Beweis des Schadenseintritts aufgrund von höherer Gewalt oder Zufall befreien; im letzteren Fall haftet er hingegen nur dann, wenn der Gläubiger einen Verstoß des Schuldners gegen dessen Verpflichtung zu bestmöglichen Bemühungen nachweist.[612] Die beiden Fallgruppen unterschieden sich also zum einen hinsichtlich der Frage, was der Schuldner im Einzelnen zu vertreten hatte (den Nichteintritt des Erfolges oder die Nichtbeachtung bestimmter Sorgfaltspflichten), und zum anderen hinsichtlich der Beweislast. Die Brüder Henri und Léon Mazeaud übernahmen in ihrem erstmals 1931 erschienenen Werk *Traité théorique et pratique de la responsabilité civile délictuelle und contractuelle* diese Unterscheidung zwischen Erfolgspflichten und der Verpflichtung zu sorgfältigem Verhalten.[613] Der unterschiedliche Verpflichtungsinhalt wirke sich in der Weise auf den Entlastungsbeweis des Schuldners aus, dass dieser entweder die Erfüllung (sei es den Eintritt des geschuldeten Erfolges, sei es die Einhaltung der geschuldeten Sorgfalt) oder die Tatsache, dass die Nichterfüllung auf einem Zufall beruhe, beweisen müsse.[614] Henri Mazeaud, der mit der polnischen Rechtsentwicklung der 1930er Jahre bestens vertraut war, da er während dieser

---

610 *Longchamps*, a. a. O., S. 353; ebenso aus der der damaligen deutschen Literatur *Palandt/Friesecke*, BGB, 1. Auflage, § 282, Anm. 1.

611 Zur Entstehung dieser Lehre *Schneider*, Verschuldensprinzip, S. 39 f.

612 *Zweigert/Kötz,* Rechtsvergleichung, S. 499 f.; *Schneider*, a. a. O., S. 39 f.; *Ranieri*, Europäisches Obligationenrecht, S. 582–597.

613 *Mazeaud/Mazeaud,* Traité I, 2. Auflage, Nr. 699 ff.; vgl. auch *Schneider*, a.a. O., S. 41 f.

614 *Mazeaud/Mazeaud,* a. a. O., Nr. 699, 701.

Zeit nicht nur am Französischen Institut in Warschau, sondern auch an der Universität Warschau lehrte[615], glaubte die Zweiteilung zwischen Erfolgs- und Sorgfaltspflichten auch in Art. 240 OGB zu erkennen.[616]

Longchamps wies hingegen unter ausdrücklicher Bezugnahme auf die Diskussion in der französischen Literatur darauf hin, dass sich das OGB einer Entscheidung enthalte, ob der Schuldner im Einzelfall (nur) den Nachweis der Einhaltung aller Sorgfaltsverpflichtungen erbringen müsse oder ob er auch die (zufällige) Ursache der Nichterfüllung zu beweisen habe.[617] Der Schuldner müsse im konkreten Fall diejenigen Tatsachen beweisen, die geeignet seien, das Gericht davon zu überzeugen, dass er im konkreten Fall für die Nichterfüllung nicht verantwortlich sei.[618] Dieser Äußerung ist zu entnehmen, dass im Einzelfall – je nach Verpflichtungsinhalt – die inhaltlichen Anforderungen an den Entlastungsbeweis des Schuldners variieren konnten. Unter welchen Voraussetzungen eine nicht zu vertretende Nichterfüllung vorlag, war aus dem konkreten Inhalt der Verpflichtung zu ermitteln. Dies bedeutete im Ergebnis, dass der Schuldner nach dem oben wiedergegebenen Grundsatz je nach Einzelfall entweder beweisen musste, dass die (bekannte) Ursache der Nichterfüllung nicht von ihm zu vertreten war oder dass keine der von ihm zu vertretenden Umstände (insbesondere die Einhaltung der erforderlichen Sorgfalt) Ursache der Nichterfüllung war.[619] Im letzteren Fall konnte der Grund der Nichterfüllung unbekannt bleiben.[620]

Diese Zurückhaltung gegenüber einer Übernahme der Lehre von Demogue setzte sich während der weiteren Geltungsdauer des OGB fort. Czachórski wies in der Ausgabe seines Lehrbuchs von 1962 (also kurz vor Aufhebung des OGB) darauf hin, dass es zwar auch in der polnischen Lehre Vertreter einer Unterscheidung zwischen einer „obligation de résultat“ und einer „obligation de moyen“ gebe. Dem französischen Vorbild folgend werde von diesen auch angenommen, dass in Fällen einer „obligation de moyen“ der Gläubiger die Verletzung einer

---

615 Weitere Einzelheiten bei *Sójka-Zielińska*, Kodeks Napoleona, S. 256. Im Werk der Gebrüder *Mazeaud* finden sich diverse rechtsvergleichende Hinweise auf das neue polnische Schuldrecht; dazu z. B. *Mazeaud/Mazeaud*, a. a. O., Nr. 704 f.; *Mazeaud (Henri)*, Rev. Trim. de dr. civ. 1936, S. 1–58.

616 *Mazeaud*, Rev. Trim. de dr. civ. 1936, S. 1, 30.

617 *Longchamps*, Gesetzesbegründung III, S. 352 f.

618 *Longchamps*, a. a. O., S. 352 f.

619 *Longchamps*, Zobowiązania, S. 353.

620 *Pajor*, Odpowiedzialność, S. 275.

Sorgfaltspflicht beweisen müsse. In der Rechtsprechung habe diese Lehre außerhalb des Arbeitsrechts allerdings keinen größeren Anklang gefunden.[621]

2.4.4.3 Die Beweislastverteilung nach Gefahrenbereichen in Deutschland

Die Frage der Beweislast bei der Nichterfüllung vertraglicher Sorgfaltspflichten war auch in der deutschen Rechtswissenschaft streitig, insbesondere die entsprechende Anwendung der §§ 282, 285 BGB-1900 auf Fälle der positiven Vertragsverletzung.[622] In der Rechtsprechung wandte das Reichsgericht erstmals 1935 eine Beweislastverteilung nach Gefahrenbereichen an.[623] Im Übrigen überwog aber bis 1945 die Auffassung, dass bei der positiven Vertragsverletzung der Gläubiger das Verschulden zu beweisen habe.[624] In den Gesetzgebungsmaterialien zum OGB fand diese deutsche Diskussion keinen Niederschlag.[625]

2.4.5 Zusammenfassung und Bewertung

Im Bereich der Schadensersatzhaftung für Nichterfüllung entschied sich der polnische Gesetzgeber mit der Generalklausel des Art. 239 OGB bewusst gegen eine Übernahme des deutschen Systems getrennter Leistungsstörungstatbestände. Diese Entscheidung, die sich bereits in den Gesetzentwürfen von Till und Domański widerspiegelte, war erklärtermaßen eine Reaktion auf die Diskussion um die positive Vertragsverletzung. Insbesondere sollten die im deutschen Recht aufgetretenen Regelungslücken vermieden werden. Jedoch ließ schon die Gesetzesbegründung erkennen, dass den Kategorien der Unmöglichkeit und des Verzugs für die weitere Ausgestaltung des Gesetzes strukturierende Bedeutung zukommen sollte. Damit einhergehend wurde auch zwischen verschiedenen Schadensarten (Verzugsschaden, Schaden wegen völliger Nichterfüllung,

621 *Czachórski*, Zarys, S. 228 f.; dazu auch *Nowakowski*, RPiE 1959, Nr. 2, 97–114; zum geltenden polnischen Recht (Art. 471 ZGB) *Pajor*, a. a. O., S. 70, 80 f.; *Kempter*, Einfluss, S. 160; *Zoll*, RabelsZ 2007, S. 81, 90 (Fn. 43).

622 Zu Parallelen mit der französischen Diskussion um die „obligation de moyen" *Schneider*, Verschuldensprinzip, S. 116. Zum Meinungsstand der deutschen Literatur im Jahr 1928 hinsichtlich der Beweislast bei der positiven Vertragsverletzung *Oertmann*, Schuldverhältnisse, § 282, Anm. 2.

623 RG, Urt. v. 18. Juni 1935, RGZ 148, S. 148, 150; *Schneider*, a. a. O., S. 116 f.

624 HKK/*Schermaier*, §§ 276–278 BGB, Rn. 99.

625 Aus den 1980er Jahren zur Frage der Gefahrenbereiche im polnischen Recht *Pajor*, Odpowiedzialność, S. 284 f.

Schlechterfüllungsschaden) unterschieden, die teilweise nur unter besonderen Voraussetzungen zu ersetzen waren.

Bei der Frage, welche Umstände zu einer Entlastung des Schuldners führen, orientierte sich die Kodifikationskommission ausdrücklich am deutschen Recht: Entscheidend sollte nicht der Nachweis fehlenden Verschuldens sein. Abzustellen war vielmehr auf ein objektiviertes Vertretenmüssen, was auch im Gesetzeswortlaut in ähnlicher Weise wie in §§ 280, 282, 285 BGB-1900 zum Ausdruck gebracht wurde. Die Entwürfe von Till und Domański waren insoweit unterschiedlich. Als Ergebnis der Kommissionberatungen kam es zu einer weiteren Angleichung des Wortlauts an das deutsche Vorbild. In den Folgevorschriften (Art. 240 f. OGB) wurde ähnlich wie in §§ 276–279 BGB-1900 die Verantwortlichkeit des Schuldners konkretisiert. Als Kriterium der anzuwendenden Sorgfalt wurden nach dem Muster von § 276 BGB-1900 (und dem SOR) die Erfordernisse des allgemeinen Verkehrs genannt. Die weitgehende Zulässigkeit des vertraglichen Haftungssausschlusses entsprach ebenfalls dem Vorbild des § 276 BGB-1900. Da die Vorschrift des § 278 BGB bereits für die Regelung der Gehilfenhaftung im ABGB im Rahmen der III. Teilnovelle Pate gestanden hatte, entsprach es der allgemeinen Rechtsentwicklung, dass mit Art. 241 OGB eine entsprechende Vorschrift im Leistungsstörungsrecht verankert wurde. Allerdings wurde in bewusster Abkehr vom deutschen und österreichischen Vorbild auch im Wortlaut deutlich gemacht, dass es nicht auf ein etwaiges Verschulden des Gehilfen ankam, sondern auf dessen Verhalten (Tun oder Unterlassen).

In einzelnen Detailfragen wurde eine Übernahme von Lösungen des deutschen Rechts ausdrücklich abgelehnt. Dies galt insbesondere für eine Regelung der Gattungsschulden, die als entbehrlich angesehen wurde. Auch hinsichtlich etwaiger Grenzen des Haftungsausschlusses für Gehilfen (vgl. § 278 Satz 2 BGB) wurde auf eine Regelung verzichtet, um der Rechtsprechung weitere Spielräume zu verschaffen.

In der Frage der Beweislastverteilung folgte die polnische Lehre dem Grundsatz, dass jede Seite die Tatsachen vorzutragen und gegebenenfalls zu beweisen hat, auf die der geltend gemachte Anspruch gestützt wird. Die in der Entstehungszeit des OGB in Frankreich und Deutschland unter verschiedenen Vorzeichen geführten Debatten um die Beweislastverteilung (in Frankreich die Unterscheidung von „obligation de résultat“ und „obligation de moyen“, in Deutschland die Beweislastverteilung nach Gefahrenbereichen im Bereich positiver Vertragsverletzungen) fanden in Polen keinen oder nur sehr begrenzten Niederschlag. Insbesondere ließ sich dem OGB diesbezüglich keine Aussage entnehmen. Weil der Rechtsfigur der positiven Vertragsverletzung im Rahmen der vertraglichen Haftung nach Art. 239 OGB keine eigenständige Bedeutung zukam, war es naheliegend, dass die deutsche Diskussion um die Beweislastverteilung bei positiver Vertragsverletzung in Polen nicht aufgegriffen wurde.

Die Tatsache, dass sich der polnische Gesetzgeber bei der Formulierung der Anspruchsgrundlage für vertragliche Ersatzansprüche erklärtermaßen gegen die Übernahme des spezifisch deutschen Systems der gesonderten Leistungsstörungstatbestände entschied, sollte nicht den Blick darauf verstellen, dass die weitere Ausgestaltung der vertraglichen Haftung in Art. 239–242 OGB eine deutliche Prägung durch deutsches Recht aufwies, worauf vielerorts in der Gesetzesbegründung ausdrücklich hingewiesen wurde.[626] Verstärkt wurde dieses Phänomen dadurch, dass ergänzende Regelungen des allgemeinen Schadensrechts sich ebenfalls am deutschen Recht orientierten, so z. B. (anders als im KN) die Einbeziehung aller adäquat verursachten Schäden in die Haftung unabhängig vom Grad des Verschuldens. Dies galt auch für den Ersatz entgangenen Gewinns. Soweit sich die Kommission für Lösungen entschied, die nicht dem damaligen deutschen Recht entsprachen, hat der deutsche Gesetzgeber im Rahmen der Schuldrechtsreform in einigen Punkten vergleichbare Änderungen vorgenommen. Dies gilt für die Aufnahme einer Generalklausel in § 280 BGB und für den Wegfall einer Spezialregelung für die Gattungsschuld.[627]

2.5 Schuldnerverzug

2.5.1 Die Regelungen des OGB im Überblick

Die besonderen Rechtsfolgen des Verzugs waren nach dem OGB von qualifizierten Bedingungen abhängig, die bei Ausbleiben der fälligen Leistung hinzutreten mussten: Nach Art. 243 § 1 OGB geriet der Schuldner in Verzug, wenn er die Leistung nicht innerhalb der vertraglich oder gesetzlich bestimmten Frist

---

626 *Longchamps*, Gesetzesbegründung III, S. 352, 354, 355, 357 f. In einzelnen Fragen gab es daneben Übereinstimmungen mit der österreichischen Lehre (Zulässigkeitsgrenzen eines Haftungsausschlusses für eigenes Handeln) mit dem ABGB selbst oder dem SOR. *Korkisch* (in: Fragen des ost-mitteleuropäischen Rechts, S. 127, 131) geht davon aus, dass aus politischen Gründen in den Berichten der Kodifikationskommission Einflüsse des französischen Recht übermäßig hervorgehoben worden seien und auf die deutsche Regelung nur dann Bezug genommen werde, wenn der polnische Gesetzgeber von ihr abgewichen sei. Für den hier untersuchten Normenbereich trifft dies nicht zu (dazu auch 3.1.1).

627 Allerdings hat der deutsche Gesetzgeber nicht gänzlich auf eine Regelung der Haftung für Beschaffungsrisiken verzichtet, sondern diese in allgemeiner Form in § 276 Abs. 1 Satz 1 BGB aufgenommen.

oder – in Fällen ohne Fristbestimmung – nicht unverzüglich nach einer Aufforderung durch den Gläubiger erbrachte. Nach Art. 243 § 2 OGB galt eine Verzögerung der Leistungserfüllung infolge von Umständen, für die der Schuldner nicht haftete, nicht als Verzug. Art. 243 OGB regelte daher als Wirknorm die Tatbestandsvoraussetzungen des Schuldnerverzugs (Nichterfüllung der Leistung zum rechtzeitigen Zeitpunkt und Vertretenmüssen), während die sich daraus ergebenden Rechtsfolgen Gegenstand gesonderter Vorschriften (Art. 244–249 OGB und für gegenseitige Verträge Art. 250 und 251 OGB) waren. Verschuldensunabhängige Verspätungszinsen waren in Art. 248 und 249 OGB geregelt.[628] Im Gesetz wurde in diesem Zusammenhang für Leistungsverzögerungen infolge von Umständen, die nicht vom Schuldner zu vertreten waren, der Begriff der „Verspätung" verwendet.

2.5.2 Voraussetzungen des Schuldnerverzugs (Art. 243 OGB)

2.5.2.1 Nachholbarkeit der ausgebliebenen Leistung

Die Frage, ob der Schuldnerverzug nur bei Nachholbarkeit der Leistung eintreten könne, da anderenfalls ein Fall der Unmöglichkeit vorliege, war im OGB – wie im BGB – nicht ausdrücklich geregelt. In der Gesetzesbegründung wurde jedoch darauf hingewiesen, dass bei einer bereits vor Fälligkeit unmöglichen Leistung kein Verzug, sondern Unmöglichkeit vorliege.[629] Dasselbe gelte für absolute Fixgeschäfte. Daraus entstehende Schäden seien reine Nichterfüllungschäden, die weder direkt noch indirekt auf einer Verspätung der Leistung beruhten. Longchamps unterstrich, dass die Frage der Nachholbarkeit jenseits der beiden vorgenannten Fallgruppen keine praktische Bedeutung habe und daher keiner gesetzlichen Regelung bedürfe.[630] In seinem Lehrbuch wird die Frage allerdings klar beantwortet: Die Verspätung setze stets voraus, dass es sich um eine noch mögliche Leistung handele.[631]

---

628 Der Gliederung des Gesetzes folgend werden die Regelungen der Verspätungszinsen in Art. 248 und 249 OGB im vorliegenden Abschnitt 2.5 (Schuldnerverzug) erörtert (dazu 2.5.6), wiewohl es sich nicht um Rechtsfolgen des Verzugs im technischen Sinne handelt.

629 *Longchamps*, Gesetzesbegründung III, S. 360.

630 *Longchamps*, a. a. O., S. 360.

631 *Longchamps*, Zobowiązania, S. 361; ebenso *Korzonek/Rosenblüth*, Kodeks Zobowiązań, S. 530; *Czachórski*, Zarys, S. 233; a. A. *Klein*, Prawo Odstąpienia, S. 50.

2.5.2.2 *Mahnungserfordernisse*

In zeitlicher Hinsicht war es für den Verzugseintritt nicht ausreichend, dass die fällige Leistung ausblieb.[632] Wenn der Leistungszeitpunkt nicht bestimmt war, bedurfte es vielmehr einer Mahnung des Gläubigers (Art. 243 § 1 OGB). Dies entsprach deutschem, französischem und österreichischem Recht.[633] Für Fälle, in denen der Zeitpunkt der Leistung vertraglich oder gesetzlich bestimmt oder zumindest bestimmbar war, wichen die gesetzlichen Formulierungen in den bisher in Polen geltenden Rechten hingegen voneinander ab. Nach dem Wortlaut von Art. 1139 KN war eine Mahnung nur dann entbehrlich, wenn vertraglich bestimmt war, dass mit Fälligkeitstermin automatisch Schuldnerverzug eintreten solle.[634] § 284 Abs. 2 BGB-1900 sah die Entbehrlichkeit der Mahnung ebenfalls einschränkend nur dann vor, wenn als Leistungszeitpunkt entweder eine Zeit nach dem Kalender bestimmt war oder sich als Folge einer verpflichtend vorgeschriebenen Kündigung nach dem Kalender berechnen ließ. Das ABGB hingegen kam dem Gläubiger – so das Verständnis der Kodifikationskommission – am weitesten entgegen: Bei einer vertraglichen oder gesetzlichen Bestimmung des Leistungszeitpunktes trat die Verspätung stets ohne Mahnung ein (§ 1334 ABGB).[635] Zwar wichen § 284 Abs. 2 BGB-1900 und § 1334 ABGB in der Anwendung weniger voneinander ab, als dies die rechtsvergleichenden Erörterungen von Longchamps[636] erkennen lassen.[637] In der Tendenz ist der Bewertung

---

632 Daneben konnten dem Eintritt des Verzugs auch Zurückbehaltungsrechte des Schuldners entgegenstehen, z. B. nach Art. 218 f. oder 215 § 2 OGB, dazu *Domański*, Instytucje I, S. 849.

633 Art. 1139 KN, § 1334 ABGB und § 284 Abs. 1 Satz 1 BGB-1900. Der Svod Zakonov enthielt keine allgemeinen Vorschriften über den Verzug (*Longchamps*, Gesetzesbegründung III, S. 359 f.).

634 Allerdings legte schon die damalige französische Rechtsprechung diese Bestimmung teilweise großzügig aus. So war eine Mahnung auch dann nicht erforderlich, wenn der Vertrag die Vereinbarung eines bestimmten Leistungstermins oder die Klausel „livrable de suite" enthielt (*Zweigert/Kötz*, Rechtsvergleichung, S. 497 mit Hinweisen zur damaligen Rechtsprechung).

635 § 1334 ABGB: „Eine Verzögerung fällt einem Schuldner überhaupt zur Last, wenn er den durch Gesetz oder Vertrag bestimmten Zahlungstag nicht zuhält; oder wenn er in dem Falle, daß die Zahlungszeit nicht bestimmt ist, nach dem Tage der geschehenen gerichtlichen oder außergerichtlichen Einmahnung sich nicht mit dem Gläubiger abgefunden hat."

636 Vgl. *Longchamps*, Gesetzesbegründung III, S. 361.

637 Zum ABGB war hierzu vieles streitig, etwa ob eine Mahnung nur dann entfallen konnte, wenn die Leistungszeit von vornherein oder nach der Kündigung kalendermäßig

der Kodifikationskommission aber zuzustimmen: Die deutsche Vorschrift geht eher von der Erforderlichkeit einer Mahnung als Normalfall aus, die österreichische vom Vorliegen einer gesetzlichen oder vertraglichen Leistungsbestimmung (und damit von der Entbehrlichkeit der Mahnung).[638]

Während Art. 174 des Gesetzentwurfs von Till fast wörtlich § 1334 ABGB entsprach[639], folgte der Entwurf von Domański der Linie des KN und des französisch-italienischen Entwurfs[640]. Die Kodifikationskommission entschied sich in dieser Frage für das österreichische Vorbild, das am einfachsten sei und am ehesten den Anforderungen des Rechtsverkehrs entspreche[641]: Nach Art. 243 § 1 OGB war daher für die Entbehrlichkeit der Mahnung jede „im Vertrag oder Gesetz bestimmte" Frist ausreichend, ohne dass diese Fristbestimmung nach dem Wortlaut der Vorschrift bestimmte inhaltliche Voraussetzungen erfüllen musste. Eine vertragliche oder gesetzliche Bestimmung des Leistungszeitpunktes im Sinne des Art. 243 § 1 OGB lag schon dann vor, wenn sich der Termin zweifelsfrei bestimmen ließ, etwa durch die Klausel „sechs Wochen nach Vertragsschluss"; die Angabe eines Kalendertages war nicht erforderlich.[642] Für die Kommission

---

bestimmbar war, was bei einer Klausel „sechs Wochen nach Lieferung" teilweise verneint wurde; dazu *Ehrenzweig*, Schuldverhältnisse, § 338, Anm. I. 1., S. 299 f.; *Wolff*, in: *Klang* VI, §§ 1333, 1334, Anm. I. 2.

638 Ähnlich *Harke*, Schuldnerverzug, S. 92, 134.

639 Art. 174 des Entwurfs von *Till* (Übersetzung der Verfasserin): „Der Schuldner gerät in Verzug, wenn er die Leistung nicht zu der vertraglich oder gesetzlich bestimmten Zeit oder, falls die Leistungszeit nicht bestimmt ist, nach gerichtlicher oder außergerichtlicher Mahnung des Gläubigers innerhalb angemessener Frist erfüllt." („Zwłoki dopuszcza się dłużnik, gdy nie spełni świadczenia w czasie oznaczonym umową albo ustawą, albo, w razie, jeżeli czas nie jest oznaczony, po sądowym lub zasądowym upomnieniu się wierzyciela, nie spełni świadczenia w czasie odpowiednim.")

640 Art. 281 des Entwurfs von *Domański* (Übersetzung der Verfasserin): „Der Schuldner gerät in Verzug, wenn er trotz Aufforderung des Gläubigers die Verpflichtung nicht in der Zeit erfüllt, die im Vertrag oder Gesetz bezeichnet ist, es sei denn, dass vereinbart wurde, dass durch den bloßen Fristablauf der Schuldner in Verzug gerät, oder dass die Nichterfüllung der Verpflichtung infolge einer Tat des Schuldners unmöglich wurde." („Dłużnik dopuszcza się zwłoki, gdy pomimo wezwania wierzyciela nie wykona zobowiązania w czasie, oznaczonym w ustawie lub w umowie, chyba że się umówiono, iż przez sam upływ terminu dłużnik będzie w zwłoce, albo że wykonanie zobowiązania stało się niemożliwem, wskutek czynu dłużnika. […]"). Vgl. Art. 94 f. des französisch-italienischen Entwurfs sowie Art. 1139, 1146 KN.

641 *Longchamps*, Gesetzesbegründung III, S. 361; *Domański*, Instytucje I, S. 848.

642 *Korzonek/Rosenblüth*, Kodeks Zobowiązań, S. 526; ebenso zum polnischen ZGB *Kempter*, Einfluss, S. 173. Nach *Till* (Gesetzentwurf AT, PPiA 1924, S. 29) sollte auch

mag bei ihrer Entscheidung auch eine Überlegung von Bedeutung gewesen sein, die Longchamps bereits 1929 im Hinblick auf die unterschiedliche Rechtslage in den ehemaligen Teilungsgebieten geäußert hatte: Eine Ausweitung der Erforderlichkeit einer (formellen) Mahnung nach dem Vorbild des KN würde außerhalb des ehemaligen Kongresspolens als übermäßige Benachteiligung des Gläubigers empfunden werden. Die am ABGB und BGB orientierte Einführung des Grundsatzes dies interpellat pro homine im bisherigen Geltungsbereich des KN treffe hingegen nur den säumigen Schuldner.[643] In diesem Fall nahm die Kommission also eine Art Folgenabschätzung im Hinblick auf die verschiedenen Landesteile vor, um Vor- und Nachteile eines bestimmten Modells abzuwägen.

Nur der KN schrieb für die Mahnung eine förmliche Aufforderung vor (Art. 1139), während BGB und ABGB hierzu keinerlei Vorgaben enthielten. Entsprechend der gesetzgeberischen Zielsetzung, Rechtsbeziehungen zu vereinfachen, galten nach dem OGB für die Mahnung ebenfalls keinerlei Formerfordernisse.[644] Sie konnte auch konkludent erfolgen[645]. Die unterschiedliche Rechtslage in Polen spielte auch bei dieser Entscheidung eine Rolle: Die Erfahrungen in den verschiedenen Landesteilen zeigten – so die Gesetzesbegründung –, dass man in Polen auf das Formerfordernis verzichten könne.[646] Der Schuldner hatte unverzüglich nach der Mahnung zu leisten[647], d. h. ohne unbegründete Verzögerung[648].

2.5.2.3 Das Vertretenmüssen als Element eines einheitlichen Verzugsbegriffs

In der Frage, welche Bedeutung dem Vertretenmüssen für den Verzugseintritt zukam, wiesen KN, BGB, ABGB und SOR deutliche Unterschiede auf. Im Leistungsstörungsrecht des BGB waren die Tatbestandsvoraussetzungen des Schuldnerverzugs in §§ 284, 285 BGB-1900 geregelt, darunter auch das Vertretenmüssen. Der so definierte Begriff des Schuldnerverzugs kam im gesamten Recht der Leistungsstörungen zur Anwendung (vgl. §§ 286 ff., 326 BGB-1900).

---

eine Vereinbarung des Leistungszeitpunktes „beim nächsten Wiedersehen im Klub" ausreichend sein.

643 *Longchamps*, GSW 1929, S. 405, 411.

644 *Longchamps*, Gesetzesbegründung III, S. 361; *ders.*, Zobowiązania, S. 362; *Domański*, Instytucje I, S. 426, 849.

645 *Czachórski*, Zarys, S. 233.

646 *Longchamps*, Gesetzesbegründung III, S. 362.

647 *Domański*, Instytucje I, S. 849; ebenso zum polnischen ZGB *Kempter*, Einfluss, S. 173.

648 *Czachórski*, Zarys, S. 199.

Demgegenüber galt nach der herrschenden österreichischen Lehre, dass Verzug auch ohne Verschulden eintreten konnte (Verzug im objektiven Sinne), einzelne Rechtsfolgen des Verzugs aber zusätzlich an ein Verschulden geknüpft waren (Verzug im subjektiven Sinne).[649] Der Gesetzestext bezeichnete ersteres als „Verzögerung".[650] Diese lag nach § 1334 ABGB bei Nichteinhaltung der (gegebenenfalls nach einer Mahnung zu bestimmenden) Zahlungs- oder Leistungszeit vor. Der Wortlaut der Vorschrift war allerdings nur auf Geldschulden zugeschnitten. Die Voraussetzungen des subjektiven Verzug wurden im Gesetz nicht beschrieben.

Im KN waren die verschiedenen Rechtsfolgen einer Leistungsverzögerung ebenfalls an unterschiedliche Voraussetzungen geknüpft (z. B. Lösung vom Vertrag nach Art. 1184 KN auch ohne Verschulden, Ersatzansprüche nach Art. 1147 KN hingegen nur bei Vertretenmüssen).[651] Art. 1139 KN, der die Voraussetzungen des Verzugseintritts regelte, ließ die Frage des Verschuldens unerwähnt. Vergleichbar ist die Rechtslage im schweizerischen Recht: Der Verzugseintritt setzt nach Art. 102 SOR ein Vertretenmüssen nicht voraus, anders hingegen für Ersatzansprüche nach Art. 103 SOR. Ein Rücktritt vom gegenseitigen Vertrag ist nach Art. 107 SOR auch ohne Vertretenmüssen möglich.[652]

Da die Kodifikationskommission als Folge eines solchen zweigleisigen Verzugsbegriffs erhebliche Unklarheiten befürchtete, gab sie dem deutschen Modell den Vorzug.[653] Der Vorschrift des § 285 BGB-1900 vergleichbar enthielt Art. 243 § 2 OGB eine ausdrückliche Festlegung auf einen verschuldensabhängigen Verzugsbegriff, wonach „die Verzögerung in der Erfüllung der Leistung, die eine Folge von Umständen ist, für die der Schuldner nicht haftet, [...] nicht als Verzug angesehen" wurde. Im Zuge der weiteren Ausgestaltung des Leistungsstörungsrechts des OGB wurden fast alle Rechtsfolgen eines Ausbleibens der Leistung an den Eintritt des Schuldnerverzugs im Sinne des Art. 243 § 1 und § 2 OGB geknüpft (vgl. auch Art. 250 und 251 OGB hinsichtlich der Leistungsstörungen im gegenseitigen Vertrag[654]). Besonderheiten galten nur hinsichtlich der

---

649 *Longchamps,*Gesetzesbegründung III, S. 362; *Ehrenzweig,* Schuldverhältnisse, § 338, Anm. I. 2., S. 301 (mit weiteren Angaben zum Meinungsstand); *Wolff,* in: *Klang* VI, §§ 1333, 1334, Anm. I. 1.

650 Z. B. §§ 918, 1333, 1334 ABGB.

651 *Ferid,* Französisches Zivilrecht I, Anm. 2 C 77 (mit dem Hinweis, das französische Recht habe insofern keinen einheitlichen Verzugsbegriff).

652 Vgl. auch *Longchamps,* Gesetzesbegründung III, S. 362.

653 *Longchamps,*Gesetzesbegründung III, S. 362 f., zusätzlich unter Hinweis auf das Vorbild des KN.

654 Dazu 2.6.

Verzinsung von Geldschulden.[655] Der Entlastungsbeweis oblag bei Art. 243 § 2 OGB ebenso wie bei Art. 239 OGB dem Schuldner.[656] Die Umstände, für die der Schuldner haftete, ergaben sich aus Vertrag oder Gesetz (insbesondere Art. 240 und 241 OGB).[657]

Für einen einheitlich verschuldensabhängigen Verzugsbegriff entschied sich die Kommission erst im Laufe ihrer Arbeit. Art 174 des Gesetzentwurfs von Till orientierte sich auch in dieser Frage noch sehr viel eindeutiger an § 1334 ABGB[658]: Der Verzug trat bereits bei Fälligkeit und – soweit erforderlich – infolge einer Mahnung ein, d. h. unabhängig von der Frage des Vertretenmüssens.[659] Die Möglichkeit, hinsichtlich des Anspruchs auf Ersatz des Verzugsschadens einen Entlastungsbeweis zu führen, ergab sich – ausweislich der Erläuterungen zum Entwurf – überhaupt nur aus der Generalklausel.[660] Die Regelungen der Leistungsstörungen im gegenseitigen Vertrag in Art. 179–182 des Entwurfs enthielten nicht den Begriff des Verzugs, sondern – ähnlich §§ 918 ff. ABGB – Umschreibungen („Erfüllung nicht zur gehörigen Zeit") oder den Begriff „Verspätung". Auch Domański hielt an einem verschuldensunabhängigen Verzugsbegriff fest; dieser galt einheitlich für alle Rechtsfolgen einer nicht rechtzeitigen Leistung.[661]

2.5.3 Verzugsfolgen

2.5.3.1 Ersatz des Verzugsschadens (Art. 244 OGB)

Nach Art. 244 OGB konnte der Gläubiger im Falle des Schuldnerverzugs den Ersatz des Schadens verlangen, der durch den Verzug verursacht war. Dieser auf den Verzugsschaden gerichtete Ersatzanspruch entsprach seinem Ergebnis nach nicht nur dem KN, ABGB und SOR, sondern auch § 286 Abs. 1 BGB-1900. Sein Umfang richtete sich nach den allgemeinen Vorschriften, d. h. insbesondere

---

655 Art. 248 und 249 OGB, dazu 2.5.6. Auch die Inanspruchnahme des Bürgen war nur an die Verspätung des Hauptschuldners geknüpft, Art. 633 § 2 OGB.

656 *Longchamps*, Zobowiązania, S. 363; *Korzonek/Rosenblüth*, Kodeks Zobowiązań, S. 528; *Czachórski*, Zarys, S. 234.

657 *Longchamps*, a. a. O., S. 363 f.; dazu auch *Domański*, Instytucje I, S. 850; *Czachórski*, a. a. O., S. 234.

658 Ebenso *Domański*, a. a. O., S. 848.

659 Dazu auch Fn. 639.

660 *Till*, Gesetzentwurf AT, PPiA 1924, S. 29 f.

661 *Domański*, Gesetzentwurf AT, S. 73–77 (Art. 281 f., 289–292, 296 f.). Die Möglichkeit eines Entlastungsbeweises im Hinblick auf etwaige Verzugsschäden ergab sich aus allgemeinen Regelungen (Art. 279).

Art. 242 i. V. m. Art. 157–160 OGB.[662] Mit der Formulierung „unabhängig von der Leistung“ in Art. 244 OGB sollte nach der Gesetzesbegründung zum Ausdruck gebracht werden, dass der Verzug als solcher keinen Ersatzanspruch hinsichtlich des Nichterfüllungsschadens begründete, vielmehr der Erfüllungsanspruch erhalten blieb.[663] Diese deutliche Abgrenzung des Verzugsschadens vom Nichterfüllungsschaden sowie die Tatsache, dass überhaupt neben Art. 239 OGB eine gesonderte Anspruchsgrundlage für den durch den Verzug verursachten Schaden in das Gesetz aufgenommen wurde, deuten darauf hin, dass die polnische Kommission ähnlich wie im deutschen Recht vom Verständnis eines besonderen Verzugsschadensersatzes ausging[664], während doch im einheitlichen Nichterfüllungstatbestand des Art. 239 OGB eine andere Konzeption (Verzugsschaden als Unterfall des Nichterfüllungsschadens) angelegt gewesen wäre. Dem letzteren Modell folgte das österreichische Recht: Dort ergab sich der Schadensersatzanspruch im Verzugsfalle nur aus allgemeinen Vorschriften, d. h. aus der Generalklausel § 1295 ABGB.[665] In § 918 Satz 1 ABGB wurde ein gesonderter Anspruch auf Ersatz des Verspätungsschadens nicht begründet, sondern vielmehr nur (neben dem Rücktrittsrecht) vorbehalten.[666] Der KN enthielt ebenfalls keine dem § 286 Abs. 1 BGB-1900 vergleichbare spezielle Anspruchsgrundlage für den Ersatz von Verzugsschäden.[667]

Der Gesetzgeber entschied sich ausdrücklich gegen eine Übernahme der Regelung des § 286 Abs. 2 BGB-1900, wonach dem Gläubiger auch außerhalb gegenseitiger Verträge bei Wegfall seines Interesses Schadensersatzansprüche wegen Nichterfüllung zustanden.[668] Die Belange des Gläubigers sah der polnische Gesetzgeber hinreichend geschützt durch die sonstigen Bestimmungen

---

662 *Longchamps*, Zobowiązania, S. 364; *Korzonek/Rosenblüth*, Kodeks Zobowiązań, S. 530; *Domański*, Instytucje I, S. 851.

663 *Longchamps*, Gesetzesbegründung III, S. 364; *Domański*, a. a. O., S. 834, 851.

664 Zu dieser Besonderheit des deutschen Rechts auch nach der Schuldrechtsreform *Harke*, Schuldnerverzug, S. 136 f. Vgl. allerdings auch Art. 103 SOR, wonach der Schuldner im Verzugsfalle „Schadenersatz wegen verspäteter Erfüllung“ zu leisten habe.

665 *Ehrenzweig*, Schuldverhältnisse, § 337, Anm. I., S. 292.

666 *Gschnitzer*, in: *Klang* IV, 1, § 918, Anm. B. II. 1.

667 Allerdings wird auch in der französischen Lehre zwischen Erfüllungsschäden (dommages-intérêts compensatoires) und Verzugsschäden (dommages-intérêts moratoires) unterschieden, dazu *Constantinesco*, Inexécution, S. 48; *Ferid*, Französisches Zivilrecht I, Anm. 2 C 75.

668 In Art. 477 § 2 ZGB wurde hingegen eine dem Vorbild von § 286 Abs. 2 BGB-1900 nachgebildete Regelung aufgenommen (*Ohanowicz/Górski*, Zarys, S. 204).

des OGB, die bei Schuldnerverzug unter bestimmten weiteren Voraussetzungen eine ersatzweise Durchsetzung des Leistungsanspruchs (z. B. Deckungsgeschäft nach Art. 246 OGB oder Ersatzvornahme nach Art. 247 OGB) und für die praktisch bedeutsame Gruppe der gegenseitigen Verpflichtungen – wie im BGB – die Geltendmachung des Nichterfüllungsschadens ermöglichten (Art. 250, 253 OGB).[669] Darüber hinausgehende Rechte, die Leistung abzulehnen und stattdessen den Ersatz des Nichterfüllungsschadens zu verlangen, könnten – so die Gesetzesbegründung – Anlass zur Schikane geben.[670]

2.5.3.2 Zufallshaftung (Art. 245 OGB)

Nach Art. 245 OGB haftete der Schuldner während des Verzugs für den Verlust oder die Beschädigung des Leistungsgegenstandes, sofern er nicht beweisen konnte, dass die Verschlechterung auch bei rechtzeitiger Erfüllung eingetreten wäre. Diese Verantwortung des Schuldners auch für Zufall galt als Folge des (in einem weiteren Sinne) kausalen Zusammenhangs zwischen Verzug und Untergang.[671] Entsprechende Haftungsverschärfungen allgemeiner Art oder bezogen auf einzelne Vertragstypen fanden sich in allen vier bisher in Polen geltenden Rechten (§§ 338, 965, 1311 ABGB, § 287 Satz 2 BGB-1900, Art. 1302 KN, sowie Art. 2105 Svod Zakonov, Teil I).[672] Ohne dass sich dies ausdrücklich aus den Gesetzesmaterialien ergibt, kommt von den vorgenannten Vorschriften als Vorbild für Art. 245 OGB nur § 287 Satz 2 BGB-1900 sowie daneben auch Art. 103 SOR in Betracht:

Im französischen und österreichischen Recht ergab sich die verschärfte Haftung während des Schuldnerverzugs aus Regelungen, die systematisch einen anderen Anknüpfungspunkt als Art. 245 OGB aufwiesen. Gegenstand des Art. 1302 KN war das Erlöschen von Speziesschulden im Falle der nicht zu vertretenden Unmöglichkeit. Da während des Verzugs die Verpflichtung nur erlosch, wenn die Sache bei rechtzeitiger Lieferung auch beim Gläubiger untergegangen wäre, trug der Schuldner im Ergebnis die Gefahr des zufälligen

669 *Longchamps*, Gesetzesbegründung III, S. 364; dazu *ders.*, Zobowiązania, S. 364–367. Zu Art. 246 f. OGB 2.5.5; zu Art. 250 und Art. 253 OGB 2.6.

670 *Longchamps*, Gesetzesbegründung III, S. 364.

671 *Longchamps*, Zobowiązania, S. 357 f.; *Korzonek/Rosenblüth*, Kodeks Zobowiązań, S. 531.

672 *Longchamps*, Gesetzesbegründung III, S. 364. Nach Art. 2105 Svod Zakonov, Teil I haftete der Verwahrer ausnahmsweise auch für den zufälligen Untergang der eingelagerten Gegenstände, wenn er mit deren Rückgabe im Verzug war.

Verlusts. Nach österreichischem Recht ergab sich die Zufallshaftung insbesondere aus § 1311 ABGB[673], einer allgemeinen Vorschrift über die Risikotragung für zufällige Schäden, in welcher der Verzug nicht gesondert erwähnt wurde. Vielmehr enthielt § 1311 ABGB nur den Grundsatz, dass derjenige für zufällige Schäden ersatzpflichtig war, der den Zufall durch eigenes Verschulden veranlasst hatte (so genannter gemischter Zufall). Die während des verschuldeten Verzugs eingetretene Unmöglichkeit der Leistung galt als gemischter Zufall im Sinne dieser Vorschrift.[674]

Im deutschen und schweizerischen Recht (§ 287 Satz 2 BGB-1900 und Art. 103 SOR) war demgegenüber die Zufallshaftung des säumigen Schuldners den Verzugsregelungen zugeordnet worden. Eine ähnliche Fassung und vergleichbare Stellung im Leistungsstörungsrecht hatte schon Art. 175 des Gesetzentwurfs von Till („Haftung für Zufall"), der allerdings noch an den Gesichtspunkt der Gefahrtragung anknüpfte. Danach trug der in Verzug geratene Schuldner „die Gefahr des zufälligen Verlusts oder Verschlechterung des Gegenstandes der Leistung". Die Endfassung des Art. 245 OGB („Der […] Schuldner haftet […]") war hingegen wie § 287 Satz 2 BGB-1900 und Art. 103 SOR[675] als Haftungsvorschrift formuliert.[676]

Allerdings entfiel in der Endfassung – in diesem Punkt von BGB und SOR abweichend – die ausdrückliche Erwähnung des „zufälligen" Verlustes bzw. der „zufälligen" Beschädigung.[677] Diese Streichung war bereits in Art. 282 des Entwurfs von Domański enthalten.[678] Die Haftung auch für zufälliges Geschehen

673 *Ehrenzweig*, Schuldverhältnisse, § 338, Anm. II. 2., S. 305; dazu auch *Pisko/Gschnitzer*, in: *Klang* VI, § 1447, Anm. D 1.

674 *Pisko/Gschnitzer*, a. a. O., § 1447, Anm. D 1. Der Begriff des gemischten Zufalls (casus mixtus, przypadek mieszany) war auch in der Literatur zum OGB gebräuchlich, dazu *Longchamps*, Zobowiązania, S. 357 f., *Czachórski*, Zarys, S. 235.

675 Art. 103 SOR: „(1) Befindet sich der Schuldner im Verzuge, so hat er Schadenersatz wegen verspäteter Erfüllung zu leisten und haftet auch für den Zufall.(2) Er kann sich von dieser Haftung durch den Nachweis befreien, dass der Verzug ohne jedes Verschulden von seiner Seite eingetreten ist oder dass der Zufall auch bei rechtzeitiger Erfüllung den Gegenstand der Leistung zum Nachteile des Gläubigers betroffen hätte."

676 Vgl. dazu auch die Feststellung von *Larenz*, Schuldrecht I, § 23 II a, S. 326, wonach auch § 287 Satz 2 BGB-1900 „trotz des Wortlauts eine Bestimmung nicht nur über die Verantwortlichkeit des Schuldners – die könnte schwerlich so weit ausgedehnt werden – sondern über die Gefahrtragung" sei.

677 Vgl. demgegenüber den Wortlaut von § 287 Satz 2 BGB-1900 und Art. 103 Satz 1 SOR, wonach der Schuldner „auch für den Zufall" hafte.

678 *Domański*, Gesetzentwurf AT, S. 73.

ergab sich aber zweifelsfrei aus den verschärften Anforderungen an den Entlastungsbeweis, der den Nachweis des hypothetischen Untergangs des Leistungsgegenstandes auch beim Gläubiger verlangte.

Trotz vieler Parallelen zum deutschen Recht (auch in der Formulierung der Vorgaben des Entlastungsbeweises) fällt auf, dass im Vergleich zu § 287 Satz 2 BGB-1900 die Beschreibung dessen, wofür der Schuldner zu haften hatte, in Art. 245 OGB sehr viel konkreter gefasst war („Unmöglichkeit der Leistung" im BGB, „Verlust oder Verschlechterung des Gegenstandes der Leistung" im OGB). Die prägende Vorstellung des Untergangs einer Speziessache kam im polnischen Gesetzestext deutlich zum Ausdruck, wie dies im Übrigen auch in Art. 103 Abs. 2 SOR der Fall ist.[679]

2.5.4 Bewertung

Hinsichtlich der Ausgestaltung des Schuldnerverzugs wiesen ABGB, KN und BGB deutliche Unterschiede auf. Im Vergleich mit dem französischen Recht und noch ausgeprägter mit dem ABGB wies nur das BGB-1900 einen eigenständigen und in sich geschlossenen Leistungsstörungstatbestand des Schuldnerverzugs auf.[680] Der polnische Gesetzgeber ist in dieser Hinsicht in den grundsätzlichen Punkten dem BGB gefolgt, obwohl die Generalklausel des Art. 239 OGB eine stärkere Integration des Schuldnerverzugs in die allgemeine Nichterfüllungshaftung durchaus ermöglicht hätte.

Die gesetzliche Festschreibung des Vertretenmüssens als konstitutives Merkmal des Verzugs (Art. 243 § 2 OGB) fand sich mit vergleichbarer Eindeutigkeit nur in § 285 BGB-1900.[681] Bei der weiteren Ausgestaltung des Leistungsstörungsrechts des OGB wurden diverse Rechtsfolgen (vgl. Art. 244–247, 250, 251) an das Vorliegen des so definierten Schuldnerverzugs geknüpft (ähnlich wie in §§ 286–290, 326 BGB-1900). Wie sich aus Kapitel 2.6 ergibt, galt dies auch für das gesetzliche Rücktrittsrecht, das die Kodifikationskommission – abweichend von ABGB, KN und SOR, aber wie im damaligen deutschen Recht – nur

679 Dazu Berner Kommentar/*Weber*, Obligationenrecht VI, 1, 5, Art. 103, Rn. 50. Die Nachfolgevorschrift von Art. 245 OGB, d. h. Art. 478 ZGB, ist von vornherein nur auf Speziesschulden anwendbar.

680 *Harke*, Schuldnerverzug, S. 83, 91, 134 f., aber auch S. 89 f., wonach dem CC (Art. 1146) Hinweise auf einen eigenständigen Verzugstatbestand zu entnehmen sind; *Ranieri*, Europäisches Obligationenrecht, S. 650; zum französischen Recht *Constantinesco*, Inexécution, S. 40–48; *Ferid*, Französisches Zivilrecht I, Anm. 2 C 77.

681 Dies galt auch im Vergleich zum SOR (vgl. Art. 102 SOR).

in Fällen des Vertretenmüssens einräumen wollte.[682] Der Schuldnerverzug als eigenständige Regelungsmaterie gewann dadurch zusätzlich an Bedeutung. Dem solchermaßen aufgewerteten Verzugsbegriff wurde eine gesonderte gesetzliche Anspruchsgrundlage für den Ersatz des verzugsbedingten Schadens zugeordnet. Eine vergleichbare Konstellation fand sich weder in KN noch im ABGB, jedoch in § 286 Abs. 1 BGB-1900. Die auch durch eine eigene Zwischenüberschrift („Schuldnerverzug") äußerlich nachvollzogene Abtrennung der Verzugshaftung von der allgemeinen Haftung für Nichterfüllung wurde durch die Entscheidung der Kommission gegen eine Übernahme der Vorschrift des § 286 Abs. 2 BGB-1900 noch verstärkt: Im Verzugsfalle sollte der Gläubiger ausschließlich den Verzugschaden verlangen können. Art. 244 OGB hatte daher auch eine beschränkende Funktion. Die Regelung der Zufallshaftung in Art. 245 OGB war zwar hinsichtlich ihres Ergebnisses durch die weitgehend ähnliche Rechtslage der bisher in Polen geltenden Rechte vorgezeichnet. Die konkrete Ausgestaltung als Haftungserweiterung während des Verzugs war hingegen in dieser Form nur in § 287 Satz 2 BGB-1900 und in Art. 103 SOR zu finden. Allein die gegenüber dem BGB zurückgenommene Bedeutung der Mahnung (vertraglicher oder gesetzlicher Leistungstermin als Regelfall, die Mahnung als Surrogat) entsprach dem österreichischen Vorbild.

Die Ausformung eines einheitlichen und gesonderten Verzugsbegriffs wurde erst im Kommissionsverfahren vorgenommen. Im Gesetzentwurf von Till fanden sich noch ausgeprägte Parallelen zum ABGB, so der Verzicht auf das Vertretenmüssen als Voraussetzung des Verzugseintritts. Die Kommission hat sich im Laufe ihrer Beratungen vom österreichischen Modell entfernt und dem BGB deutlich angenähert. In den Gesetzesmaterialien kommt allerdings bisweilen auch das Verständnis des Verzugs als eines Spezialfalls der Nichterfüllungshaftung zum Ausdruck: So charakterisierte Longchamps den Verzug als besonderen Fall der nichtgehörigen Erfüllung, d. h. als Nichterfüllung in zeitlicher Hinsicht.[683] Auch die Tatsache, dass der Mahnung für den Verzugseintritt anders als im BGB keine konstitutive Bedeutung zukam, entsprach eher der Grundidee des Verzugs als einer Form der allgemeinen Nichterfüllung.[684]

---

682 Zur Ausnahme des Art. 267 § 3 OGB siehe 2.7.3.

683 *Longchamps*, Gesetzesbegründung III, S. 359 f.; *ders.*, Zobowiązania, S. 361; ähnlich *Domański*, Instytucje I, S. 848.

684 Zur Frage, wie sich die Rolle der Mahnung (konstitutives Verzugsmerkmal oder nur Ersatz eines vertraglichen Leistungstermins) auf die Eigenständigkeit des Schuldnerverzugs gegenüber der Nichterfüllung auswirkt, *Harke*, Schuldnerverzug, S. 134.

Die Erläuterungen in der Gesetzesbegründung beziehen sich fast durchweg auf einzelne Vorschriften und nur selten auf größere Regelungszusammenhänge. Die hier untersuchten Übereinstimmungen der systematischen Stellung des Schuldnerverzugs in OGB und BGB ergeben sich erst in der Gesamtschau. In der Gesetzesbegründung werden sie nicht erwähnt.

2.5.5 Formen der Ersatzerfüllung bei Schuldnerverzug

Als weitere Rechtsbehelfe im Verzugsfalle hatte der Gläubiger nach Art. 246 und 247 OGB die Möglichkeit des Deckungsgeschäftes und der (sonstigen) Ersatzvornahme.

2.5.5.1 Das Deckungsgeschäft (Art. 246 OGB)

Im Falle des Verzugs mit einer Gattungsschuld (vgl. Art. 209 OGB) konnte der Gläubiger gemäß Art. 246 OGB auf Kosten des Schuldners eine Sache derselben Gattung erwerben oder Wertersatz verlangen, wobei er in beiden Fällen das Recht auf Schadensersatz behielt.

2.5.5.1.1 Ältere Regelungen zum Deckungskauf im Handelsrecht

Eine dem Art. 246 OGB vergleichbare allgemeine gesetzliche Regelung des Deckungsgeschäfts gab es in keinem der zuvor in Polen geltenden Rechte.[685] Longchamps wies aber in der Gesetzesbegründung auf die Rechtsfigur des Deckungskaufs hin, wie sie aus Art. 191 Abs. 2 SOR sowie dem Allgemeinen Deutschen Handelsgesetzbuch (ADHGB) bekannt sei.[686]

Art. 191 Abs. 2 SOR betraf den Schadensersatzanspruch wegen Nichterfüllung im kaufmännischen Verkehr: Der Käufer konnte danach als Schaden die Mehrkosten des Deckungskaufs gegenüber dem vereinbarten Kaufpreis geltend machen. Die Funktion der Vorschrift des Art. 191 Abs. 2 SOR bestand darin, eine Schadensberechnung, die sich sonst aus allgemeinen Grundsätzen ergab, für einen praktisch bedeutsamen Fall gesetzlich zu verankern.[687]

Im ADHGB, das in Österreich seit 1863 und im ehemals österreichischen Landesteil Polens bis 1934 fortgalt, war der Deckungskauf des Käufers nicht

685 *Longchamps*, Gesetzesbegründung III, S. 365.

686 *Longchamps*, a. a. O., S. 365 f. unter Hinweis auf die Kommentierung des ADHGB von *Staub* (vgl. Fn. 689).

687 Berner Kommentar/*Giger*, Obligationenrecht VI, 2, 1, Art. 191 Rn. 6.

ausdrücklich geregelt.[688] Er stellte jedoch im Rahmen des Art. 355 ADHGB, d. h. im Falle des Verkäuferverzugs, eine allgemein anerkannte Form der Berechnung des Nichterfüllungsschadens dar.[689] Dabei hatte der Käufer nach Treu und Glauben zu verfahren und gegenüber dem Verkäufer eine entsprechende Anzeige abzugeben (Art. 356 ADHGB). Als konkrete Schadensberechnung war die Bezifferung des Nichterfüllungsschadens auf der Grundlage eines Deckungsgeschäfts im BGB ebenfalls anerkannt, wobei auch hier keine ausdrückliche gesetzliche Regelung bestand.[690]

2.5.5.1.2 Der Deckungskauf als Surrogat des Erfüllungsanspruchs

Eine gesetzliche Regelung des Deckungsgeschäfts nur für Handelskäufe wie in SOR und ADHGB griff nach Auffassung der Kodifikationskommission zu kurz.[691] Die Ermöglichung eines Deckungsgeschäfts auch für andere Verträge sei – so die Gesetzesbegründung – im Interesse beider Seiten. Dadurch könne ein Verzugsschaden vermieden oder doch gemindert werden; zudem werde dem Gläubiger die umständliche Durchsetzung des (ursprünglichen) Leistungsanspruchs im Prozesswege erspart.[692] Art. 246 OGB, der sich auf gegen- und einseitige Gattungsschulden innerhalb und außerhalb des Handelsrechts bezog, hatte daher einen viel weiteren Anwendungsbereich als die oben beschriebenen Vorbilder in SOR und ADHGB. Unterschiede bestanden auch hinsichtlich der dogmatischen Einordnung: Das Deckungsgeschäft diente im Rahmen des Art. 246 OGB nicht der Schadensberechnung für die Geltendmachung eines Ersatzanspruchs wegen Nichterfüllung. Ein solcher Ersatzanspruch sollte dem Gläubiger bei bloßem Schuldnerverzug gerade nicht zustehen.[693] Vielmehr sollte der Deckungskauf der Durchsetzung des weiter bestehenden Leistungsanspruchs dienen und stellte daher „ein Surrogat" des Erfüllungsanspruchs[694] dar, das allerdings nur im Falle

---

688 Art. 354 ADHGB enthielt allerdings eine Regelung über den Deckungsverkauf durch den Verkäufer bei Verzug des Käufers.

689 *Staub*, ADHGB, Art. 355, § 22–30.

690 Aus der damaligen Literatur z. B. *Enneccerus/Lehmann*, Bürgerliches Recht II, 1, § 53, II. 2.

691 *Longchamps*, Gesetzesbegründung III, S. 366.

692 *Longchamps*, a. a. O., S. 365.

693 Dazu 2.5.3.1.

694 *Longchamps*, Gesetzesbegründung III, S. 367; *ders.*, Zobowiązania, S. 366. An anderer Stelle werden die Rechte aus Art. 246 und 247 OGB als „Surrogat der Leistungserfüllung" (*Longchamps*, Gesetzesbegründung III, S. 370) bzw. als „Surrogat der Leistung" (*Longchamps*, Gesetzesbegründung III, S. 369) bezeichnet. Zu den

des Schuldnerverzugs zum Tragen kam. Dem Surrogatcharakter des Deckungskaufs hätte es eher entsprochen, die entsprechende Berechtigung des Gläubigers auch bei bloßer Leistungsverzögerung zu gewähren. Die Kommission war sich dessen bewusst, wollte jedoch den Schuldner, der sich nicht im Verzug befand, vor den möglicherweise kostenträchtigen Folgen eines Deckungskaufs nach Art. 246 OGB oder einer Ersatzvornahme nach Art. 247 OGB schützen.[695] Der Anspruch auf Ersatz eines etwaigen zusätzlichen Verzugsschadens blieb daneben bestehen.[696]

Das Deckungsgeschäft galt ebenso wie die in Art. 247 OGB geregelte Ersatzvornahme als „Ersatzerfüllung“[697]. Damit ergaben sich Ähnlichkeiten mit Art. 1144 KN[698]: Auch im französischen Recht wird das (mit gerichtlicher Ermächtigung) vorgenommene Deckungsgeschäft als eine Form der Erfüllung und nicht als Geltendmachung von Schadensersatz angesehen.[699] Aus der Gesetzesbegründung zu Art. 246 OGB ist nicht ersichtlich, ob die Kommission in diesem Punkt bewusst an französisches Erbe anknüpfte. Dafür spricht aber, dass die Ausführungen zur ähnlich konzipierten Ersatzvornahme nach Art. 247 OGB Hinweise auf Art. 1144 KN enthielten.[700] In dieselbe Richtung weisen die Erläuterungen zum Gesetzentwurf von Till. Dieser enthielt zwar noch keine Spezialregelung für Deckungsgeschäfte, aber eine auch beim Ausbleiben von Sachleistungen anwendbare allgemeine Regelung über die Ersatzvornahme, die sich ausdrücklich an dem Vorbild von Art. 1142, 1144 KN orientierte.[701]

Die Anleihen beim KN betreffen allerdings nur den Erfüllungscharakter des Anspruchs. Mit der – offensichtlich vom ADHGB und Art. 191 SOR inspirierten – Übernahme des Verzugserfordernisses und der Entbehrlichkeit einer gerichtlichen Ermächtigung näherte sich die Regelung sehr einem

---

Nachfolgeregelungen im geltenden polnischen Recht *Bobrzyński/Liebscher/Zoll*, in: *Liebscher/Zoll* (Hrsg.), Einführung, S. 231, 282.

695 Dazu *Longchamps*, a. a. O., S. 370.

696 *Longchamps*, a. a. O., S. 367.

697 *Bobrzyński/Liebscher/Zoll*, in: *Liebscher/Zoll* (Hrsg.), Einführung, S. 231, 282.

698 Fast wortgleich Art. 91 des französisch-italienischen Entwurfs von 1927: „En cas d’inexécution d’une obligation de faire, le créancier peut être autorisé à la faire exécuter lui-même aux dépens du débiteur.“

699 *Ferid*, Französisches Zivilrecht I, Anm. 2 C 112; ebenso *Rütten*, in: *FS Gernhuber*, S. 939 (946); dagegen *Riehm*, Naturalerfüllung, S. 106 (Schadensersatzanspruch).

700 Zu Art. 247 OGB 2.5.5.2.

701 *Till*, Gesetzentwurf AT PPiA 1924, S. 30. Daneben wurde auf Art. 98 SOR hingewiesen; zu dessen Erfüllungscharakter Berner Kommentar/*Weber*, Obligationenrecht VI, 1, 5, Art. 98, Rn. 49.

Schadensersatzanspruch an. Für Gattungsschulden, die auf einem Handelskauf beruhten, galt im Übrigen als praktisch bedeutsame Spezialregelung Art. 551 des polnischen Handelsgesetzbuchs[702], wonach das Deckungsgeschäft wie im ADHGB als Möglichkeit der konkreten Schadensberechnung ausgestaltet war.[703]

Alternativ zum Deckungskauf konnte der Gläubiger nach Art. 246 OGB Wertersatz für die geschuldete Sache verlangen und auf diese Weise das Risiko vermeiden, wegen eines überhöhten Einkaufspreises Kosten des Deckungsgeschäfts teilweise nicht erstattet zu bekommen.[704]

2.5.5.1.3 Geltendmachung und Rechtsfolgen der Rechte nach Art. 246 OGB

Die Geltendmachung der Rechte aus Art. 246 OGB bedurfte keiner gerichtlichen Ermächtigung.[705] Gemäß Art. 209 OGB waren beim Deckungsgeschäft Sachen mittlerer Art und Güte zu erwerben.[706] Im Falle eines überteuerten Deckungsgeschäfts sollte der Schuldner durch den Grundsatz von Treu und Glauben geschützt werden (Art. 189 OGB).[707] Ein Zwang zum Abschlusse eines Deckungsgeschäfts bestand nicht.[708] Die Wahrnehmung der Rechte nach Art. 246 OGB erforderte nach dem Gesetzeswortlaut weder eine Nachfristsetzung noch eine Ablehnungserklärung. Eine solche Verpflichtung ergab sich auch nicht aus den sonstigen Gesetzesmaterialien. Vielmehr findet sich der Hinweis, der Gläubiger solle die Rechte nach Art. 246 und 247 OGB nutzen können, sobald der Schuldner in Verzug geraten war.[709] Demzufolge hätte für den Schuldner nach Verzugseintritt die Unsicherheit bestanden, ob er die geschuldeten Sachen noch werde leisten müssen. Dass der polnische Gesetzgeber eine für den Schuldner solchermaßen missliche Lage hat schaffen wollen, ist kaum anzunehmen, zumal er an anderer

---

702 Kodeks Handlowy vom 27. Juni 1934, Dz.U. 1934 Nr. 57, Pos. 502. Nach Art. 551 § 2 poln. HGB musste bei Waren mit Markt- oder Börsenpreis das Deckungsgeschäft unverzüglich nach Ablauf des vertraglichen Leistungstermins vorgenommen werden und den Grundsätzen von Treu und Glauben entsprechen.

703 Dazu *Longchamps*, Gesetzesbegründung III, S. 366.

704 *Longchamps*, a. a. O., S. 366.

705 *Longchamps*, a. a. O., S. 367.

706 *Korzonek/Rosenblüth*, Kodeks Zobowiązań, S. 534.

707 *Longchamps*, Gesetzesbegründung III, S. 366.

708 *Longchamps*, a. a. O., S. 366.

709 *Longchamps*, Zobowiązania, S. 368. Demgegenüber war nach ADHGB eine Anzeige nach Art. 356 notwendig. Im KN ergab sich die Benachrichtigung des Schuldners von selbst, da der Gläubiger nach Art. 1144 KN zuvor die gerichtliche Ermächtigung erwirken musste.

Stelle gegen die Regelung des § 286 Abs. 2 BGB-1900 die Gefahr einer übermäßigen Benachteiligung des Schuldners ins Feld geführt hatte.[710] Für die Nachfolgevorschrift des Art. 246 OGB im heutigen polnischen Zivilrecht (Art. 479 ZGB) findet sich denn auch der Hinweis, dass die Wahl von Deckungskauf oder Wertersatz dem Schuldner übermittelt werden müsse.[711]

Wenn der Gläubiger sich für ein Deckungsgeschäft oder Wertersatz gemäß Art. 246 OGB entschieden hatte, konnte der säumige Schuldner ihm die verpätete Leistung nicht mehr aufdrängen.[712] Longchamps verwies insoweit ausdrücklich auf Parallelen zu § 286 Abs. 2 BGB-1900, wobei allerdings der Gläubiger nach Art. 246 OGB den Wegfall seines Interesses nicht beweisen müsse und insoweit besser gestellt sei als im deutschen Recht.[713] Wie es dem Surrogatcharakter der Gläubigerrechte nach Art. 246 OGB entsprach, stellte deren Wahrnehmung keinen Rücktritt vom Vertrag dar, sodass inbesondere etwaige Gegenleistungspflichten erhalten blieben.[714]

2.5.5.2 Ersatzvornahme (Art. 247 OGB)

Als weitere Möglichkeit der „Ersatzerfüllung“ im Falle des Schuldnerverzugs sah Art. 247 § 1 OGB die gerichtliche Ermächtigung zur Vornahme einer geschuldeten Handlung auf Kosten des Schuldners vor. Naturgemäß kam dies nur für die Durchsetzung vertretbarer Handlungen in Betracht.[715] In entsprechender Weise war die Beseitigung etwaiger Folgen einer Zuwiderhandlung gegen Duldungs- oder Unterlassungsansprüche auf der Grundlage einer gerichtlichen Ermächtigung möglich (Art. 247 § 2 OGB). Wiewohl in solchen Fällen kein Verzug im eigentlichen Sinne eintrat, wurden diese aus praktischen Gründen in die Regelung mit aufgenommen. Auch Art. 247 § 2 OGB war nur bei Vertretenmüssen anwendbar.[716] Nach Art. 247 § 3 OGB war in eiligen Fällen, z. B. wenn bei Einholung der gerichtlichen Ermächtigung ein nennenswerter zusätzlicher Schaden

---

710 Vgl. *Longchamps*, Gesetzesbegründung III, S. 364.

711 *Podrecka*, KPP 1999, zeszyt 1, S. 97, 110.

712 *Longchamps*, Gesetzesbegründung III, S. 367; *ders.*, Zobowiązania, S. 365.

713 *Longchamps*, Gesetzesbegründung III, S. 367.

714 *Longchamps*, a. a. O., S. 367.

715 *Domański*, Instytucje I, S. 90; *Korzonek/Rosenblüth*, Kodeks Zobowiązań, S. 535; ebenso für die Nachfolgevorschrift im ZGB *Kempter*, Einfluss, S. 186 f.

716 *Longchamps*, Zobowiązania, S. 366.

entstanden oder das Gläubigerinteresse entfallen wäre, die gerichtliche Ermächtigung entbehrlich.[717]

Die Regelung orientierte sich an der bisherigen Rechtslage in allen drei Teilungsgebieten. Die dortigen Regelungen sahen – so Longchamps – übereinstimmend die Notwendigkeit einer Einschaltung des Gerichts vor, waren aber teils materiellrechtlicher, teils prozessrechtlicher Natur.[718] Der Anspruch auf Ersatzvornahme musste teilweise im Erkenntnisverfahren, d. h. im Rahmen der Klage auf Erfüllung des Leistungsanspruchs, und teilweise im Zuge der Zwangsvollstreckung eines zur Leistung verpflichtenden Titels geltend gemacht werden. Die Kodifikationskommission sah sich insoweit an Vorgaben des bereits verabschiedeten neuen (gesamt-)polnischen Zivilprozessrechts gebunden. In Art. 818 und 819 der polnischen Zivilprozessordnung[719] wurde vorausgesetzt, dass der Gläubiger bereits im Vollstreckungstitel zur Ersatzvornahme berechtigt werden konnte, sodass eine materiellrechtliche Verankerung eines entsprechenden Anspruchs nötig erschien.[720] Da auch die Rechte aus Art. 247 OGB als Surrogate des Erfüllungsanspruchs galten[721], war es folgerichtig, dass daneben – wie sich auch aus dem Wortlaut der Vorschrift ergab – der Anspruch auf Verzugsschadensersatz erhalten blieb.

Die Anforderungen an die Berechtigung zur Ersatzvornahme sind im Verlauf des Gesetzgebungsverfahrens deutlich erhöht worden. So war nach dem Gesetzentwurf von Till eine gerichtliche Ermächtigung nur dann erforderlich, wenn die Ersatzvornahme mit einem Eingriff in Rechte des Schuldners verbunden war; zudem bestand der Anspruch bei jeder – in zeitlicher, örtlicher oder sonstiger Weise – nicht gehörigen Erfüllung und unabhängig vom Vertretenmüssen.[722] Letzteres wurde auf Vorschlag Domańskis geändert, um den Schuldner bei unverschuldeter Leistungsverzögerung vor eventuellen Zusatzkosten zu

717 *Korzonek/Rosenblüth*, Kodeks Zobowiązań, S. 536; zur Nachfolgevorschrift im ZGB *Kempter*, Einfluss, S. 187. Als einen Fall der Selbsthilfe betrachtete Art. 247 § 3 OGB *Domański*, Instytucje I, S. 92; ähnlich *Klein*, Prawo Odstąpienia, S. 132 (Fn. 11).

718 *Longchamps*, Gesetzesbegründung III, S. 368 (unter Hinweis auf Art. 1143 f. KN, §§ 353, 356 der österreichischen Exekutionsordnung, § 887 ZPO und russisches Prozessrecht).

719 Kodeks Postępowania Cywilnego, Fassung vom 1. Dezember 1932, Dz.U. 1932 Nr. 112, Pos. 934; dazu auch *Polkowski*, Zivilprozessordnung.

720 *Longchamps*, Gesetzesbegründung III, S. 368 f.

721 *Longchamps*, a. a. O., S. 369.

722 *Till*, Gesetzentwurf AT, S. 35 (Art. 176).

schützen.[723] Die verbindliche Einschaltung des Gerichts wurde von der Kommission wegen der stärkeren Warnfunktion in die Regelung aufgenommen.[724]

2.5.5.3 *Bewertung*

Das Deckungsgeschäft nach Art. 246 OGB wies als Surrogat des Erfüllungsanspruchs dogmatische Ähnlichkeiten mit dem Deckungsgeschäft nach Art. 1144 KN auf, näherte sich aber wegen der Erforderlichkeit des vorherigen Verzugseintritts einem Schadensersatzanspruch (wegen Nichterfüllung) an. Wie beim Schuldnerverzug im Allgemeinen ist hier zu beobachten, dass die Rechtsfolgen einer Leistungsverzögerung im Verlaufe des Kommissionsverfahrens stärker an das Verschuldensprinzip gekoppelt wurden.

Im Ergebnis bedeutete die Kombination der Berechtigung zum Deckungskaufs (oder des Anspruchs auf Wertersatz) mit der Geltendmachung daneben bestehender Verzugsschäden eine erhebliche Erweiterung der Rechte des Gläubigers. Außerhalb von gegenseitigen Verpflichtungen bestand für diesen ansonsten keine Möglichkeit, im Verzugsfalle die Leistung endgültig abzulehnen und den Nichterfüllungsschaden geltend zu machen. Der Hinweis in der Gesetzesbegründung auf Parallelen zu § 286 Abs. 2 BGB-1900 war daher in der Sache berechtigt. Ob hingegen die nur nach Einschaltung des Gerichts mögliche Ersatzvornahme nach Art. 247 OGB eine nennenswerte Verbesserung für den Gläubiger darstellte, ist fraglich. Praktische Bedeutung dürfte sie aber in Eilfällen (Art. 247 § 3 OGB) gehabt haben. Im Übrigen diente die Regelung der Harmonisierung des OGB mit Vorgaben des polnischen Zivilprozessrechts.

2.5.6 Verspätungszinsen (Art. 248 OGB)

Verspätungszinsen waren in Art. 248 OGB geregelt. Die Rechte der Teilungsmächte enthielten zur Frage der Zinsansprüche bei verspäteter Rückzahlung einer Geldschuld unterschiedliche Regelungen. Dies betraf insbesondere die Fragen, ob entsprechende Ansprüche das Vertretenmüssen des Schuldners voraussetzten, welchen Einfluss ein eventueller vertraglicher Zinssatz hatte und ob die Geltendmachung eines höheren Schadens möglich war. Nur das russische Recht enthielt hierzu keinerlei allgemeine Vorschriften.[725]

---

723 *Longchamps*, Gesetzesbegründung III, S. 370.

724 *Longchamps*, a. a. O., S. 369; *ders.*, Zobowiązania, S. 367; *Domański*, Instytucje I, S. 91.

725 *Longchamps*,Gesetzesbegründung III, S. 370 mit weiteren Hinweisen zu vereinzelten russischen Spezialregelungen z. B. im Darlehensrecht.

2.5.6.1 *Voraussetzungen des Zinsanspruchs*

Im KN waren Zinsansprüche nur bei Vertretenmüssen des Schuldners gegeben (Art. 1153 KN); der entsprechende Entlastungsbeweis oblag dem Schuldner. Diese Lösung erschien der Kodifikationskommission nicht hinreichend gläubigerfreundlich. Dasselbe galt aus ihrer Sicht für die Regelung des § 291 Satz 1 BGB, wonach Zinsen zwar unabhängig vom Verzug des Schuldners, aber erst ab Rechtshängigkeit zu entrichten sind.[726] Daher entschied sich die Kommission in Art. 248 OGB unter ausdrücklichem Hinweis auf die österreichische Rechtslage (§ 1333 ABGB) dafür, dem Gläubiger einer Geldverpflichtung Zinsansprüche bereits mit dem Eintritt der Verspätung zuzubilligen, d. h. auch ohne ein Vertretenmüssen des Schuldners.[727] Anders als dies in der Gesetzesbegründung zum Ausdruck kam, wichen die deutsche und die österreichische Rechtslage im Ergebnis allerdings nur wenig voneinander ab. Denn ab Überschreitung des (gegebenenfalls angemahnten) Zahlungstermins war in der Regel der Anspruch auf Verzugszinsen in gesetzlicher Höhe nach § 288 BGB(-1900) gegeben, da ein erfolgreicher Entlastungsbeweis für die verspätete Zahlung einer Geldschuld nur im Ausnahmefall zu führen war (etwa bei einem entschuldbaren Rechtsirrtum). Trotz dieser im Ergebnis ähnlichen Rechtslage war der Kommission offensichtlich an einer Regelung gelegen, die zugunsten des Gläubigers von vornherein ein Vertretenmüssen nicht voraussetzte.

Gemäß der ausdrücklichen Vorschrift in Art. 248 § 2 OGB bedurfte es keines Nachweises eines tatsächlich eingetretenen Schadens, was der übereinstimmenden Rechtslage im KN[728], in BGB und ABGB[729] entsprach. Als gesetzgeberische Begründung für Zinsansprüche im Verspätungs- oder Verzugsfall in gesetzlich festgelegter Höhe und unabhängig vom Nachweis eines konkreten Schadens kommen unterschiedliche Gesichtspunkte in Betracht: pauschalierter Schadensersatz[730], Erstattung entgangenen Gewinns[731], Abschöpfung einer vermuteten

---

726 *Longchamps,*Gesetzesbegründung III, S. 371.

727 *Longchamps,* a. a. O., S. 371.

728 Art. 1153 KN.

729 So die herrschende Meinung (*Longchamps,* Gesetezsbegründung III, S. 373 f., m. w. N.).

730 RG, Urt. v. 4. März 1918 – VI 76/16, RGZ 92, 283, 284 („unwiderleglich feststehender Mindestersatz" gemäß § 288 BGB); HKK/*Lohsse,* §§ 286–292 BGB, Rn. 44, 66; zu § 1333 ABGB *Koziol/Welser,* Bürgerliches Recht[10] I, S. 223, Fn. 57.

731 HKK/*Lohsse,* a. a. O., Rn. 44.

Bereicherung des Schuldners[732] oder Risikozurechnung[733]. Auch in den Gesetzesmaterialien zum OGB klingen verschiedene Argumentationen an: zum einen der bereicherungsrechtliche Gedanke eines (schadensunabhängigen) ungerechtfertigten Vorteils des Gläubigers, da zu vermuten sei, dass niemand Geldkapital ohne Verzinsung halte[734]; zum anderen das Motiv der Pauschalierung des Schadens[735], das auch im Wortlaut des Art. 248 § 1 OGB zum Ausdruck kam, und die damit verbundene Zielsetzung, Prozesse zu vermeiden oder zu vereinfachen[736].

2.5.6.2 *Umfang des Zinsanspruchs*

Nach dem Wortlaut des Art. 248 § 1 OGB waren Zinsen bereits „vom Tage der Fälligkeit" zu zahlen. Da nach Art. 192 § 2 OGB Verpflichtungen ohne vereinbarte Leistungszeit unverzüglich nach Entstehung fällig wurden, wären bei wörtlicher Anwendung des Art. 248 § 1 OGB (verschuldensunabhängig) Zinsen bereits ab diesem frühen Zeitpunkt zu zahlen gewesen, was den Gläubiger – noch über die österreichische Rechtslage hinaus – begünstigt hätte, aber nicht der Intention der Kommission entsprach.[737] Wie in der Gesetzesbegründung hervorgehoben wurde, war mit der Wendung „vom Tage der Fälligkeit" vielmehr der Eintritt der Verspätung gemeint, d. h. bei Forderungen ohne vertraglich bestimmten Leistungstermin der Zeitpunkt der Mahnung.[738]

Nach ABGB und KN war im Falle der Verspätung bzw. des Verzugs zwingend der gesetzliche Zinssatz zu entrichten, und zwar auch dann, wenn vertraglich ein höherer Zins vereinbart worden war.[739] Nach § 288 BGB galt hingegen grundsätzlich der gesetzliche Zinssatz; vertragliche höhere Zinsen waren aber gegebenenfalls fortzuentrichten (§ 288 Abs. 1 Satz 2 BGB-1900, § 291 Satz 2 BGB). In Art. 248 § 1 OGB wurde das Regel-Ausnahme-Verhältnis der deutschen

---

732 HKK/*Lohsse*, a. a. O., Rn. 66; zu § 1333 ABGB *Koziol/Welser*, Bürgerliches Recht[10] I, S. 223.

733 Dies gilt insbesondere bei verschuldensunabhängigen Prozesszinsen, so *Staudinger/Werner*, BGB, 9. Auflage, § 291, Anm. 1; *Larenz*, Schuldrecht I, § 23 III 3., S. 333.

734 *Longchamps*, Gesetzesbegründung III, S. 363.

735 *Till*, Gesetzentwurf AT, PPiA 1924, S. 31.

736 *Longchamps*, Gesetzesbegründung III, S. 374.

737 *Longchamps*, Gesetzesbegründung III, S. 371 f.; *ders.*, Zobowiązania, S. 362.

738 *Longchamps*, Gesetzesbegründung III, S. 372; *ders.*, Zobowiązania, S. 361 f.; *Domański*, Instytucje I, S. 425 f.; zur begrifflichen Unterscheidung von „Fälligkeit" und „Vollfälligkeit" in der damaligen deutschen Lehre HKK/*Lohsse*, §§ 286–292 BGB, Rn. 49.

739 *Longchamps*, Gesetzesbegründung III, S. 373 unter Hinweis auf den Wortlaut von Art. 1153 KN; ebenso für das ABGB *Wolff*, in: *Klang* VI, §§ 1333, 1334, Anm. II. 2. Die Kommission zog rechtsvergleichend auch Art. 104 SOR heran (*Longchamps*, a. a. O., S. 372 f.)

Regelung sozusagen umgedreht, sodass in erster Linie die „vereinbarten Zinsen" zu zahlen waren und „mangels eines Vertrages in dieser Beziehung die gesetzlichen Zinsen".[740] Weitergehend als nach BGB sollte der Vorrang der vertraglichen Vereinbarung aber auch zulasten des Gläubigers gelten, d. h. auch bei einem vertraglichen Zinssatz unterhalb der gesetzlichen Höhe. Begründet wurde diese Lösung mit dem Hinweis auf den (mutmaßlichen) Parteiwillen; danach – so die Vermutung – solle die Vereinbarung eines Zinssatzes unterhalb der gesetzlichen Höhe im Zweifel auch für den Fall der Verspätung gelten, soweit der konkreten Vereinbarung nichts anderes zu entnehmen war.[741] Die Höhe des gesetzlichen Zinssatzes wurde außerhalb des OGB geregelt.[742]

Die Geltendmachung eines höheren Schadens war nach dem Vorbild des § 288 Abs. 2 BGB-1900 und Art. 106 SOR „nach allgemeinen Grundsätzen" möglich (Art. 248 § 3 OGB), d. h. im Falle des Nachweises eines konkreten Schadens durch den Gläubiger und mit der Möglichkeit des Entlastungsbeweises für den Schuldner.[743] Dies war nicht nur in Zeiten der Geldentwertung von erheblicher praktischer Bedeutung[744], sondern wurde von der Kommission auch deshalb befürwortet, weil es den allgemeinen Regeln des Verzugs entspreche[745]. Das französische Recht sah dies nur für den Fall der Arglist vor. Im österreichischen Recht war die Frage streitig. Nach einem Gutachten des Obersten Gerichtshofs aus dem Jahr 1923 musste der Gläubiger die böse Absicht oder auffallende Sorglosigkeit des Schuldners beweisen.[746] Der Gesetzentwurf von Till (Art. 178) hatte sich noch der strengeren Linie des französischen bzw. österreichischen Rechts angeschlossen: Ersatzfähig sollte ein höherer Schaden nur bei – vom Gläubiger nachzuweisender – Arglist oder im Falle der Verursachung durch einen Erfüllungsgehilfen sein.[747]

---

740 Dazu auch *Korzonek/Rosenblüth*, Kodeks Zobowiązań, S. 538.

741 *Longchamps*, Gesetzesbegründung III, S. 373; *ders.*, Zobowiązania, S. 363.

742 Dazu *Czachórski*, Zarys, S. 80. Schon *Till* (Gesetzentwurf AT, PPiA 1924, S. 31) hielt eine Festlegung der gesetzlichen Zinshöhe im OGB selbst wegen wechselnder wirtschaftlicher Bedingungen für nicht angebracht. Bei Vorlage seines Gesetzentwurfs im Jahr 1923 herrschte in Polen Hyperinflation, die 1924 zur Währungsreform führte.

743 Dazu *Longchamps*, Gesetzesbegründung III, S. 375.

744 So der Hinweis auf mögliche weitere Schäden aufgrund der Geldentwertung bei *Till*, Gesetzentwurf AT, PPiA 1924, S. 31; dazu auch *Ehrenzweig*, Schuldverhältnisse, § 338, Anm. II. 1., S. 303.

745 *Longchamps*, Gesetzesbegründung III, S. 375.

746 *Ehrenzweig*, Schuldverhältnisse, § 338, Anm. II. 1., S. 303 f.; *Longchamps*, Gesetzesbegründung III, S. 374.

747 *Till*, Gesetzentwurf AT, S. 35 f.; *ders.*, Gesetzentwurf AT, PPiA 1924, S. 31.

2.5.6.3 Zinseszinsen (Art. 249 OGB)

2.5.6.3.1 Beschränkungen in BGB, KN und österreichischem Zinsgesetz

Eine Verzinsung rückständiger Zinsen war nach den bisher in Polen geltenden Rechten nur eingeschränkt zulässig: Gemäß §§ 289, 291 Satz 2 BGB(-1900) waren auf ausstehende Zinsen weder gesetzliche Verzugszinsen noch Prozesszinsen zu entrichten und § 248 Abs. 1 BGB enthielt ein allgemeines Verbot, Zinseszinsen im Vorhinein zu vereinbaren.[748] Das französische Recht kam dem Gläubiger weiter entgegen: Nach Art. 1154 KN war eine Verzinsung fälliger Zinsen infolge Klageerhebung oder auf der Grundlage einer besonderen Vereinbarung möglich, sofern es sich um Zinsrückstände für mindestens ein Jahr handelte.[749] Im österreichischen Recht war das Zinseszinsverbot (zuvor in § 998 ABGB) im Jahr 1868 aufgehoben und im Rahmen eines gesonderten Zinsgesetzes die Verzinsung fälliger Zinsen vom Tag der Klagezustellung ermöglicht worden; außerdem war nunmehr die vorherige oder nachträgliche Vereinbarung der Kapitalisierung ausstehender Zinsen ohne weitere Einschränkung möglich.[750] Gegenstand der vorgenannten gesetzlichen Regelungen war also zum einen die Frage, unter welchen Voraussetzungen auf fällige Zinsansprüche gesetzliche Zinsen zu entrichten waren, und zum anderen, inwieweit ein Zinseszins vertraglich geregelt werden durfte. Bezüglich der letzteren Frage konnten sich in allen Rechtsordnungen weitere Einschränkungen aufgrund allgemeiner Vorschriften ergeben (z. B. Wucherverbot).

Im deutschen Recht findet sich das Verbot vertraglicher Zinseszinsen nach § 248 BGB in einer Sonderregelung des Vertragsrechts, während die Frage der Prozesszinsen davon getrennt im Leistungsstörungsrecht geregelt wurde. In KN und österreichischem Recht waren beide Gesichtspunkte in einer Vorschrift zusammengefasst, aber unterschiedlich verortet worden: in Österreich in einem zinsrechtlichen Spezialgesetz, im KN hingegen im Leistungsstörungsrecht.

---

748 Die Geltendmachung eines nachweisbaren Schadens als Verzugsschaden bleibt aber möglich (§ 289 S. 2 BGB).

749 *Longchamps* (Gesetzesbegründung III, S. 376) ging offensichtlich davon aus, dass nur eine nachträgliche Vereinbarung zulässig sei. Die Frage war streitig, dazu aus der damaligen Literatur *Heinsheimer/Wolff/Kaden,* Code civil, S. 358, Anm. zu Art. 1154–1155.

750 § 3 des Gesetzes vom 14. Juni 1868: „Zinsen von Zinsen dürfen gefordert werden: a) wenn solche ausdrücklich bedungen wurden; b) wenn fällige Zinsen eingeklagt werden, von diesen vom Tage der Klagsbehändigung an. […]“

Wie im französischen Recht wurden im OGB beide Fragen in einer Regelung (Art. 249 OGB) im Rahmen des Leistungsstörungsrechts zusammengefasst.

2.5.6.3.2 Zinseszinsen infolge Klageerhebung nach Art. 249 § 1 OGB

Der völlige Ausschluss gesetzlicher Verzugs- und Prozesszinsen für Zinsansprüche nach §§ 291 Satz 2, 289 Satz 1 BGB erschien der Kodifkationskommission zu streng.[751] In Art. 249 § 1 OGB wurde daher wie im französischen und österreichischen Recht für den Verspätungsfall die gesetzliche Verzinsung ausstehender Zinsen ab Klageerhebung vorgesehen. Zum einen sei es unbillig, wenn der Schuldner „straflos" mit Zinsen im Rückstand bleiben könne; zum anderen habe die Einreichung der Klage Erinnerungscharakter und schütze den Schuldner hinreichend vor einem unbemerkten Anwachsen des zu verzinsenden Kapitals.[752] Hinsichtlich der zusätzlichen Bedingung in Art. 1154 KN, wonach nur Zinsrückstände für mindestens ein Jahr kapitalisiert werden konnten[753], schloss sich Longchamps der diesbezüglichen französischen Kritik an, dass die Position des Schuldners hierdurch nur minimal verbessert werde.[754]

2.5.6.3.3 Zinseszins auf vertraglicher Grundlage nach Art. 249 § 1 OGB

Die generelle Zulässigkeit einer Vereinbarung von Zinseszinsen nach österreichischem Recht wurde hingegen nicht übernommen. Vielmehr sollte dies wie in KN und BGB nur im Nachhinein möglich sein, d. h. nach Eintreten des Zinsrückstands (Art. 249 § 1 OGB, 2. Halbsatz). Auch in diesem Zusammenhang wurde auf das zusätzliche französische Erfordernis, dass Zinsen für einen bestimmten Mindestzeitraum geschuldet werden mussten, verzichtet: Dass eine nachträgliche Vereinbarung von Zinseszinsen für einen erst seit kurzem aufgelaufenen Rückstand getroffen werde, sei wenig wahrscheinlich und in den verbleibenden Ausnahmefällen sei der Parteiwille zu respektieren.[755]

---

751 *Longchamps,* Gesetzesbegründung III, S. 376.

752 *Longchamps,* a. a. O., S. 376 f. Die Gesetzesbegründung lässt erkennen, dass die Geltendmachung eines nachweisbaren höheren Schadens nach allgemeinen Grundsätzen neben Art. 249 OGB möglich war (dazu *Longchamps,* a. a. O., S. 376).

753 Eine ähnliche Klausel (zweijähriger Zinsrückstand) enthielt der 1868 aufgehobene § 998 ABGB.

754 *Longchamps,* Gesetzesbegründung III, S. 377 (m. w. N.) auch unter Hinweis auf Art. 103 des französisch-italienischen Entwurfs, der das Mindesterfordernis eines sechsmonatigen Zinsrückstands enthielt.

755 *Longchamps,* a. a. O., S. 377.

2.5.6.3.4 Weitere Regelungsinhalte (Art. 249 § 2 OGB)

Mit der Vorschrift des Art. 249 § 2 OGB wurden Ausnahmen von der Regelung des Art. 249 § 1 OGB zugelassen, soweit z. B. nach § 248 Abs. 2 BGB, § 355 HGB oder dem KN die vorherige Vereinbarung von Zinseszinsen bisher zulässig war.[756] Nach Art. 249 § 3 OGB galten für die Verzinsung ausstehender wiederkehrender Geldleistungen (z. B. Pacht- oder Mietzinsen, Rückstände von Leibrenten) nur die allgemeinen Bestimmungen über Verspätungszinsen für Geldschulden, nicht hingegen die Beschränkungen des Art. 249 § 1 OGB. Dies entsprach der Rechtslage nach deutschem und österreichischem Recht.

2.5.6.4 Bewertung

Die Regelung, wonach Verspätungszinsen unabhängig von einem Verschulden des Schuldners bereits ab Fälligkeit (und nicht erst ab Rechtshängigkeit, vgl. § 291 BGB) zu zahlen sind, folgte weitgehend dem Vorbild des ABGB. Die Bemessung der Verspätungszinsen in der Weise, dass im Verspätungsfall vorrangig die vertragliche Zinshöhe fortgalt, entsprach hingegen am ehesten deutschem Recht. Die Kommission wollte insoweit dem mutmaßlichen Parteiwillen Geltung verschaffen, während Überlegungen des Schuldnerschutzes dahinter zurückstanden. Gläubigerfreundlich und ausdrücklich dem Vorbild des deutschen (und schweizerischen) Rechts entsprechend war auch die Ermöglichung weitergehender Ersatzansprüche nach allgemeinem Verzugsrecht, d. h. bei Nachweis eines höheren Schadens und möglicher Entlastung durch den Schuldner. Der Kommission war insoweit an einer Harmonisierung mit dem allgemeinen Verzugsrecht gelegen, was gegen spezielle Haftungserleichterungen für diese Fallkonstellation (z. B. Geltendmachung höherer Schäden nur bei Arglist wie nach dem KN) sprach. Auch in diesem Punkt hat erst das Gesetzgebungsverfahren zur Geschlossenheit des Verzugsrechts beigetragen, der Gesetzentwurf von Till sah insoweit noch schuldnerfreundliche Haftungsbeschränkungen vor.

Die Regelung der Zinseszinsen erinnerte in gesetzestechnischer Hinsicht am ehesten an den KN, d. h. die Zulässigkeit vertraglicher Zinseszinsen und die Frage gesetzlicher Zinsansprüche für ausstehende Zinsen wurden im Rahmen einer zusammenfassenden Vorschrift im Leistungsstörungsrecht geregelt. Hinsichtlich des zweiten Gesichtspunkts traf man eine dem österreichischen Recht entsprechende Regelung (gesetzliche Verzinsung ab Klageeinreichung). Die Beschränkung vertraglicher Zinseszinsvereinbarungen auf Regelungen im

756 *Longchamps,* a. a. O., S. 377.

Nachhinein entsprach hingegen auch deutschem Recht. Ein das Gesamtbild bestimmender Einfluss einer der bisher in Polen geltenden Rechtsordnungen lässt sich in der Frage der Zinseszinsen nicht ausmachen.

2.6 Die Nichterfüllung gegenseitiger Verpflichtungen

2.6.1 Die Systematik der Art. 250–253 OGB

Wie das deutsche, französische und österreichische Recht[757] enthielten Art. 250–253 OGB gesonderte Regelungen betreffend die Nichterfüllung gegenseitiger Verpflichtungen. Nach der Legaldefinition in Art. 51 OGB lag ein gegenseitiger Vertrag dann vor, wenn nach der Vereinbarung eine Leistung das Äquvalent der anderen Leistung darstellen sollte.[758] Der Begriff der gegenseitigen Verpflichtung in Art. 250–253 OGB bezeichnete demnach die Hauptleistungspflichten im Rahmen synallagmatischer Verträge.[759] Art. 250–253 OGB waren nur auf die schuldhafte Nichterfüllung anwendbar.

Auch im Bereich der Art. 250–253 OGB hielt die Kommission an einer Gesetzessystematik anhand verschiedener Leistungsstörungstatbestände fest. Wesentlicher Regelungsgegenstand der Vorschriften war die Frage des gesetzlichen Rücktrittsrechts, dessen Voraussetzungen und Modalitäten bei Verzug und Unmöglichkeit sinnvollerweise unterschiedlich ausfallen mussten.[760] Im Falle des Schuldnerverzugs war Art. 250 OGB, bei zu vertretender Unmöglichkeit Art. 252 OGB einschlägig. Art. 253 OGB regelte die Rechtsfolgen des Rücktritts. Keine eigenständige Bedeutung hatte Art. 251 OGB, wonach im Verzugsfalle in bestimmten Fällen eine Nachfristsetzung nicht erforderlich war.

Dieser Gesetzesaufbau lässt bereits deutlich das Vorbild der (mit der III. Teilnovelle grundlegend neu gefassten) §§ 918–921 ABGB erkennen. §§ 918, 919 ABGB betrafen die Erfüllungsverzögerung eines entgeltlichen Vertrages sowie Ausnahmen von Rücktrittserklärung und Nachfristsetzung, § 920 ABGB die

757 §§ 323–327 BGB-1900, §§ 918–921 ABGB, Art. 1184 KN. Das russische Recht enthielt keine Regelungen über die Nichterfüllung gegenseitiger Verpflichtungen (*Longchamps*, Gesetzesbegründung III, S. 380).

758 Dazu auch *Longchamps*, Gesetzesbegründung I, S. 64.

759 *Domański*, Instytucje I, S. 853; *Czachórski*, Zarys, S. 236; ähnlich *Longchamps*, Zobowiązania, S. 367; zur Begründung gegenseitiger Verpflichtungen durch administrative Rechtsakte oder die Ausübung eines Wieder- bzw. Vorkaufsrechts (Art. 341 und 348 OGB) *Klein*, Prawo Odstąpienia, S. 32.

760 Unter Hinweis auf eine ähnliche Systematik in BGB und ABGB *Longchamps*, Gesetzesbegründung III, S. 379.

zu vertretende Unmöglichkeit und § 921 ABGB die Folgen des Rücktritts. Der gesetzessystematische Gleichklang von OGB und ABGB betraf auch folgende Punkte: Die Auswirkungen einer nicht zu vertretenden Unmöglichkeit auf die Gegenleistungspflicht waren außerhalb des Abschnitts „Die Folgen der Nichterfüllung von gegenseitigen Verpflichtungen" in Art. 267 § 2, 3 OGB (vgl. § 1447 ABGB) geregelt, während dies im deutschen Recht (§ 323 BGB-1900) im Zusammenhang mit Verzug und Unmöglichkeit im gegenseitigen Vertrag erfolgte. Zudem wurde der Rücktritt bei Fixgeschäft (§ 361 BGB-1900) im ABGB und OGB nicht im Rahmen des vertraglichen Rücktritts, sondern als Sonderfall des verzugsbedingten Rücktritts vom gegenseitigen Vertrag geregelt (Art. 251 § 1 OGB sowie § 919 Satz 1 ABGB).

Hinsichtlich der Struktur der Art. 250–252 OGB wurde in der polnischen Literatur von Alfred Klein eine abweichende Meinung vertreten. Ausgangspunkt seiner Sichtweise war ein Verzugsbegriff, der auch das Ausbleiben einer unmöglich gewordenen Leistung umfasste.[761] Danach war Art. 250 § 1 OGB eine Art Grundtatbestand, während Art. 252 § 1 OGB und Art. 251 OGB Sonderfälle beschrieben, in denen ausnahmsweise die Nachfristsetzung entbehrlich war. Die gegenteilige Auffassung, die auf deutschem Einfluss beruhe, überbetone die Unmöglichkeit, während doch im OGB Verzug und Unmöglichkeit als bloße Beispiele der Nichterfüllung behandelt würden.[762]

2.6.2 Schuldnerverzug im gegenseitigen Vertrag (Art. 250 OGB)

2.6.2.1 Der Rücktritt als zusätzliches Gläubigerrecht (Art. 250 § 1 OGB)

Im Falle des Verzugs einer Partei mit einer gegenseitigen Verpflichtung hatte die andere Partei nach Art. 250 § 1 OGB folgende Optionen:

- Festhalten am Leistungsanspruch[763] und Ersatz des Verzugsschadens oder
- Nachfristsetzung mit Rücktrittsankündigung (in Kombination mit Schadensersatz wegen Nichterfüllung des Vertrages nach Art. 253 OGB).

Die erste Option ergab sich bereits aus den allgemeinen Vorschriften der Art. 243 ff. OGB, nur die zweite stellte eine Erweiterung der Gläubigerrechte dar.

761 Dazu auch Fn. 631.

762 *Klein,* Prawo Odstąpienia, S. 50–53.

763 Ggfs. auch in Gestalt der Ersatzerfüllung nach Art. 246 f. OGB (*Longchamps,* Zobowiązania, S. 368; *Czachórski,* Zarys, S. 237).

2.6.2.1.1 *Wahlrechte des Gläubigers nach BGB, KN, ABGB und schweizerischem Recht*

Entsprechende Wahlrechte[764] des Gläubigers zwischen Erfüllungsverlangen mit Ersatz des Verzugsschadens oder Lösung vom Vertrag ergaben sich im bisher in Polen geltenden Recht aus Art. 1184 KN, § 918 ABGB und § 326 BGB-1900.[765] Im Vergleich zum französischen und österreichischen Recht war die Vorschrift des § 326 BGB-1900 diejenige, mit der erstmals die Möglichkeit einer einseitigen Vertragsauflösung durch den Gläubiger im Falle des Leistungsverzugs allgemein geregelt wurde. Obwohl das BGB für die jüngere Regelung des österreichischen Rechts (§ 918 ABGB in der Fassung der III. Teilnovelle) Vorbildcharakter hatte[766], wiesen beide Rechte in rechtstechnischer Hinsicht wesentliche Unterschiede auf[767], sodass die Kommission in diverse Einzelfragen eine Abwägung zwischen den verschiedenen Lösungen treffen musste. Dass Art. 1184 KN, nach dessen Wortlaut eine Befreiung von der vertraglichen Bindung nur mit Einschaltung des Gerichts möglich war, in den gesetzgeberischen Überlegungen der Kommission keine unmittelbaren Spuren hinterließ, entsprach hingegen der allgemeinen europäischen Rechtsentwicklung.[768] Der Entwurf von Domański sah zwar noch für einzelne Konstellationen (d. h. in Fällen der bereits teilweise erfolgten Erfüllung) eine richterliche Fristsetzung vor, die Kommission entschied sich aber gegen jede Form einer obligatorischen Einschaltung des Gerichts.[769] Demnach standen als Modelle in erster Linie das österreichische und das deutsche Recht zur Verfügung:

Nach österreichischem Recht konnte der Gläubiger im Falle nicht rechtzeitiger Erfüllung zum einen auf der nachträglichen Erfüllung bestehen und – soweit

---

764 Kritisch zum Begriff des Wahlrechts im Hinblick auf Art. 250 und 252 OGB *Klein*, Prawo Odstąpienia, S. 143.

765 Die Kommission bezog auch Art. 107 SOR in ihre Überlegungen ein (*Till*, Gesetzentwurf AT, PPiA 1924, S. 32).

766 Dazu *Ranieri*, Europäisches Obligationenrecht, S. 660 f. Das schweizerische Recht enthielt seit 1881 eine entsprechende Regelung (*Gschnitzer*, in: *Klang* IV, 1, § 918, Anm. A. I., Fn. 7). Zu Änderungen des Leistungsstörungsrechts im Rahmen der III. Teilnovelle *Reischauer*, in: *Fischer-Czermak/Hopf/Kathrein u. a.* (Hrsg.), FS 200 Jahre ABGB, S. 577, 589–600.

767 Ebenso *Gschnitzer*, in: *Klang* IV, 1, § 918, Anm. A. I.

768 Dazu auch *Górnicki*, Prawo cywilne, S. 422; *Ranieri*, Europäisches Obligationenrecht, S. 656–661.

769 *Domański*, Gesetzentwurf AT, S. 77 (Art. 296); dazu auch *ders.*, GSW-NKZ 1934, S. 35 f., 38 f.

ein Vertretenmüssen gegeben war – Ersatz des Verzugsschadens verlangen. In diesem Fall blieb er zur Gegenleistung verpflichtet. Zum anderen konnte er nach § 918 ABGB (auch ohne ein Vertretenmüssen des Schuldners) vom Vertrag zurücktreten. Hierzu musste er eine Nachfrist setzen und den Rücktritt für den Fall der Nichteinhaltung der Frist erklären. Nach fruchtlosem Fristablauf wurde die Rücktrittserklärung wirksam, sodass die Erfüllungsansprüche erloschen. Soweit er bereits seine Leistung erbracht hatte, konnte er diese nach § 921 ABGB zurückverlangen. Hatte der Schuldner die Verspätung zu vertreten, konnte der Gläubiger zusätzlich nach § 921 ABGB Schadensersatz wegen Nichterfüllung verlangen. Die ersparte eigene Leistung des Gläubigers war bei der Schadensberechnung in Abzug zu bringen.[770]

Das damalige deutsche Recht gewährte dem Gläubiger im Falle des Verzugs mit einer Hauptleistungspflicht (d. h. bei Vertretenmüssen) nach § 326 Abs. 1 BGB-1900 drei Optionen. Bereits auf der Grundlage allgemeiner Regelungen konnte er weiterhin Erfüllung verlangen und gegebenenfalls den Anspruch auf Ersatz des Verzugsschadens geltend machen. Unter der Voraussetzung einer Nachfristsetzung mit Ablehnungsandrohung konnte er nach Fristablauf wahlweise Schadensersatz wegen Nichterfüllung verlangen oder vom Vertrag zurücktreten. Bei Wahl der Rücktrittsoption waren Schadensersatzansprüche wegen Nichterfüllung ausgeschlossen.[771]

Nach schweizerischem Recht, auf das die Kommission in Einzelfragen ebenfalls Bezug nahm, konnte der Gläubiger dem Schuldner (auch ohne dessen Vertretenmüssen) eine Nachfrist setzen und nach deren Ablauf weiterhin Erfüllung nebst Ersatz des Verspätungsschadens fordern (Art. 107 SOR). Alternativ konnte er sich aber auch nach Art. 107 Abs. 2 SOR wahlweise für den Rücktritt nebst Ersatz des negativen Interesses oder Schadensersatz wegen Nichterfüllung entscheiden.[772] Ersatzansprüche waren dabei durchweg abhängig von einem Vertretenmüssen des Schuldners.

770 *Ehrenzweig*, Schuldverhältnisse, § 320, Anm. II. 1., S. 204 f. und Anm. IV., S. 211; *Gschnitzer*, in: *Klang* IV, 1, § 918, Anm. A. II. und B.

771 Dazu näher 2.6.2.1.1 und 2.6.4.2.1.

772 Zur wahlweisen Berechnung des Schadensersatzes wegen Nichterfüllung nach der Austausch- oder Differenztheorie Berner Kommentar/*Weber*, Obligationenrecht VI, 1, 5, Art. 107, Rn. 162, zum aktuellen Stand der Diskussion Rn. 188 ff.

2.6.2.1.2 *Einfaches Wahlrecht nach OGB*

Die Beschränkung des Wahlrechts auf die Rücktrittsoption (neben dem Erfüllungsverlangen) erschien der Kommission im Vergleich zum deutschen und schweizerischen Recht nicht nur einfacher für den Gläubiger, sondern auch vorteilhafter für den Schuldner, weil dieser sich frühzeitig auf die nach Fristablauf drohenden Nachteile einstellen könne.[773] Die polnische Kommission machte sich insoweit ausdrücklich eine Argumentation aus den Beratungen zur III. ABGB-Teilnovelle zu eigen: Dort war das Wahlrecht des Gläubigers nach Fristablauf gemäß § 326 Abs. 1 BGB-1900 zwischen Ersatz des Nichterfüllungsschadens oder Rücktritt abgelehnt worden, da das zukünftige österreichische Recht anders als das BGB die Kombination von Rücktritt und Schadensersatz zulasse.[774] In der inhaltlichen Ausgestaltung des Wahlrechts orientierte sich die Kommission also deutlich am ABGB. Die Gläubigerinteressen sah sie hinreichend durch die Möglichkeiten der Ersatzerfüllung nach Art. 246 und 247 OGB oder im Falle des Rücktritt durch den hinzutretenden Anspruch auf Ersatz des Differenzschadens nach Art. 253 OGB geschützt.[775] Mit der Vereinbarkeit von Rücktritt und Schadensersatz (Art. 253 OGB) war eine Entscheidung getroffen worden, die neben der Regelung des Art. 250 § 1 OGB auch die Ausgestaltung des Art. 252 OGB prägte.[776]

2.6.2.2 *Voraussetzungen des Rücktrittsrechts*

2.6.2.2.1 *Verspätung der Hauptleistung*

Voraussetzung für den Rücktritt des Gläubigers war nach dem Wortlaut des Art. 250 § 1 OGB wie bei § 326 Abs. 1 BGB-1900 der Eintritt des Schuldnerverzugs hinsichtlich der gegenseitigen (Haupt-)Leistungspflicht.[777] Es musste sich also um ein Ausbleiben der (nachholbaren) Leistung handeln. Bei einem sonstigen Pflichtenverstoß des Schuldners, z. B. bei einer positiven Vertragsverletzung im Sinne des deutschen Recht, kam – abgesehen von Fällen der Unmöglichkeit (Art. 252 OGB) – ein Rücktrittsrecht nach Art. 250 OGB nicht in Betracht.[778] In der Gesetzesbegründung wurde darauf verwiesen, dass insoweit die allgemeinen Vorschriften ausreichend seien, aufgrund derer der Gläubiger

---

773 *Longchamps,* Gesetzesbegründung III, S. 381 f.

774 *Herrenhausbericht III. TN*, S. 286.

775 *Longchamps,* Gesetzesbegründung III, S. 381. Zu Art. 253 OGB 2.6.4.2.

776 Dazu 2.6.3.

777 *Longchamps,* Zobowiązania, S. 368 f.

778 So unter ausdrücklicher Bezugnahme auf die deutsche Lehre und Terminologie *Longchamps,* Zobowiązania, S. 372 f.; mit allgemeineren Worten *ders.*, Gesetzesbegründung

die Annahme einer nicht vertragsgemäßen Leistung ablehnen und so den Eintritt des Schuldnerverzugs herbeiführen könne.[779] In anderen Fällen seien die Gläubigerinteressen durch Gewährleistungsvorschriften und sonstige Regelungen des besonderen Schuldrechts hinreichend gewahrt.[780] Bei Verstößen gegen Unterlassungspflichten schließlich kämen neben den allgemeinen Vorschriften über die Nichterfüllung (Art. 239–242, 247 § 2 OGB) auch die Deutung als teilweise oder vollständige Unmöglichkeit (mit Rücktrittsmöglichkeit nach Art. 252 OGB) in Betracht.[781]

Die Antwort auf die Frage, bei welchen Leistungsstörungen ein Rücktrittsrecht eingeräumt werden sollte, war keinesfalls durch die bisherige Entwicklung vorgezeichnet. Nach der Vorgängerregelung des § 918 ABGB, d. h. § 919 ABGB a. F., war eine Vertragsaufhebung wegen Verzug, Nicht- oder Schlechterfüllung ausdrücklich nicht möglich.[782] In der Diskussion um die Novellierung des ABGB hatte Till noch 1908 von der Einführung eines Rücktrittsrechts bei gegenseitigen Verträgen abgeraten.[783] In seinem Gesetzentwurf zum OGB folgte er jedoch später ganz dem novellierten ABGB. Nach Art. 179 des Entwurfs war der Rücktritt schon dann erlaubt, wenn die gegenseitige Verpflichtung nicht am gehörigen Ort oder nicht auf gehörige Weise erfüllt wurde.[784] Mit dieser Formulierung, die sich auch im Wortlaut mit § 918 Abs. 1 ABGB deckte[785], wurde hinsichtlich der Rücktrittsrechte jede Schlechterfüllung der Leistungsverzögerung gleichgestellt. Die Kommission entschied sich aber aus Gründen des Schuldnerschutzes und wegen möglicher Unklarheiten gegen eine derartig weitgehende Rücktrittsregelung.[786]

III, S. 382; dazu auch *Domański*, Instytucje I, S. 859; *Korzonek/Rosenblüth*, Kodeks Zobowiązań, S. 543.

779 *Longchamps*, Gesetzesbegründung III, S. 382.

780 Vgl. die Beispiele (auch zu Rücktritts- oder Kündigungsrechten aus wichtigem Grund) bei *Longchamps*, Zobowiązania, S. 373; dazu auch *Czachórski*, Zarys, S. 239 f.

781 *Longchamps*, Gesetzesbegründung III, S. 382.

782 Dazu *Ranieri*, Europäisches Obligationenrecht, S. 657.

783 *Till*, Entwurf einer österreichischen Zivilgesetznovelle, S. 31.

784 *Till*, Gesetzentwurf AT, S. 36.

785 Ein Vergleich der polnischen Übersetzung der Teilnovelle von 1916 (*Till*, Druga i trzecia Nowela, S. 54–56) mit dem OGB-Entwurf von *Till* zeigt, dass die Regelungen zur Nichterfüllung gegenseitiger Verträge in beiden Texten in weiten Teilen wortgleich sind.

786 Dazu *Longchamps*, Gesetzesbegründung III, S. 382. Zur richterlichen Vertragsauflösung in Fällen der Schlechterfüllung nach französischem Recht *Ferid*, Französisches Zivilrecht I, Anm. 2 C 144.

Diese Argumentation verweist auf entsprechende Diskussionen in Deutschland und Österreich. Denn die Frage eines Rücktrittsrechts außerhalb von Verzug und Unmöglichkeit hatte in der deutschen Lehre und Rechtsprechung bereits wenige Jahre nach Verabschiedung des BGB zu Auseinandersetzungen geführt. Staub folgend ging die Praxis sehr bald dazu über, in Fällen einer gravierenden positiven Vertragsverletzung unter Verweis auf eine Gefährdung des Vertragszwecks die Regelung des § 326 BGB-1900 entsprechend anzuwenden.[787] Kipp, dessen Seminar Longchamps während seines Studienaufenthaltes in Berlin besuchte, trat dem 1903 entgegen. Die Staub'sche These von der Unanwendbarkeit der Verzugs- und Unmöglichkeitsregeln auf Unterlassungspflichten lehnte er ab und hob als normale Folge des Angebots einer nicht vertragsgerechten Leistung den Eintritt des Schuldnerverzugs hervor.[788] Auch bestehe kein praktischer Bedarf für eine analoge Anwendung des § 326 BGB-1900 auf Fälle einer positiven Vertragsverletzung, da häufig stattdessen eine gänzliche oder teilweise Unmöglichkeit vorliege.[789] In anderen Fällen sei es dem Gläubiger zuzumuten, den Schuldner zunächst in Verzug zu setzen, soweit nicht aufgrund speziellerer Vorschriften Kündigungs- oder Gewährleistungsrechte bestünden.[790] Die Tatsache, dass Longchamps in Berlin intensiven Kontakt zu Kipp hatte[791], spricht zumindest dafür, dass er dessen – in den wesentlichen Punkten mit der Gesetzesbegründung zu Art. 250 OGB identische – Argumentation kannte. Vergleichbare Überlegungen fanden sich aber auch in der österreichischen Literatur als kritische Anmerkungen zu § 918 ABGB.[792] Der weite Wortlaut des § 918 ABGB führte nämlich in der Praxis zu einer Reihe von Streitfragen.[793] Der Verweis in der polnischen Gesetzesbegründung auf zu erwartende zahlreiche Prozesse bei einer Ausweitung des Rücktrittsrechts auf Fälle der Schlechterfüllung deutet auf entsprechende Erfahrungen mit dem österreichischen Recht hin.[794] Vor diesem Hintergrund zog es die Kommission vor, den Anwendungsbereich der Norm

---

787 Zur damaligen Diskussion *Scherner*, Rücktrittsrecht, S. 220 f.; aus der damaligen Literatur z. B. *Palandt/Friesecke*, BGB, 1. Auflage, § 326 BGB, Anm. 12 a); aus späterer Zeit z. B. *Jauernig/Vollkommer*, BGB, 2. Auflage, § 276, Anm. V. 4 a); *Ranieri*, Europäisches Obligationenrecht, S. 679.

788 *Kipp*, DJZ 8 (1903), S. 253.

789 *Kipp*, a. a. O., S. 254 f.

790 *Kipp*, a. a. O., S. 255 f.

791 Dazu 1.7.2.1.

792 *Ehrenzweig*, Schuldverhältnisse, § 320, Anm. III., S. 209 f.

793 *Gschnitzer*, in: *Klang* IV, 1, § 918, Anm. B. 1.

794 *Longchamps*, Gesetzesbegründung III, S. 382.

schon im Wortlaut – wie in § 326 BGB-1900 – auf Fälle des Schuldnerverzugs zu beschränken.

Die polnische Nachkriegsliteratur zum OGB hielt an dieser Position fest.[795] Für einzelne Fallgruppen, die in der deutschen Lehre unter dem Gesichtspunkt der positiven Vertragsverletzung diskutiert wurden, kam man aber zu ähnlichen Ergebnissen. So war etwa bei einer Erfüllungsverweigerung des Schuldners ein Rücktritt ohne die in Art. 250 OGB vorgesehene Fristsetzung möglich.[796] Bei Verzug mit Teilen eines Sukzessivlieferungsvertrages kam die Spezialregelung des Art. 250 § 2 OGB zur Anwendung.[797]

2.6.2.2.2 Vertretenmüssen

Da Art. 250 OGB den Eintritt des Schuldnerverzugs im Sinne des Art. 243 OGB voraussetzte, bestand ein Rücktrittsrecht nur im Falle des Vertretenmüssens. Dass französisches, österreichisches sowie schweizerisches Recht eine Lösung vom Vertrag auch bei bloßer Leistungsverzögerung zuließen[798], erschien der Kommission unangemessen schuldnerfeindlich, zumal die Parteien gegebenenfalls eine abweichende Regelung vereinbaren konnten.[799] Mit der Entscheidung für ein Rücktrittsrecht nur im Falle des Vertretenmüssens wurde die Übernahme des einheitlichen und verschuldensabhängigen Verzugsbegriffs aus dem BGB in gewisser Weise bekräftigt. Anderenfalls hätte die Rücktrittsoption vom Schuldnerverzug abgekoppelt oder zumindest ein verschuldensunabhängiger Verzugsbegriff zur Grundlage des Rücktrittsrechts gemacht werden müssen. Ersteres war nach dem Gesetzentwurf von Till der Fall (verschuldensunabhängiges

---

795 *Klein,* Prawo Odstąpienia, S. 58 (m. w. N.); ebenso für die Nachfolgevorschrift Art. 491 ZGB Bieniek/*Wiśniewski,* Komentarz KC, Art. 491, Anm. 1.

796 *Domański,* Instytucje I, S. 859 f.; *Korzonek/Rosenblüth*, Kodeks Zobowiązań, S. 542 f.

797 Dazu 2.6.2.4; zur positiven Vertragsverletzung bei Verzug mit einzelnen Sukzessivlieferungen (positive Vertragsverletzung des ganzen Vertrages) mit Ausweitung des Rücktrittsrechts auf den ganzen noch unerfüllten Vertragsteil *Palandt/Friesecke*, BGB, 1. Auflage, § 326 BGB, Anm. 13.

798 Zu § 918 ABGB aus damaliger Zeit *Ehrenzweig,* Schuldverhältnisse, § 320, Anm. II. 1., S. 205; dazu auch *Gschnitzer,* in: *Klang* IV, 1, § 918, Anm. B. I. 3. c); *Reischauer,* in: *Fischer-Czermak/Hopf/Kathrein u. a.* (Hrsg.), FS 200 Jahre ABGB, S. 577, 592. Zum französischen Recht *Ferid,* Französisches Zivilrecht I, Anm. 2 C 133.

799 *Longchamps*, Gesetzesbegründung III, S. 383. Ein verschuldensunabhängiges Rücktrittsrecht war auch im Gesetzgebungsverfahren zum BGB von 1900 in Erwägung gezogen, aber aus Gründen des Schuldnerschutzes verworfen worden (*Harke*, Schuldnerverzug, S. 135).

Rücktrittsrecht für jede Form der nicht gehörigen Erfüllung), letzteres entsprach dem Gesetzentwurf von Domański.[800]

2.6.2.3 *Ausübung des Rücktrittsrechts*

Die Lösung vom Vertrag erfolgte nach dem Vorbild des BGB und ABGB durch eine Erklärung des Gläubigers, nicht hingegen durch den Richter, wie dies in Art. 1184 KN und auch noch in Art. 47 des französisch-italienischen Entwurfs vorgesehen war.[801] Die kongresspolnische Rechtsprechung hatte sich allerdings schon in der Vergangenheit von der Praxis der obligatorischen Lösung des Vertrages durch das Gericht weitgehend verabschiedet.[802]

Die Notwendigkeit einer Nachfristsetzung[803] mit Rücktrittsankündigung durch den Gläubiger orientierte sich am deutschen und österreichischen Recht und wurde erst im Laufe des Kommissionsverfahrens in die Regelung eingefügt.[804] Der Gesetzentwurf von Till (Art. 179) sah überhaupt keine Fristsetzung vor. Nach dem Entwurf Domańskis (Art. 296) war nur im Fall der bereits teilweise erfolgten Erfüllung eine (richterliche) Fristsetzung erforderlich.[805]

Da das OGB (wie das österreichische Recht) dem Gläubiger alternativ zum Festhalten am Leistungsanspruch nur die Wahl des Rücktritts einräumte, war eine weitere Rücktrittserklärung nach ergebnislosem Fristablauf entbehrlich.[806] Soweit der Verzug nur nach Mahnung eintrat, konnte diese mit der Nachfristsetzung und Rücktrittsankündigung verbunden werden.[807] Eine Rückkehr zum Erfüllungsverlangen war nicht mehr möglich; die Lösung des Vertrages trat

800 *Till,* Gesetzentwurf AT, S. 36 (Art. 179), dazu näher 2.5.2.3; *Domański,* Gesetzentwurf AT, S. 73, 77 (Art. 281, 296).

801 Mit rechtsvergleichenden Hinweisen zur allgemeinen Tendenz, auf die richterliche Vertragsauflösung zu verzichten (u. a. Art. 107 SOR, aber auch portugiesisches, japanisches und chinesisches Recht) *Longchamps,* Gesetzesbegründung III, S. 380.

802 *Longchamps,* GSW 1929, S. 405, 409; zur französischen Praxis der Vertragsauflösung aufgrund einseitiger Erklärung des Gläubigers *Ferid,* Französisches Zivilrecht I, Anm. 2 C 150.

803 Die Frist musste angemessen sein (*Czachórski,* Zarys, S. 237; *Longchamps,* Zobowiązania, S. 369); näher dazu *Korzonek/Rosenblüth,* Kodeks Zobowiązań, S. 542.

804 Zum Vorbildcharakter des deutschen Rechts für das Erfordernis der Nachfristsetzung in § 918 ABGB *Ranieri,* Europäisches Obligationenrecht, S. 667.

805 *Till,* Gesetzentwurf AT, S. 36; *ders.,* Gesetzentwurf AT, PPiA 1924, S. 32; *Domański,* Gesetzentwurf AT, S. 77.

806 *Czachórski,* Zarys, S. 237; *Longchamps,* Gesetzesbegründung III, S. 381; *ders.,* Zobowiązania, S. 369.

807 So wohl *Domański,* GSW-NKZ 1934, S. 38.

automatisch mit Fristablauf ein.[808] Das Rücktrittrecht war Gestaltungsrecht.[809] Die anderslautende Auffassung von Domański, wonach ein Widerruf der Rücktrittserklärung erst und nur dann ausgeschlossen war, wenn der Schuldner die Rücktrittserkärung „angenommen" hatte, orientierte sich an der polnischen Rechtsprechung zu Art. 1184 KN.[810] Der Wortlaut des Art. 250 § 1 OGB, wonach der Gläubiger eine Nachfrist „mit dem Vorbehalt" zu setzen hatte, bei fruchtlosem Ablauf zurückzutreten, war insoweit ungenau. Zutreffender ist in Art. 250 § 3 OGB von der „Androhung des Rücktritts" die Rede.[811] Folgerichtig war in der polnischen Literatur der Begriff „Rücktrittsandrohung" als Bezeichnung der vom Gläubiger abzugebenden Erklärung allgemein verbreitet.[812]

2.6.2.4 Rücktritt bei Verzug mit einer Teilleistung (Art. 250 § 2 OGB)

Bei Leistungen, die im Ganzen fällig wurden, war der Gläubiger nach Art. 206 OGB zur Annahme einer Teilleistung nicht verpflichtet. Nahm er sie dennoch an, so konnte er hinsichtlich des noch fehlenden Teils der Leistung nach Art. 250 § 1 OGB zurücktreten, sofern die Voraussetzungen des Schuldnerverzugs gegeben waren.[813] Insofern bedurfte es nach Auffassung der Kommission keiner Sonderregelung. Rechtsvergleichende Überlegungen wurden hierzu in den Gesetzesmaterialien nicht angestellt. Dieses Ergebnis entsprach weitgehend dem deutschen Recht. Eine Teilleistung konnte der Schuldner nach § 266 BGB zurückweisen, sodass gegebenenfalls Verzug hinsichtlich der gesamten Leistung eintrat. Bei Annahme einer Teilleistung standen dem Gläubiger die Rechte aus § 326 Abs. 1 BGB-1900 in jedem Fall hinsichtlich des noch unerfüllten Vertragsteils zu. Bei fehlendem Interesse an einer Teilleistung konnte der Gläubiger die Rechte nach § 326 BGB-1900 auch hinsichtlich des ganzen Vertrages geltend machen.[814]

Eine ausdrückliche Erweiterung der Gläubigerrechte bei Teilverzug gab es auch im OGB, allerdings für eine andere Fallgruppe, nämlich den

---

808 *Longchamps,* Gesetzesbegründung III, S. 381.

809 *Klein,* Prawo Odstąpienia, S. 123, 134.

810 *Domański,* Instytucje I, S. 858; ähnlich *ders,* GSW-NKZ 1934, S. 38 f.; *Klein,*a. a. O., S. 134.

811 D. h. „zagrożenie o odstąpieniu" in Art. 250 § 3 OGB, „zastrzeżenie" in Art. 250 § 1 OGB.

812 *Klein,* Prawo Odstąpienia, S. 63.

813 *Longchamps,* Gesetzesbegründung III, S. 383.

814 § 326 Abs. 1 Satz 3 BGB-1900; dazu aus damaliger Zeit *Palandt/Friesecke,* BGB, 1. Auflage, § 326 BGB, Anm. 3a) und 10).

Sukzessivlieferungsvertrag mit nacheinander fällig werdenden Teilleistungen. Nach Art. 250 § 2 OGB konnte der Gläubiger bei Gegenleistungen, die beiderseits teilbar waren, im Falle des Verzugs mit einer Teilleistung wahlweise nur hinsichtlich dieses betroffenen Teils oder aber hinsichtlich aller noch ausstehenden (möglicherweise aber noch gar nicht fälligen) Teile der Leistung zurücktreten.[815] Der Wortlaut der Regelung entsprach in vieler Hinsicht § 918 Abs. 2 ABGB.[816] Eine dem österreichischen Vorbild fast wortgleiche Vorschrift war bereits in Art. 179 des Gesetzentwurfs von Till enthalten.[817] Sowohl die österreichische als auch die polnische Regelung waren nach dem erklärten Willen des jeweiligen Gesetzgebers auf Sukzessivlieferungen zugeschnitten.[818] Ähnlich einer Kündigung aus wichtigem Grund sollte damit den Fällen Rechnung getragen werden, in denen infolge des Teilverzugs das Vertrauen des Gläubigers in die Rechtzeitigkeit der zukünftigen Teillieferungen nicht mehr gegeben war.[819] Die Kommission gab hierzu auch die deutsche Rechtslage wieder, wonach man bei Sukzessivlieferungsverträgen auf der Grundlage von § 326 BGB-1900 zu ähnlichen Ergebnissen kommen könne.[820] In der Tat standen dem Gläubiger nach der Rechtsprechung des Reichsgerichts Schadensersatzansprüche oder die Möglichkeit des (kündigungsähnlichen) Rücktritts hinsichtlich des ganzen noch unerfüllten Vertrages zu.[821] Die Kommission zog aber eine ausdrückliche Regelung nach österreichischem Muster vor.

2.6.2.5 Schriftform der Fristsetzung (Art. 250 § 3 OGB)

Art. 250 § 3 OGB sah bei Überschreiten einer bestimmten Wertgrenze (1.000 Złoty) das Schriftformerfordernis für die Nachfristsetzung und Rücktrittsandrohung vor. Eine entsprechende Regelung galt für den vertraglichen

---

815 *Longchamps,* Zobowiązania, S. 369 f.; *Domański,* Instytucje I, S. 860 f.; *Czachórski,* Zarys, S. 238.

816 *Longchamps,* Gesetzesbegründung III, S. 383; *Domański,* Instytucje I, S. 860.

817 *Till,* Gesetzentwurf AT, S. 36.

818 Zum OGB *Longchamps,* Gesetzesbegründung III, S. 383; zum ABGB *Herrenhausbericht III. TN,* S. 286 f.; dazu auch *Ehrenzweig,* Schuldverhältnisse, § 320, Anm. II. 3., S. 207.

819 *Longchamps,* a. a. O., S. 383 f.; ähnlich für das ABGB *Herrenhausbericht III. TN,* S. 286 f.

820 *Longchamps,* Gesetzesbegründung III, S. 384; dazu aus damaliger Zeit *Palandt/Friesecke,* BGB, 1. Auflage, § 326 BGB, Anm. 13.

821 Dazu RG, Urt. v. 14. Juli 1904, RGZ 58, 419, 421; RG, Urt. v. 20. Juni 1905, RGZ 61, 128, 130; RG, Urt. v. 03. Februar 1922, RGZ 104, 39, 41.

Rücktritt (Art. 77 § 2 OGB). Die Nichtbeachtung der Formvorschrift hatte allerdings ausschließlich beweisrechtliche Folgen: Nach Art. 110 OGB war im Streitfall der Zeugenbeweis nur mit Einverständnis beider Parteien zulässig.[822]

2.6.2.6 Entbehrlichkeit der Fristsetzung in Sonderfällen (Art. 251 OGB)

Ausnahmen zur Nachfristsetzung, wie sie in Art. 250 OGB vorgesehen war, galten nach Art. 251 OGB,

- wenn die Parteien ein vertragliches Rücktrittsrecht für den Fall vereinbart hatten, dass die Verbindlichkeit nicht innerhalb einer genau bestimmten Frist erfüllt wurde (Art. 251 § 1 OGB);
- bei Wegfall des Gläubigerinteresses infolge der Leistungsverzögerung (Art. 251 § 2 OGB).

Wie in § 919 ABGB wurden hier also die Rücktrittsmodalitäten bei Fixgeschäften und bei Wegfall des Gläubigerinteresses in einer Regelung zusammengefasst. In beiden Fällen war die bloße Rücktrittserklärung des Gläubigers notwendig und ausreichend.[823] Soweit keine weitergehende Haftungsübernahme galt, war Voraussetzung für das Rücktrittsrecht der Verzugseintritt.[824] Im Übrigen waren – abgesehen von der Fristsetzung – die allgemeinen Grundsätze des Art. 250 OGB anwendbar.[825] Über die Regelung des Art. 251 OGB hinaus war die Nachfristsetzung dann entbehrlich, wenn der Schuldner darauf verzichtete, die Erfüllung verweigerte oder selbst den Rücktritt erklärte.[826]

2.6.2.6.1 Fixgeschäfte (Art. 251 § 1 OGB)

Bei der ersten Fallgruppe ging es um relative Fixgeschäfte.[827] Eine „genau bestimmte Frist“ im Sinne des Art. 251 § 1 OGB konnte ein (nicht notwendigerweise kalendermäßig) bestimmter Tag oder ein Zeitraum sein; der Rücktrittsvorbehalt war auch in konkludenter Form möglich.[828]

---

822 *Korzonek/Rosenblüth*, Kodeks Zobowiązań, S. 543.

823 *Longchamps*, Zobowiązania, S. 370 f.; *Domański*, Instytucje I, S. 862; *Czachórski*, Zarys, S. 238.

824 *Longchamps*, a. a. O., S. 370 f.

825 *Longchamps*, Gesetzesbegründung III, S. 388; *ders.*, Zobowiązania, S. 370.

826 *Korzonek/Rosenblüth*, Kodeks Zobowiązań, S. 542 f.

827 *Korzonek/Rosenblüth*, a. a. O., S. 545 (unter Verwendung des deutschen Begriffs).

828 *Longchamps*, Zobowiązania, S. 370; a. A. *Korzonek/Rosenblüth*, a. a. O., S. 545.

Die Frage des Rücktritts von einem Fixgeschäft war im Recht der Teilungsmächte und im KN sehr unterschiedlich geregelt. KN und russisches Recht enthielten keine ausdrücklichen Vorschriften, sodass diese Fälle im Wege der Vertragsauslegung zu lösen waren. Gesetzliche Regelungen enthielten hingegen das deutsche und österreichische Recht: Im BGB war der Rücktritt vom Fixgeschäft außerhalb des Leistungsstörungsrechts im Zusammenhang mit dem vertraglichen Rücktritt geregelt (§ 361 BGB-1900). Nach der dortigen Auslegungsregel für Fixgeschäfte war im Zweifel anzunehmen, dass im Falle der Nichterfüllung innerhalb der vertraglichen Leistungzeit die Ausübung des Rücktritts auch ohne Verschulden und ohne Nachfristsetzung möglich sein sollte.[829] Es wurde demnach die Vereinbarung eines (verschuldensunabhängigen) Rücktrittsrechts gesetzlich vermutet. Der erst mit der III. Teilnovelle eingefügte § 919 Satz 1 ABGB sah hingegen vor, dass bei einem Fixgeschäft mit Rücktrittsklausel der Rücktrittsberechtigte, wenn er auf der Erfüllung bestehen wollte, dies nach Ablauf der vertraglichen Leistungszeit dem andern ohne Verzug anzeigen hatte; anderenfalls konnte er später nicht mehr auf der Erfüllung bestehen. Es war also nicht nur das Vertretenmüssen entbehrlich, sondern auch die Rücktrittserklärung.[830]

Eine gesetzliche Auslegungsregel wie in § 361 BGB-1900 erschien der Kommission verzichtbar, da die Frage, ob ein Rücktrittsrecht vereinbart worden sei, im Wege der normalen Vertragsauslegung geklärt werden könne.[831] Soweit aber ein Rücktrittsrecht Eingang in den Vertrag gefunden habe, sei – wie in BGB und ABGB vorgesehen – die Nachfrist entbehrlich.[832] Dies war damit die gesetzlich zu regelnde Frage. Die weiteren Rücktrittserleichterungen in BGB und ABGB, d. h. der Verzicht auf den (zu vertretenden) Verzugseintritt und nach ABGB sogar auf die Rücktrittserklärung, wurden hingegen als zu weitgehend verworfen, zumal die Parteien weitergehende Vereinfachungen des Rücktritts ausdrücklich vereinbaren könnten.[833] Das automatische Wirksamwerden des Rücktritts nach § 919 ABGB sei als Lösung für ganz Polen auch deshalb unangemessen, weil die Bevölkerung außerhalb Galiziens damit nicht vertraut sei.[834] Die Abkehr vom österreichischen Modell erfolgte allerdings erst im Zuge der Kommissionsberatungen;

829 *Longchamps,* Gesetzesbegründung III, S. 385; *Staudinger/Werner,* BGB, 9. Auflage, § 361, Anm. 3.

830 *Herrenhausbericht III. TN,* S. 287; *Klang* IV, 1, § 919, Anm. A. II.

831 *Longchamps,* Gesetzesbegründung III, S. 386.

832 *Longchamps,* a. a. O., S. 386.

833 *Longchamps,* a. a. O., S. 386.

834 *Longchamps,* a. a. O., S. 386 f.

der Gesetzentwurf von Till enthielt noch eine mit § 919 Satz 1 ABGB inhaltsgleiche Regelung.[835] Da Art. 251 § 1 OGB keine Auslegungsregel wie im BGB, sondern eine Sonderregelung zu Art. 250 OGB darstellte, ergab sich in gesetzessystematischer Hinsicht, dass die Vorschrift nicht den Regelungen über den Rücktritt zugeordnet, sondern wie im ABGB in unmittelbarer Nachbarschaft des Rücktritts in Verzugsfällen verankert wurde.

2.6.2.6.2 Wegfall des Gläubigerinteresses (Art. 251 § 2 OGB)

Die Fristsetzung war auch entbehrlich, wenn infolge der Verzögerung das Interesse des Gläubigers an einer Erfüllung der Verpflichtung entfiel, sei es wegen der Natur der Verpflichtung oder wegen der Unmöglichkeit der Erreichung des Vertragszwecks (Art. 251 § 2 OGB). Beispiele waren die Lieferung von Programmen für ein Konzert oder eines Kostüms für einen Maskenball.[836] Allerdings wurde in der Gesetzesbegründung auch auf die Möglichkeit eines absoluten Fixgeschäftes hingewiesen, bei denen mit Nichteinhaltung der Leistungszeit sogleich Unmöglichkeit eintrete.[837]

Ebenso wie schon bei Art. 251 § 1 OGB sah die Kommission den automatischen Eintritt des Rücktritts ohne Rücktrittserklärung, wie er in § 919 ABGB vorgesehen war, als nicht sachgemäß an, zumal das Vorliegen des Tatbestandsmerkmals „Wegfall des Gläubigerinteresses" nicht immer offensichtlich sei.[838] Daher folgte die Kommission in diesem Punkt dem Vorbild des § 326 Abs. 2 BGB-1900: Der Rücktritt war – auch insoweit anders als nach ABGB – nur bei zu vertretendem Verzug möglich und erforderte eine Rücktrittserklärung. Entbehrlich war allein die Nachfristsetzung.[839] Allerdings erschien ihr die Formulierung des § 326 Abs. 2 BGB-1900 zu vage.[840] Die Bezugnahme in Art. 251 § 2 OGB auf die Natur der Verpflichtung bzw. den Vertragszweck sollte demgegenüber die Erkennbarkeit für den Schuldner gewährleisten. Auch bei Art. 251 § 2 OGB

---

835 *Till*, Gesetzentwurf AT, S. 36 (Art. 180 Satz 1).

836 *Longchamps*, Zobowiązania, S. 371. Das Beispiel der Lieferung von Konzertprogrammen nach Abhaltung des Konzerts findet sich auch bei der Darstellung des § 919 ABGB durch *Ehrenzweig*, Schuldverhältnisse, § 320, Anm. II. 4b), S. 208.

837 *Longchamps*, a. a. O., S. 371.

838 *Longchamps*, Gesetzesbegründung III, S. 387.

839 *Longchamps*, a. a. O., S. 387.

840 *Longchamps*, a. a. O., S. 388. Für die Anwendbarkeit des § 326 Abs. 2 BGB-1900 auch dann, wenn der Schuldner den Interessewegfall nicht voraussehen konnte, RG, Urt. v. 7. Februar 1919, RGZ 94, 326 f.; *Palandt/Friesecke*, BGB, 1. Auflage, § 326 BGB, Anm. 11.

waren Abstriche gegenüber dem österreichischen Vorbild erst im Kommissionsverfahren erfolgt, während der Gesetzentwurf von Till fast wörtlich § 919 Satz 2 ABGB entsprach.[841]

2.6.3 Zu vertretende Unmöglichkeit im gegenseitigen Vertrag (Art. 252 OGB)

2.6.3.1 Der Rücktritt als zusätzliches Gläubigerrecht (Art. 252 Satz 1 OGB)

Im Falle der zu vertretenden Unmöglichkeit im gegenseitigen Vertrag hatte die berechtigte Partei nach Art. 252 Satz 1 OGB folgende Optionen:

- Geltendmachung von Schadensersatz wegen Nichterfüllung der Verpflichtung nach Art. 239 OGB oder
- Erklärung des Rücktritts (in Kombination mit Schadensersatz wegen Nichterfüllung des Vertrages nach Art. 253 OGB).

Wie bei Art. 250 OGB stellte nur die zweite Alternative eine Erweiterung der Gläubigerrechte gegenüber Art. 239 OGB dar. Aus allgemeinen Regeln ergab sich darüberhinaus als dritte Option ein Zurückbehaltungsrecht (Art. 215 § 2 OGB).[842] Art. 252 OGB war nur bei nachträglicher Unmöglichkeit anwendbar und betraf sowohl die faktische als auch die rechtliche Unmöglichkeit.[843] Eine Unterscheidung zwischen objektiver und subjektiver Unmöglichkeit wurde – soweit ersichtlich – nicht getroffen, da es nur auf das Vertretenmüssen ankam.[844]

2.6.3.1.1 Wahlrechte des Gläubigers nach BGB, KN und ABGB

Die Rechtslage im Falle der Unmöglichkeit einer gegenseitigen Verpflichtung war in den bisher in Polen geltenden Rechten sehr unterschiedlich: Nach deutschem Recht bestand ein Wahlrecht zwischen Schadensersatz wegen Nichterfüllung oder Rücktritt (§ 325 Abs. 1 Satz 1 BGB-1900). Wählte der Gläubiger den Rücktritt, waren Schadensersatzansprüche ausgeschlossen. Daneben konnte der Gläubiger nach § 325 Abs. 1 Satz 3 BGB-1900 die Rechte nach § 323 BGB-1900 geltend machen, d. h. die Herausgabe des stellvertretenden commodum nach

841 *Till*, Gesetzentwurf AT, S. 36 (Art. 180 Satz 2).

842 *Longchamps*, Gesetzesbegründung III, S. 390.

843 *Domański*, Instytucje I, S. 865; *Korzonek/Rosenblüth*, Kodeks Zobowiązań, S. 547 f.; zur anfänglichen Unmöglichkeit 2.3.

844 Dazu im Hinblick auf das ZGB *Bobrzyński/Liebscher/Zoll*, in: *Liebscher/Zoll* (Hrsg.), Einführung, S. 231, 273 f. (Fn. 105).

§ 283 BGB-1900 oder die Rückgewähr einer bereits erbrachten eigenen Leistung nach Bereicherungsgrundsätzen verlangen. Die Kommission wies in diesem Zusammenhang auch auf die Möglichkeit der Schadensberechnung nach der Differenztheorie hin.[845]

Der KN enthielt keine Spezialregelung für diesen Fall. Der Gläubiger konnte aber nach Art. 1184 KN, der für alle Formen der Nichterfüllung eines gegenseitigen Vertrages galt, eine gerichtliche Vertragsauflösung nebst Zuerkennung von Schadensersatzansprüchen erreichen.[846] Alternativ konnte er auch die ihm obliegende Verpflichtung erfüllen und Schadensersatz für die unmöglich gewordene Gegenleistung verlangen.[847] Nach §§ 920, 921 ABGB hatte der Gläubiger die Wahl zwischen Schadensersatz für die Nichterfüllung der Verpflichtung in Kombination mit der Erbringung der eigenen Leistung oder dem Rücktritt in Kombination mit dem Ersatz des (Differenz-)Schadens für die Nichterfüllung des Vertrages. Unter Verweis auf die Materialien zur III. Teilnovelle unterstrich Longchamps, dass wegen der Zulässigkeit des Schadensersatzes neben dem Rücktritt eine – ggfs. problematische – Auslegung der ersten Alternative des § 920 ABGB dahingehend, dass der Gläubiger die ihm obliegende Leistung nicht zu erbringen habe, entbehrlich war.[848] Das SOR wurde in der Gesetzesbegründung nicht erwähnt. Es enthielt keine gesonderte Vorschrift für die Gläubigerrechte bei zu vertretender Unmöglichkeit im gegenseitigen Vertrag.[849]

2.6.3.1.2 *Einfaches Wahlrecht nach OGB*

Das polnische Recht folgte bei der Ausgestaltung des Wahlrechts des Gläubigers erklärtermaßen dem österreichischen Vorbild. Diese Entscheidung stand in engem Zusammenhang mit der Ermöglichung von Schadensersatzansprüchen auch im Falle des Rücktritts, die in Art. 253 OGB ähnlich wie in § 921 ABGB ausdrücklich geregelt wurde.[850] Damit war die weitere Ausgestaltung der Gläubigerrechte vorgezeichnet, d. h. – wie im ABGB – wahlweise der Anspruch auf Ersatz des Erfüllungsinteresses oder der Rücktritt nebst Ersatz des Differenzschadens.

---

845 *Longchamps*, a. a. O., S. 389; dazu näher 2.6.4.2.1.

846 *Longchamps*, Gesetzesbegründung III, S. 388; dazu auch *Ferid*, Französisches Zivilrecht I, Anm. 2 C 127 ff.

847 *Longchamps*, a. a. O., S. 389; dazu auch *Ferid*, a. a. O., Anm. 2 C 136.

848 *Longchamps*, a. a. O., S. 389; dazu im Einzelnen *Gschnitzer*, in: *Klang* IV, 1, § 920, Anm. B. I. 1. a).

849 Dazu auch Berner Kommentar/*Weber*, Obligationenrecht VI, 1, 5, Art. 107 Rn. 50 (analoge Anwendung von Art. 107 SOR bei Unmöglichkeit).

850 Dazu im Einzelnen 2.6.4.2.

Bei Wahl der ersten Alternative des Art. 252 § 1 OGB (Schadensersatz wegen Nichterfüllung der Verpflichtung) blieb der Vertrag bestehen, sodass die berechtigte Partei ihrerseits ihre Leistung erbringen musste.[851] Die Möglichkeit, statt Schadensersatz für die Nichterfüllung der Verpflichtung die Herausgabe etwaiger Surrogate zu verlangen, ergab sich (a maiore ad minus) bereits aus Art. 268 OGB, der seiner systematischen Stellung nach in erster Linie bei nicht zu vertretendem Unmöglichwerden galt.[852] Eine ausdrückliche gesetzliche Regelung für den Fall verschuldeter Unmöglichkeit, wie sie in § 325 BGB-1900 enthalten war, erschien der Kommission daher entbehrlich.[853] Bei Wahl der zweiten Option des Art. 252 § 1 OGB führte der Rücktritt auch zum Wegfall der Leistungspflicht der berechtigten Partei, sodass diese bei der Geltendmachung des Schadensersatzes nach Art. 253 OGB den Wert der ersparten eigenen Leistung in Abzug bringen musste.[854] Hatte die rücktrittsberechtigte Seite bereits geleistet, ergab sich ein Rückgewähranspruch aus Art. 253 OGB. Der Rücktritt erfolgte auch hier durch formlose Erklärung der berechtigten Partei.[855]

Folgte der polnische Gesetzgeber auf der Rechtsfolgenseite deutlich dem österreichischen Recht, wich er doch bei der Formulierung der Tatbestandsseite davon ab. Die mit der III. Teilnovelle eingefügte Regelung des § 920 ABGB setzte voraus, dass „die Erfüllung durch Verschulden des Verpflichteten oder einen von ihm zu vertretenden Zufall vereitelt“ wurde. Wenn auch der Begriff der Erfüllungsvereitelung gegenüber der Unmöglichkeit als der weitere angesehen wird[856], dürften die praktischen Unterschiede unerheblich sein.[857] Der österreichische Gesetzgeber hatte sich im Zuge der Teilnovelle bewusst gegen den Begriff der „Unmöglichkeit“ aus § 325 BGB-1900 entschieden. Dem lag die Befürchtung zugrunde, dass mit einer Übernahme der Terminologie des BGB in die Regelungen der §§ 918, 920 ABGB auch die aus dem deutschen Recht

---

851 *Longchamps*, Zobowiązania, S. 372; *Czachórski*, Zarys, S. 260 f.

852 *Longchamps*, Gesetzesbegründung III, S. 390.

853 *Longchamps*, a. a. O., S. 390.

854 *Longchamps*, Zobowiązania, S. 372; *Korzonek/Rosenblüth*, Kodeks Zobowiązań, S. 550; *Czachórski*, Zarys, S. 261.

855 *Longchamps*, a. a. O., S. 372.

856 So *Gschnitzer*, in: *Klang* IV, 1, § 920, Anm. A. I.

857 Vgl. dazu die bei *Gschnitzer*, in: *Klang* IV, 1, § 920, Anm. A. I., angeführten Fallgruppen der Vereitelung (d. h. neben der „normalen“ Unmöglichkeit die Nichteinhaltung der Leistungszeit bei absoluten Fixgeschäften und die nachträgliche Unerlaubtheit der Leistung), die unproblematisch unter den Begriff der Unmöglichkeit zu subsumieren wären.

bekannten Streitfragen auftreten würden, z. B. die Frage der Anwendbarkeit von Unmöglichkeitsregelungen auf den Verstoß gegen Unterlassungspflichten.[858]

Die polnische Kommission schloss sich diesen Bedenken des österreichischen Novellengesetzgebers nicht an, sondern entschied sich für eine dem BGB sehr ähnliche Formulierung, wonach auf das Unmöglichwerden infolge von Umständen, für die der Schuldner haftete, abgestellt wurde.[859] Deutlich wird damit erneut die dem BGB ähnliche Strukturierung des OGB anhand – auch terminologisch – klar voneinander abgegrenzter Grundtatbestände des Leistungsstörungsrechts (Verzug und Unmöglichkeit).

2.6.3.2 Rücktritt bei teilweiser Unmöglichkeit (Art. 252 Satz 2 OGB)

Nach Art. 252 Satz 2 OGB konnte die berechtigte Partei im Falle teilweiser Unmöglichkeit vom ganzen Vertrag zurücktreten, falls die teilweise Leistung für sie keine Bedeutung hatte und dies „aus der Natur der Verpflichtung oder aus dem von den Parteien beabsichtigten Zweck" hervorging. Wenn diese Voraussetzungen nicht vorlagen, konnte der Gläubiger nur Erfüllung des noch möglichen Leistungsteils sowie Schadensersatz für den unmöglichen Teil verlangen.[860] In der Gesetzesbegründung wurde nur darauf verwiesen, dass die polnische Regelung § 325 Abs. 1 Satz 2 BGB-1900 und (dem Art. 252 Satz 2 OGB fast wortgleichen) § 920 Satz 2 ABGB entspreche.[861] Die Bezugnahme auf die Natur der Verpflichtung und den Vertragszweck deckte sich weitgehend mit Art. 251 § 1 OGB. Auffällig ist allerdings eine gewisse Asymmetrie der Vorschriften zum Teilverzug und zur Teilunmöglichkeit. Während der Teilverzug nur für die Konstellation beiderseits teilbarer Leistungen (d. h. des Sukzessivlieferungsvertrages) geregelt wurde (Art. 250 § 2 OGB), enthielt Art. 252 Satz 2 OGB eine allgemeine Regelung der Teilunmöglichkeit. Das polnische Recht folgte auch in dieser Hinsicht dem ABGB, das dieselbe Asymmetrie aufwies.[862]

Streitig war in der Vorkriegsliteratur zum OGB, ob der Gläubiger bei Vorliegen der Voraussetzungen des Art. 252 Satz 2 OGB statt des Rücktritts vom ganzen Vertrag auch Schadensersatz für die Nichterfüllung der ganzen Verpflichtung

---

858 *Herrenhausbericht III. TN*, S. 285 f., 288.

859 „[…] stanie się niemożliwem skutkiem okoliczności, za które strona zobowiązana odpowiada […]". Eine fast wortgleiche Formulierung war bereits in Art. 181 des Gesetzentwurfs von *Till* enthalten (*ders.*, Gesetzentwurf AT, S. 36).

860 Dazu im Einzelnen *Longchamps*, Zobowiązania, S. 372.

861 *Longchamps*, Gesetzesbegründung III, S. 390.

862 Dazu *Klein*, Prawo Odstąpienia, S. 49.

(also die 1. Option des Art. 252 Satz 1 OGB bezogen auf die ganze Leistung) fordern konnte.[863]

2.6.4 Rechtsfolgen des Rücktritts (Art. 253 OGB)

Die Regelungen zur Nichterfüllung gegenseitiger Verpflichtungen wurden ergänzt durch eine Vorschrift über die Rechtsfolgen des Rücktritts, was auch im deutschen und österreichischen Recht der Fall war (§ 327 BGB-1900, § 921 ABGB). Wie in den vorgenannten Normen geschah dies allerdings nur unvollständig, d. h. Art. 253 OGB beschränkte sich auf die Anordnung der Rückgewähr der beiderseitigen Leistungen und der daneben bestehenden Ersatzpflicht des Rücktrittsgegners für den Schaden, der „durch die Nichterfüllung der gegenseitigen Verpflichtung verursacht wurde."

2.6.4.1 Rückgewähr bereits erbrachter Leistungen

2.6.4.1.1 Die Rechtslage nach BGB, KN und ABGB

Hinsichtlich der Frage, wie die Rückabwicklung des Vertrages zu erfolgen hatte, bot das bisher in Polen geltende Recht ein uneinheitliches Bild. Welche Vorschriften hierbei zur Anwendung kamen, hing auch davon ab, welche gestaltende Wirkung dem Rücktritt zugeschrieben wurde:

Gemäß § 327 BGB-1900 waren die Vorschriften über das vertragliche Rücktrittsrecht (§§ 346–356 BGB-1900) entsprechend anzuwenden. Die Vertragsseite, die den Rücktrittsgrund nicht zu vertreten hatte, haftete eingeschränkt nach Bereicherungsgrundsätzen (§ 327 Satz 2 BGB-1900).[864] Die Frage nach der dogmatischen Einordnung des Rücktritts war in der Anfangszeit des BGB streitig.[865] Die bis Mitte des 20. Jahrhunderts herrschende Meinung nahm aber an, das Vertragsverhältnis als Ganzes werde durch den Rücktritt aufgelöst, so als

---

863 Bejahend *Domański*, Instytucje I, S. 866 f.; dagegen wohl *Korzonek/Rosenblüth*, Kodeks Zobowiązań, S. 548 f.; ähnlich *Klein*, a. a. O., S. 130 f. unter Hinweis auf eine mögliche Herleitung der Auslegung *Domańskis* aus dem deutschen Recht (vgl. § 325 Abs. 1 Satz 2, 1. Alt. BGB-1900).

864 Entgegen der missverständlichen Formulierung in § 327 Satz 2 BGB-1900 galt die Haftungsbeschränkung nach der herrschenden Meinung stets für diejenige Vertragsseite, die den Rücktrittsgrund nicht zu vertreten hatte, ggfs. also auch für den Rücktrittsberechtigten. Dazu aus der damaligen Literatur *Palandt/Friesecke*, BGB, 1. Auflage, § 327 BGB, Anm. 2.

865 Dazu auch die ausführliche Darstellung in der damaligen polnischen Literatur bei *Kunicki*, PPiA 1938, S. 264, 275–279.

habe es nie bestanden (Theorie der direkten Wirkung).[866] Nur die dinglichen Rechtsgeschäfte blieben davon unberührt. Die sich aus §§ 346 ff. BGB-1900 ergebenden Rückgewähransprüche waren Teil eines gesetzlichen (das Bereicherungsrecht modifizierenden) Schuldverhältnisses, das mit der rücktrittsbedingten Vertragsaufhebung entstand.[867] Der KN enthielt keine spezielle Regelung der Folgen einer Vertragslösung bei Nichterfüllung. Entsprechend der Rechtslage bei Eintritt einer auflösenden Bedingung kam es aber zur Beseitigung des Vertrages ex tunc.[868]

Nach § 921 Satz 2 ABGB war „das bereits empfangene Entgelt […] auf solche Art zurückzustellen oder zu vergüten, daß kein Teil aus dem Schaden des anderen Gewinn zieht." § 921 ABGB, der daneben in Satz 1 die Zulässigkeit von Schadensersatz neben dem Rücktritt ausdrücklich regelte, war Ergebnis der III. Teilnovelle. Der in der Norm beschriebene Bereicherungsanspruch ergab sich zwar nach Auffassung des Novellengesetzgebers schon aus allgemeinen Grundsätzen.[869] Eine klarstellende Regelung erschien dennoch sinnvoll, zumal §§ 918–920 ABGB ein verschuldensunabhängiges Rücktrittsrecht gewährten, sodass ein Schadensersatzanspruch nach § 921 Satz 1 ABGB nicht in jedem Fall gegeben war.[870] Die Regelung galt auch zugunsten des Rücktrittsgegners.[871] Der Rücktritt hatte keine dinglichen Folgen[872] und bewirkte ex tunc, dass der rechtliche Grund für das Behaltendürfen der Leistungen entfiel.[873]

---

866 So schon das RG, Urt. v. 11. April 1902, RGZ 150, 255, 266 f.

867 *Palandt/Friesecke*, BGB, 1. Auflage, Einführung vor § 346, Anm. 1 (Bereicherungsrecht war danach subsidiär anwendbar); HKK/*Thier*, §§ 346–359 BGB, Rn. 38 f., auch mit Einzelheiten zum weiteren Diskussionsverlauf (Theorie der indirekten Wirkung und vermittelnde Theorie).

868 *Longchamps*, Gesetzesbegründung III, S. 392; dazu auch *Ferid*, Französisches Zivilrecht I, Anm. 2 C 145, 1 E 310 f.

869 *Herrenhausbericht III. TN*, S. 291; ebenso *Till*, Druga i trzecia Nowela, S. 173.

870 *Herrenhausbericht III. TN*, S. 291.

871 *Ehrenzweig*, Schuldverhältnisse, § 320, Anm. V. 1., S. 211; *Gschnitzer*, in: *Klang* IV, 1, § 921, Anm. II.

872 *Ehrenzweig*, a. a. O.; *Gschnitzer*, a. a. O.

873 *Gschnitzer*, a. a. O. Die Einordnung der Rückgewähransprüche als Bereicherungsanspruch aufgrund Wegfalls des rechtlichen Grundes ist jedenfalls in der heutigen Lehre und Rechtsprechung unstreitig (*Laimer*, Durchführung, S. 105 f.).

2.6.4.1.2 Rückgewährpflichten nach OGB

Der polnische Gesetzgeber hielt eine Regelung der Rückgewährpflichten weitgehend für entbehrlich.[874] Der Gesetzentwurf von Till sah dementsprechend gar keine ausdrückliche Regelung vor; Art. 182 des Entwurfs beschränkte sich auf die Frage der Vereinbarkeit von Schadensersatz und Rücktritt.[875] Eine Rückgabepflicht beider Seiten für bereits empfangene Leistungen fand sich aber im Entwurf von Domański und wurde fast wortgleich in Art. 253 OGB übernommen.[876] Der Regelungsinhalt entsprach § 921 ABGB; er beschränkte sich auf die Festschreibung beiderseitiger Rückgewährpflichten, ohne deren Durchführung näher zu regeln, wie dies bei § 327 BGB-1900 der Fall war.

Die herrschende Meinung zum OGB ging davon aus, dass die gestaltende Wirkung des Rücktritts eine rückwirkende Lösung des Vertrages (ex tunc) verursache und nur bei Dauerschuldverhältnissen ex nunc wirke.[877] Wie das BGB und das ABGB enthielt auch das OGB keine Aussage zur Befreiungswirkung des Rücktritts hinsichtlich noch nicht erfüllter Vertragspflichten. Jedoch erloschen mit der rückwirkenden Vertragslösung auch die gegenseitigen Verpflichtungen. Die Rückwirkung ergebe sich aus analoger Anwendung des Art. 78 § 1 OGB, demzufolge nach vertraglichem Rücktritt ein Zustand eintrete, als wenn der Vertrag überhaupt nicht abgeschlossen worden sei.[878] Die Vorschrift des Art. 78 § 1 OGB füllte eine von einigen polnischen Autoren im BGB wahrgenommene Lücke:[879] Eine ausdrückliche Regelung der vertragsauflösenden Wirkung des Rücktritts war im Verlaufe der Arbeiten am BGB verworfen worden.[880] Die ausdrückliche Regelung im OGB entsprach in vielem dieser im deutschen Entwurf gestrichenen Vorschrift.[881]

Eine Gegenmeinung wurde (soweit ersichtlich) erstmals in den 1960er Jahren von Klein vertreten. Danach erloschen zwar (ex nunc) die Leistungspflichten,

874 *Longchamps*, Gesetzesbegründung III, S. 392.

875 *Till*, Gesetzentwurf AT, S. 36.

876 *Domański*, Gesetzentwurf AT, S. 78 (Art. 299); *ders.*, Instytucje I, S. 867.

877 *Longchamps*, Zobowiązania, S. 373; *Domański*, Instytucje I, S. 867; *Czachórski*, Zarys, S. 238 f.; *Klein*, Prawo Odstąpienia, S. 36 (mit Hinweisen zur polnischen Rechtsprechung) und S. 163 (Fn. 1).

878 *Longchamps*, a. a. O., S. 373; *Czachórski*, a. a. O., S. 238 f.

879 *Kunicki*, PPiA 1938, S. 162, 178; *Petraniuk*, Odstąpienie, S. 41.

880 HKK/*Thier*, §§ 346–359 BGB, Rn. 35; *Kunicki*, a. a. O., S. 176.

881 *Kunicki*, a. a. O., S. 264, 275–279; demnach folgte Art. 78 § 1 OGB der Theorie der „direkten Wirkung". Dazu auch *Klein*, Prawo Odstąpienia, S. 163, Fn. 1.

nicht aber das ganze Vertragsverhältnis.[882] An die Stelle der Leistungspflichten trete die Rückgewährpflicht.[883] Nur diese Betrachtungsweise könne erklären, weshalb nach dem Rücktritt Schadensersatzansprüche wegen Nichterfüllung des Vertrages gegeben seien.[884]

Die Frage, nach welchen Vorschriften die Rückgabe erfolgen sollte, war (auch unter den Mitgliedern der Kommission) streitig. In Betracht kamen die Vorschriften über die ungerechtfertigte Bereicherung (u. a. Art. 129 OGB)[885] und die analoge Heranziehung der Vorschriften über den vertraglichen Rücktritt (Art. 78 und 79 OGB)[886]. Daneben wurde teilweise zwischen den beiden Vertragsseiten dahingehend unterschieden, dass gegenüber dem Rücktrittsberechtigten bereicherungsrechtliche Ansprüche bestanden, der Rücktrittsgegner aber nach schadensersatzrechtlichen Grundsätzen hafte.[887] Die Tatsache, dass – anders als zum ABGB – die Einzelheiten der Abwicklung der Rückgewähransprüche in der damaligen polnischen Diskussion außerordentlich unklar waren, dürfte auch damit zusammenhängen, dass das OGB nach dem Vorbild des BGB gesetzliche Regelungen zum vertraglichen Rücktritt enthielt (Art. 76 bis 79 OGB), was im ABGB nicht der Fall war. Hinsichtlich der Rückforderungsansprüche nach Ausübung eines gesetzlichen Rücktrittsrechts bot sich daher mit Art. 78 und 79 OGB eine Alternative zum Bereicherungsrecht an. Für deren Anwendbarkeit sprach auch, dass nach Art. 309 OGB beim Rücktritt des Käufers wegen eines Sachmangels ausdrücklich die Vorschriften des vertraglichen Rücktritts anwendbar waren.

---

882 *Klein*, Prawo Odstąpienia, S. 164 f. Die Monographie stammt aus dem Jahr 1964 und ist daher deutlich jünger als das OGB.

883 *Klein*, a. a. O., S. 164.

884 *Klein*, a. a. O., S. 164. Die Folgen des Rücktrittsrechts sind auch in der heutigen polnischen Literatur zum ZGB umstritten, dazu *Bobrzyński/Liebscher/Zoll*, in: *Liebscher/Zoll* (Hrsg.), Einführung, S. 231, 275, 283 (Fn. 136).

885 *Korzonek/Rosenblüth*, Kodeks Zobowiązań, S. 550; *Longchamps*, Gesetzesbegründung III, S. 392 (jedoch nur für die rücktrittsberechtigte Seite); *Domański*, Instytucje I, S. 868 (als eine von mehreren möglichen Rechtsgrundlagen); weitere Angaben zum Meinungsstand bei *Klein*, a. a. O., S. 168 f.

886 *Domański*, a. a. O., S. 867 f.; kritisch *Klein*, a. a. O., S. 171–173.

887 *Longchamps*, Gesetzesbegründung III, S. 392; *ders.*, Zobowiązania, S. 374; dazu *Klein*, a. a. O., S. 170 f.

2.6.4.2 Schadensersatzanspruch wegen Nichterfüllung des Vertrages

2.6.4.2.1 Die Rechtslage nach BGB, KN und ABGB

Hinsichtlich des Ersatzanspruchs für Nichterfüllungsschäden hatte die Kommission in erster Linie die Frage nach dem Verhältnis von Rücktritt und Schadensersatz zu beantworten. Damit zusammenhängend ergaben sich Fragen nach dem Inhalt des Ersatzanspruchs. Im deutschen Recht wurde unter Hinweis auf den Gesetzeswortlaut (§§ 325, 326 BGB-1900) und auf dogmatische Überlegungen ganz allgemein von der Unvereinbarkeit von Rücktritt und Schadensersatz ausgegangen.[888] Eine Auseinandersetzung mit dem deutschen Recht, das insoweit eine Sonderstellung unter den bisher in Polen geltenden Rechten einnahm, war für die Kodifikationskommission kaum zu umgehen. Naheliegenderweise wurde dabei auf Argumente aus der Diskussion um die III. Teilnovelle des ABGB Bezug genommen, da bei der Einfügung von § 921 Satz 1 ABGB in das österreichische Recht ähnliche Fragen zu beantworten gewesen waren. Der Novellengesetzgeber hatte sich im Ergebnis insbesondere aus praktischen Erwägungen gegen eine Übernahme der deutschen Lösung entschieden und in § 921 Satz 1 ABGB die Kombination von Rücktritt mit der Geltendmachung des Nichterfüllungsschadens ausdrücklich zugelassen.[889] Auch Art. 1184 KN sah die richterliche Vertragslösung nebst Schadensersatz vor.

Im deutschen Recht hingegen hatte sich die Diskussion infolge der Unvereinbarkeit von Rücktritt und Schadensersatz auf die Frage konzentriert, worin eigentlich der Schadensersatz wegen Nichterfüllung in den Fällen der §§ 325, 326 BGB-1900 bestehe.[890] Zu ersetzen war das Interesse an der Erfüllung des ganzen Vertrages. Nach der „Differenztheorie" bildete die ersparte Gegenleistung einen Abzugsposten des einseitigen, auf Geld lautenden Ersatzanspruchs, sodass eine etwaige Wertdifferenz beider Leistungen ausgeglichen wurde.[891] Herrschende Lehre und ständige Rechtsprechung des Reichsgerichts waren allerdings (auch während der Entstehungszeit des OGB) die „abgeschwächte Differenztheorie", wonach in zwei Fällen eine abweichende Schadensberechnung vorzunehmen war: Hatte der Gläubiger noch nicht geleistet, war er berechtigt (nicht aber

---

888 Zur Lehre von der Unvereinbarkeit von Rücktritt und Schadensersatz auch *Leser*, Rücktritt, S. 138–142; HKK/*Hattenhauer*, §§ 323–325 BGB, Rn. 52.

889 Dazu *Herrenhausbericht III. TN*, S. 288–291.

890 Dazu auch HKK/*Hattenhauer*, §§ 323–325 BGB, Rn. 59–61.

891 *Jauernig/Vollkommer*, BGB, 2. Auflage, § 326, Anm. 3 b) aa); zu den verschiedenen Theorien auch *Larenz*, Schuldrecht I, § 22 II b), S. 313 ff.

verpflichtet), die ihm obliegende Leistung anzubieten und (im Sinne der „Surrogationstheorie") Ersatz für die ausstehende Leistung des Schuldners zu fordern. Dieselbe Berechnungsweise kam zur Anwendung, wenn der Gläubiger bereits geleistet hatte. Eine Rückforderung der bereits erbrachten Leistung war im letzteren Falle hingegen nur im Wege des Rücktritts möglich.[892]

2.6.4.2.2 Schadensersatz bei Rücktritt nach OGB

Der polnische Gesetzgeber lehnte das deutsche Modell als unpraktisch und theoretisch unbegründet ab.[893] Der Gläubiger müsse sich sinnvollerweise anderswo eindecken oder seine Leistung einem neuen Vertragspartner anbieten können, was in beiden Fällen eine Befreiung von der vertraglichen Bindung erfordere. Zusätzlich müsse jedoch der säumige Schuldner den allgemeinen Grundsätzen (Art. 239 und 242 OGB) entsprechend für die weitergehenden Schäden der Nichterfüllung ersatzpflichtig bleiben. Angesichts dieser praktischen Erfordernisse sei die deutsche Lehre „contra legem" gezwungen, den Gläubiger auch bei Wahl des Schadensersatzes von seiner Leistungsverpflichtung zu befreien und als Schaden nur den übersteigenden Differenzbetrag zugrunde zu legen.[894] Das dogmatische Argument für die Unvereinbarkeit von Rücktritt und Schadensersatz, dass mit der rücktrittsbedingten Lösung des Vertrages auch die Grundlage eines etwaigen Ersatzanspruchs entfalle, erschien der Kommission allzu theoretisch und daher für einen Gesetzgeber nicht ausschlaggebend.[895] Der Ersatzanspruch sei ebenso eine Rechtsfolge der Nichterfüllung wie der Rücktritt.[896] Daher wurde in Art. 253 OGB – ähnlich wie in § 921 Satz 1 ABGB – ausdrücklich geregelt,

---

892 Dazu auch aus der Literatur der 1930er Jahre *Staudinger/Werner*, BGB, 9. Auflage, § 326, Anm. B. I. 3 a) bb) α); *Palandt/Friesecke*, BGB, 1. Auflage, § 325 BGB, Anm. 3.

893 *Longchamps*, Gesetzesbegründung III, S. 390.

894 *Longchamps*, Gesetzesbegründung III, S. 390 f.; dazu auch *Kempter*, Einfluss, S. 171.

895 *Longchamps*, Gesetzesbegründung III, S. 391 mit Hinweis auf die ähnliche Argumentation des österreichischen Novellengesetzgebers (*Herrenhausbericht III. TN*, S. 289). Allerdings wurde auch in der Literatur zum OGB wiederholt die Frage nach der dogmatischen Vereinbarkeit von Rücktritt und Ersatzansprüchen wegen Nichterfüllung gestellt. Teilweise wurde sie dahingehend beantwortet, dass der Ersatzanspruch auf das negative Interesse zu begrenzen sei (*Kurzer*, Głos Adwokatów 1934, S. 206, 213), teilweise dahingehend, dass der Rücktritt nur einzelne Vertragspflichten ex nunc löse (*Klein*, Prawo Odstąpienia, S. 164 f.).

896 *Longchamps*, Gesetzesbegründung III, S. 391 ebenso schon *Herrenhausbericht III. TN*, S. 289.

dass der Gläubiger im Falle des Rücktritts neben der Rückgabe schon erbrachter eigener Leistungen auch Schadensersatz wegen Nichterfüllung verlangen konnte.

Die gesetzgeberische Entscheidung in dieser Frage war offensichtlich unstreitig: Bereits der Entwurf von Till orientierte sich insoweit erkennbar am ABGB.[897] Der Ersatzanspruch war wie im österreichischen Recht auf das positive Interesse gerichtet.[898] Soweit der Gläubiger noch nicht geleistet hatte, war der Schadensersatz um den Wert der ersparten Gegenleistung zu mindern.[899] Unterschiede zum österreichischen Recht ergaben sich aber hinsichtlich des entgangenen Gewinns, der nach ABGB nur im Falle groben Verschuldens zu ersetzen war.[900] Der Ersatzanspruch nach Art. 253 OGB umfasste hingegen den entgangenen Gewinn (Art. 157 OGB) unabhängig vom Grad des Verschuldens.[901]

2.6.5 Bewertung

2.6.5.1 Einflüsse der III. Teilnovelle

Die Regelungen über die Nichterfüllung gegenseitiger Verpflichtungen (Art. 250–253 OGB) entsprachen in vieler Hinsicht §§ 918–921 ABGB, die im Rahmen der III. Teilnovelle erheblich verändert worden waren. Die Kommission schloss sich wiederholt ausdrücklich der Argumentation des österreichischen Novellengesetzgebers an, der sich in wesentlichen Punkten gegen eine Übernahme von Regelungen des BGB entschieden hatte.

Die Nähe zum österreichischen Recht wurde bei der Ausgestaltung der Gläubigerrechte in Art. 250 und 252 OGB deutlich: Die gesetzlichen Optionen des Gläubigers im Falle des Schuldnerverzugs (Art. 250 § 1 OGB), d. h. das Rücktrittsrecht (ggfs. in Kombination mit Schadensersatz) alternativ zu dem sich bereits aus allgemeinen Regelungen ergebenden Erfüllungsanspruch nebst Verzugsschadensersatz entsprachen ganz dem ABGB. Der unmittelbare Einfluss der III. Teilnovelle schlug sich in der Gesetzesbegründung insoweit nieder, als sich

897 *Till*, Gesetzentwurf AT, S. 35 (Art. 182); *Till*, Gesetzentwurf AT, PPiA 1924, S. 33.

898 *Till*, Gesetzentwurf AT, PPiA 1924, S. 33; *Longchamps*, Zobowiązania, S. 374; a. A. *Kurzer*, Głos Adwokatów 1934, S. 206, 213 (negatives Interesse).

899 *Longchamps*, Gesetzesbegründung III, S. 391; *ders.*, Zobowiązania, S. 375; *Domański*, Instytucje I, S. 869; *Czachórski*, Zarys, S. 239.

900 *Ehrenzweig*, Schuldverhältnisse, § 320, Anm. V. 2., S. 211.

901 *Domański*, Instytucje I, S. 869.

Longchamps hinsichtlich der Entscheidung gegen das dreifache Wahlrecht des § 326 BGB-1900 auf gesetzgeberische Überlegungen des österreichischen Novellengesetzgebers berief.

Die Regelung der zu vertretenden Unmöglichkeit einer gegenseitigen Verpflichtung (Art. 252 Satz 1 OGB) folgte auf der Rechtsfolgenseite demselben Schema wie der Schuldnerverzug. Der eigentliche Regelungsinhalt der Vorschrift bestand darin, dass – wie im ABGB – alternativ zum Ersatzanspruch wegen Nichterfüllung der Verbindlichkeit (Art. 239 OGB) die Option des Rücktritts bestand. Auch in dieser Frage machte sich die Kommission die Argumentation des österreichischen Gesetzgebers zu eigen, der sich gegen eine Übernahme der Lösung des § 325 BGB-1900 (d. h. die Unvereinbarkeit von Rücktritt und Schadensersatz) ausgesprochen hatte. Gegen das deutsche Modell sprachen nach Auffassung der polnischen Kommission u. a. die Probleme der Praxis, die zu einer Korrektur der Gesetzeslage im Wege der Schadensberechnung („Differenztheorie") geführt hatten.

Die Vereinbarkeit von gesetzlichem Rücktritt (wegen Verzug oder Unmöglichkeit) und Ersatz des Differenzschadens wurde – ebenfalls nach dem Vorbild der III. Teilnovelle – ausdrücklich im Gesetz festgeschrieben (Art. 253 OGB). Zwar enthält die Gesetzesbegründung eine ausführliche Auseinandersetzung mit der damals anderslautenden deutschen Rechtslage, die Entscheidung in dieser Frage dürfte aber von vornherein sehr eindeutig gewesen sein. Der späteren Lösung der Kommission entsprach bereits der Gesetzentwurf von Till. Auch das deutsche Recht hat seine Sonderstellung in dieser Frage bekanntlich mit der Schuldrechtsreform aufgegeben.

Ein deutliches Abbild des ABGB war weiterhin der Gesetzesaufbau der Art. 250–253 OGB, wie u. a. die jeweiligen Spezialregelungen für Sukzessivlieferungs-verträge (§ 918 Abs. 2 ABGB und Art. 250 § 2 OGB) oder für den Rücktritt bei Fixgeschäft (§ 919 Satz 1 ABGB und Art. 251 § 1 OGB) zeigten.

Der Parallelvorschrift des § 921 ABGB ähnlich war auch die in Art. 253 OGB statuierte Rückgewährpflicht beider Seiten für bereits erbrachte Leistungen im Falle des Rücktritts. Dass beide Vorschriften – anders als § 327 BGB-1900 – keinen Verweis auf die hierbei anzuwendenden Vorschriften enthielten, wirkte sich allerdings unterschiedlich aus. Im ABGB, das keine Regelungen zum vertraglichen Rücktritt kannte, war die Anwendung bereicherungsrechtlicher Regelungen unstreitig. Im polnischen Recht ergab sich hingegen die streitige Frage, ob allgemeines Bereicherungsrecht oder die Vorschriften über den vertraglichen Rücktritt (Art. 78 und 79 OGB) anzuwenden seien.

Mit der Ausgestaltung des Rücktrittsrechts als einseitiges Gestaltungsrecht des Gläubigers, das entgegen dem französischen Recht einer Einschaltung des Gerichts nicht bedurfte, folgte der polnische Gesetzgeber hingegen zugleich deutschem und österreichischem Vorbild.

2.6.5.2 *Einflüsse des BGB*

Zeigen die vorstehenden Gesichtspunkte eine erhebliche Nähe von OGB und ABGB, so ergeben sich hinsichtlich des gesetzlichen Rücktrittsrechts einige bemerkenswerte Übereinstimmungen mit dem BGB, die sich prägend für das Leistungsstörungsrecht als Ganzes auswirkten:

Die Voraussetzungen des gesetzlichen Rücktrittsrechts wurden im Verlauf der Kommissionsarbeiten in doppelter Hinsicht dem deutschen Recht angenähert. Dies galt zum einen für die Verschuldensabhängigkeit des Rücktritts, zum anderen für die ausdrückliche Beschränkung des Rücktritts auf Schuldnerverzug und Unmöglichkeit. Als Folge dieser Entscheidungen der Kommission gewann der Grundsatz des Vertretenmüssens im Leistungsstörungsrecht des OGB zusätzlich an Bedeutung, daneben wurde die Rolle von Verzug und Unmöglichkeit als gesonderte Leistungsstörungstatbestände gestärkt. Das Gegenmodell fand sich in § 918 ABG, wonach der Rücktritt auch ohne ein Vertretenmüssen und – dem gesetzlichen Wortlaut nach – auch bei anderen Formen der Vertragsverletzung möglich war.

Zudem wurde im Gesetzeswortlaut von Art. 252 OGB an den Begriff der Unmöglichkeit angeknüpft, was bei der III. Teilnovelle bei § 920 ABGB („Vereitelung der Erfüllung") bewusst vermieden worden war. Dies verstärkt den Eindruck, dass die Kommission nicht nur die begriffliche Stimmigkeit des polnischen Leistungsstörungsrechts im Blick hatte, sondern auch einer Gesetzessystematik folgte, die sich im Vergleich zum ABGB weniger am allgemeinen Nichterfüllungsbegriff und stattdessen in erheblichem Maß an einzelnen Störungstatbeständen orientierte.

Hinsichtlich der Entwicklung des österreichischen Leistungsstörungsrechts im Rahmen der III. Teilnovelle ist festgestellt worden, dass die Aufspaltung der Störungen entgeltlicher Verträge in § 918 und § 920 ABGB den (ursprünglich vorherrschenden) zentralen Nichterfüllungsbegriff des ABGB verwischt habe, sodass die beiden §§ 918 und 920 ABGB „Trümmer einer einzigen Lehre, die größer sein muss"[902], ergaben.[903] So war zwar eine Sonderregelung für die zu vertretende Unmöglichkeit ins ABGB aufgenommen worden; § 918 ABGB hingegen knüpfte gerade nicht an den Verzug im Sinne des BGB an, sondern bekam einen deutlich weiteren Anwendungsbereich.[904] Mit dem OGB wurde diese Aufspaltung des Rücktrittsrechts anhand einzelner Tatbestände fortgeschrieben. Der vom Novellengesetzgeber ausdrücklich abgelehnte Schritt der Kopplung des Rücktrittsrechts (außerhalb der Unmöglichkeit) an den Verzug wurde im OGB vollzogen. Ein Rücktrittsrecht allein deshalb, weil der Schuldner eine wesentliche Vertragsverletzung begangen hatte, sahen die Vorschriften des OGB wie auch das damalige deutsche Recht nicht vor. Die Wesentlichkeit einer Vertragsverletzung spielte also für die Frage des Rücktrittsrechts keine unmittelbare Rolle. Nur mittelbar kam dieser Gedanke zum Tragen, so beispielsweise bei der Kopplung des Rücktrittsrechts an die Natur der Verpflichtung oder die Erreichung des Vertragszwecks in Art. 251 § 2 OGB und in Art. 252 Satz 2 OGB.

Die polnische Kommission hat damit in der Frage des gesetzlichen Rücktritts insgesamt eine sehr restriktive Haltung eingenommen. Noch weitergehend als der deutsche Gesetzgeber entschied sie sich gegen eine Regelung nach dem Muster des § 286 Abs. 2 BGB-1900, der für nicht gegenseitige Verpflichtungen im Falle des Verzugs ein (im Ergebnis rücktrittsähnliches) Ablehnungsrecht des Gläubigers nebst Schadensersatz vorsah.[905] Zudem war das Recht zur Vertragslösung durchgehend von einem Vertretenmüssen abhängig, und zwar über das BGB hinaus auch im Falle des Fixgeschäfts[906]: Hinsichtlich des Rücktritts bei Fixgeschäften beschränkte sich die gesetzliche Regelung des Art. 251 § 1 OGB auf die Entbehrlichkeit der Nachfristsetzung. Weitergehende Rücktrittserleichterungen (insbesondere der Verzicht auf das Verschuldenserfordernis wie in § 361 BGB-1900) wurden nicht in das polnische Recht übernommen. Auch in diesem Punkt wurde das Leistungsstörungsrecht des OGB im Laufe der

---

902 *Rabel*, Nichterfüllung, Gesammelte Aufsätze III, S. 138, 143; ähnlich *Reischauer*, in: *FS Stoll*, S. 345–347: „Die Aufspaltung des § 919 ABGB a. F. in die geltenden §§ 918 und 920 ABGB verschüttete teilweise den Blick auf den einheitlichen Nichterfüllungsbegriff des ABGB.“ (a. a. O., S. 346).

903 *Reischauer, Reischauer*, in: *Fischer-Czermak/Hopf/Kathrein u. a.* (Hrsg.), FS 200 Jahre ABGB, S. 577, 590 f.

904 *Reischauer*, a. a. O., S. 577, 589 f.

905 Dazu 2.5.3.1.

906 Eine überraschende Ausnahme machte der polnische Gesetzgeber bei der unverschuldeten Teilunmöglichkeit: Nach Art. 267 § 3 OGB bestand bei erkennbar fehlendem Interesse einer Seite an einer Teilleistung ein Rücktrittsrecht hinsichtlich des ganzen Vertrages. Dazu 2.7.3.

Kommissionsberatungen stärker am Verschuldensprinzip ausgerichtet, als dies zunächst nach dem Gesetzentwurf von Till der Fall war.

Die im Vergleich zum ABGB deutliche Beschränkung der Rücktrittsmöglichkeiten sollte u. a. dem Schuldnerschutz dienen. Von dieser Zielsetzung ließ sich die Kommission auch beim Rücktritt wegen Wegfall des Gläubigerinteresses (Art. 251 § 2 OGB) leiten. Wie nach § 326 Abs. 2 BGB-1900 war der Gläubiger nur insoweit privilegiert, als eine Nachfristsetzung entbehrlich war. Zurücktreten konnte er daher nur bei Eintritt des zu vertretenden Schuldnerverzugs (anders noch der Gesetzentwurf von Till). Noch über die deutsche Regelung hinaus sollte allerdings eine gegenüber dem BGB abweichende Umschreibung des Interessewegfalls die Anwendbarkeit der Norm auf Fälle beschränken, in denen der Interessewegfall für den Schuldner voraussehbar war.

2.7 Nicht zu vertretende Unmöglichkeit der Leistung

2.7.1 Das Erlöschen der Verpflichtung (Art. 267 § 1 OGB)

In Fällen nachträglich eintretender Unmöglichkeit, die der Schuldner nicht zu vertreten hatte, sah Art. 267 § 1 OGB das Erlöschen der Verpflichtung vor. Dies entsprach im Ergebnis der Rechtslage in BGB, KN, ABGB, Svod Zakonov und SOR. Allerdings waren die diesbezüglichen gesetzlichen Regelungen sehr unterschiedlich:

Im russischen Recht ergab sich das Erlöschen der unmöglich gewordenen Verpflichtung nur im Wege der Herleitung aus einzelnen Spezialvorschriften[907], auch im KN war in Art. 1302 nur das Erlöschen der Speziesobligation bei unverschuldetem Untergang des Leistungsgegenstandes geregelt. Mangels einer generellen gesetzlichen Regelung wurde die Vorschrift analog auf andere Verpflichtungen (z. B. Gattungsschulden oder Unterlassungspflichten) angewandt, sodass im Ergebnis auch nach dem KN jede Verpflichtung bei Unmöglichwerden des Leistungsgegenstandes erlosch.

§ 1447 Satz 2 ABGB sah den rückwirkenden Wegfall („Aufhebung") jeder Verpflichtung vor, deren Erfüllung durch Zufall unmöglich wurde.[908] Als zufällig anzusehen waren alle Umstände, die vom Schuldner nicht zu vertreten waren.[909] Nach Art. 119 Abs. 1 SOR galt die Forderung als erloschen, soweit sie durch vom Schuldner nicht zu vertretende Umstände unmöglich geworden war. Eine

907 *Longchamps*, Gesetzesbegründung III, S. 416.

908 *Pisko/Gschnitzner*, in: *Klang* VI, § 1447, Anm. A.

909 *Ehrenzweig*, Schuldverhältnisse, § 352, Anm. I., S. 348; *Pisko/Gschnitzner*, a. a. O., Anm. D. 2.

Unterscheidung zwischen objektiver und subjektiver Unmöglichkeit wurde weder in der österreichischen noch in der schweizerischen Regelung getroffen.[910] Anders verhielt es sich im deutschen Recht, wo nach § 275 Abs. 1 BGB-1900 die Befreiung des Schuldners von der Leistungspflicht bei nachträglicher (nicht zu vertretender) objektiver Unmöglichkeit eintrat. Nach § 275 Abs. 2 BGB-1900 galt dasselbe in Fällen subjektiver Unmöglichkeit, d. h. des Unvermögens.

Art. 267 § 1 OGB entsprach weitgehend, nicht zuletzt in seinem Wortlaut, Art. 119 Abs. 1 SOR.[911] Die Gesetzesbegründung enthält hierzu keine näheren Hinweise.[912] Hervorgehoben wurde allerdings, dass nach dem Vorbild des österreichischen und schweizerischen Rechts im OGB auf eine gesetzliche Unterscheidung von objektiver und subjektiver Unmöglichkeit verzichtet wurde.[913] Hierfür hatte sich schon Till in der Begründung zu Art. 193 seines Gesetzentwurfs ausgesprochen.[914] Art. 267 § 1 OGB war demnach unabhängig von der Frage anwendbar, ob die Erfüllung nur dem Schuldner oder jedermann unmöglich war. Ob bei Auftreten von Leistungshindernissen eine Unmöglichkeit im Sinne der Vorschrift vorlag, war vielmehr im Einzelfall unter Berücksichtigung von Inhalt und Grenzen der Leistungspflicht des Schuldners, wie sie sich nach Treu und Glauben (Art. 189 OGB) ergaben, zu entscheiden.[915] Die sich daran anschließende Frage, für welche Umstände der Schuldner zu haften hatte, war nach den allgemeinen Vorschriften der Art. 240, 241 OGB zu beantworten.[916]

Die Beschränkung der Befreiungswirkung des Art. 267 OGB auf Fälle der nicht zu vertretenden Unmöglichkeit bedeutete zugleich, dass bei Vertretenmüssen die unmöglich gewordene Verpflichtung nicht erlosch, sondern sich in eine Ersatzforderung umwandelte.[917]

---

910 Zum ABGB *Longchamps*, Gesetzesbegründung III, S. 417; *Pisko/Gschnitzner*, a. a. O., Anm. B. I.

911 Art. 119 Abs. 1 SOR: „Soweit durch Umstände, die der Schuldner nicht zu verantworten hat, seine Leistung unmöglch geworden ist, gilt die Forderung als erloschen."

912 Verweis auf das schweizerische Vorbild aber bei *Till*, Gesetzentwurf AT, PPiA 1924, S. 37.

913 *Longchamps*, Gesetzesbegründung III, S. 417; *Czachórski*, Zarys, S. 261 f.; *Kempter*, Einfluss, S. 164.

914 *Till*, Gesetzentwurf AT, PPiA 1924, S. 37.

915 *Longchamps*, a. a. O., S. 417; ähnlich *ders.*, Zobowiązania, S. 401 f.

916 *Longchamps*, Gesetzesbegründung III, S. 417; *Korzonek/Rosenblüth*, Kodeks Zobowiązań, S. 576.

917 *Czachórski*, Zarys, S. 259.

2.7.2 Wegfall der Gegenleistungspflicht (Art. 267 § 2 OGB)

In Art. 267 § 2 OGB wurden die Auswirkungen der nicht zu vertretenden Unmöglichkeit auf den gegenseitigen Vertrag geregelt. Das vollständige oder teilweise Erlöschen der Verpflichtung nach Art. 267 § 1 OGB bewirkte den Verlust des Anspruchs auf die Gegenleistung im entsprechenden Umfang. Eine schon erbrachte Gegenleistung war nach Art. 267 § 2 OGB, der insoweit eine bereicherungsrechtliche Spezialregelung darstellte[918], zurückzugewähren.

Art. 267 § 2 OGB entsprach – so die Gesetzesbegründung – § 323 BGB-1900, in dessen Abs. 1 der Verlust des Anspruchs auf die Gegenleistung und in Abs. 3 die Rückgewährpflicht bereits erwirkter Gegenleistungen nach Bereicherungsrecht geregelt war. In der Tat enthielten weder das ABGB noch der KN ähnlich genaue Vorschriften: § 1447 ABGB regelte ausschließlich die Rückgabe bereits erhaltener Gegenleistungen, während sich der Wegfall der Gegenleistungspflicht nur implizit ergab.[919] Im KN fehlte eine ausdrückliche Regelung, woraus sich Unsicherheiten in der französischen Lehre ergaben, z. B. zur obligatorischen Einschaltung des Gerichts.[920] Auch vor diesem Hintergrund hielt es die Kommission für notwendig, den Wegfall der Gegenleistungspflicht im OGB ausdrücklich zu regeln.

Abweichungen vom Regelungsinhalt des Art. 267 § 2 OGB konnten sich aus Spezialregelungen zum Gefahrübergang ergeben.[921] Der Hinweis auf modifizierende Gefahrtragungsregelungen fand sich in der Gesetzesbegründung. Demgegenüber enthielten Art. 193 des Gesetzentwurfs von Till und Art. 300 des Entwurfs von Domański entsprechende Verweise im Gesetz selbst, wie dies auch in Art. 119 Abs. 3 SOR der Fall war. Da sich der Vorrang spezieller Regelungen von allein ergibt, handelte es sich bei diesen Klauseln in der Sache nur um eine gesetzliche Klarstellung, die auch in § 323 BGB-1900 nicht enthalten war.

Im Wortlaut des Art. 267 § 2 OGB wurde ausdrücklich auch die Konstellation des teilweisen Wegfalls der Leistungspflicht erwähnt. Der Gegenleistungsanspruch war in diesem Fall anteilig zu reduzieren. Die Kommission berief sich in diesem Punkt ebenfalls auf das Vorbild des § 323 Abs. 1 BGB-1900, der hierfür auf die Grundsätze der kaufrechtlichen Minderung (§§ 472, 473 BGB-1900) verwies. Ohne dass dies im OGB ausdrücklich geregelt sei, komme im polnischen Recht in vergleichbarer Weise die analoge Anwendung von Art. 310 OGB in

918 *Longchamps*, Gesetzesbegründung III, S. 418.

919 *Longchamps*, a. a. O., S. 418; *Pisko/Gschnitzner*, in: *Klang* VI, § 1447, Anm. G. I.

920 *Longchamps*, a. a. O., S. 418; dazu *Ferid*, Französisches Zivilrecht I, Anm. 2 C 154.

921 *Longchamps*, a. a. O., S. 418 f.

Betracht.[922] Danach war bei Mängeln der Kaufsache der Kaufpreis im Verhältnis des Werts der mangelbehafteten Sache zum Wert der mangelfreien Sache anteilig zu reduzieren. In ABGB und KN gab es hingegen keine gesetzliche Regelung der Auswirkungen einer teilweisen Unmöglichkeit auf die Gegenleistungspflicht.

2.7.3 Besonderheiten bei teilweiser Unmöglichkeit (Art. 267 § 3 OGB)

Eine Erweiterung der Rechte des Gläubigers bei teilweiser Unmöglichkeit sah Art. 267 § 3 OGB vor: Bei einem erkennbaren Wegfall des Gläubigerinteresses an der noch möglichen Restleistung konnte dieser vom gegenseitigen Vertrag zurücktreten. Ein ähnliches Recht zur Vertragslösung enthielt Art. 1722 KN für den Fall des zufälligen teilweisen Untergangs der Mietsache.[923] Im österreichischen Recht behalf man sich mit der Annahme, es handele sich wegen des erkennbaren Interesses des Gläubigers an der vollständigen Erfüllung um eine unteilbare Leistung im rechtlichen Sinne, sodass völlige Unmöglichkeit vorliege; der Gläubiger war aber nicht verpflichtet, sein fehlendes Interesse an einer Teilerfüllung geltend zu machen, sondern konnte alternativ auch die Erfüllung der noch möglichen Restleistung unter entsprechender Minderung der Gegenleistung wählen.[924] Im Ergebnis hatte der Gläubiger daher auch im österreichischen Recht bei erkennbarem Wegfall seines Interesses an der noch möglichen Restleistung die Option der Lösung vom ganzen Vertrag.[925] In der Gesetzesbegründung von Longchamps fanden Art. 1722 KN und – unter Hinweis auf den Kommentar von Klang – die österreichische Rechtslage Erwähnung.[926]

Die Aufnahme eines (verschuldensunabhängigen) Rücktrittsrechts für diese Fallkonstellation war im Gesetzentwürf von Till noch nicht vorgesehen und ging auf eine – möglicherweise vom KN inspirierte – Anregung Domańskis zurück.[927] Schadensersatz neben dem Rücktritt hatte der Schuldner in diesen Fällen nicht zu leisten.[928]

---

922 *Longchamps*, a. a. O., S. 419; *ders.*, Zobowiązania, S. 404.

923 Dazu *Ferid*, Französisches Zivilrecht I, Anm. 2 C 154.

924 *Pisko/Gschnitzner*, in: *Klang* VI, § 1447, Anm. H. II. 2.

925 Für ein Rücktrittsrecht bei unklarer Dauer einer (nicht zu vertretenden) zeitweiligen Unmöglichkeit *Ehrenzweig*, Schuldverhältnisse, § 352, Anm. III. 3., S. 350.

926 *Longchamps*, Gesetzesbegründung III, S. 419 f.

927 *Domański*, Instytucje I, S. 899.

928 *Longchamps*, Gesetzesbegründung III, S. 420; *ders.*, Zobowiązania, S. 404.

Das Recht zur Vertragslösung des Art. 267 § 3 OGB widersprach der sonstigen Tendenz der Kommission, den Rücktritt an das Verschuldensprinzip zu knüpfen. Allerdings ließ sich nur auf diesem Wege ein Wahlrecht des Gläubigers begründen. Die (naheliegende) Annahme einer vollständigen Unmöglichkeit bei erkennbarem Gläubigerinteresse an einer vollständigen Leistung musste hingegen zum völligen Wegfall beider Leistungspflichten führen, ohne dass der Gläubiger dies beeinflussen konnte. Eine alternative Option des Gläubigers, eine Abwicklung des noch möglichen Vertragsrests zu erreichen, war danach ausgeschlossen. Fraglich bleibt allerdings, ob in Fällen, in denen aus der Natur der Verpflichtung oder aus dem Vertragszweck hervorging, dass die teilweise Erfüllung für eine Seite keine Bedeutung hatte (vgl. den Wortlaut von Art. 267 § 3 OGB), ein praktisches Bedürfnis bestand, dieser Seite die Wahl zwischen einem Festhalten an der restlichen Vertragsabwicklung und dem Rücktritt vom ganzen Vertrag einzuräumen.[929]

2.7.4 Herausgabe von Surrogaten (Art. 268 OGB)

Bei Verlust des Leistungsgegenstandes hatte der Schuldner nach Art. 268 OGB dem Gläubiger etwaige Ersatzansprüche gegen Dritte abzutreten oder bereits erlangten Schadensersatz herauszugeben.[930] Die Regelung, die (a maiore ad minus) auch im Falle zu vertretender Unmöglichkeit anzuwenden war[931], beruhte auf einem Vorschlag Domańskis[932] und entsprach inhaltlich Art. 1303 KN und § 281 BGB-1900. Im österreichischen Recht wurde der Anspruch auf Herausgabe des stellvertretenden commodums bisweilen aus § 1447 ABGB abgeleitet, bisweilen aus den natürlichen Rechtsgrundsätzen im Sinne des § 7 ABGB.[933] Das SOR enthielt keine entsprechende Regelung.

Unklarheiten bestanden hinsichtlich der im OGB nicht geregelten Frage der Auswirkungen einer Herausgabe des Surrogats auf einen etwaigen Gegenleistungsanspruch (vgl. § 323 Abs. 2 BGB-1900). Teilweise wurde vertreten, dass bei Geltendmachung des Anspruchs aus Art. 268 OGB der Anspruch auf die

---

929 Das ZGB hat die Regelung aufrechterhalten (Art. 495 § 2 ZGB).

930 Für die Anwendbarkeit der Vorschrift bei teilweiser Unmöglichkeit *Korzonek/Rosenblüth*, Kodeks Zobowiązań, S. 580 und wohl auch *Domański,* Instytucje I, S. 902.

931 In diesem Fall konnte daneben ein weitergehender Schaden geltend gemacht werden (*Czachórski*, Zarys, S. 260), wie dies auch nach § 281 Abs. 2 BGB-1900 ausdrücklich möglich war.

932 *Domański,* Instytucje I, S. 902. Dessen Gesetzesvorschlag enthielt in Art. 234 eine Regelung, die weitgehend Art. 1303 KN entsprach.

933 *Pisko/Gschnitzner,* in: *Klang* VI, § 1447, Anm. E.

Gegenleistung erhalten bleibe, gegebenenfalls gemindert in dem Maße, in dem der Wert des Surrogats vom Wert des Leistungsgegenstandes abwich.[934] Nach anderer Auffassung war bei Geltendmachung des Anspruchs auf das Surrogat unabhängig von etwaigen Wertdifferenzen in jedem Fall die volle Gegenleistung zu erbringen.[935]

Die Frage, ob der Herausgabeanspruch nicht nur den eigentlichen Ersatz für die Sache, sondern auch auch das rechtsgeschäftliche Entgelt umfasse, wurde von Longchamps verneint.[936] Bei Anwendung des § 281 BGB-1900 war hingegen schon damals nach ständiger Rechtsprechung auch der durch Rechtsgeschäft erzielte Gegenwert einer Sache herauszugeben.[937]

2.7.5 Bewertung

Für die Regelung der nachträglichen nicht zu vertretenden Unmöglichkeit (Art. 267 und 268 OGB) diente das deutsche Recht nur in einem Teilaspekt als Vorbild:

Der wesentliche Inhalt der Regelung, d. h. das Erlöschen der Leistungspflicht (Art. 267 § 1 OGB), entsprach allen bisher in Polen geltenden Rechten und dem SOR. Die Formulierung der polnischen Vorschrift zeigte aber überwiegende Übereinstimmungen mit der schweizerischen Regelung.

Das deutsche Recht wies in § 275 BGB-1900 die Besonderheit auf, dass eine begriffliche Unterscheidung zwischen Unmöglichkeit und Unvermögen getroffen wurde, allerdings mit der Anordnung identischer Rechtsfolgen. Eine Übernahme dieser Differenzierung, die auch dem ABGB und SOR fremd war, lehnte die Kommission als überflüssig ab. Ohne dass dies in den Gesetzesmaterialien zum Ausdruck kam, deckte sich diese Kritik an § 275 Abs. 2 BGB-1900 mit einem Teil der deutschen Lehre, der ebenfalls von der Entbehrlichkeit der Regelung ausging oder zwischen beiden Begriffen nur einen graduellen Unterschied sah.[938]

---

934 *Korzonek/Rosenblüth*, Kodeks Zobowiązań, S. 580.

935 *Domański,* Instytucje I, S. 902 f. Zum Meinungsstand im Hinblick auf das ZGB *Bobrzyński/Liebscher/Zoll*, in: *Liebscher/Zoll* (Hrsg.), Einführung, S. 231, 276.

936 *Longchamps*, Zobowiązania, S. 403; ebenso *Czachórski*, Zarys, S. 260; a. A. *Ohanowicz,* Zobowiązania, S. 110.

937 RG, Urt. v. 26. Juni 1922, RGZ 105, 84, 89; zum damaligen (streitigen) Meinungsstand auch *Palandt/Friesecke*, BGB, 1. Auflage, § 281 BGB, Anm. 1. e) sowie HKK/*Schermaier*, §§ 280–285 BGB, Rn. 85; zur Sonderstellung des deutschen Rechts in der Frage der Einbeziehung des commodum ex negatione in die Surrogation des Leistungsgegenstandes *Ranieri*, Europäisches Obligationenrecht, S. 618.

938 Dazu HKK/*Schermaier*, § 275, Rn. 45 f.

Auch hinsichtlich der Regelungstechnik lassen sich Parallelen mit ABGB und SOR, nicht aber mit dem BGB, feststellen: Während die Befreiungswirkung der nachträglichen Unmöglichkeit, d. h. des Erlöschens der Verpflichtung (Art. 267 § 1 OGB), und der entsprechende Wegfall der Gegenleistungspflicht (Art. 267 § 2 OGB) im BGB an unterschiedlicher Stelle geregelt waren (§ 275 BGB-1900 und § 323 BGB-1900), wurden diese Fragen in § 1447 ABGB und Art. 119 SOR in einer Regelung zusammengefasst.

Nur für die ausdrückliche Regelung des Wegfalls der Gegenleistungspflicht und deren anteiliger Minderung im Falle teilweiser Unmöglichkeit (Art. 267 § 2 OGB) war deutsches Recht maßgeblich; die Kommission orientierte sich hierbei an § 323 Abs. 1 BGB-1900.

Das Rücktrittsrecht bei fehlendem Gläubigerinteresse an der Restleistung in Fällen teilweiser Unmöglichkeit (Art. 276 § 3 OGB) beruhte hingegen auf Einflüssen des KN. Der Anspruch auf das Surrogat nach Art. 268 OGB entsprach zwar neben Art. 1303 KN auch § 281 BGB-1900. Longchamps folgte insoweit aber nicht der Ausweitung des Anspruchs auf das rechtsgeschäftliche Entgelt, wie sie von der deutschen Rechtsprechung vorgenommen wurde.

2.8 Vertragsanpassung wegen Veränderung wesentlicher Umstände (Art. 269 OGB)

Im Unterschied zu den bisher in Polen geltenden Zivilrechtsbüchern enthielt das OGB in Art. 269 eine allgemeine gesetzliche Regelung, die eine richterliche Vertragsanpassung bei Vorliegen außergewöhnlicher Umstände ermöglichte.[939] Danach konnte das Gericht in Fällen einer übermäßigen und unvorhersehbaren Leistungserschwerung aufgrund außergewöhnlicher Ereignisse den Vertrag unter Abwägung der beiderseitigen Interessen anpassen oder auflösen.

939 Da Art. 269 OGB in rechtsvergleichender Hinsicht für die damalige Zeit eine der markantesten Neuerungen des OGB darstellte, existiert hierzu umfangreiche, teilweise auch deutschsprachige Literatur. Zur Entstehung der Regelung *Besiekierska*, Leistungserschwerungen, S. 81–89; *Górnicki*, Prawo cywilne, S. 444 f.; *Jastrzębski*, Studia z Dziejów Państwa i Prawa Polskiego XIII (2010), S. 155–166; *Brzozowski*, Wpływ zmiany, S. 75–80. Die Regelung wurde in damaliger Zeit auch von nichtpolnischen Juristen begrüßt, z. B. *Rukser*, RabelsZ 1934, S. 342, 363; *Mazeaud*, GSW-NKZ 1936, S. 35, 37; kritisch hingegen *Capitant*, Préface, S. XVI f.; rechtsvergleichend zur Frage der Haftungsbefreiung bei außergewöhnlichen Umständen *Zweigert/Kötz*, Rechtsvergleichung, S. 516–537.

2.8.1 Ansätze der deutschen, französischen und österreichischen Lehre

Nach KN, ABGB und BGB waren nachträgliche Veränderungen, aufgrund derer die Leistungserfüllung für den Schuldner in erheblichem Maße erschwert oder für eine der beiden Vertragsparteien mit erheblichen wirtschaftlichen Verlusten einherging, im Allgemeinen unbeachtlich. Soweit keine echte Unmöglichkeit vorlag, ließen nur vereinzelte Spezialregelungen eine Vertragsanpassung oder -auflösung wegen veränderter Umstände zu, so z. B. § 936 ABGB (Wegfall der Bindung an den Vorvertrag bei Änderung wesentlicher Umstände) sowie Sondervorschriften zur Umrechnung von Forderungen bei erheblicher Geldentwertung. Die Folgen des Ersten Weltkrieges und die nachfolgende Inflation verliehen der Frage nach einer Anpassungsmöglichkeit für Verträge eine erhöhte Dringlichkeit – nicht nur in Deutschland, sondern auch in Österreich und Polen. Die Schaffung einer entsprechenden Regelung war daher den polnischen Gesetzesautoren von Anfang ein Anliegen. Eine Vorschrift zur Vertragsanpassung bei außergewöhnlichen Umständen enthielten daher bereits die Entwürfe von Till (Art. 195) und Domański (Art. 301).[940]

Die Notwendigkeit einer Kodifikation ergab sich für die Kommission insbesondere aus folgender Bestandsaufnahme[941]: Sowohl die deutsche, französische als auch die österreichische Lehre hatten sich immer wieder mit der Frage der clausula rebus sic stantibus (d. h. die Kopplung der Bindungswirkung des Vertrages an den Fortbestand der bei Vertragsschluss wesentlichen Umstände)

---

940 *Till*, Gesetzentwurf AT, S. 36; *Domański*, Gesetzentwurf AT, S. 79. Bei Veröffentlichung des Gesetzentwurfs von *Till* im Jahre 1923 hatte die massive Entwertung der polnischen Mark bereits eingesetzt. Ende 1922 war gegenüber 1918 eine 125-fache Geldmenge im Umlauf, der Dollar kostete statt 9 polnische Mark mittlerweile 18.000 polnische Mark (*Borodziej*, Geschichte Polens, S. 135). Die Auswirkungen des Krieges auf bestehende Verträge spielte in der polnischen Literatur nach 1918 an eine wichtige Rolle, so z. B. in dem Beitrag aus dem Jahre 1918 von *Rundstein*, Them. Pol. 1918, S. 293–364. Eine auf das Bereicherungsrecht gestützte Rückabwicklungsmöglichkeit von Verträgen bei Eintreten außergewöhnlicherUmstände enthielt auch der Gesetzentwurf von *Koschembahr-Łyskowski*, Them. Pol. 1924/25, Tom II, S. 1, 80 f.

941 *Longchamps*, Gesetzesbegründung III, S. 420–422; *ders.*, Zobowiązania, S. 405–407; dazu auch *Domański*, Instytucje I, S. 903 f.; zum Meinungsstand in der polnischen Rechtsprechung und Literatur der 1920er Jahre ausführlich *Przybyłowski*, Zeitschrift für Ostrecht 1929, 169–193. Die nachfolgende Darstellung beschränkt sich auf die in der Gesetzesbegründung skizzierten groben Grundzüge der Rechtsentwicklung; zum deutschen Recht ausführlich HKK/*Meyer-Pritzl*, §§ 313–314 BGB, Rn. 1–24.

beschäftigt. Dabei wurden verschiedene Ansätze entwickelt, um bei schwerwiegenden Veränderungen, die jedoch keine Leistungsunmöglichkeit im engeren Sinne zur Folge hatten, Verträge trotz fehlender gesetzlicher Regelung anpassen oder lösen zu können. Hierzu zählten – so die Hinweise in der Gesetzesbegründung – die französische Lehre der Nichtvorhersehbarkeit (théorie de l'imprévision)[942] sowie die Unerschwinglichkeitslehre der deutschen und österreichischen Lehre[943]. Letztere wurde in Deutschland (auch) auf § 242 BGB und in Österreich im Wege einer weit verstandenen Unmöglichkeit auf § 1447 ABGB (Regelung der nachträglichen zufälligen Unmöglichkeit) gestützt, kam aber nur dem Schuldner zugute. Für die Kommission waren daneben Lösungen, die auch zugunsten des Gläubigers wirken konnten (z. B. bei massiver Entwertung von Geldforderungen), von besonderem Interesse. Dies war bei Oertmanns – ebenfalls auf § 242 BGB gestützten – Lehre von der Geschäftsgrundlage[944] und der in Österreich diskutierten Lehre von der typischen Voraussetzung[945] der Fall.[946]

2.8.2 Die Argumente für eine Kodifikation der clausula rebus sic stantibus

Vor Verabschiedung des OGB wichen die einzelnen Kammern des Obersten Polnischen Gerichtshofes in der Frage der Vertragsanpassung an veränderte Umstände voneinander ab. Die I. Kammer stand unter französischem Einfluss und nahm eine vergleichsweise restriktive Haltung ein; die III. und V. Kammer

---

942 Dazu sowie zur restriktiven Haltung der französischen Rechtsprechung gegenüber einer clausula rebus sic stantibus *Ranieri*, Europäisches Obligationenrecht, S. 846, 849; siehe auch *Zweigert/Kötz*, Rechtsvergleichung, S. 525–527.

943 Zum österreichischen Recht *Ehrenzweig*, Schuldverhältnisse, § 352, Anm. V. 4., S. 352 f.; *Pisko/Gschnitzner*, in: *Klang* VI, § 1447, Anm. B. II.; zum BGB *Enneccerus/Lehmann*, Bürgerliches Recht II, 1, § 46, I. 2. Anders als bei der „logischen" Unmöglichkeit trat die befreiende Wirkung jedoch nicht ipso iure ein, sondern nur dann, wenn der Schuldner sich darauf berief (*Pisko/Gschnitzner*, in: *Klang* VI, § 1447, Anm. B. II. 1.; *Enneccerus/Lehmann*, Bürgerliches Recht II, 1, § 46, I. 2.). Zur Rechtsprechung des Reichsgerichts, die zunächst an die Unmöglichkeit, später in erster Linie an § 242 BGB anknüpfte, HKK/*Meyer-Pritzl*, §§ 313–314 BGB, Rn. 18–23.

944 Daneben wurde auch auf Windscheids Lehre von der Voraussetzung verwiesen (*Longchamps*, Gesetzesbegründung III, S. 422).

945 Dazu *Gschnitzer*, in: *Klang* IV, 1, § 901, Anm. B. II. 2.

946 Zur europäischen Rechtsentwicklung in der Frage der Befreiung wegen veränderter Umstände *Ranieri*, Europäisches Obligationenrecht, S. 819–826.

orientierten sich eher an österreichischem und deutschem Recht.[947] Die polnische Literatur, die sich mehrheitlich für eine Berücksichtigung wesentlicher Umstände aussprach, war ähnlich vielschichtig.[948] Vor diesem Hintergrund und auf der Grundlage ihrer rechtsvergleichenden Betrachtung zog die Kommission den Schluss, dass ein Verzicht auf eine gesetzliche Regelung den Grundsatz pacta sunt servanda nicht stärken werde, da erfahrungsgemäß die Gerichte aufgrund von Billigkeitserwägungen auf möglicherweise sehr unterschiedlichen Wegen zu entsprechenden Lösungen kommen würden.[949] Demgegenüber könnten durch eine gesetzliche Regelung Voraussetzungen und Grenzen einer richterlichen Vertragsanpassung vereinheitlicht werden.[950] Auch gelte es, eine Überdehnung der Grundsätze von Treu und Glauben zu verhindern, die in Deutschland bezogen auf § 242 BGB bereits auf Kritik stoße.[951]

Die in diesem Zusammenhang von Longchamps in der Gesetzesbegründung erwähnte Schrift Hedemanns aus dem Jahre 1933 *Die Flucht in die Generalklauseln – eine Gefahr für Recht und Staat* dürfte allerdings für die Kommission aus zeitlichen Gründen kaum eine Rolle gespielt haben: Bei ihrem Erscheinen waren die Beratungen fast abgeschlossen. Das in der Gesetzesbegründung angesprochene Szenario einer anhaltend uneinheitlichen Rechtsprechung war hingegen nicht unwahrscheinlich. Verschiedene Einflüsse auf die Rechtsprechung, auch im Hinblick auf die Herkunft und Ausbildung der Richter, erschwerten eine einheitliche polnische Rechtsprechung in dieser Domäne des Richterrechts.[952]

2.8.3 Der Inhalt des Art. 269 OGB

Art. 269 OGB erforderte auf Tatbestandsseite das Vorliegen einer vertraglichen Verpflichtung und den Eintritt außergewöhnlicher Ereignisse. Das Gesetz nannte beispielhaft den Kriegs- oder Seuchenfall, eine Missernte oder andere

---

947 Ausführlich dazu *Przybyłowski*, Zeitschrift für Ostrecht 1929, S. 169–181; *Besiekierska*, Leistungserschwerungen, S. 83–85. Nach *Przybyłowski* (a. a. O.) wurden überwiegend Grundsätze von Treu und Glauben herangezogen (§§ 157, 242 BGB und Art. 1134 KN und § 879 ABGB), daneben – in der Tradition der österreichischen Rechtsprechung – die Gleichstellung besonderer Leistungserschwerungen (Unerschwinglichkeit) mit der objektiven Unmöglichkeit nach § 1447 ABGB.

948 *Przybyłowski*, a. a. O., S. 181–191.

949 *Longchamps*, Gesetzesbegründung III, S. 422.

950 *Longchamps*, a. a. O., S. 422 f.

951 *Longchamps*, a. a. O., S. 423.

952 Ebenso *Besiekierska*, Leistungserschwerungen, S. 87; zur Zusammensetzung der damaligen Richterschaft 1.3.

Naturkatastrophen.[953] Eine ausdrückliche Erwähnung des wirtschaftlichen Zusammenbruchs als weiteren Beispielsfall war von der Kommission zunächst vorgesehen, aber im Rahmen des nachfolgenden Verfahrens von der Regierung auch aus währungspolitischen Erwägungen als zu weitgehend gestrichen worden.[954] Infolge der außergewöhnlichen Umstände musste eine übermäßige Erschwerung der Leistung eingetreten sein oder einer Seite ein übermäßiger Verlust drohen, z. B. eine Gefahr für Leib und Leben, eine erhebliche Erhöhung von Beschaffungs- oder Herstellungskosten oder die inflationsbedingte Entwertung eines Darlehensrückzahlungsanspruchs.[955] Die Regelung galt schon nach ihrem Wortlaut nur für Leistungserschwerungen oder drohende Verluste, die bei Vertragsschluss nicht vorhersehbar waren. Da sich die Vorhersehbarkeit auf die Erschwernisse und Verluste bezog, kam die Vorschrift auch dann zur Anwendung, wenn zwar die außergewöhnlichen Ereignisse (z. B. der Kriegsfall) bei Vertragsschluss bereits eingetreten, aber die daraus resultierenden Auswirkungen auf die Leistung für die Parteien (nach objektiven Maßstäben[956]) nicht absehbar waren.[957]

Rechtsfolge war die Möglichkeit der richterlichen Vertragsanpassung. Das Gericht konnte Art und Höhe der Leistung verändern oder *„sogar"*, d. h. im äußersten Fall, den Vertrag lösen. Leitende Gesichtspunkte für das Ermessen des Gerichts waren nach dem Gesetz die Grundsätze des guten Glaubens und die Interessen beider Seiten. Die Rechte aus Art. 269 OGB konnten prozessual sowohl im Wege der selbstständigen Klage als auch der Einrede geltend gemacht werden.[958]

2.8.4 Der Beratungsverlauf

Art. 269 OGB war eine der wenigen Regelungen, bei denen von Regierungsseite im Rahmen der interministeriellen Konferenz am Text der Kommission

---

953 Dazu auch *Longchamps*, Zobowiązania, S. 407 f.; *Czachórski*, Zarys, S. 264 f.; *Brzozowski*, Wpływ zmiany, S. 78 f.

954 Trotz dieser Streichung für eine Anwendbarkeit der Norm auf wirtschaftliche Veränderungen *Longchamps*, a. a. O., S. 408; ebenso *Domański*, Instytucje I, S. 909 f. (teilweise im Wege einer analogen Anwendung).

955 *Longchamps*, Gesetzesbegründung III, S. 424; *ders.*, Zobowiązania, S. 408; dazu auch *Domański*, Instytucje I, S. 906 f.

956 *Korzonek/Rosenblüth*, Kodeks Zobowiązań, S. 583.

957 *Longchamps*, Gesetzesbegründung III, S. 425; dazu auch *Besiekierska*, Leistungserschwerungen, S. 88.

958 *Korzonek/Rosenblüth*, Kodeks Zobowiązań, S. 584.

nennenswerte inhaltliche Änderungen vorgenommen wurden. Einzelheiten der Regelung waren bis zum Abschluss des Gesetzgebungsverfahrens strittig:[959]

Die Ausgestaltung der Vorschrift durch die Kodifikationskommission selbst dürfte wesentlich durch einen Beitrag von Przybyłowski aus dem Jahre 1926[960] beeinflusst worden sein.[961] Neben einer ausführlichen Darstellung der deutschen Rechtsprechung und Lehre[962], u. a. mit kritischen Anmerkungen zu den Lehren Windscheids und Oertmanns[963], enthielt der Aufsatz auch eine kritische Auseinandersetzung mit der entsprechenden Regelung im Gesetzesvorschlag von Till. Przybyłowski war Tills Nachfolger auf dessen Lehrstuhl an der Lemberger Universität.[964] Der in seinem Beitrag detailliert wiedergegebene Stand der polnischen Rechtsprechung und Lehre der 1920er Jahre zeigte ebenso wie die Gesetzesbegründung, dass die Diskussion in Polen auch, aber sicher nicht überwiegend, von der deutschen Lehre beeinflusst war.[965]

Der von Przybyłowski geäußerten Kritik am Gesetzesvorschlag von Till wurde im Ergebnis[966] in verschiedenen Punkten von der Kommission entsprochen: So

959 Der Text der Regelung, wie sie von der Kodifikationskommission verabschiedet wurde, d. h. ohne die Änderungen der Regierungsseite, ist bei *Domański,* Instytucje I, S. 905, wiedergegeben.

960 *Przybyłowski,* PPiA 1926, S. 10–43, 117–148, 233–274, 345–383 sowie PPiA 1927, S. 1–32.

961 Ebenso *Skąpski,* in: *Radwański* (Hrsg.), Studia, S. 301, 302; dazu auch *Górnicki,* Prawo cywilne, S. 445 (Fn. 57); ausführlich zur Kritik Przybyłowskis an Tills Gesetzentwurf *Longchamps,* in: Księga Pamiątkowa ku czci Władysława Abrahama I, S. 351, 362 f. In der Gesetzesbegründung wird mehrmals auf Przybyłowski verwiesen (*Longchamps,* Gesetzesbegründung III, S. 422, 426).

962 *Przybyłowski,* PPiA 1926, S. 10, 12–43.

963 *Przybyłowski,* PPiA 1927, S. 1, 5 (Fn. 1); zur Auseinandersetzung mit der Lehre Oertmanns in der polnischen Literatur siehe auch *ders.,* Zeitschrift für Ostrecht 1929, S. 169, 190 f.

964 *Redzik,* Prawo prywatne, S. 61.

965 Ähnlich *Mankowski/Wudarski,* in: *v. Bar/Wudarski* (Hrsg.), Deutschland und Polen, S. 159, 170.

966 Ausdrückliche Hinweise auf eine Übernahme der Anregungen Przybyłowskis sind in den Gesetzesmaterialien allerdings nicht enthalten. Art. 195 des Entwurfs von Till lautete:
„(1) Wenn aufgrund außergewöhnlicher Umstände wie Krieg, Seuche, vollständiger Missernte oder anderer Naturkatasprophen oder eines wirtschaftlichen Zusammenbruchs die Leistung eines gegenseitigen Vertrages sich nur mit einem Aufwand erfüllen lässt, der bei verständiger Sicht bei Vertragsschluss nicht in Rechnung gestellt

wurde die Regelung nunmehr – anders als noch in den Entwurfsfassungen von Till und Domański – außerhalb des Gesetzesabschnitts „Unmöglichkeit der Leistung" (Art. 267, 268 OGB) in einem gesonderten Titel verortet und damit der Unterschied zur Unerschwinglichkeit (bzw. der wirtschaftlichen Unmöglichkeit) der deutschen und österreichischen Lehre auch gesetzessystematisch verdeutlicht.[967] Des Weiteren wurde der Anwendungsbereich der Regelung auf nicht gegenseitige Verpflichtungen ausgedehnt.[968]

Im Rahmen der sich anschließenden interministeriellen Konferenz im Justizministerium wurde ein von der Kommission vorgesehener Passus gestrichen, wonach das Gericht im Zuge der Vertragsanpassung dem Schuldner auch eine andere als die vertraglich vorgesehene Leistung auferlegen konnte.[969] Ferner sah die von der Kommission verabschiedete Fassung einen Schutz des Gläubigers (z. B. bei Entwertung einer Geldforderung) nur unter einschränkenden Bedingungen vor.[970] Wie schon von Przybyłowski angeregt[971], wurde im Zuge der Konsultationen im Justizministerium die Regelung so umformuliert, dass durchgehend auf die Interessen „einer Partei" oder „der Parteien" abgestellt

---

werden konnte, wird der Schuldner ganz oder teilweise befreit, wenn dieser Aufwand in auffallendem Verhältnis zum Vorteil des Gläubigers stünde oder seine Erfüllung den Schuldner mit finanziellem Ruin bedrohen würde.

(2) Im Falle völliger oder teilweiser Befreiung des Schuldners soll auch die Gegenleistung der anderen Seite aufgehoben oder entsprechend gemindert werden.

(3) In Fällen des Abs. 1 kann der Gläubiger zur Annahme einer anderen Leistung oder zur Annahme der Leistung zu anderer Zeit, am anderen Ort oder auf andere Weise verpflichtet werden, wenn er nach billiger Beurteilung keinen wesentlichen Nachteil erleidet." (Übersetzung der Verfasserin).

967 Dazu *Przybyłowski*, PPiA 1927, S. 1, 24.

968 Dazu *Przybyłowski*, a. a. O., S. 25 f. Der dann von der Kommission verabschiedete Wortlaut unterschied allerdings immer noch zwischen gegenseitigen und nicht gegenseitigen Verträgen und ließ für letztere eine Vertragsanpassung nur innerhalb enger Grenzen zu (d. h. beschränkt auf die richterliche Nachfristsetzung oder die Anordnung von Ratenleistungen). Diese Unterscheidung wurde nachfolgend von der Regierung aufgehoben (*Longchamps*, Gesetzesbegründung III, S. 426).

969 *Przybyłowski*, a. a. O., S. 31; *Domański*, Instytucje I, S. 908. Zudem wurde der wirtschaftliche Zusammenbruch in der beispielhaften Aufzählung außergewöhnlicher Ereignisse gestrichen, dazu näher 2.8.3.

970 Daneben war zum Schutz des Gläubigers vor Wertverlusten eine ergänzende Regelung im Darlehensrecht (Besonderer Teil) vorgesehen (*Longchamps*, Gesetzesbegründung III, S. 424 f.).

971 *Przybyłowski*, PPiA 1927, S. 1, 25.

wurde, sodass die Regelung uneingeschränkt auch zugunsten des Gläubigers zur Anwendung kommen konnte. Nicht aufgegriffen wurde hingegen der Vorschlag Przybyłowskis, auf das Tatbestandsmerkmal der außergewöhnlichen Ereignisse zu verzichten und stattdessen den Anwendungsbereich der Norm auf alle schwerwiegenden Veränderungen von Umständen auszudehnen.[972]

2.8.5 Ergebnis: Die polnische Regelung als Synthese verschiedener Ansätze

Longchamps sah in der Regelung des Art. 269 OGB eine Synthese der seit Mitte des 19. Jahrhunderts entwickelten Rechtsfiguren, u. a. der Lehre Windscheids von der Voraussetzung, der französischen „théorie de l'imprévision“ und der von der österreichischen Rechtsprechung typischerweise verwendeten Unerschwinglichkeit der Leistung.[973] Bezüglich der richterlichen Gestaltungsmöglichkeiten auf der Rechtsfolgenseite sei daneben eine Nähe zu Art. 1184 KN gegeben – im Hinblick auf die dort vorgesehene Möglichkeit der richterlichen Nachfristsetzung.[974] Für die Entstehung des Art. 269 OGB dürfte demnach ebensowenig ein prägender Einfluss einer bestimmten Lehre auszumachen sein, wie dies bereits für die Rechtsprechung des polnischen Obersten Gerichtshofes vor Verabschiedung des OGB galt: Zur Anwendung kamen dort verschiedene Konstruktionen, bisweilen mehrere nebeneinander in einer Entscheidung[975].

Im Hinblick auf den Verlauf der Beratungen kann allerdings konstatiert werden, dass der erste Entwurf von Till noch deutlich von einer gedanklichen Nähe zur Unmöglichkeit geprägt war, wie es der Rechtsprechung der vom österreichischen Recht beeinflussten III. Kammer des Obersten Gerichtshofes entsprach. Dies galt sowohl hinsichtlich der Stellung der Vorschrift im Gesetz als auch des Wortlauts, der als primäre Rechtsfolge die teilweise oder vollständige Befreiung des Schuldners vorsah.[976] Nachfolgende Änderungen des Gesetzestextes ließen

---

972 *Przybyłowski,* a.a. O., S. 27.

973 *Longchamps,* RPEiS 1934, Nr. 2, S. 77, 87. Die Anwendung der Regeln über die Unmöglichkeit auf Fälle unzumutbarer Leistungserschwerung war neben Art. 269 OGB nicht völlig ausgeschlossen, dazu *Pajor,* Odpowiedzialność, S. 102 (Fn. 61). Zur Abgrenzung von wirtschaftlicher Unmöglichkeit zur Nachfolgeregelung des Art. 269 OGB im heutigen polnischen Recht (Art. 357^1 ZGB) *Besiekierska*, Leistungserschwerungen, S. 109 f.

974 *Longchamps,* Bulletin trimestriell de la Société de Législation comparé 1935, Nr. 3, S. 329, 340.

975 *Przybyłowski,* Zeitschrift für Ostrecht 1929, S. 169, 170.

976 Zum Wortlaut des Entwurfs von *Till* Fn. 966.

hingegen erkennen, dass an allgemeinere Begründungen, insbesondere den Grundsatz von Treu und Glauben, angeknüpft wurde. Dem entsprach die Aufnahme der Vorschrift in einen gesonderten Abschnitt, die vollständige Einbeziehung des Gläubigers als möglichen Berechtigten und auf der Rechtsfolgenseite der Vorrang der Vertragsänderung vor einer -lösung.

Anders als Ansätze der deutschen und österreichischen Lehre (z. B. vom Wegfall der Geschäftsgrundlage) war der Anwendungsbereich des Art. 269 OGB durch die Kopplung an kriegs- oder seuchenähnliche Zustände einerseits enger. Andererseits kam das polnische Recht bei der Frage, welche Arten von Veränderungen eine Vertragsanpassung begründen konnten, ohne Bezugnahme auf subjektive Parteivorstellungen aus. Die Kommission ist bei der Regelung des Art. 269 OGB entgegen ihrer sonstigen Politik von der vorgefundenen Rechtslage in allen bisher geltenden Rechten abgewichen. Die Regelung stellte eine bemerkenswerte Neuerung dar.[977]

2.9 Gläubigerverzug

2.9.1 Die Regelungen des OGB im Überblick

Der Gläubigerverzug war Gegenstand der Art. 231–238 OGB in einer gesonderten (IX.) Abteilung („Der Verzug des Gläubigers und die Hinterlegung bei Gericht"). Art. 231 OGB regelte die tatbestandlichen Voraussetzungen des Annahmeverzugs. Dessen Rechtsfolgen waren Gegenstand der Art. 232–236 OGB (Berechtigung des Schuldners zur Hinterlegung, Durchführung der gerichtlichen Hinterlegung) und Art. 238 OGB (Schadensersatzanspruch des Schuldners). Auch nach polnischem Recht bestand hinsichtlich der Annahme der Leistung in der Regel (anders z. B. die Abnahmepflicht des Käufers nach Art. 337 OGB) keine schuldrechtliche Verpflichtung des Berechtigten[978], sodass eine gerichtliche Durchsetzung der Abnahme nicht möglich war und dem Schuldner andere Wege eröffnet werden mussten, sich von der Leistungspflicht zu befreien. Daneben stellte sich die Frage nach dem Schutz des Schuldners vor nachteiligen Folgen der Nichtannahme. Die Kommission ließ sich hierbei von dem Gedanken leiten, dass der Gläubiger auf eigene Gefahr handele.[979]

---

977 Zur Bedeutung der damaligen gesetzgeberischen Leistung für die europäische Privatrechtsvereinheitlichung *Dajczak*, in: *v. Bar/Wudarski* (Hrsg.), Deutschland und Polen, S. 13, 20–22.

978 *Longchamps*, Zobowiązania, S. 344; *Czachórski*, Zarys, S. 243.

979 *Longchamps*, Gesetzesbegründung II, S. 335.

2.9.2 Der Gläubigerverzug als eigenes Rechtsinstitut

Schon von der gesetzlichen Systematik her war der Gläubigerverzug im OGB als eigenes Rechtsinstitut mit besonderen Rechtsfolgen ausgebildet. In den bisher in Polen geltenden Rechten war dies hingegen überwiegend nicht der Fall. Der Svod Zakonov enthielt nur eine Regelung, wonach der Schuldner einer Darlehensforderung bei Annahmeverzug des Gläubigers den zurückzuzahlenden Geldbetrag bei Gericht hinterlegen konnte, um auf diese Weise die Löschung einer etwaigen Immobiliarsicherheit auch ohne Zustimmung des Gläubigers erreichen zu können.[980] In ähnlicher Weise konnte sich der Schuldner nach Art. 1257 KN bei Annahmeverweigerung des Gläubigers unter gesetzlich näher bestimmten Voraussetzungen durch Hinterlegung von der Leistungspflicht befreien.[981] Der Annahmeverzug wurde also ausschließlich unter dem Gesichtspunkt der Befreiung des Schuldners betrachtet, ohne dass der Begriff gesetzlich definiert und weitere Rechtsfolgen geregelt wurden.[982] In § 1419 ABGB wurde demgegenüber in sehr allgemeiner Form geregelt, dass der Gläubiger bei Verzögerung der Annahme einer Zahlung die widrigen Folgen zu tragen habe. Das Gesetz enthielt aber keinerlei Aussage dazu, welches die vom Gläubiger zu tragenden Folgen waren.[983] Die detaillierte Regelung von Voraussetzungen und Rechtsfolgen des Annahmeverzugs in §§ 293–304 BGB stellte damit im Vergleich zu den vorgenannten Rechten eine Besonderheit des deutschen Rechts dar. Allerdings enthielt auch das schweizerische Recht (Art. 91–95 SOR) bereits seit 1883 eine Regelung der Voraussetzungen und Wirkungen des Gläubigerverzugs (insbesondere das Recht zur befreienden Hinterlegung nach Art. 92 SOR und zum öffentlichen Verkauf nach Art. 93 SOR).

2.9.3 Voraussetzungen des Gläubigerverzugs (Art. 231 OGB)

Neben der faktischen Nichtannahme der tatsächlich angebotenen Leistung waren nach Art. 231 OGB auch subjektive Faktoren („Willensmoment“[984])

980 *Longchamps*, a. a. O., S. 334; *Domański*, Instytucje I, S. 802.

981 *Longchamps*, a. a. O., S. 333 f.; dazu auch *Ferid*, Französisches Zivilrecht I, Anm. 2 C 157.

982 *Ferid*, a. a. O., Anm. 2 C 157–160; HKK/*Pennitz*, §§ 293–304 BGB, Rn. 3.

983 § 1419 ABGB: „Hat der Gläubiger gezögert, die Zahlung anzunehmen, so fallen die widrigen Folgen auf ihn.“ Zur Unbestimmtheit dieser Regelung *Gschnitzer*, in: *Klang* VI, § 1419, Anm. I; HKK/*Pennitz*, §§ 293–304 BGB, Rn. 14.

984 *Longchamps*, Gesetzesbegründung II, S. 335; *Czachórski*, Zarys, S. 243; ähnlich *Zoll*, Zobowiązania, S. 254.

Voraussetzung für den Eintritt des Annahmeverzugs: Der Gläubiger musste sich ohne begründeten Anlass der Annahme der ihm tatsächlich angebotenen Leistung[985] entzogen oder die Vornahme einer dafür erforderlichen Handlung abgelehnt oder die Nichtannahme der Leistung erklärt haben. Zu Recht wurde in der Gesetzesbegründung auf Parallelen zu Art. 91 SOR hingewiesen, wonach der Gläubiger in Verzug kommt, wenn er die Annahme der gehörig angebotenen Leistung oder die Vornahme ihm obliegender Vorbereitungshandlungen ungerechtfertigterweise verweigert.[986] Die Kommission setzte sich damit bewusst vom deutschen Recht ab, das in §§ 293–297 BGB nur auf die Nichtannahme der Leistung abstellte, sodass es auf eine willentliche Steuerung dieses Vorgangs und das Vorliegen rechtfertigender Gründe nicht ankam.[987]

Trotz der subjektiv gefärbten Tatbestandsvoraussetzungen des Art. 231 OGB war mangels zugrundeliegender Verpflichtung ein Verschulden oder Vertretenmüssen im rechtlichen Sinne nicht erforderlich.[988] Etwas anderes ergab sich auch nicht aus der gesetzlichen Formulierung, wonach bei einem „begründeten Anlass", z. B. einer Erkrankung des Gläubigers[989], kein Gläubigerverzug eintrat. Begründet war daneben die Zurückweisung einer nicht vertragsgemäßen Leistung oder die Nichtannahme aus sonstigen Gründen, die dem Gläubiger nach Treu und Glauben nicht vorgehalten werden konnten.[990]

Vor diesem Hintergrund erschien der Kommission die Übernahme einer § 299 BGB entsprechenden Vorschrift (vorübergehende Annahmeverhinderung) entbehrlich.[991] Auch auf eine nähere Regelung der Frage, unter welchen besonderen Voraussetzungen ein tatsächliches Angebots entbehrlich war (§§ 295 f. BGB), wurde verzichtet. Bereits aus dem Wortlaut des Art. 231 OGB ergab sich, dass ein Angebot der Leistung bei erklärter Annahmeverweigerung

---

985 Zu Einzelheiten *Czachórski*, Zarys, S. 243. Danach war die Leistung wie nach § 294 BGB so anzubieten, wie sie zu bewirken war, z. B. eine Bringschuld am Bestimmungsort; ebenso *Longchamps*, Zobowiązania, S. 345.

986 Den Vorbildcharakter von Art. 91 SOR betont auch *Domański*, Instytucje I, S. 802 f.

987 *Longchamps*, Gesetzesbegründung II, S. 335; zur Diskussion dieser Frage bei der Entstehung des BGB HKK/*Pennitz*, §§ 293–304 BGB, Rn. 16–18, 22.

988 *Longchamps*, Gesetzesbegründung II, S. 335; a. A. *Zoll*, Zobowiązania, S. 254. Annahmeverzug ohne Verschulden kennen auch das SOR (Berner Kommentar/*Weber*, Obligationenrecht VI, 1, 4, Art. 91, Rn. 155; HKK/*Pennitz*, §§ 293–304 BGB, Rn. 15, Fn. 84 a. E.) und das ABGB (*Gschnitzer*, in: *Klang* VI, § 1419, Anm. II. 4.).

989 *Longchamps*, a. a. O., S. 335; *Czachórski*, Zarys, S. 243.

990 *Domański*, Instytucje I, S. 804; *Czachórski*, a. a. O., S. 243.

991 *Longchamps*, Gesetzesbegründung II, S. 335.

entbehrlich war.[992] Die gänzliche Verzichtbarkeit eines Angebots war schuldnerfreundlicher als das deutsche Recht, da § 295 BGB in diesen Fällen zumindest ein wörtliches Angebot verlangte. Die Gesetzesbegründung enthielt weitere Hinweise, wonach z. B. bei Ausbleiben einer erforderlichen Vorbereitungshandlung des Gläubigers ähnlich wie nach § 295 BGB ein mündliches Angebot ausreiche oder – bei genauer Bestimmung der Leistungszeit – wie nach § 296 BGB gar kein Angebot notwendig war.

2.9.4 Rechtsfolgen des Gläubigerverzugs

2.9.4.1 Hinterlegung und anderweitige Aufbewahrung (Art. 232–236 OGB)

Nach Art. 232 OGB konnte der Schuldner bei Annahmeverzug den Leistungsgegenstand bei Gericht hinterlegen oder, wenn der Gegenstand dafür ungeeignet war, gerichtlich einen Aufseher oder Verwalter für dessen Aufbewahrung bestimmen lassen.[993] Verderbliche Sachen oder solche mit erheblichen Aufbewahrungskosten konnten öffentlich versteigert und der Erlös hinterlegt werden (Art. 235 OGB). Eine gegenständliche Beschränkung der Hinterlegung auf Geld, Wertpapiere, Kostbarkeiten o. ä. (vgl. § 372 BGB) enthielt das OGB hingegen nicht. Wegen der Möglichkeit, gerichtlich einen Verwalter bestimmen zu lassen, bedurfte es nach Auffassung der Kommission zudem keines Rechts zur Besitzaufgabe wie in § 303 BGB.[994] Allerdings dürfte die deutsche Regelung insoweit schuldnerfreundlicher gewesen sein, als eine Verwaltung von Grundstücken oder Schiffen in der Regel kostenträchtiger war als die Besitzaufgabe und der Schuldner nur die Möglichkeit hatte, sich diese Kosten vom Gläubiger erstatten zu lassen (Art. 238 OGB bzw. § 304 BGB).

Die gültige, d. h. rechtmäßige, Hinterlegung oder Aufbewahrung befreite den Schuldner (Art. 236 OGB). Daneben entfiel die Verpflichtung zur Entrichtung vertraglicher Zinsen.[995] Bei Zurücknahme des Gegenstandes wurde die Hinterlegung gemäß Art. 234 § 2 OGB „als nicht geschehen" angesehen, daher entstand die Verbindlichkeit rückwirkend neu.[996]

992 Dazu *Longchamps*, a. a. O., S. 336.

993 Die Vorschriften der Art. 232–236 OGB werden hier nur überblicksartig dargestellt, soweit dies zum Verständnis der Regelungen des Gläubigerverzugs unabdingbar ist.

994 *Longchamps*, Gesetzesbegründung II, S. 338. Im Übrigen wurde die Regelung des § 303 BGB auch sonst als unverhältnismäßig angesehen (*Till* Gesetzentwurf AT, PPiA 1924, S. 21).

995 *Longchamps*, a. a. O., S. 350.

996 *Longchamps*, Zobowiązania, S. 350.

Das Recht zur befreienden Hinterlegung bestand auch nach KN[997], § 1425 ABGB und §§ 372, 378 BGB. Gesetzessystematisch zeigte das polnische Recht Parallelen zum SOR. Dort ist das Recht zur Hinterlegung (Art. 92–94 SOR) ebenfalls als wesentliche Rechtsfolge des Annahmeverzugs unmittelbar nach Art. 91 SOR geregelt.[998]

2.9.4.2 Schadensersatzanspruch des Schuldners (Art. 238 OGB)

Bei der Frage nach den sonstigen Rechtsfolgen des Annahmeverzugs (d. h. über die Möglichkeit der Hinterlegung hinaus) konnte sich die Kommission angesichts des Fehlens entsprechender Vorschriften im KN und Svod Zakonov nur an §§ 300–304 BGB, § 1419 ABGB und am SOR orientieren.[999] Das deutsche Recht wurde als allzu kasuistisch angesehen, zumal mit der übermäßigen Detailliertheit die Gefahr von Regelungslücken einhergehe.[1000] Die Verzichtbarkeit solcher Kasuistik zeige auch die schweizerische Lehre. Obwohl das SOR als Rechtsfolge des Annahmeverzugs neben dem Recht zur Hinterlegung und zum Selbsthilfeverkauf nur den Rücktritt (Art. 95 SOR) regele, komme die Lehre auf der Grundlage allgemeiner Vorschriften beinahe zu denselben Ergebnissen, die das BGB so detailliert vorsehe.[1001] Im Ergebnis erschien der Kommission jedoch auch dieser Weg nicht empfehlenswert, da sich Unsicherheiten z. B. hinsichtlich des Aufwendungsersatzes ergäben.[1002]

Vor diesem Hintergrund wollte die Kommission mit der Regelung des Art. 238 OGB, wonach der Schuldner den Ersatz des durch den Gläubigerverzug entstandenen Schadens verlangen konnte, eine allgemeine Regelung schaffen, aus der sich alle weiteren Rechtsfolgen des Annahmeverzugs zwangsläufig ergeben sollten. Anregungen für dieses Konzept lieferte neben Art. 136 des russischen Schuldrechtsentwurfs von 1899[1003] auch § 1419 ABGB, der – so die Lesart der

---

997 Zum Svod Zakonov 2.9.2.

998 Zur Abkopplung des Rechts zur Hinterlegung vom Gläubigerverzug im BGB HKK/*Pennitz*, §§ 293–304 BGB, Rn. 23.

999 Dazu *Longchamps*, Gesetzesbegründung II, S. 345 f.

1000 *Longchamps*, a. a. O., S. 346.

1001 *Longchamps*, a. a. O., S. 346.

1002 *Longchamps*, a. a. O., S. 346. Zu den gesetzlich nicht geregelten Wirkungen des Annahmeverzugs im SOR Berner Kommentar/*Weber*, Obligationenrecht VI, 1, 4, Art. 92, Rn. 14–37.

1003 *Seeler*, Recht der Forderungen, S. 29. Die Klausel lautete: „Der Schuldner hat das Recht auf Ersatz des durch den Verzug des Gläubigers erlittenen Schaden.“

Kommission – nach früherer und vom BGB unbeeinflusster Lesart auch einen Schadensersatzanspruch begründete.[1004]

Voraussetzung des Ersatzanspruchs war nur der Eintritt des Annahmeverzugs im Sinne des Art. 231 OGB. Ein Verschulden oder Vertretenmüssen des Gläubigers war nicht erforderlich. Die Kommission verwies zur Begründung auf den Gedanken der Gefährdungshaftung; danach sollte der Gläubiger für das von ihm geschaffene Risiko des Schadenseintritts beim Schuldner haften.[1005] Art. 238 OGB stellte daher eine eigenständige, verschuldensunabhängige Anspruchsgrundlage für Ersatzansprüche dar, auf die allerdings hinsichtlich des Kausalzusammenhangs und der Höhe des Schadensersatzes die allgemeinen Vorschriften der Art. 157–160 OGB anwendbar waren.[1006] Mit dem Ersatzanspruch des Art. 238 OGB setzte sich die Kommission ausdrücklich vom deutschen Recht ab, das eine Schadensersatzpflicht bei Gläubigerverzug nicht kennt.[1007] Die Regelung ging auf den Gesetzesvorschlag von Domański zurück.[1008]

Angesichts des Schadensersatzanspruchs nach Art. 238 OGB sah die Kommission eine Übernahme der §§ 300–304 BGB in das polnische Recht teilweise als entbehrlich an, teilweise wurde sie aus anderen Gründen abgelehnt. In der Gesetzesbegründung wurde hierzu detailliert auf Unterschiede zum deutschen Recht hingewiesen:[1009] So ergebe sich bereits (a maiore ad minus) aus der Ersatzpflicht des Art. 238 OGB, dass der Gläubiger auch den Schaden tragen müsse, der ihm selbst aus der Verspätung entstehe, z. B. durch das Erlöschen der Verpflichtung (Art. 267 § 1 OGB) infolge eines zufälligen Untergangs des Leistungsgegenstands; dies sei mit dem in § 300 Abs. 2 BGB geregelten Übergang der (Leistungs-)Gefahr gleichzusetzen. Longchamps konnte insoweit auf die deutsche Literatur verweisen, die ebenfalls für § 300 Abs. 2 BGB einen nur

1004 *Longchamps*, Gesetzesbegründung II, S. 347 unter Hinweis auf v. Zeiller; einschränkend HKK/*Pennitz*, §§ 293–304 BGB, Rn. 14: Danach sah v. Zeiller Schadensersatzansprüche des Schuldigers nur im Falle eines Verschuldens des Gläubigers vor; ebenso *Apathy*, JurBl 1982, S. 561, 564. Zum Einfluss des BGB auf die Frage des (von der Rechtsprechung verschiedentlich bejahten) Schadensersatzanspruchs des Schuldners im österreichischen Recht *Apathy*, a. a. O., S. 576.

1005 *Longchamps*, a. a. O., S. 335.

1006 *Longchamps*, a. a. O., S. 347. Auch das ZGB enthält in Art. 486 § 1 eine Schadensersatzregelung für den Gläubigerverzug.

1007 *Longchamps*, a. a. O., S. 335, 347.

1008 *Domański*, Gesetzentwurf AT, S. 76 (Art. 294); *ders.*, Instytucje I, S. 826.

1009 *Longchamps*, Gesetzesbegründung II, S. 347–349.

geringen Anwendungsbereich sah.[1010] Die Gegenleistungsgefahr bei gegenseitigen Verträgen (§ 324 Abs. 2 BGB-1900) sollte hingegen erst nach Hinterlegung (oder Aufbewahrung) gemäß Art. 232 OGB übergehen.[1011] Weiterhin folge aus der Schadensersatzpflicht des Art. 238 OGB (ebenfalls a maiore ad minus) die Erstattungspflicht hinsichtlich notwendiger Mehraufwendungen für das erfolglose Angebot sowie für Aufbewahrung und Erhaltung, wie sie in § 304 BGB geregelt war. Die Schadensersatzpflicht bedeute zugleich, dass der Annahmeverzug für den Schuldner keinerlei Nachteile verursachen dürfe. Daher könne der Schuldner während des Annahmeverzugs nicht seinerseits in Verzug geraten.[1012]

Ausdrücklich abgelehnt wurde eine Übernahme von §§ 300 Abs. 1, 301–303 BGB. Ein Teil der dort vorgesehenen Erleichterungen für den Schuldner sollten nach polnischem Recht nur im Falle der Hinterlegung eintreten, so z. B. die Befreiung von vertraglichen Zinsverpflichtungen.[1013] Für eine Haftungserleichterung zugunsten des Schuldners (§ 300 Abs. 1 BGB) wurde hingegen kein Bedarf gesehen, zumal das Gericht im Schadensfalle nach Art. 158 OGB bei der Festsetzung der Höhe des Ersatzes die Tatsache des Annahmeverzugs zugunsten des Schuldners berücksichtigen konnte. Der gerichtlichen Entscheidung über die Höhe des Ersatzanspruchs (Art. 158 OGB: „unter Berücksichtigung aller vorliegenden Umstände“) wurde von der Kommission im Bereich des Schadensersatzanspruchs nach Art. 238 OGB erkennbar besondere Bedeutung beigemessen. So sollte auf diesem Wege ggfs. berücksichtigt werden, dass der Schaden auch bei Hinterlegung eingetreten wäre.[1014]

Aus Art. 238 OGB, einer Anspruchsgrundlage für Schadensersatz, wurden daher so unterschiedliche Rechtsfolgen wie der Gefahrübergang, der Nichteintritt des Schuldnerverzugs oder die Befreiung von Zinsverpflichtungen abgeleitet. Diese Vorgehensweise, alle Wirkungen des Gläubigerverzugs aus einer Norm abzuleiten, wies Parallelen mit der Anwendungspraxis von § 1419 ABGB auf: Die unbestimmte gesetzliche Formulierung, dass der Gläubiger die „widrigen Folgen“ des Annahmeverzugs zu tragen habe, ermöglichte in Kombination mit anderen Regelungen eine Auslegung, wonach Gefahrübergang,

---

1010 *Longchamps*, a. a. O., S. 347 f.; ebenso *Palandt/Friesecke*, BGB, 1. Auflage, § 300 BGB, Anm. 3; zum damaligen Meinungsstand auch *Staudinger/Werner*, BGB, 9. Auflage, § 300, Anm. 2. c) β).

1011 *Longchamps*, a. a. O., S. 348.

1012 Dazu auch *Pajor*, Odpowiedzialność, S. 109.

1013 *Longchamps*, Gesetzesbegründung II, S. 349.

1014 *Longchamps*, a. a. O., S. 347.

Haftungserleichterungen, Auslagenersatz und Befreiung von Verzugszinsen als Rechtsfolgen des Gläubigerverzugs anzusehen waren.[1015]

2.9.5 Bewertung

Die Ausgestaltung des Gläubigerverzugs als gesondertes Rechtsinstitut in Art. 231–238 OGB lässt den bestimmenden Einfluss des SOR erkennen. Dies gilt u. a. für den Begriff des Gläubigerverzugs gemäß Art. 231 OGB, der eine bewusste und gesteuerte Nichtannahme der Leistung voraussetzte. Zudem war das Vorhandensein eines begründeten Anlasses für die Nichtannahme als verzugsausschließendes Merkmal zu berücksichtigen. Dies entsprach der allgemeinen Tradition, von der sich erst das BGB mit der Konzentration auf die bloße Nichtabnahme in § 293 BGB verabschiedete.[1016] Der Aufbau der IX. Abteilung über den Gläubigerverzug weist weitere Parallelen zum SOR auf. Neben den Voraussetzungen des Gläubigerverzugs wurden dort im Wesentlichen die Einzelheiten der Hinterlegung geregelt; nur mit der Schadensersatzregelung des Art. 238 OGB setzte sich der polnische Gesetzgeber vom SOR ab. Wie sich deutlich aus den Gesetzesmaterialien ergibt, lag dieser Konzeption eine bewusste Entscheidung gegen die Übernahme der Regelungen §§ 294–304 BGB zugrunde.

Mit dem Schadensersatzanspruch des Schuldners (Art. 238 OGB) nach dem Muster eines russischen Gesetzentwurfs hat die Kommission eine neuartige Regelung geschaffen. Aus dieser Anspruchsgrundlage wurden diverse Rechtsfolgen (u. a. Gefahrübergang, Aufwendungsersatz) abgeleitet, sodass weitere gesonderte Regelungen wie in §§ 300–304 BGB in vieler Hinsicht entbehrlich erschienen. Insoweit ergaben sich Ähnlichkeiten mit der österreichischen Anwendungspraxis des sehr weit gefassten § 1419 ABGB.

Gegen weitergehende Privilegierungen des Schuldners, z. B. eine Haftungsmilderung, führte die Kommission verschiedentlich ins Feld, dass diesem die Möglichkeit der Hinterlegung oder Aufbewahrung zur Verfügung stehe, die anders als nach dem BGB nicht von vornherein auf bestimmte Arten von Gegenständen beschränkt war. Dem gegenüber ließ der deutsche Gesetzgeber die Tendenz erkennen, den Schuldner nicht zur Hinterlegung zu drängen.[1017] Insoweit war auch die Rolle der anderweitigen Befreiungsmöglichkeiten (Hinterlegung, Selbsthilfeverkauf) unterschiedlich angelegt: Im OGB konnte sich der Schuldner auf diesem Wege von verschiedenen Risiken des Gläubigerverzugs befreien

---

1015 *Gschnnitzer,* in: *Klang* VI, § 1419, Anm. III.
1016 HKK/*Pennitz,* §§ 293–304 BGB, Rn. 24.
1017 HKK/*Pennitz,* §§ 293–304 BGB, Rn. 23.

(Übergang der Gegenleistungsgefahr, Gefahr der schuldhaften Beschädigung des Leistungsgegenstandes, weiterlaufende vertragliche Zinsverpflichtungen). Im BGB hingegen stellten sie nur eine zusätzliche Möglichkeit dar, nach Anwendung der §§ 300–304 BGB noch verbleibende Nachteile und Restrisiken abzuwenden.

2.10 Zusammenfassende Bewertung

Die Untersuchung der einzelnen Regelungsbereiche ergab Folgendes:

1. Die Regelung der anfänglichen objektiven Unmöglichkeit in Art. 56 OGB[1018] orientierte sich am Wortlaut von Art. 20 SOR. Die in der Gesetzesbegründung vorgeschlagene einschränkende Auslegung des Art. 56 OGB (insbesondere die Nichtanwendbarkeit bei einem Kaufvertrag über eine nicht existierende Sache) entsprach hingegen weitgehend den Überlegungen, die der Auslegung des § 878 ABGB zugrunde lagen. Die Regelung der Teilnichtigkeit in Art. 56 § 2 OGB folgte dem österreichischen Vorbild, wonach im Zweifelsfall von der Wirksamkeit des Vertrages auszugehen war.
2. Die Generalklausel als Grundlage von Schadensersatzansprüchen bei jeglicher Nichterfüllung vertraglicher Pflichten (Art. 239 OGB) stellte eine Reaktion auf die Regelungslücke des BGB hinsichtlich der positiven Vertragsverletzung dar. Trotz dieser Grundkonzeption sollte die weitere Ausgestaltung der vertraglichen Haftung anhand von spezifischen Leistungsstörungstatbeständen (Verzug und Unmöglichkeit) erfolgen, denen zur Begrenzung des Ersatzanspruchs bestimmte Schadensarten (Verzugsschaden oder Schaden wegen Nichterfüllung) zugeordnet wurden.[1019]
   Hinsichtlich der Voraussetzungen des Entlastungsbeweises durch den Schuldner (Art. 239, 2. Halbsatz OGB), orientierte sich die Kommission am deutschen Recht. Danach wurde im Gesetzeswortlaut nicht auf den Nachweis fehlenden Verschuldens, sondern auf das nachweisbare Vorliegen nicht zu vertretender Umstände abgestellt.[1020] Dem Vorbild des BGB entsprach auch die Systematik von Art. 239–242 OGB, d. h. die Kombination einer Anspruchsgrundlage für vertragliche Ersatzansprüche mit ergänzenden Regelungen zum Umfang des Vertretenmüssens. In verschiedenen Detailfragen entschied sich die Kommission hingegen ausdrücklich gegen Lösungen

1018 Dazu 2.3.
1019 Dazu 2.4.2.1.2 und 2.4.5.
1020 Dazu 2.4.2.3.1.

des deutschen Rechts, wiederholt unter Hinweis auf deren Entbehrlichkeit (etwa bei § 278 Satz 2 BGB und § 279 BGB-1900).[1021]

3. Mit der Entscheidung für einen einheitlichen Verzugsbegriff, der stets ein Vertretenmüssen voraussetzte, folgte die Kommission ebenso dem Vorbild des deutschen Rechts wie hinsichtlich einer gesonderten Anspruchsgrundlage für den Ersatz des Verzugsschadens. Anders verhielt es sich beim Mahnungserfordernis, das wie im ABGB kein konstitutives Verzugsmerkmal darstellte.[1022]
4. Das Deckungsgeschäft im Falle des Schuldnerverzugs bei Gattungsschulden (Art. 246 OGB) und dessen dogmatische Einordnung waren durch eine Mischung verschiedener Elemente gekennzeichnet, die über bisherige Regelungen im ABGB, BGB und SOR hinausging. Die Regelung ermöglichte den Erwerb der geschuldeten Leistung auf Kosten des Schuldners oder Wertersatz und deckte damit in vielen Fällen den Nichterfüllungsschaden ab. Die Kommission orientierte sich hierbei einerseits an handelsrechtlich anerkannten Formen der Schadensberechnung, andererseits an Formen der Ersatzerfüllung nach dem KN.[1023]
5. Vorbild für die Regelung der Verspätungszinsen sowie der Zinzeszinsen waren in vielen Punkten das ABGB und der KN. Die uneingeschränkte Ermöglichung weitergehender Zinsansprüche, soweit die üblichen Voraussetzungen des Verzugsschadensersatzes vorlagen (vgl. Art. 248 § 3 OGB), stellte wie das Vorbild des § 288 Abs. 2 BGB-1900 sicher, dass die Regelungen über Verspätungszinsen harmonisch an die Regelungen zum Verzug anschlossen. Die Kommission entschied sich deshalb gegen weitergehende Haftungsbeschränkungen.[1024]
6. Die Vorschriften über die Nichterfüllung gegenseitiger Verpflichtungen (Art. 250–253 OGB) standen unter dem deutlichen Einfluss der §§ 918–921 ABGB in der Gestalt der III. Teilnovelle. Dies galt auch für die Ablehnung des dreifachen Wahlrechts des § 326 BGB-1900 und der strikten Alternativität von Rücktritt und Schadensersatz (§§ 325, 326 BGB-1900). Abweichend vom österreichischen Vorbild war der Rücktritt aber auf die Fallgruppen des Verzugs und der Unmöglichkeit beschränkt und zudem nur bei einem Vertretenmüssen des Schuldners möglich. Insgesamt nahm die Kommission daher

1021 Dazu 2.4.2.3.4. und 2.4.2.3.5.
1022 Dazu 2.5.2.2.
1023 Dazu 2.5.5.
1024 Dazu 2.5.6.2 und 2.5.6.4.

in der Ermöglichung der Vertragsauflösung eine restriktive Haltung ein. Im Bereich der Art. 250–253 OGB war Voraussetzung für alle Rechtsbehelfe des Gläubigers das Vertretenmüssen, so auch für den Rücktritt bei Fixgeschäften (im Gegensatz zu § 361 BGB-1900). Die Kommission entschied sich damit für eine starkten Schuldnerschutz. Dieser gesetzgeberischen Zielsetzung entsprach die gesetzliche Umschreibung des Interessewegfalls auf Gläubigerseite in Art. 251 § 2 OGB. Danach war der Rücktritt nur dann möglich, wenn der Schuldner die Veränderung der Interessenlage des Gläubigers erkennen konnte.[1025]

7. Für die Vorschriften über die nicht zu vertretende Unmöglichkeit war deutsches Recht nur in Teilaspekten maßgebliches Vorbild, d. h. für die ausdrückliche Regelung des Wegfalls der Gegenleistungspflicht und deren anteiliger Minderung bei teilweiser Unmöglichkeit (vgl. Art. 267 § 2 OGB und § 323 Abs. 1 BGB-1900).[1026]
8. Eine Vertragsanpassung wegen Veränderung wesentlicher Umstände war weder im ABGB, noch im BGB oder im KN gesetzlich vorgesehen. Mit Art. 269 OGB reagierte die Kommission auf Diskussionen in der deutschen, französischen und österreichischen Lehre über die Notwendigkeit und Modalitäten einer Vertragsanpassung. Da zudem die Rechtsprechung des obersten polnischen Gerichtshofes in dieser Frage uneinheitlich war, sollte mit einer gesetzlichen Regelung Rechtssicherheit geschaffen werden. Die in der deutschen Lehre diskutierten Ansätze flossen in die gesetzgeberischen Überlegungen ein, ohne dass jedoch ein prägender Einfluss feststellbar wäre. Ausweislich der Gesetzesbegründung sah die Kommission die polnische Regelung als Synthese diverser Rechtsfiguren an.[1027] Die Notwendigkeit einer Normierung bestimmter Rechtsfragen im Gesetz selbst wurde auch an anderer Stelle mit dem Hinweis auf die innerpolnische Rechtszersplitterung begründet. Dies galt etwa für die Verankerung der normal adäquaten Kausalität in Art. 157 § 2 OGB und für die Einbeziehung des gesetzlichen Vertreters in die Gehilfenhaftung (Art. 241 OGB).[1028]
9. Bei der Ausgestaltung des Gläubigerverzugs (Art. 231–238 OGB) sah die Kommission das schweizerische Recht als vorzugswürdig gegenüber den Regelungen der §§ 293–304 BGB an. Sie entschied sich in vielen Detailfragen

1025 Dazu 2.6.5.
1026 Dazu 2.7.2 und 2.7.5.
1027 Dazu 2.8.5.
1028 Dazu 2.4.3. und 2.4.2.3.5.

ausdrücklich gegen eine Übernahme der entsprechenden Lösung des BGB. Auch der von einem Vertretenmüssen unabhängige Ersatzanspruch des Schuldners nach Art. 238 OGB findet keine Entsprechung im deutschen Recht. Von einem nennenswerten Einfluss des BGB ist in diesem Bereich nicht auszugehen.[1029]

Wie sich aus dieser Übersicht ergibt, lässt sich keinesfalls durchgehend ein bestimmender Einfluss des deutschen Rechts ausmachen. Vielmehr hat sich der polnische Gesetzgeber in verschiedenen, auch wesentlichen Fragen (z. B. der Generalklausel) gegen die entsprechende Lösung des BGB entschieden. Auf der Grundlage der verschiedenen Gesetzentwürfe (d. h. des Gesetzentwurfs von Till und des Gegenentwurfs von Domański) lässt sich aber auch ermitteln, welche Änderungen im Laufe der Kommissionsberatungen vorgenommen wurden. Ihre Auswertung ergibt, dass die Kommission im Zuge ihrer Beratungen dem Leistungsstörungsrecht eine Grundstruktur verlieh, die in wesentlichen Punkten zu einer Annäherung an das damalige BGB beitrug. Die prägende Wirkung des deutschen Rechts zeigte sich am deutlichsten bei der Ausformung von Begriffen und in Fragen der Systematik:

1. Von der Kommission wurde eine deutliche Unterscheidung zwischen den vom Schuldner zu vertretenden und den nicht zu vertretenden Leistungsstörungen getroffen und entsprechend im Wortlaut des Gesetzes verankert. Dieselbe Unterscheidung war auch für das BGB-1900 kennzeichnend[1030], anders hingegen im ABGB und in den gesetzlichen Formulierungen des KN und SOR. Wie im BGB standen dem Gläubiger im Falle eines gelungenen Entlastungsbeweises des Schuldners nur sehr eingeschränkte Möglichkeiten zur Verfügung, im Wesentlichen der Anspruch auf Verzögerungszinsen sowie die Herausgabe des Surrogats oder einer eventuell schon erbrachten Gegenleistung. Diese Rechtslage war das Ergebnis der Kommissionsentscheidung, wonach abweichend vom ersten Entwurf Tills der Verzug stets nur bei Vertretenmüssen eintrat, und der nachfolgenden Harmonisierung fast sämtlicher Gläubigerrechte mit diesem Verzugsbegriff. In der Folge wurden – ebenfalls

1029 Dazu 2.9.5.

1030 *Huber,* Leistungsstörungen I, S. 12 f. mit dem Hinweis, dass diese Zweiteilung ein Ergebnis der Pandektistik des 19. Jahrhunderts sei; zur „dogmatisch-strukturierenden Einwirkung der Pandektistik" als begünstigender Faktor der Rechtsvereinheitlichung nach 1918 u. a. in Polen *Giaro,* Rechtshistorisches Journal Bd. 12 (1993), S. 326, 339–341; ähnlich *ders.,* Ius Commune XXI (1994), S. 1, 17: Das OGB sei auf der pandektistischen Begrifflichkeit des BGB aufgebaut.

erst im Laufe der Beratungen – der Deckungskauf, die Ersatzvornahme und die Möglichkeit weitergehender Zinsansprüche bei einer Leistungsverzögerung an den verschuldensabhängigen Verzugsbegriff gekoppelt. Dasselbe galt für das gesetzliche Rücktrittsrecht, soweit nicht sogar ein Fall der zu vertretenden Unmöglichkeit gegeben war.[1031]

2. Der Tatbestand des Verzugs wurde damit ein wesentlicher Pfeiler des Leistungsstörungsrechts. Trotz dieser Verselbständigung des Verzugs hielten die Gesetzesautoren an der Grundidee eines einheitlichen Nichterfüllungstatbestandes (Art. 239 OGB) fest. Dies kam in Formulierungen in der Gesetzesbegründung zum Ausdruck, wonach der Verzug ein Fall der nichtgehörigen Erfüllung, nämlich in zeitlicher Hinsicht, sei. Auch der Verzicht auf die Mahnung als konstitutives Verzugsmerkmal entsprach eher der Konzeption des Verzugs als eines Unterfalls der allgemeinen Nichterfüllung. Denn anders als im BGB war nach Art. 243 § 1 OGB die Mahnung nicht im Regelfall, sondern nur bei fehlender vertraglicher oder gesetzlicher Bestimmung der Leistungszeit erforderlich. Dennoch ist unverkennbar, dass infolge der von der Kommission vorgenommenen Strukturierung der Regelungen des Leistungsstörungsrechts anhand der Begriffe Verzug und Unmöglichkeit der Grundgedanke eines einheitlichen Nichterfüllungstatbestandes, wie er in Art. 239 OGB zum Ausdruck kam, in den Hintergrund trat – zugunsten einer stärkeren Bedeutung der einzelnen Leistungsstörungstatbestände nach dem Modell des BGB.
3. In Einzelfragen hat sich die Kommission im Laufe ihrer Beratungen gegen das deutsche Vorbild entschieden, obwohl der Entwurf von Till dies zunächst vorsah, so etwa gegen die Übernahme des § 279 BGB-1900 oder des § 278 Satz 2 BGB. In anderen Grundsatzfragen (z. B. der Einführung einer Generalklausel und der Zulässigkeit des Schadensersatzes auch bei Rücktritt) war dies von Anfang an der Fall. Diese Aufzählung zeigt zugleich, dass Lösungen des BGB keinesfalls kritiklos übernommen wurden. Der deutsche Gesetzgeber hat im Rahmen der Schuldrechtsreform in vielen dieser Punkte ebenfalls Änderungsbedarf gesehen (Einführung einer Generalklausel gemäß § 280 Abs. 1 BGB, Vereinbarkeit von Rücktritt und Schadensersatz gemäß § 325 BGB, Aufhebung des § 279 BGB-1900).
4. Da die entsprechenden Sitzungsprotokolle nicht erhalten sind, muss die Frage unbeantwortet bleiben, ob diese Akzentverschiebungen im Laufe der

1031 Eine Ausnahme enthielt Art. 267 § 3 OGB (Rücktrittsrecht bei nicht zu vertretender Teilunmöglichkeit, dazu 2.7.3).

Beratungen wesentlich auf dem Einfluss des Hauptrefenten Longchamps beruhten. Die zunehmende Verlagerung der Kommissionsarbeit auf die jeweils zuständigen Referenten ab Ende der 1920er Jahre und die Tatsache, dass der Entwurf des Mitreferenten Domański viele der hier angesprochenen Punkte nicht enthielt (so etwa den verschuldensabhängigen Verzugsbegriff), sprechen jedenfalls dafür.

5. Der von verschiedenen Autoren[1032] erwähnte deutliche Einfluss des SOR ist für den Bereich des Leistungsstörungsrechts als Ganzes nicht festzustellen. Soweit die Rechtslage nach SOR und BGB übereinstimmten und sich aus den Gesetzesmaterialien keine weitergehenden Hinweise ergeben, muss die Frage nach Übernahme von Vorbildern aus dem SOR offenbleiben. Hinsichtlich der hier dargestellten wesentlichen Fragen (Verzug nur bei Vertretenmüssen, Rücktrittsrecht nur bei Vertretenmüssen) ist dies aber trotz vieler Ähnlichkeiten von SOR und BGB nicht der Fall. In weniger zentralen Bereichen des Leistungsstörungsrechts (anfängliche Unmöglichkeit, Gläubigerverzug) ist hingegen ein spürbarer Einfluss des SOR gegeben. Zudem ist nicht ausgeschlossen, dass sich der Modellcharakter des SOR insbesondere in sprachlicher Hinsicht auswirkte.[1033]

1032 Dazu Fn. 424.

1033 So etwa *Capitant,* Préface, S. VII.

3 Die Wahrnehmung des OGB in der deutschen Rechtswissenschaft

3.1 Fachliteratur bis 1945

3.1.1 Fachzeitschriften

Bereits seit Mitte der 1920er Jahre fanden sich in deutschen Fachzeitschriften[1034] vereinzelte Hinweise auf die Vorbereitungsarbeiten für ein neues polnisches Schuldrecht.[1035] Kurz nach dessen Verabschiedung veranlasste die Geschäftsstelle Posen der deutschen Sejm- und Senatsabgeordneten eine deutsche Übersetzung des OGB, die vor dem Hintergrund bestehender Sprachbarrieren eine wichtige Grundlage für die Auseinandersetzung mit dem neuen Gesetz in der deutschen Rechtswissenschaft bildete.[1036]

Eine detaillierte Einführung in das OGB erschien noch vor dessen Inkrafttreten. In seinem 33 Seiten umfassenden Aufsatz *Das neue polnische Obligationenrecht* gab der Berliner Rechtsanwalt Udo Rukser[1037] zunächst eine allgemeine Charakterisierung des Gesetzes und unterstrich die Bedeutung des Grundsatzes von Treu und Glauben im OGB.[1038] Weitere wesentliche Züge des Gesetzes seien

---

1034 Der Abschnitt 3 („Die Wahrnehmung des OGB in der deutschen Rechtswissenschaft") beruht auf einer Auswertung der bis 1945 in Deutschland bzw. nach 1945 in der Bundesrepublik Deutschland erschienenen Publikationen. Eine systematische Berücksichtigung der sonstigen deutschsprachigen Literatur, insbesondere Österreichs und der Schweiz, hätte den Umfang dieser Arbeit gesprengt und ginge auch über die Fragestellung nach der Wahrnehmung des OGB in der deutschen Rechtswissenschaft hinaus. Außerhalb Deutschlands erschienene Titel wurden daher nur ausnahmsweise einbezogen.

1035 Dazu z. B. die Beiträge (ohne Verfasserangabe) in Ostrecht 1926, S. 343–344 sowie S. 1132; zur geplanten Einführung einer clausula rebus sic stantibus *Przybyłowski*, Zeitschrift für Ostrecht 1929, S. 169, 191–192.

1036 Das polnische Recht der Schuldverhältnisse und das polnische Handelsgesetzbuch in deutscher Übersetzung herausgegeben von der Geschäftsstelle Posen der deutschen Sejm- und Senatsabgeordneten, erschienen 1933 oder 1934.

1037 Rukser war langjähriger Mitherausgeber der Zeitschrift für Ostrecht, deren Erscheinen mit der Märzausgabe 1934 eingestellt wurde, da die Herausgeber sich der „Arisierung" widersetzten; dazu *Rukser*, OstEurR 1960, S. 2, 5; *Maurach*, JOR 1967, S. 7, 16; *Ditt*, in: *Duss/Linder/Kastl u. a.* (Hrsg.), Rechtstransfer, S. 309, 317; *ders.* „Stoßtruppfakultät Breslau", S. 155–157.

1038 *Rukser*, RabelsZ 1934, S. 342, 343.

die Förderung der Rechtssicherheit und die Ausweitung richterlicher Gestaltungsmöglichkeiten. Der Aufsatz beinhaltete auch Hinweise zur Terminologie des OGB, zu dessen Aufbau und zum wesentlichen Inhalt der gesetzlichen Regelungen. Rukser beendete seine Ausführungen mit der Einschätzung, „daß durch wohlüberlegte Mischung von Bewährtem und Neuem ein eigenartiges und selbständiges Gesetz geschaffen worden ist. Das OR. [d. h. OGB] hat durchaus seine Originalität und stellt einen sehr wertvollen Beitrag Polens zum europäischen Rechtswesen dar; es ist eine Leistung, an der die künftige Rechtsentwicklung nicht wird vorbeigehen können, und auf welche die polnische Juristenwelt stolz sein kann.“[1039] Zwar stand der Verfasser mit Longchamps in Kontakt[1040], konnte aber 1934 noch nicht auf dessen Gesetzesbegründung oder andere polnische Literatur zum OGB zurückgreifen. Dies erklärt einige inhaltliche Unklarheiten Ruksers. So ist der Hinweis, die positive Vertragsverletzung habe keinerlei ausdrückliche Regelung im OGB gefunden, angesichts des Art. 239 OGB zumindest missverständlich.[1041] Die Veröffentlichung des Aufsatzes in *(Rabels) Zeitschrift für ausländisches und internationales Privatrecht*, d. h. der Zeitschrift des Berliner Kaiser-Wilhelm-Instituts für ausländisches und internationales Privatrecht, dürfte im Ergebnis dazu geführt haben, dass diese umfassende Würdigung des OGB auch Juristen ohne spezifisches Interesse an Ostmitteleuropa leicht zugänglich war.

Ein gemischtes Fazit zog Heinrich Freund in seinem Beitrag *Die Vereinheitlichung des Rechts in Polen*[1042] vom Mai 1934: Das OGB zeige gegenüber den Kodifikationen des deutschen und schweizerischen Rechts keine Weiterentwicklung. Dennoch seien die Vorbilder dieser beiden Rechte nicht kritiklos übernommen worden, sondern man habe erfolgreich eigene Lösungen gesucht, z. B. bei der Regelung des Art. 269 OGB. Zu bewundern sei auch der wissenschaftliche Ernst des polnischen Gesetzgebers. Angesichts der Qualitäten des OGB gab Freund schließlich seiner Hoffnung Ausdruck, dass die restliche polnische Zivilrechtskodifikation in Kürze abgeschlossen werden möge.[1043] Weitere ausführliche Darstellungen des Gesetzesinhalts erschienen 1934/35 aus der Feder zweier ausländischer Autoren in der *Zeitschrift für osteuropäisches Recht*, der unmittelbaren Nachfolgerin der *Zeitschrift für Ostrecht*[1044]: *Die leitenden Grundsätze des*

1039 *Rukser*, a. a. O., S. 375.

1040 *Rukser*, a. a. O., S. 352 (Fn. 3).

1041 *Rukser*, a. a. O., S. 354.

1042 *Freund*, Osteuropa 9 (1933/34), S. 451–461.

1043 *Freund*, a. a. O., S. 458 f.

1044 Dazu auch *Ditt*, in: *Duss/Linder/Kastl u. a.* (Hrsg.), Rechtstransfer, S. 309, 317.

neuen polnischen Obligationenrechts[1045] von Stanislav Dnistrjanskyj sowie *Das Recht der Schuldverhältnisse in Polen (Allgemeine Bestimmungen)* von Zygmunt Lisowski[1046]. Dnistrjanskyj lehrte früher in Lemberg und war 1934 in Prag tätig, Lisowski hingegen in Posen.

Unter gänzlich anderen – von der NS-Ideologie geprägten – Rahmenbedingungen erschien im Jahr 1940 ein Beitrag von Friedrich Korkisch in der Zeitschrift *Die Burg*, der Vierteljahresschrift des vom Generalgouverneur Frank initiierten Instituts für deutsche Ostarbeit in Krakau (IDO) mit dem Titel *Der deutsche Einfluss auf die polnische Gesetzgebung in den Jahren 1919–1939*.[1047] Zu den Arbeiten der Kodifikationskommission und deren Ergebnissen bei der polnischen Rechtsvereinheitlichung im Allgemeinen (und damit über das OGB hinaus) äußerte sich Korkisch dahingehend, diese seien insgesamt ein gelungener Versuch, nach dem „unmittelbaren Vorbild" des deutschen Rechts und unter Berücksichtigung österreichischen und schweizerischen Rechts moderne Gesetze zu schaffen. Wesentlich für den Erfolg sei hierbei gewesen, dass man französisches Recht nur in wenigen Fällen berücksichtigt habe. Da hiergegen „starke nationalistische und propagandistische Widerstände" festzustellen gewesen seien, habe man in der Gesetzesbegründung die Abhängigkeit vom deutschen Recht eher zurückhaltend dargestellt. Deutsches Recht werde eigentlich nur dann erwähnt, wenn der polnische Gesetzgeber davon abgewichen sei.[1048] Aufgrund der Nähe zum deutschen Recht könne die neugeschaffene polnische Gesetzgebung bis zur Durchführung einer einheitlichen Kodifikation des Reiches in den von Deutschland besetzten Gebieten fortgelten.[1049] Eine längere Passage des Aufsatzes war dem OGB gewidmet. Wie zuvor in den allgemeinen Bemerkungen wurde auch hier der deutliche Einfluss des BGB sowie – in geringerem Maße – des schweizerischen Rechts betont, der z. B. gegenüber dem französischen Recht sowie dem französisch-italienischen Entwurf deutlich überwiege.[1050] Der polnische Gesetzgeber habe aber keineswegs einfach den deutschen Gesetzestext übernommen, sondern in den meisten Fällen eine eigene Fassung gefunden und in gelungener

1045 *Dnistrjanskyj*, Zeitschrift für osteuropäisches Recht 1934/35, S. 123–139; der Autor war ukrainischer Herkunft, polnische Schreibweise des Namens Stanisław Dniestrzański.

1046 *Lisowski*, Zeitschrift für osteuropäisches Recht 1934/35, S. 345–365.

1047 *Korkisch*, Die Burg 1940, S. 28–42. Zum IDO und dessen Vierteljahrsschrift *Volkmer*, Forschungen zur osteuropäischen Geschichte, Bd. 42 (1989), S. 109, 177–182.

1048 *Korkisch*, Die Burg 1940, S. 28, 31, ähnlich S. 34 (Fn. 38).

1049 *Korkisch*, a. a. O., S. 42.

1050 *Korkisch*, a. a. O., S. 34 f.

Weise Grundsätze anderer Rechtsordnungen (insbesondere des österreichischen und schweizerischen Rechts) mit denen des BGB vereint.[1051] Dieser Beitrag von Korkisch wurde fast unverändert in den 1979 erschienenen Sammelband zu dessen 70. Geburtstag aufgenommen.[1052] Die Fassung von 1940 wurde lediglich um die Eingangs- und Schlusspassage gekürzt, in denen der Autor sich u. a. zu den Möglichkeiten einer politischen Neuordnung geäußert hatte.[1053]

Auch in der deutschsprachigen Literatur außerhalb Deutschlands stieß das OGB auf erkennbares Interesse, wie die Arbeit *Der čechoslovakische Entwurf und der polnische Kodex des Obligationenrechts* von Dnistrjanskyj im *Österreichischen Zentralblatt für die juristische Praxis* von 1934[1054] zeigt. Der Vergleich der beiden Regelungswerke mündete in der Feststellung, dass der tschechoslowakische Entwurf eine „bloße Revision des BGB" sei, während das OGB eine „totale Reform des Obligationenrechts" unter deutlichem Einfluss des französischen, deutschen und schweizerischen Rechts darstelle.[1055] Der Autor hob die Modernität des OGB verschiedentlich hervor, lobte die Neuartigkeit des Systems und bescheinigte dem Gesetz auch sprachliche Vorzüge.[1056]

3.1.2 Veröffentlichungen im Umkreis des Instituts für ausländisches und internationales Privatrecht

Die bisher aufgeführten Beiträge waren ganz überwiegend in Fachzeitschriften mit Schwerpunkt (Mittel-)Osteuropa erschienen und insoweit Ausdruck des Interesses der damaligen „Ostrechtsforschung"[1057]. Für die Frage der Wahrnehmung des OGB durch die deutsche Rechtswissenschaft ist aber von besonderer Bedeutung, in welchem Maße das OGB über diese engeren Fachkreise hinaus auch in der allgemeinen rechtsvergleichenden Forschung Berücksichtigung fand. Angesichts des Befundes, dass die Ostrechtsforschung der Zwischenkriegszeit vorrangig praxisorientiert gewesen sei und daher Rechtsvergleichung im eigentlichen Sinne nur nachrangig betrieben wurde[1058], gewinnt die Frage nach dem Stellenwert des OGB in der damaligen allgemeinen Rechtsvergleichung

1051 *Korkisch*, a. a. O., S. 35 f.

1052 *Korkisch*, Fragen des ost-mitteleuropäischen Rechts, S. 127–148.

1053 Dazu auch *Kraft*, Europa, S. 25 (Fn. 49).

1054 *Dnistrjanskyj*, ZBl 1934, S. 169–178, 241–275.

1055 *Dnistrjanskyj*, a. a. O., S. 169.

1056 *Dnistrjanskyj*, a. a. O., S. 169, 171 f., 251, 259.

1057 Zur Problematik des Begriffs „Ostrecht" *Ditt*, „Stoßtruppfakultät Breslau", S. 144–147; vgl. auch *Luchterhandt*, WGO-MfOR 1996, S. 159–161.

1058 *Luchterhandt*, a. a. O., S. 161.

zusätzliche Relevanz. Deren Zentrum war in der Zwischenkriegszeit das 1926 von Ernst Rabel (1874–1955) gegründete Institut für ausländisches und internationales Privatrecht.[1059] Dort nahm man das OGB von Anfang an zur Kenntnis und bezog es in die rechtsvergleichende Forschung ein.

Dies zeigt u. a. das Beispiel des mehrbändigen *Rechtsvergleichenden Handwörterbuchs für das Zivil- und Handelsrecht des In- und Auslandes*, herausgegeben von Franz Schlegelberger. Darin fand das OGB nicht durchgängig, aber doch in vielen Sachartikeln Berücksichtigung. Das Handbuch wurde nicht unmittelbar vom Institut herausgegeben, war aber durch die Beteiligung zahlreicher Institutsmitarbeiter eng mit diesem verbunden.[1060] Es enthielt neben Länderberichten (Erster Band von 1929) eine nach Stichworten geordnete rechtsvergleichende Darstellung. Nach Erscheinen des Siebten Bandes im Jahr 1939 wurden die Arbeiten nicht weiter fortgeführt. Das Werk blieb daher unvollendet. In den Sachartikeln wurden jeweils der deutschsprachige, romanische und englisch-amerikanische Rechtskreis behandelt. Die Einbeziehung weiterer Rechte, darunter auch der „slawischen“[1061], hing von der Materie und vom jeweiligen Bearbeiter ab.[1062] Da nur der Fünfte, Sechste und Siebte Band (d. h. die Abschnitte „Kommanditgesellschaft“ bis „Vermächtnis“) nach Verabschiedung des OGB erschienen, kam auch nur insoweit eine Berücksichtigung des neuen polnischen Schuldrechts in Betracht. So äußerte sich der Bearbeiter Heinrich Titze im Fünften Band von 1936 unter dem Stichwort „Rechtsgeschäft“ mehrfach detailliert zum OGB. Unter anderem lobte er die Formulierung des Art. 30 OGB. Anders als die Regelung des § 130 Abs. 1 BGB verzichte sie auf die „sinnstörende“ Beschränkung des Wortlauts auf abwesende Parteien. In der Frage der Formbedürftigkeit einer Vollmacht bei formbedürftigem Hauptgeschäft zog er aus rechtspolitischen Gründen die polnische Regelung gegenüber dem deutschen Recht vor. Art. 96 § 2 OGB schrieb für diese Fälle anders als § 167 Abs. 2 BGB die Formbedürftigkeit auch der Vollmachtserteilung vor. Weitere Äußerungen Titzes bezogen sich u. a. auf Art. 33 OGB (Nichtigkeit einer nicht ernstlich gemeinten Willenserklärung) sowie auf Art. 103 OGB, wonach anders als

---

1059 Seit 1935 Kaiser-Wilhelm-Instituts für ausländisches und internationales Privatrecht (*Kunze*, Rabel, S. 9). Zur Veröffentlichung eines Beitrages zum OGB von Rukser in der institutseigenen Zeitschrift für ausländisches und internationales Privatrecht 3.1.1.

1060 Dazu *Kunze*, Ernst Rabel und das KWI, S. 146–150.

1061 Für die Rechtsvergleichung ist dieser Begriff, der an sprachliche Gegebenheiten anknüpft, nur bedingt tauglich; ablehnend etwa *Slapnicka*, Österreichs Recht, S. 78.

1062 *Titze*, RabelsZ 1928, S. 304, 306.

gemäß § 111 BGB die Vertretungsregelungen in Art. 93 ff. OGB uneingeschränkt auch für einseitige Erklärungen Minderjähriger galten.[1063]

Im Fünften, Sechsten und Siebten Band wurde das OGB von unterschiedlichen Autoren und in fast allen Sachartikeln, die Bezug zum Schuldrecht aufwiesen, berücksichtigt. Als Beispiele seien genannt:[1064]

Fünfter Band (1936)
- Novation (Georg H. Maier)
- Pacht (Hans-Dietrich von Arnswaldt)
- Quittung (P. Fabricius)
- Rechtsgeschäft (Heinrich Titze)

Sechster Band (1938)
- Schadensersatz (Karl Bünger)
- Schuldübernahme (Fritz Lorenz)
- Schuldverhältnis (Arwed Blomeyer, Konrad Duden, Eduard Wahl, Herbert Müller)
- Spiel und Wette (Fritz Lorenz)
- Unerlaubte Handlungen (Heinrich Titze)

Siebter Band (1939)
- Vergleich (Karl Arndt)
- Verjährung (Hans Steuerwald)

Teilweise beschränkten sich die Bearbeiter auf die Angabe der betreffenden Vorschriften des OGB, teilweise sind dem polnischen Recht auch ausführlichere Passagen gewidmet. Soweit die Autoren in ihrer Darstellung zwischen einzelnen Rechtskreisen unterschieden, variierte die Zuordnung des polnischen Rechts: teilweise zum deutschen Rechtskreis (Sachartikel Schadensersatz[1065]), teilweise zum slawischen (Sachartikel Verjährung[1066]). Die Thematik der Leistungsstörungen wurde in erster Linie im Abschnitt Schuldverhältnis abgehandelt. Erwähnung fanden dort u. a. die polnische Regelung des Gläubigerverzugs, die Beweislastregelung des Art. 239 OGB, die Gehilfenhaftung nach Art. 241 OGB sowie die Unmöglichkeitsregelung nach Art. 267 OGB.

1063 *Titze*, in: *Schlegelberger u. a.* (Hrsg.), RvglHWB V, S. 789–845, insbes. S. 795, 801, 804, 808, 810 f., 817, 823 f., 839.

1064 Titel der Sachartikel und die jeweiligen Bearbeiter.

1065 *Bünger*, in: *Schlegelberger u. a.* (Hrsg.), RvglHWB VI, S. 110, 131.

1066 *Steuerwald*, in: *Schlegelberger u. a.* (Hrsg.), RvglHWB VII, S. 138, 167.

Rabel selbst, der als Begründer der modernen Rechtsvergleichung[1067] gilt, ging in einem seiner Hauptwerke, dem *Recht des Warenkaufs* (Band I) von 1936, mehrfach auf das neue polnische Schuldrecht ein. Das Werk diente nicht nur wissenschaftlichen Zwecken, sondern auch der Erläuterung des Entwurfs eines Einheitsgesetzes über den internationalen Warenkauf[1068], der seit Ende der 1920er Jahre unter maßgeblicher Beteiligung Rabels am Internationalen Institut für die Vereinheitlichung des Privatrechts in Rom erarbeitet und 1935 veröffentlicht wurde.[1069] In der Einleitung zum *Recht des Warenkaufs* wurde auf die Einteilung der Privatrechte in vier große Rechtsfamilien hingewiesen (mitteleuropäisch, romanisch, anglo-amerikanisch, nordisch). In vielen Ländern seien jedoch neue Kodifikationen in Vorbereitung, die sich in dieses Schema nicht einfügen ließen; dies gelte auch für das polnische OGB.[1070] In den nachfolgenden Kapiteln wurde bei der Darstellung der verschiedenen Rechtsprobleme (nicht nur des Kaufrechts, sondern auch vieler Fragen des allgemeinen Schuldrechts) auf die entsprechenden Regelungen der jeweiligen nationalen Rechte verwiesen, darunter in vielen Fällen auf Regelungen des OGB.[1071] Vereinzelt finden sich detailliertere Ausführungen zur polnischen Rechtslage, etwa zur Regelung der Teilunmöglichkeit in Art. 267 § 3 OGB („Polen faßt die Rechtslage am besten zusammen […]“[1072]) und zur Frage der clausula rebus sic stantibus in Art. 269 OGB[1073]. Daneben warf der Autor die Frage auf, ob das polnische Recht in Art. 157 § 2 OGB der Adäquanztheorie folge[1074] und wies auf das Phänomen hin, dass in Art. 253 OGB wie zuvor in der österreichischen Teilnovelle die aus dem romanischen Rechtskreis bekannte Verbindung von Vertragsaufhebung und Schadensersatz wegen Nichterfüllung entgegen französischer Tradition vom Instrument der Auflösungsklage getrennt und in das System des außergerichtlichen Rücktritts übertragen werde.[1075]

1067 So der Titel des Aufsatzes von *Leser*, JuS 1987, S. 852–855.

1068 Abgedruckt bei *Rabel*, RabelsZ 1935, S. 1, 8–44.

1069 In seinen einleitenden Bemerkungen zum Entwurf bezeichnete *Rabel* das *Recht des Warenkaufs* als „unentbehrlich für die kritische Erläuterung des Entwurfs“ (RabelsZ 1935, S. 1, 5). Zu dem nach *Rabels* Tod 1958 erschienenen Band II des Werkes 3.2.

1070 *Rabel*, Warenkauf I, S. 20.

1071 *Rabel*, a. a. O., S. 78–82, 95, 114, 126, 324 f., 328, 332, 346, 362, 379, 390, 393, 397, 402, 410, 412, 416, 421, 425, 431, 436, 490, 514, 518 f.

1072 *Rabel*, a. a. O., S. 350.

1073 *Rabel*, a. a. O., S. 356.

1074 *Rabel*, a. a. O., S. 490.

1075 *Rabel*, a. a. O., S. 431.

3.1.3 Die *Lehre von den Leistungsstörungen* von Hans Stoll

Die bekannte Ausarbeitung *Zur Lehre von den Leistungsstörungen* des Tübinger Rechtsprofessors Heinrich Stoll stammte aus dem November 1934.[1076] Vorausgegangen war ein Referat Stolls zum selben Thema in einer Sitzung des Ausschusses für Personen-, Vereins- und Schuldrecht der Akademie für Deutsches Recht im Oktober 1934.[1077] Hintergrund waren gesetzgeberische Reformüberlegungen für diesen Rechtsbereich. Die Ausarbeitung Stolls mündete in einen Gesetzesvorschlag. In der Begründung der einzelnen Regelungsvorschläge wurde auf entsprechende Parallelvorschriften aus insgesamt zehn Kodifikationen hingewiesen.[1078] Darunter befand sich neben dem österreichischen, französischen, schweizerischen, schwedischen und englischen Recht auch das OGB.[1079] In seinen Vorbemerkungen wies der Verfasser darauf hin, dass er die Rechtsvergleichung, die er aus Zeitgründen nicht hinreichend habe durchführen können, für außerordentlich wichtig und dankenswert halte: „Nicht, als ob wir nun vom Ausland abschreiben sollten; aber doch zur Überprüfung."[1080] Im vorliegenden Zusammenhang bleibt jedenfalls festzustellen, dass Stoll bei einer kleinen Auswahl vergleichend herangezogener Rechte auch das – erst seit wenigen Monaten geltende – OGB berücksichtigte.

Eine endgültige Fassung der Lehre von den Leistungsstörungen wurde 1936 als *Denkschrift des Ausschusses für Personen-, Vereins-, und Schuldrecht* in der Reihe *Schriften der Akademie für Deutsches Recht* publiziert und war damit der

---

1076 *Stoll*, in: *Schubert* (Hrsg.), Ausschuß für Personen-, Vereins-, und Schuldrecht 1934–1936 (Protokolle III/3), S. 190–228.

1077 *Sessler*, Leistungsstörungen, S. 109. Gründer und Präsident der Akademie war von 1933–1942 Hans Frank, der spätere Generalgouverneur im besetzten Polen. Zur Frage, in welchem Maße Stoll dem Nationalsozialismus nahestand, *Sessler*, a. a. O., S. 20 f.

1078 *Stoll*, in: *Schubert* (Hrsg.), Ausschuß für Personen-, Vereins-, und Schuldrecht 1934–1936 (Protokolle III/3), S. 213–228.

1079 Erwähnt wurden außerdem das ALR, der Dresdner Entwurf eines allgemeinen deutschen Gesetzes über Schuldverhältnisse von 1866, der französisch-italienische Entwurf von 1927 sowie der Entwurf des Einheitsgesetzes über den internationalen Warenkauf. Nur die entsprechenden Normen des österreichischen, französischen, schweizerischen Rechts sowie des französisch-italienischen Entwurfs wurden von Stoll durchgängig benannt; Hinweise auf das OGB bei *Stoll*, a. a. O., S. 213, 216 f., 221 f., 224, 226 f.

1080 *Stoll*, in: *Schubert* (Hrsg.), Ausschuß für Personen-, Vereins-, und Schuldrecht 1934–1936 (Protokolle III/3), S. 192.

breiten Öffentlichkeit zugänglich. In der Denkschrift, die als eines der Hauptwerke Stolls gilt, finden sich die rechtsvergleichenden Anmerkungen unverändert wieder. In einer Fußnote ist vermerkt: „Das Polnische Obligationenrecht ist mir nur aus Zeitschriftenaufsätzen bekannt."[1081] Diese Aussage dürfte symptomatisch für die damalige Situation gewesen sein. Wegen fehlender Sprachkenntnisse und Kontakte zu polnischen Kollegen erfolgte die Beschäftigung mit polnischem Recht in der Regel auf der Grundlage der wenig umfangreichen Aufsatzliteratur.

In einer Rezension der Denkschrift in *Rabels Zeitschrift für ausländisches und internationales Privatrecht* durch einen Mitarbeiter des Instituts für ausländisches und internationales Privatrecht aus dem Jahre 1936 wurde ausdrücklich auf die rechtsvergleichenden Anmerkungen und die Berücksichtigung auch des polnischen Rechts hingewiesen.[1082]

3.1.4 Sonstige Publikationen

Ohne wissenschaftlichen Anspruch, sondern eher praktischen Zwecken dienend war die 1937 in Danzig erschienene Schrift *Gläubigerschutz in Polen*, in der u. a. die für die Thematik einschlägigen Passagen des OGB vorgestellt wurden.[1083] Anderes galt hingegen für die an der Universität Göttingen vorgelegte Dissertation aus dem Jahr 1939 *Die ungerechtfertigte Bereicherung im polnischen Obligationenrecht im Vergleich mit den Kodifikationen der anderen kontinentalen Staaten.*[1084] Der Verfasser, ein 1914 in der damaligen Provinz Posen geborener und dann in Polen aufgewachsener polnischer Staatsbürger, zog in erheblichem Umfang auch polnischsprachige Literatur heran.[1085] Als Ergebnis seiner rechtsvergleichenden Untersuchung stellte er überwiegende Ähnlichkeiten mit dem SOR fest. Das polnische Recht stelle aber eine Vervollkommnung und Verbesserung dar, da man schweizerische Erfahrungen ausgewertet und entsprechend berücksichtigt habe.[1086]

1081 *Stoll*, Leistungsstörungen, S. 61 (Fn. 1).

1082 *Von Caemmerer*, RabelsZ 1936, S. 1021, 1022.

1083 *Siemianowski/Jeszke,* Gläubigerschutz, S. 63–84.

1084 *Born-Fallois,* Ungerechtfertigte Bereicherung. Berichterstatter war Eduard Wahl, zuvor u. a. Mitarbeiter am Kaiser-Wilhelm-Institut für ausländisches und internationales Privatrecht.

1085 *Born-Fallois,* a. a. O., S. III-V.

1086 *Born-Fallois,* a. a. O., S. 73 f., 77.

Andreas B. Schwarz wies in seiner Abhandlung *Einflüsse deutscher Zivilistik im Auslande* aus dem Jahre 1935 auf „wesentliche" Verbesserungen des OGB gegenüber dem deutschen Recht hin, d. h. die Verlagerung der Regelungen der ungerechtfertigten Bereicherung (Art. 123–133 OGB), des Deliktsrechts (Art. 134–167) und der Geschäftsführung ohne Auftrag (Art. 115–122 OGB) in das allgemeine Schuldrecht.[1087]

3.2 Fachliteratur der Nachkriegsjahre bis 1964

In den 1950er Jahren gab es einige rechtsvergleichende Veröffentlichungen, in denen das OGB, das erst zum 1. Januar 1965 außer Kraft trat[1088], weiterhin berücksichtigt wurde. Teilweise wurde dabei an Arbeiten des Kaiser-Wilhelm-Instituts für ausländisches und internationales Privatrecht aus der Vorkriegszeit angeknüpft. So erschien 1952 in *Rabels Zeitschrift für ausländisches und internationales Privatrecht* eine umfassende Abhandlung *Der Werkvertrag in rechtsvergleichender Darstellung* von Erwin Riezler.[1089] Der Beitrag war ursprünglich für das *Rechtsvergleichende Handwörterbuch* verfasst worden. Das OGB wurde in der Abhandlung in gleicher Weise einbezogen, wie dies in den vor 1939 erschienenen Sachartikeln des Handwörterbuchs der Fall war.[1090] Eine ähnliche Kontinuität lässt sich für den 1958 erschienenen Zweiten Band des Werkes *Recht des Warenkaufs* feststellen. Allerdings beschränkten sich darin die Hinweise auf das OGB im Wesentlichen auf ein Kapitel (betreffend den Abnahmeverzug).[1091]

In Gerhard Kegels Gutachten für den 40. Deutschen Juristentag von 1953 mit dem Titel *Empfiehlt es sich, den Einfluß grundlegender Veränderungen des Wirtschaftslebens auf Verträge gesetzlich zu regeln und in welchem Sinn?*[1092], dessen rechtsvergleichender Teil sich auf England, die USA, Frankreich und einige weitere romanische Rechte beschränkte[1093], wird Art. 269 OGB (wie auch eine entsprechende griechische Vorschrift von 1940) hingegen nicht erwähnt. Kegel,

---

1087 *Schwarz*, in: *Thieme/Wieacker (Hrsg.)*, Rechtsgeschichte und Gegenwart, S. 26, 66 f., 70 f. (erweiterte Fassung der Antrittsvorlesung von Schwarz aus dem Jahr 1930 in Freiburg/Breisgau).

1088 Einige Vorschriften wurden bereits 1950 bei der Verabschiedung Allgemeiner Zivilrechtsvorschriften aufgehoben (*Radwański*, in: *Csizmadia/Kovács* (Hrsg.), Entwicklung des Zivilrechts, S. 121, 132.

1089 *Riezler*, RabelsZ 1952, S. 522–577.

1090 *Riezler*, a. a. O., S. 526, 537, 540, 541, 548–555, 557, 564, 566 f., 569.

1091 *Rabel*, Warenkauf II, S. XIX, 6, 18, 21, 81 f., 84–86, 92, 130, 310.

1092 *Kegel*, in: Verhandlungen des 40. Deutschen Juristentages I, S. 135–236.

1093 *Kegel*, a. a. O., S. 162–188.

der in den 1930er Jahren Assistent am Kaiser-Wilhelm-Institut war, gab aber im Anhang des Gutachtens vier gesetzliche Regelungen des Wegfalls der Geschäftsgrundlage wieder, darunter an erster Stelle, aber ohne jede weitere Erläuterung, die polnische.[1094]

Im Übrigen geriet das Gesetz in der westdeutschen Wissenschaft schnell in Vergessenheit. Außer einer Hamburger Dissertation zur Bestimmbarkeit der Leistung im Schuldverhältnis nach deutschem, österreichischem und polnischem Recht von Wiktor Czachorowski aus dem Jahr 1948[1095] lässt sich kaum Literatur aus der Nachkriegszeit finden, die sich – über ganz allgemeine Hinweise hinaus[1096] – vertiefter mit dem polnischen Schuldrecht auseinandersetzte. In den Gesamtdarstellungen der neueren Privatrechtsgeschichte tauchte das OGB immerhin kurz auf, in der Regel bei der Beschreibung der Einflüsse von BGB und SOR auf die nachfolgende Gesetzgebung anderer Staaten.[1097] Für die allgemeine[1098] Rechtsvergleichung versperrte der Eiserne Vorhang die Sicht auf das polnische Zivilrecht. Das Interesse der Ostrechtswissenschaft hingegen konzentrierte sich sehr bald auf die nach 1945 neu einsetzenden Kodifikationsbemühungen der Staaten Mittelosteuropas unter den Bedingungen einer sozialistischen Wirtschafts- und Gesellschaftsordnung. Im Übrigen war dieser Wissenschaftszweig generell von einigen Besonderheiten geprägt: Er beschränkte sich in weiten Teilen darauf, ausländisches Recht zu beschreiben.[1099] Rechtsvergleichung in der Ostrechtswissenschaft sah sich hingegen mit der Frage konfrontiert, inwieweit und mit welcher Methodik ein Vergleich zwischen Rechten verschiedener Gesellschaftsordnungen überhaupt möglich sei.[1100] Da das Forschungsinteresse vorrangig dem anderen gesellschaftlichen und politischen System galt

---

1094 *Kegel,* a. a. O., S. 235.

1095 *Czachorowski,* Die Bestimmbarkeit der Leistung.

1096 In vielen Fällen wurde i. W. nur auf die Existenz des OGB hingewiesen. Dies war z. B. in diverse Beiträgen der Fall, die in sehr allgemeiner Form über die polnische oder mittelosteuropäische Rechtsentwicklung informierten, z. B. *Poralla,* Berichte des Osteuropa-Instituts/Rechtswissenschaftliche Folge Nr. 5, S. 17 f.; *Korkisch,* RabelsZ 1958, S. 201, 204; *ders.,* in: *Markert* (Hrsg.), Osteuropa-Handbuch (Polen), S. 327, 346; *Geilke,* JOR 1963, S. 105, 138; in Österreich *Wolter,* ZfRV 1962, S. 65–67.

1097 *Molitor,* Privatrechtsgeschichte, S. 83; *Wieacker,* Privatrechtsgeschichte (1. Auflage), S. 292, 302; *Wesenberg,* Neuere deutsche Privatrechtsgeschichte (1. Auflage), S. 208.

1098 D. h. außerhalb der Ostrechtswissenschaft.

1099 *Luchterhandt,* OstEurR 1976, S. 85, 91, 95; *ders.,* WGO-MfOR 1996, S. 159, 162 f.; *Westen,* WGO-MfOR 1991, S. 11, 13.

1100 Die Methodendiskussion setzte Anfang der 1960er Jahre ein (*Luchterhandt,* OstEurR 1976, S. 85 f.).

(Systemforschung[1101]), standen eminent politische und systembezogene Rechtsbereiche, insbesondere das Verfassungsrecht, im Vordergrund.[1102] Angesichts dieser Schwerpunktsetzungen verlor die Wissenschaft das aus der Vorkriegszeit stammende OGB sehr bald aus dem Blickfeld.[1103] Dieser Prozess wurde durch das Außerkrafttreten des Gesetzes zum Jahresende 1964 befördert und besiegelt. Nicht zuletzt spielten auch sprachliche Barrieren eine Rolle.[1104]

3.3 Fachliteratur der weiteren 1960er Jahre

Das zum Jahresbeginn 1965 in Kraft getretene polnische ZGB war Gegenstand verschiedener Beiträge in ostrechtlichen Fachzeitschriften. Für die Darstellung des schuldrechtlichen Teils wurde in manchen Fällen kurz auf das OGB Bezug genommen.[1105] In den Neuauflagen einiger Darstellungen zur neueren Privatrechtsgeschichte der 1960er Jahre wird das OGB weiterhin am Rande erwähnt.[1106] In der allgemeinen schuldrechtlichen Rechtsvergleichung taucht das OGB nicht mehr auf.[1107]

Seit der Zeitenwende von 1989 findet die Beschäftigung mit polnischem Recht unter gänzlich neuen Rahmenbedingungen statt. Die Geschichte des polnischen Zivilrechts wird zunehmend als Teil der europäischen Rechtsentwicklung wahrgenommen.[1108] Verschiedene deutschsprachige Monographien zum aktuellen polnischen Recht enthalten historische Rückblenden mit Ausführungen zum

1101 Zu diesem Begriff *Luchterhandt*, WGO-MfOR 1996, S. 159, 162; vgl. auch *Westen*, WGO-MfOR 1991, S. 11, 14.

1102 *Westen*, a. a. O., S. 11, 20; *Luchterhandt*, a. a. O., S. 159, 162.

1103 Dazu auch *Dajczak*, KPP 2014, zeszyt 4, S. 829, 852.

1104 Vgl. *Geilke*, WGO-MfOR 1961, S. 209, 210, 213.

1105 *Gralla*, JOR 1965, S. 123, 135, 142, 146; *ders.*, OstEurR 1966, S. 81, 83, 113.

1106 *Wieacker*, Privatrechtsgeschichte (2. Auflage), S. 484, 503; *Wesenberg*, Neuere deutsche Privatrechtsgeschichte (2. Auflage), S. 181; vgl. auch den Sachartikel zum polnischen Recht im HRG (*Pauli*, in: HRG III, Sp. 1808, 1812).

1107 Eine Ausnahme bildete *Stoll*, RabelsZ 1970, S. 481, 490 f. Als Quellen nutzte Stoll französischsprachige Aufsätze polnischer Autoren aus den 1960er Jahren. Kurze Hinweise auf das ehemalige polnische Schuldrecht gab es natürlich auch in der deutschsprachigen Literatur außerhalb Deutschlands. Exemplarisch sei hierzu auf den 1970 in Budapest erschienenen Beitrag von *Radwański*, in: *Csizmadia/Kovács* (Hrsg.), Entwicklung des Zivilrechts, S. 121, 123 f. verwiesen.

1108 Z. B. *Ranieri*, Europäisches Obligationenrecht (mit umfassender Berücksichtigung des OGB).

OGB.[1109] Andererseits lässt sich feststellen, dass die – jahrzehntelang übliche – Wahrnehmung der europäischen Rechtsentwicklung vornehmlich aus westeuropäischer Sicht teilweise fortwirkt. Inhaltliche Ungenauigkeiten, wie sie sich aus der Nichtbeachtung der Rechtsgeschichte Osteuropas ergeben müssen, werden fortgeschrieben. So gilt die italienische Regelung der clausula rebus sic stantibus (Art. 1467 ff. italienischer CC von 1942) häufig als erste gesetzliche Regelung dieser Art in der modernen europäischen Gesetzgebung, was im Hinblick auf Art. 269 OGB unzutreffend ist.[1110]

3.4 Bewertung

Zu Recht wird darauf hingewiesen, dass die polnische Rechtsentwicklung der Zwischenkriegszeit außerhalb Polens zu wenig Beachtung findet.[1111] Eine genauere Untersuchung zeigt aber auch, dass diese Feststellung für die 1930er Jahre nicht ohne Weiteres zutrifft. In den ersten Jahren nach seiner Verabschiedung führte das OGB in der deutschen Rechtswissenschaft keinesfalls ein „Nischendasein". Das Gesetz wurde in dieser Zeit in einer Reihe von Zeitschriftenaufsätzen teilweise sehr ausführlich und durchweg positiv gewürdigt. Großes Interesse für die polnische Privatrechtsentwicklung und das OGB zeigen zudem verschiedene Arbeiten des Instituts für ausländisches und internationales Privatrecht. Bemerkenswert ist auch, dass zwei Arbeiten, die der Begründung gesetzgeberischer Projekte dienen sollten (d. h. *Recht des Warenkaufs* von Rabel[1112] und *Die Lehre*

1109 Z. B. *Glatz*, Polnisches Zivilrecht, S. 28–32; *Kempter*, Einfluss, S. 35–36; *Besiekierska*, Leistungserschwerungen, S. 81–89.

1110 *Reiter*, Vertrag und Geschäftsgrundlage, S. 117; *Stürner*, Verhältnismäßigkeit, S. 269. Ähnlich ungenau in genereller Hinsicht *Zweigert/Kötz*, Rechtsvergleichung, S. 154 (Zuordnung des Polens der Zwischenkriegszeit zum romanischen Rechtskreis). Für eine stärkere Einbeziehung des OGB in die heutige Privatrechtsvergleichung plädiert u. a. *Dajczak*, KPP 2014, zeszyt 4, S. 829, 848.

1111 *Dajczak*, in: *v. Bar/Wudarski* (Hrsg.), Deutschland und Polen, S. 13; *ders.*, Forum Iuris Europaeum 2014, Nr. 1, S. 75, 77; ähnlich *Giaro*, Ius Commune XXI (1994), S. 1, 17; *Zoll*, ERA-Forum 2006, S. 90, 91; *Wacke*, in: *Uruszczak/Święcicka/Kremer* (Hrsg.), Leges sapere, S. 646 f.

1112 Angesichts der in diesem Kapitel (3.1.2) aufgeführten diversen Hinweise Rabels auf das OGB erscheint die Bemerkung Dajczaks, das polnische Obligationenrecht werde im *Recht des Warenkaufs* nur in unzureichender Weise und ganz am Rande erwähnt, missverständlich (*Dajczak*, Forum Iuris Europaeum 2014, Nr. 1, S. 75, 77; ähnlich *ders.*, KPP 2014, zeszyt 4, S. 829, 852). Nicht ohne Weiteres nachvollziehbar ist daher auch die Position *Dajczaks* (a. a. O., S. 852), die mangelhafte Berücksichtigung des

von den Leistungsstörungen von Stoll) das OGB bereits kurz nach dessen Inkrafttreten rechtsvergleichend berücksichtigten. Das neue polnische Schuldrecht war also nicht nur einem kleinen Kreis von „Ostrechtlern" bekannt. Man mag sich im Einzelfall eine detailliertere Auseinandersetzung mit dem Gesetz wünschen. Die Tatsache, dass viele Autoren offensichtlich nur auf die Übersetzung des Gesetzestextes sowie deutschsprachige Aufsätze zurückgriffen, beschränkte die Möglichkeiten einer vertiefteren Beschäftigung mit dem polnischen Recht, wie sie im direkten Austausch mit polnischen Kollegen, die häufig deutsch oder französisch sprachen, hätte erfolgen können. Trotz dieser Einschränkungen lässt sich in der Gesamtschau feststellen, dass das OGB sehr bald als neues Mitglied der europäischen Privatrechtsfamilie wahrgenommen wurde. Dies erscheint einerseits normal und angemessen. Andererseits war es angesichts der damaligen politischen Verhältnisse nicht ohne Weiteres zu erwarten.

Während der nur 30-jährigen Geltungsdauer des OGB blieb für Forschung unter annähernd normalen Bedingungen nur wenig Raum. Die Jahre 1933–1945 waren von der NS-Herrschaft geprägt. In den Jahren 1945–1964 erschwerten zunächst die widrigen Verhältnisse der ersten Nachkriegsjahre und nachfolgend die Behinderung deutsch-polnischer Kontakte durch den einsetzenden Kalten Krieg die wissenschaftliche Beschäftigung mit polnischem Recht. Auf der Grundlage von Vorarbeiten aus der Vorkriegszeit erschienen zwar auch in den ersten Jahren nach 1945 noch einige Arbeiten, die das nach 1945 fortgeltende OGB berücksichtigten. Spätestens mit dessen Außerkrafttreten zum Jahresbeginn 1965 endete allerdings in der (west-)deutschen Rechtswissenschaft die Beschäftigung mit diesem Gesetz. Stattdessen standen das neue ZGB und die Unterschiede zwischen den beiden Wirtschaftsordnungen im Zentrum des Interesses.

Seit 1989 werden Fragen des (aktuellen) polnischen Schuldrechts wieder vermehrt in der deutschen Rechtsliteratur behandelt. Das OGB taucht hierbei häufig im Rahmen rechtshistorischer Rückblenden auf. Allerdings ist auch festzustellen, dass ehemals in der deutschen Literatur vorhandene Kenntnisse über das OGB verloren gegangen sind.

OGB durch Rabel sei mitursächlich dafür, dass das OGB außerhalb Polens praktisch unbekannt geblieben sei.

4 Schlussbetrachtung

Wie sich im ersten Teil der Arbeit gezeigt hat, war das eher kümmerliche Erbe der preußischen Herrschaft in den westlichen Teilen des Landes kaum geeignet, dem deutschen Zivilrecht bei der Neuordnung des polnischen Zivilrechts zu wesentlicher Bedeutung zu verhelfen. Insbesondere im Vergleich zum galizischen Landesteil war etwa die Zahl der Juristen mit deutschem Studienabschluss oder auch der Umfang polnischsprachiger Literatur zum deutschen Recht sehr gering. Für die Rolle des deutschen Rechts bei der polnischen Rechtsvereinheitlichung war aber daneben der – insbesondere über die Universitäten in Galizien vermittelte – Einfluss der deutschen Rechtswissenschaft von Bedeutung. Auch im Hinblick auf die Entstehungsgeschichte des OGB, das ganz überwiegend von Lemberger Professoren konzipiert wurde, liegt die Feststellung nahe, dass Einflüsse deutschen Rechts auf die polnische Gesetzgebung nach 1918 nicht so sehr die Folge der Geltung deutschen Zivilrechts in einem Teil Polens, sondern vielmehr der (mehr oder weniger weitreichenden) Übernahme deutscher Privatrechtsdogmatik durch die Rechtswissenschaft Galiziens und Zentralpolens sind.[1113]

Wie die Untersuchung im zweiten Teil der Arbeit gezeigt hat, stand das Leistungsstörungsrecht des OGB keineswegs unter dem dominierenden Einfluss des BGB. Vielmehr kam es zu einer im besten Sinne europäischen Mischung verschiedener Elemente, wenn auch mit einer Orientierung an Strukturen des BGB und der Übernahme einer Vielzahl von Elementen des deutschen Rechts. Dies gilt etwa für die deutliche Unterscheidung zwischen den vom Schuldner zu vertretenden und den nicht zu vertretenden Leistungsstörungen sowie für die Kopplung des Schuldnerverzugs und des Rücktrittsrechts an das Vertretenmüssen. Soweit sich die Kodifikationskommission gegen die Übernahme von Regelungen des BGB entschied, geschah dies oft unter Hinweis auf entsprechende Diskussionen in der deutschen Lehre (z. B. hinsichtlich der fehlenden Regelung der positiven Vertragsverletzung oder der Unvereinbarkeit von Schadensersatz und Rücktritt).

1113 Dazu auch *Giaro*, in: *ders.* (Hrsg.), Rechtskulturen Bd. 1, S. 275, 318 mit der Einschätzung, die pandektistische Schule habe vermutlich langfristig mehr zur Vereinheitlichung des Privatrechts in Ost- und Westeuropa beigetragen als gesetzgeberische Schritte; ebenso *Pokrovac*, in: *ders.* (Hrsg.): Rechtswissenschaft, S. VII, VIII.

Im Rahmen einer 2013 abgehaltenen Konferenz der Krakauer Universtität zum 80. Jahrestag der Verabschiedung des OGB wurde von den Teilnehmern auf die Bedeutung des Gesetzes für die Verwurzelung der polnischen in der europäischen Rechtstradition hingewiesen.[1114] Das OGB habe das polnische Recht in eine wahrhaft europäische Rechtskultur hineingeführt, in Polen sei man insoweit Erbe Franz von Zeillers, Jean-Ethienne-Marie Portalis sowie Bernhard Windscheids.[1115] Es ist als Leistung der Kommission zu würdigen, dass sie in jeder Einzelfrage die verschiedenen Lösungen analysiert und bewertet hat, statt der Einfachheit halber ganze Normenkomplexe aus einem der bisher geltenden Rechte zu übernehmen. Zudem hat sie immer wieder Änderungen auch in Details vorgenommen. Als begünstigende Umstände für ein solches Vorgehen kommen insbesondere zwei Faktoren in Betracht: fehlende Bindungen an eine eigenständige polnische Rechtstradition und – aufgrund des Nebeneinanders verschiedener Rechte in Polen – Praxiserfahrung in der Anwendung des deutschen, östereichischen und französischen Rechts.[1116]

Ranieri hat darauf hingewiesen, dass die Privatrechtsgeschichte Kontinentaleuropas regionale Besonderheiten aufweise, die durch eine allzu starke Betonung der Bedeutung von Mutterrechtsordnungen nicht hinreichend berücksichtigt würden.[1117] Die in diesem Zusammenhang verwendeten Bezeichnungen machen die Vielschichtigkeit der regionalen Rechtsentwicklung (Mittel-)Osteuropas deutlich: „Rechtstransfer“[1118], „Schmelztiegel okzidentaler Traditionen“[1119], „rechtskulturelle Verzahnungen“[1120], „Rezeptions- und Befruchtungsvorgänge“[1121], „Ausstrahlungen“[1122] einer der Mutterrechtsordnungen. Die in dieser Arbeit für den Bereich der Leistungsstörungen exemplarisch beschriebene Mischung verschiedener Rechte im OGB entspricht dem Befund Ranieris. Angesichts der Ausführlichkeit der Gesetzesbegründung und ergän-

---

1114 Ähnlich *Giaro,* Ius Commune XXI (1994), S. 1, 16.

1115 *Nocuń*, CPH 2013, Nr. 2, S. 491, 492.

1116 Vgl. hierzu 1.8. Kritisch zu dieser „ahistorischen“ Vorgehensweise der Kommission *Giaro,* in: *ders.* (Hrsg.), Rechtskulturen Bd. 1, S. 275, 319.

1117 *Ranieri,* ZNR 33 (2011), S. 137, 151.

1118 Dazu *Giaro,* in: *ders.* (Hrsg.), Rechtskulturen Bd. 2, S. 273, 279–289; ebenso für das ABGB *Ogris,* in: *Geistlinger/Harrer/Mosler u. a.* (Hrsg.), 200 Jahre ABGB, S. 1, 3.

1119 *Giaro,* in: *ders.* (Hrsg.), Rechtskulturen Bd. 1, S. 275, 319.

1120 *Ranieri,* ZNR 33 (2011), S. 137, 151.

1121 *Ranieri,* a. a. O., S. 151.

1122 Für das ABGB der Sammelband von *Geistlinger/Harrer/Mosler u. a.* (Hrsg.) mit dem Titel „200 Jahre ABGB – Ausstrahlungen“.

zender Materialien erscheint es lohnend, auch andere Bereiche des OGB darauf hin zu untersuchen, welche Einflüsse der in Betracht kommenden Rechtsordnungen, aber auch welche neuartigen Elemente und Kombinationen sich jeweils feststellen lassen.[1123] Bei einer solchen Herangehensweise sollte auch nicht die Gefahr bestehen, fremdes Recht einseitig nur auf deutsche Elemente „abzuklopfen"[1124].

Die Gesetzgebungsmaterialien zum OGB, aber auch sonstige Publikationen insbesondere von Till und Longchamps lassen profunde Kenntnisse des deutschen Rechts erkennen, die mit entsprechenden Sprachkenntnissen einhergingen. Für die Frage, inwieweit sich zu damaliger Zeit die deutsche Seite für die polnische Rechtsentwicklung interessierte, muss die unterschiedliche Ausgangslage in beiden Ländern in Rechnung gestellt werden, die – nicht zuletzt wegen mangelnder Polnischkenntnisse in Deutschland – einen gleichberechtigten Dialog nicht gerade begünstigte. Die Untersuchung im dritten Teil der Arbeit hat gleichwohl gezeigt, dass das OGB in der deutschen Rechtswissenschaft der 1930er Jahre vielerorts als ein bemerkenswertes, originelles Gesetzeswerk wahrgenommen und rechtsvergleichend berücksichtigt wurde.

1123 Für einzelne Bereiche liegen entsprechende polnische Arbeiten bereits vor, z. B. zur Geschäftsführung ohne Auftrag (*Halberda,* CPH 2005, Nr. 1, S. 231–256), zum Bereicherungsrecht (*Halberda,* Krakowskie Studia z Historii Państwa i Prawa 2012, S. 307–328), zum Darlehensvertrag (*Falkowska,* Zeszyty Prawnicze TBSP UJ 2005, zeszyt 13, S. 81–88), zur Gewährleistung (*Falkowska,* in: *Malecki* (Hrsg.), Świat, S. 609–625).

1124 Vgl. zu dieser Neigung westlicher Wissenschaftler bei der Betrachtung ost(mittel-)europäischer Rechte *Giaro,* in: *ders.* (Hrsg.), Rechtskulturen Bd. 1, S. 275, 291.

Anhang

I. Abkürzungen

(Allgemein bekannte Abkürzungen wie „Bd." und „S." sind nicht aufgenommen worden.)

a.A.	anderer Ansicht
a. a. O.	am angegebenen Ort
ABGB	Allgemeines Bürgerliches Gesetzbuch
ADHGB	Allgemeines Deutsches Handelsgesetzbuch
a. E.	am Ende
a. F.	alte Fassung
ALR	Allgemeines preußisches Landrecht
CC	Code civil
CPH	Czasopismo prawno-historyczny
DJZ	Deutsche Juristen-Zeitung
dz. og.	dział ogólny
Dz.U.	Dziennik Ustaw
Dz. urz. Min. Spr., dz. nieurz.	Dziennik urzędowy Ministerstwa Sprawiedliwości, dział nieurzędowy
GSW	Gazeta Sądowa Warszawska
GSW-NKZ	Gazeta Sądowa Warszawska-Nowy Kodeks Zobowiązań
HKK	Historisch-kritischer Kommentar zum BGB
HRG	Handwörterbuch zur Deutschen Rechtsgeschichte
JOR	Jahrbuch für Ostrecht
JurBl	Juristische Blätter
JuS	Juristische Schulung
KKRP	Komisja Kodyfikacyjna Rzeczypospolitej Polskiej
KN	Kodex Napoleona
KPP	Kwartalnik Prawa Prywatnego
m. w. N.	mit weiteren Nachweisen
n. F.	neue Fassung
NJW	Neue Juristische Wochenschrift
OGB	Polnisches Obligationsgesetzbuch
OstEurR	Osteuropa-Recht

O. V.	ohne Verfasserangabe
PiP	Państwo i Prawo
PPiA	Przegląd Prawa i Administracji
RabelsZ	Rabels Zeitschrift für ausländisches und internationales Privatrecht
Rev. Trim. de dr. civ.	Revue trimestrielle de droit civil
RGBl.	Reichsgesetzblatt
RPEiS	Ruch Prawniczy, Ekonomiczny i Socjologiczny
RPiE	Ruch Prawniczy i Ekonomiczny
RvglHWB	Rechtsvergleichendes Handwörterbuch für das Zivil- und Handelsrecht des In- und Auslandes
SOR	Schweizerisches Obligationenrecht
Sp.	Spalte
TBSP UJ	Towarzystwa Biblioteki Słuchawczów Prawa Uniwersytetu Jagiellońskiego
Them. Pol.	Themis Polska
WGO-MfOR	WGO Monatshefte für Osteuropäisches Recht
ZBl	Österreichisches Zentralblatt für die juristische Praxis
ZfO	Zeitschrift für Ostmitteleuropa-Forschung
ZfRV	Zeitschrift für Rechtsvergleichung
ZGB	Polnisches Zivilgesetzbuch von 1964
ZIP	Zeitschrift für Wirtschaftsrecht
ZNR	Zeitschrift für Neuere Rechtsgeschichte
ZRG-GA	Zeitschrift der Savigny-Stiftung für Rechtsgeschichte – Germanistische Abteilung

II. Literatur- und Quellenverzeichnis

a) Veröffentlichungen der polnischen Kodifikationskommission

Komisja Kodyfikacyjna Rzeczypospolitej Polskiej, Dział ogólny, Tom I, zeszyt 1, Warszawa 1920 (= *KKRP*, dz. og., Tom I, zeszyt 1).

Komisja Kodyfikacyjna Rzeczypospolitej Polskiej, Dział ogólny, Tom I, zeszyt 2, Warszawa 1920 (= *KKRP*, dz. og., Tom I, zeszyt 2).

Komisja Kodyfikacyjna Rzeczypospolitej Polskiej, Dział ogólny, Tom I, zeszyt 12, Warszawa 1929 (= *KKRP*, dz. og., Tom I, zeszyt 12).

Komisja Kodyfikacyjna Rzeczypospolitej Polskiej, Dział ogólny, Tom I, zeszyt 13, Warszawa 1930 (= *KKRP*, dz. og., Tom I, zeszyt 13).

Komisja Kodyfikacyjna Rzeczypospolitej Polskiej, Podsekcja III. Prawa cywilnego, Tom I, zeszyt 4, Lwów 1928 (= *KKRP*, Podsekcja III. Prawa cywilnego, Tom I, zeszyt 4).

Komisja Kodyfikacyjna Rzeczypospolitej Polskiej, Podkomisja Prawa o Zobowiązaniach, zeszyt 1, Warszawa 1933 (= *KKRP*, Podkomisja Prawa o Zobowiązaniach, zeszyt 1).

(Von der Kodifikationskommission wurden zudem einzelne Titel der Autoren *Domański* und *Longchamps de Berier* herausgegeben, die unter dem jeweiligen Autorennamen aufgeführt werden.)

b) Polnische Statistiken

Główny Urząd Statystyczny, Funkcjonariusze państwowej służby cywilnej, Wyniki spisu ze stycznia 1923 r., Statystyka Polski Tom VI, Warszawa 1925.

Główny Urząd Statystyczny, Concise Statistical Year-Book of Poland, First Year, 1930, Warszawa 1930.

Główny Urząd Statystyczny, Mały Rocznik Statystyczny Rok 10 (1939), Warszawa 1939.

c) Gesetzesübersetzungen polnischer Stellen

Geschäftsstelle Posen der deutschen Sejm- und Senatsabgeordneten (Hrsg.), Das polnische Recht der Schuldverhältnisse und das polnische Handelsgesetzbuch nebst den zugehörigen Einführungsbestimmungen (Dz.U.R.P. 1933, Nr. 82, Pos. 598, 599, 600 und 601) in deutscher Übersetzung, Poznań ca. 1934.

Ministerstwo Sprawiedliwości (Hrsg.), Kodeks cywilny obowiązujący na ziemiach zachodnich Rzeczypospolitej Polskiej (Przekład urzędowy), Zbioru ustaw ziem zachodnich, Tom X, Warszawa/Poznań 1923.

d) Dokumente nichtpolnischer Stellen

Académie internationale de droit comparé (Hrsg.), Acta Academiae Universalis Iurisprudentiae Comparativae (Mémoires de l'Académie internationale de droit comparé), Tome II, Deuxième Partie, Roma 1934.

Bericht der Kommission für Justizgegenstände über die Gesetzesvorlage, betreffend die Änderung und Ergänzung einiger Bestimmungen des allgemeinen bürgerlichen Gesetzbuches, abgedruckt in: Kaiserliche Verordnung vom 19. März 1916, RGBl. Nr. 69, über die dritte Teilnovelle zum allgemeinen bürgerlichen Gesetzbuch. Mit Materialien, Wien 1916, S. 123 ff. (= *Herrenhausbericht III. TN).*

Commission d'Etudes de l'Union *Législative entre les Nations Alliées et Amies* (Hrsg.), Projet de Code des Obligations et des contrats, texte définitif approuvé à Paris en Octobre 1927, Roma 1928.

e) Literatur

Ajnenkiel, Andrzej, Wpływy niemieckiego i austriackiego prawa w Polsce, CPH 1987, Nr. 1, S. 205–209.

Apathy, Peter, Schadensersatz und Rücktritt bei Annahmeverzug, JurBl 1982, S. 561–577.

Beck'scher Online-Kommentar BGB, hrsg. v. Bamberge, Heinz Georg/ Roth, Herbert, Edition 36, München, Stand: 01.03.2011.

Bekerman, Józef, Czy nasze prawo prywatne ulec ma germanizacji?, Palestra 1935, Nr. 5, S. 405–409.

Berner Kommentar zum Schweizerischen Privatrecht, hrsg. v. Hausheer, Heinz, Bd. VI, Das Obligationenrecht, Abt. 1: Allgemeine Bestimmungen, Teilbd. 4: Art. 68–96 OR, 2. Auflage, Bern 2005.

Berner Kommentar zum Schweizerischen Privatrecht, hrsg. v. Hausheer, Heinz, Bd. VI, Das Obligationenrecht, Abt. 1: Allgemeine Bestimmungen, Teilbd. 5: Die Folgen der Nichterfüllung Art. 97–109 OR, Bern 2000.

Berner Kommentar zum Schweizerischen Privatrecht, hrsg. v. Meier-Hayoz, Arthur, Bd. VI, Das Obligationenrecht, Abt. 2: Die einzelnen Vertragsverhältnisse, Teilbd. 1: Kauf und Tausch – Die Schenkung, Art. 184–215 OR, 2. Auflage, Bern 1980.

Besiekierska, Agnieszka, Leistungserschwerungen infolge veränderter Umstände – Eine rechtsvergleichende Untersuchung des deutschen, polnischen und englischen Rechts als Grundlage eines Europäischen Vertragsrechts, Frankfurt/ Main 2008.

Bieniek, Gerard (Hrsg.), Komentarz do Kodeksu Cywilnego, Księga trzecia, Zobowiązania, Tom I, 4. Auflage, Warszawa 2002.

Blomeyer, Arwed/Duden, Konrad/Wahl, Eduard u. a., Schuldverhältnis, in: Schlegelberger, Franz u. a. (Hrsg.), RvglHWB, Bd. VI, Berlin 1938, S. 272–349.

Borodziej, Włodzimierz, Geschichte Polens im 20. Jahrhundert, München 2010.

Born-Fallois, Hilmar von, Die ungerechtfertigte Bereicherung im polnischen Obligationenrecht im Vergleich mit den Kodifikationen der anderen kontinentalen Staaten, Göttingen 1939.

Bobrzyński, Michał/Liebscher, Marc/Zoll, Fryderyk, Allgemeines Schuldrecht, in: Liebscher, Marc/Zoll, Fryderyk (Hrsg.), Einführung in das polnische Recht, München 2005.

Bosiacki, Adam, O dziejach wydziału prawa Uniwersytetu Warszawskiego oczami współczesnego rosyjskiego historyka prawa, Studia Iuridica, Tom 45 (2006), S. 19–30.

Brauneder, Wilhelm, Vergessene Jubiläen: Multinationale Rechtsvereinheitlichung durch Privatrechtskodifikation 1786 und 1798, JuS 2000, S. 15–17.

Brauneder, Wilhelm, Europäische Privatrechtsgeschichte, Wien/Köln/Weimar 2014.

Brzozowski, Adam, Wpływ zmiany okoliczności na zobowiązania, Klauzula rebus sic stantibus, Warszawa 2014.

Brzozowski, Stanisław, Zabór austriacki/Zabór rosyjski, in: Suchodolski, Bogdan (Hrsg.), Historia nauki polskiej, Tom IV, 1863–1918, Część I/II, Breslau u. a. 1987, S. 65–488.

Bünger, Karl, Schadensersatz, in: Schlegelberger, Franz u. a. (Hrsg.), RvglHWB, Bd. VI, Berlin 1938, S. 110–144.

Caemmerer, Ernst von, Heinrich Stoll, Die Lehre von den Leistungsstörungen (Rezension), RabelsZ 1936, S. 1021–1022.

Capitant, Henri, Préface, Code des Obligations de la République de Pologne, traduit par: Sieczkowski, Stefan/Wasilkowski, Jean, avec la Collaboration de Henri Mazeaud, Paris 1935, S. V–XX.

Chlamtacz, Marceli, Sposoby wynagrodzenia szkody w polskim Kodeksie Zobowiązań i prawodawstwach nowożytnych, in: Księga Pamiątkowa ku czci Leona Pinińskiego, Tom I, Lwów 1936, S. 164–231.

Chwalba, Andrzej, Polacy w służbie Moskali, Kraków 1999.

Constantinesco, Léontin-Jean, Inexécution et Faute contractuelle en Droit comparé, Stuttgart/Brüssel 1960.

Czachorowski, Wiktor, Die Bestimmbarkeit der Leistung im Schuldverhältnis nach deutschem bürgerlichen Recht unter vergleichender Berücksichtigung des österreichischen und polnischen Rechts, Hamburg 1948.

Czachórski, Witold, Zarys Prawa Zobowiązań, Część ogólna, Warszawa 1962.

Czachórski, Witold, Zobowiązania, Zarys wykładu, 6. Auflage, Warszawa 1995.

Dajczak, Wojciech, The Polish Way to a unified law of contract – local curiosity or contribution to the European Debate today, in: Bar, Christian von/Wudarski, Arkadiusz, Deutschland und Polen in der europäischen Rechtsgemeinschaft, München 2012, S. 13–24.

Dajczak, Wojciech, Der Kauf im polnischen Obligationenrecht von 1933 – ein Erfolgsbeispiel der Angleichung des Kaufrechts in Europa, Forum Iuris Europaeum 2014, Nr. 1, S. 75–86.

Dajczak, Wojciech, Kodeks Zobowiązań jako lekcja metody prawnoporównawczej, KPP 2014, zeszyt 4, S. 829–854.

Dembiński, Stefan, Deutsch-polnisches und polnisch-deutsches juristisches Wörterbuch (Rezension), Zeitschrift für Ostrecht 1932, S. 551–552.

Ditt, Thomas, Die „Zeitschrift für Ostrecht" (1927–1934), in: Duss, Vanessa/Linder, Nikolaus/Kastl, Katrin u. a. (Hrsg.), Rechtstransfer in der Geschichte, München 2006, S. 309–321.

Ditt, Thomas, „Stoßtruppfakultät Breslau", Rechtswissenschaft im „Grenzland Schlesien" 1933–1945, Tübingen 2011.

Dnistrjanskyj, Stanislav, Der čechoslovakische Entwurf und der polnische Kodex des Obligationenrechts, ZBl 1934, S. 169–178, 241–275.

Dnistrjanskyj, Stanislav, Die leitenden Grundsätze des neuen polnischen Obligationenrechts, Zeitschrift für osteuropäisches Recht 1934/35, S. 123–139.

Dölemeyer, Barbara, Die drei Teilnovellen zum ABGB (1914–1916), in: Coing, Helmut (Hrsg.), Handbuch der Quellen und Literatur der neueren europäischen Privatrechtsgeschichte, Bd. III/2 – Das 19. Jahrhundert, München 1982, S. 1782–1799.

Dölemeyer, Barbara, „C'est toujours le français qui fait la loi" – Originaltext und Übersetzung, in: Dölemeyer, Barbara/Mohnhaupt, Heinz/Somma, Allessandro (Hrsg.), Richterliche Anwendung des Code civil in seinen europäischen Geltungsbereichen außerhalb Frankreichs, Frankfurt/Main 2006, S. 1–36.

Dölemeyer, Barbara, Die Kodifikation im Blick der Öffentlichkeit: ABGB 1811 und Teilnovellen 1914–1916, in: Dölemeyer, Barbara/Mohnhaupt, Heinz

(Hrsg.), 200 Jahre ABGB (1811–2011), Die österreichische Kodifikation im internationalen Kontext, Frankfurt/Main 2012, S. 353–374.

Domański, Ludwik, O systemie przyszłego kodeksu cywilnego polskiego, Dz. urz. Min. Spr., dz. nieurz., R. 1921, Nr. 4–8, S. 161–173.

Domański, Ludwik, Prawo o Zobowiązaniach w ogólności według projektu komitetu francuskiego do spraw zjednoczenia ustawodawczego, GSW 1926, S. 2–4.

Domański, Ludwik, Projekt Prawa o Zobowiązaniach w opracowaniu Koreferenta Projektu Adwokata Ludwika Domańskiego, KKRP, Sekcja Prawa cywilnego, Tom I, zeszyt 1, Warszawa 1927 (= *Domański,* Gesetzentwurf AT).

Domański, Ludwik, Bewegliches Pfand als Kreditgarantie im Privatrecht auf dem Gebiete des ehem. Kongress-Polens, Review of Polish Law and Economics (Zeitschrift für polnisches Recht und Wirtschaftswesen) 1930/31, S. 48–60.

Domański, Ludwik, Unifikacja adwokatury polskiej według projektu rządowego ustawy o ustroju adwokatury, Palestra 1931, Nr. 10/11, S. 480–486.

Domański, Ludwik, System Kodeksu Zobowiązań, GSW-NKZ 1934, S. 11, 14–15, 18–20, 22–24, 26–28, 35–36, 38–40, 42–44, 46–48, 77–84, 85–88.

Domański, Ludwik, Uzasadnienie projektu Kodeksu Zobowiązań w opracowaniu głównego referenta projektu prof. Romana Longchamps de Berier, GSW-NKZ 1934, S. 185–187, 189–191.

Domański, Ludwik, Instytucje Kodeksu Zobowiązań, Komentarz teoretyczno-praktyczny, Część ogólna, Warszawa 1936 (= *Domański,* Instytucje I).

Domański, Ludwik, Część ogólna przepisów o Zobowiązaniach, Księga III Projektu K. C. (Art. 445–613), Przegląd Notarialny 1949, Nr. 11/12, S. 427–470.

Drujinina, Nadejda, Die Entwicklung des russischen Haftungsrechts. Von den Anfängen bis zur Gegenwart, Göttingen 2004.

Dziadzio, Andrzej, Das ABGB in Polen, in: Berger, Elisabeth (Hrsg.), Österreichs Allgemeines Bürgerliches Gesetzbuch (ABGB). Eine europäische Privatrechtskodifikation, Bd. III – Das ABGB außerhalb Österreichs, Berlin 2010, S. 205–226.

Ehrenzweig, Armin, System des österreichischen allgemeinen Privatrechts, Bd. II, Erste Hälfte, Das Recht der Schuldverhältnisse, 2. Auflage, Wien 1928.

Enneccerus, Ludwig/Lehmann, Heinrich, Lehrbuch des Bürgerlichen Rechts, Bd. II, Recht der Schuldverhältnisse, Erste Hälfte, 11. Auflage, Marburg 1930 (*Enneccerus/Lehmann,* Bürgerliches Recht II, 1).

Falkowska, Anna Maria, Wpływ praw obcych na kodeks zobowiązań z 1933 roku na podstawie wybranych instytucji prawa obligacyjnego, Zeszyty Prawnicze TBSP UJ 2005, zeszyt 13, S. 81–88.

Falkowska, Anna Maria, O pracach kodyfikacyjnych słów kilka. Prace nad kształtem instytucji rękojmi w kodeksie zobowiązań, in: Malecki, Marian (Hrsg.), Świat, Europa, mała ojczyzna. Studia ofiarowane Profesorowi Stanisławowi Grodziskiemu w 80-lecie urodzin, Bielsko-Biała 2009, S. 609–625.

Fedynskyj, Jurij, Prominent Polish Legal Scholars oft he Last One Hundred Years, in: Wagner, Wenceslaw (Hrsg.), Polish Law throughout the Ages, Stanford 1970, S. 417–476.

Fellerer, Jan, Mehrsprachigkeit im galizischen Verwaltungswesen (1772–1914), Köln/Weimar/Wien 2005.

Ferid, Murad, Das Französische Zivilrecht, Bd. 1, Allgemeine Lehren, Recht der Schuldverhältnisse, Frankfurt (Main)/Berlin 1971.

Ferid, Murad/Sonnenberger, Hans Jürgen, Das Französische Zivilrecht, Bd. 1/1, Erster Teil: Allgemeine Lehren des Französischen Zivilrechts: Einführung und Allgemeiner Teil des Zivilrechts, 2. Auflage, Heidelberg 1994.

Ferid, Murad/Sonnenberger, Hans Jürgen, Das Französische Zivilrecht, Bd. 2, Schuldrecht: Die einzelnen Schuldverhältnisse, Sachenrecht, 2. Auflage, Heidelberg 1986.

Fierich, Xawery, Komisja Kodyfikacyjna w Rzeczypospolitej Polskiej, RPEiS 1925, Nr. 3, S. 655–665.

Fischlowitz, L., Stanowisko kobiety i dziecka nieślubnego w projekcie noweli do powszechnej ustawy cywilnej, PPiA 1908, S. 609–629.

Freund, Heinrich, Die Vereinheitlichung des Rechts in Polen, Osteuropa 9 (1933/34), S. 451–461.

Gauch, Peter/Schluep, Walter R./Schmid, Jörg/Rey, Heinz, Schweizerisches Obligationenrecht, Allgemeiner Teil, Bd. II, 7. Auflage, Zürich 1998.

Geilke, Georg, Zur polnischen Rechtsgeographie, JOR 1963, S. 105–175.

Geilke, Georg, Inhalt und Aufgaben der Ostrechtskunde, WGO-MfOR 1961, S. 209–216.

Giaro, Tomasz, Europa und das Pandektenrecht, Rechtshistorisches Journal Bd. 12 (1993), S. 326–345.

Giaro, Tomasz, Europäische Privatrechtsgeschichte: Werkzeug der Rechtsvereinheitlichung und Produkt der Kategorienvermengung, Ius Commune XXI (1994), S. 1–43.

Giaro, Tomasz, Longchamps de Berier, Roman, in: Stolleis, Michael (Hrsg.), Juristen, Ein biographisches Lexikon, Von der Antike bis zum 20. Jahrhundert, München 2001, S. 400.

Giaro, Tomasz, Till, Ernest, in: Stolleis, Michael (Hrsg.), Juristen, Ein biographisches Lexikon, Von der Antike bis zum 20. Jahrhundert, München 2001, S. 630–631.

Giaro, Tomasz, Modernisierung durch Transfer – Schwund osteuropäischer Rechtstraditionen, in: Giaro, Tomasz (Hrsg.): Rechtskulturen des modernen Osteuropa, Bd. 1, Modernisierung durch Transfer im 19. und frühen 20. Jahrhundert, Frankfurt/Main 2006, S. 275–344.

Giaro, Tomasz, Alt- und Neueuropa, Rezeptionen und Transfers, in: Giaro, Tomasz (Hrsg.), Rechtskulturen des modernen Osteuropa, Bd. 2, Modernisierung durch Transfer zwischen den Weltkriegen, Frankfurt/Main 2007, S. 273–317.

Glass, Jakób, O języku prawniczym polskim, GSW 1922, S. 250–253, 261–262.

Glatz, Walburga, Die Entwicklung des polnischen Zivilrechts, Berlin 2000.

Górnicki, Leonard, Prawo cywilne w pracach Komisji Kodyfikacyjnej Rzeczypospolitej Polskiej w latach 1919–1939, Wrocław 2000.

Górnicki, Leonard, Wpływ obcych ustawodawstw i doktryny prawa na polską kodyfikację prawa prywatnego w Drugiej Rzeczypospolitej, Zeszyty Prawnicze TBSP UJ 2005, zeszyt 13, S. 57–80.

Górnicki, Leonard, O pojęciu i znaczeniu wielkich kodeksów cywilnych, KPP 2012, zeszyt 1, S. 67–89.

Gralla, Erhardt, Das Vertragsrecht im neuen polnischen Zivilgesetzbuch, JOR 1965, S. 123–146.

Gralla, Erhardt, Das polnische Zivilgesetzbuch, OstEurR 1966, S. 81–119.

Grodziski, Stanisław, W osiemdziesięciolecie Komisji Kodyfikacyjnej, PiP 2000, Nr. 4, S. 11–21.

Gulczyński, Andrzej, Die für die Anwendung des deutschen Privatrechts zuständigen Mitglieder des polnischen Obersten Gerichtshofes zwischen 1920 und 1939, in: Dajczak, Wojciech/Knothe, Hans-Georg (Hrsg.), Deutsches Sachenrecht in polnischer Gerichtspraxis. Das BGB-Sachenrecht in der polnischen höchstrichterlichen Rechtsprechung in den Jahren 1920–1939, Berlin 2005, S. 77–101.

Halberda, Jan, Koncepcja prowadzenia cudzych spraw bez zlecenia w kodeksie zobowiązań z 1933 roku na tle wcześniejszych rozwiązań europejskich, CPH 2005, Nr. 1, S. 231–256.

Halberda, Jan, Instytucja niesłusznego zbogacenia w polskim Kodeksie zobowiązań z 1933 r. na tle współczesnych kodyfikacji, Krakowskie Studia z Historii Państwa i Prawa 2012, S. 307–328.

Harke, Jan Dirk, Schuldnerverzug, Berlin 2006.

Hattenhauer, Hans, Einführung in die Geschichte des Preußischen Allgemeinen Landrechts, in: Allgemeines Landrecht für die Preußischen Staaten von 1794, hrsg. und mit Einführung von Hans Hattenhauer sowie mit einer Bibliographie von Günther Bernert, Frankfurt/Main, Berlin 1970, S. 11–39.

Heinsheimer, Karl/Wolff, Martin/Kaden, Erich-Hans/Merk, Walther (Hrsg.), Frankreich, Code civil, in: Die Zivilgesetze der Gegenwart, Bd. I, Mannheim/ Berlin/Leipzig 1932.

Hempowicz, Franciszek, Referendariusz i asesor sądowy, czyli aplikacja Polaka pod zaborem pruskim, Kronika Wielkopolski 1994, Nr. 3, S. 91–99.

Herbet, Andrzej, Romana Longchamps de Berier koncepcja osoby prawnej, in: Dębiński, Antoni/Pyter, Magdalena/Czech-Jezierska, Bożena, Nauki prawne pomiędzy tradycją a współczesnością, Prace dedykowane Profesorowi Romanowi Longchamps de Bérier w 70. rocznicę śmierci, Lublin 2011, S. 83–94.

Herse, Jarosław, Deutsch-Polnisches Wörterbuch zum Handgebrauch in Rechts- und Verwaltungssachen – Niemiecko-polski Słownik do użytku w sprawach prawniczych i administracyjnych, 2. Auflage, Leszno 1919.

Historisch-kritischer Kommentar zum BGB, hrsg. v. Schmoeckel, Mathias/ Rückert, Joachim/Zimmermann, Reinhard, Bd. 2: Schuldrecht, allgemeiner Teil, §§ 241 - 432, Teilbd. 1: Vor § 241 - § 304, Tübingen 2007 (= HKK/ *Bearbeiter*).

Hofer, Sibylle, Freiheit ohne Grenzen?, Privatrechtstheoretische Grenzen im 19. Jahrhundert, Tübingen 2001.

Huber, Ulrich, Leistungsstörungen, Bd. 1, Die allgemeinen Grundlagen, der Tatbestand des Schuldnerverzugs, die vom Schuldner zu vertretenden Umstände, Tübingen 1999 (Handbuch des Schuldrechts in Einzeldarstellungen).

Huber, Ulrich, Die Pflichtverletzung als Grundtatbestand der Leistungsstörung im Diskussionsentwurf eines Schuldrechtsmodernisierungsgesetzes, ZIP 2000, S. 2273–2284.

Janicka, Danuta, Das Allgemeine Landrecht und Polen, in: Dölemeyer, Barbara/Mohnhaupt, Heinz (Hrsg.), 200 Jahre Allgemeines Landrecht für die preußischen Staaten. Wirkungsgeschichte und internationaler Kontext, Frankfurt/Main 1995, S. 437–452.

Janicka, Danuta, Einige Institutionen des französischen Obligationenrechts in der Rechtsprechung des Obersten Gerichtshofes Polens in der Zwischenkriegszeit (1919–1939), in: Dölemeyer, Barbara/Mohnhaupt, Heinz/Somma, Allessandro (Hrsg.), Richterliche Anwendung des Code civil in seinen europäischen Geltungsbereichen außerhalb Frankreichs, Frankfurt/Main 2006, S. 291–308.

Jastrzębski, Robert, Geneza i znaczenie klauzuli rebus sic stantibus w polskim prawie prywatnym, Studia z Dziejów Państwa i Prawa Polskiego, Tom XIII (2010), S. 155–166.

Jauernig, Othmar (Hrsg.), Bürgerliches Gesetzbuch, Kommentar, 2. Auflage, München 1981.

Jauernig, Bürgerliches Gesetzbuch, Kommentar, hrsg. v. *Stürner, Rolf*, 15. Auflage, München 2014.

Jaworski, Władysław Leopold, Prawo cywilne na ziemiach polskich, Tom I (Źródła, prawo małżeńskie osobowe i majątkowe) und Tom II (Rodzice i dzieci), Kraków 1919/1920.

Jaworski, Rudolf/Lübke, Christian/Müller, Michael G., Eine kleine Geschichte Polens, Frankfurt/Main 2000.

Jędrejek, Grzegorz, Wpływ Fryderyka C. von Savigny'ego na prawo rzymskie w Polsce w XIX wieku, CPH 2000, Nr. 1/2, S. 259–275.

Jędrejek, Grzegorz, Polski Kodeks Zobowiązań z 1933 r. Powstanie, źródła, znaczenie dla europejskiego prawa obligajyjnego, Roczniki nauk prawnych, Prawo, Tom XI (2001), zeszyt 1, S. 47–68.

Jędrejek, Grzegorz, Publikacje Romana Longchamps de Bérier z zakresu prawa rodzinnego, in: Dębiński, Antoni/Pyter, Magdalena/Czech-Jezierska, Bożena, Nauki prawne pomiędzy tradycją a współczesnością, Prace dedykowane Profesorowi Romanowi Longchamps de Bérier w 70. rocznicę śmierci, Lublin 2011, S. 39–65.

Kegel, Gerhard, Empfiehlt es sich, den Einfluß grundlegender Veränderungen des Wirtschaftslebens auf Verträge gesetzlich zu regeln und in welchem Sinn?: (Geschäftsgrundlage, Vertragshilfe, Leistungsverweigerungsrecht), Gutachten für den 40. Deutschen Juristentag, in: Verhandlungen des 40. Deutschen Juristentages, Bd. 1, Tübingen 1953, S. 135–236.

Kempter, Dorota, Der Einfluss des europäischen Rechts auf das polnische Zivilgesetzbuch, Baden-Baden 2007.

Kiepurska, Halina: Uniwersytet Warszawski w latach 1899–1915, in: Kieniewicz, Stefan (Hrsg.), Dzieje Uniwersytetu Warszawskiego 1807–1915, Warszawa 1981, S. 495–564.

Kipp, Theodor, Das Reichsgericht und die positiven Vertragsverletzungen, DJZ 1903, S. 253–256.

Klang, Heinrich (Hrsg.), Kommentar zum Allgemeinen Bürgerlichen Gesetzbuch, 2. Auflage, Bd. VI, §§ 1293–1502, Wien 1951.

Klang, Heinrich/Gschnitzer, Franz (Hrsg.), Kommentar zum Allgemeinen Bürgerlichen Gesetzbuch, 2. neubearb. Auflage, Bd. IV, 1. Teilbd., §§ 859–1044, Wien 1968.

Klein, Alfred, Ustawowe Prawo Odstąpienia od Umowy wzajemnej, Wrocław 1964.

Kodrębski, Jan, Prawo rzymskie w Polsce XIX wieku, Łódź 1990.

Korkisch, Friedrich, Der deutsche Einfluss auf die polnische Gesetzgebung in den Jahren 1919–1939, Die Burg 1940, S. 28–40.

Korkisch, Friedrich, Das Privatrecht Ost-Mitteleuropas in rechtsvergleichender Sicht, RabelsZ 1958, S. 201–230.

Korkisch, Friedrich, Staatsaufbau und Gesetzgebung der Volksrepublik Polen, in: Markert, Werner (Hrsg.), Osteuropa-Handbuch: Polen, Köln/Graz 1959.

Korkisch, Friedrich, Fragen des ost-mitteleuropäischen Rechts, Studien des Instituts für Ostrecht, Bd. 27, München 1979.

Korobowicz, Artur, Sądownictwo Królestwa polskiego 1876–1915, Lublin 1995.

Korzonek, Jan/Rosenblüth, Ignacy, Kodeks Zobowiązań, Komentarz, Kraków 1934.

Koschembahr-Łyskowski, Ignacy, W sprawie kodyfikacji naszego prawa cywilnego, Them. Pol. 1924/25, Tom II, S. 1–112.

Koszewski, M., Współczesny stan Adwokatury w zachodniej dzielnicy Polski, Palestra 1927, Nr. 3, S. 106–113.

Kościński, Konstanty, Deutsch-polnisches Wörterbuch der gerichtlichen und administrativen Ausdrücke aus dem Gebiete der deutschen, besonders aber der preußischen Gesetzgebung – Niemiecko-polski Słownik wyrazów sądowych i administracyjnych z dziedziny prawodawstwa niemieckiego a w szczególnośći pruskiego, Poznań 1905.

Koziol, Helmut/Welser, Rudolf, Grundriß des bürgerlichen Rechts, Bd. I, Allgemeiner Teil und Schuldrecht, 10. Auflage, Wien 1995.

Kraft, Claudia, Europa im Blick der polnischen Juristen, Frankfurt/Main 2002.

Krzemiński, Zdzisław, Adwokat Ludwik Domański, Palestra 1982, Nr. 1–3, S. 51–54.

Krzemiński, Zdzisław, Sławni warszawscy adwokaci, Kraków 2000.

Księga Pamiątkowa wydana w setną rocznicę ogłoszenia kodeksu cywilnego z dnia 1. czerwca 1811 roku, PPiA 1911, S. 513–796.

Küpper, Herbert, Einführung in die Rechtsgeschichte Osteuropas, Frankfurt/Main 2005.

Kunicki, Aleksander, Umowne Prawo odstąpienia, PPiA 1938, S. 162–196, 264–300.

Kunze, Rolf-Ulrich, Ernst Rabel und das Kaiser-Wilhelm-Institut für ausländisches und internationals Privatrecht 1926–1945, Göttingen 2004.

Kurzer, Fryderyk, Umowny interes ujemny w kodeksie zobowiązań, Głos Adwokatów 1934, S. 167–173, 206–214.

Laimer, Simon, Durchführung und Rechtsfolgen der Vertragsaufhebung bei nachträglichen Erfüllungsstörungen, Tübingen 2009.

Landau, Zbigniew/Tomaszewski, Jerzy, Dzieje historii gospodarczej Polski 1918–1939, 6. Auflage, Warszawa 1999.

Larenz, Karl, Schuldrecht, Bd. I, Allgemeiner Teil, 13. Auflage, München 1982.

Leser, Hans, G., Der Rücktritt vom Vertrag, Abwicklungsverhältnis und Gestaltungsbefugnisse bei Leistungsstörungen, Tübingen 1975.

Leser, Hans, G., Ernst Rabel – Begründer der modernen Rechtsvergleichung, JuS 1987, S. 852–855.

Leśnodorski, Bogusław/Sobociński, Władysław/Sawicki, Jakub, Studia z dziejów Wydziału Prawa Uniwersytetu Warszawskiego, Warszawa 1963.

Lisowski, Zygmunt, Das Recht der Schuldverhältnisse in Polen (Allgemeine Bestimmungen), Zeitschrift für osteuropäisches Recht 1934/35, S. 345–365.

Lityński, Adam, Die Geschichte des Code Napoléon in Polen, in: Schulze, Reiner (Hrsg.), Französisches Zivilrecht in Europa während des 19. Jahrhunderts, Berlin 1994, S. 253–269.

Loew, Peter Oliver, Wir Unsichtbaren. Geschichte der Polen in Deutschland, München 2014.

Longchamps de Berier, Roman, Ze studyów w Berlinie, PPiA 1908, S. 1020–1028.

Longchamps de Berier, Roman, Studya nad istotą osoby prawniczej, Lwów 1911.

Longchamps de Berier, Roman, Dr. Ignatz Kornfeld. Soziale Machtverhältnisse. Grundzüge einer allgemeinen Lehre vom positiven Rechte auf soziologischer Grundlage (Rezension), PPiA 1912, S. 951–959.

Longchamps de Berier, Roman, Rękojmia z powodu wad i braków a obowiązek świadczenia, Lwów 1916.

Longchamps de Berier, Roman, Z dziedziny prawa cywilnego, in: Księga pamiątkowa ku czci Bolesława Orzechowicza, Tom II, Lwów 1916, S. 1–9.

Longchamps de Berier, Roman, Nowele do ustawy cywilnej, PPiA 1916, S. 203–263.

Longchamps de Berier, Roman, Rękojmia w trzeciej noweli do austryackiego kodeksu cywilnego, PPiA 1917, S. 68–84.

Longchamps de Berier, Roman, Prof. Dr. Arthur Nussbaum, Das Niessbrauchsrecht des BGB. Unter den Gesichtspunkten der Rechtstatsachenforschung (Rezension), PPiA 1921, S. 209–211.

Longchamps de Berier, Roman, Wstęp do nauki prawa cywilnego ze szczególnym uwzględnieniem kodeksów, obowiązujących w b. Królestwie kongresowym, w Małopolsce i w W. Ks. Poznańskim, Lublin 1922.

Longchamps de Berier, Roman, Królestwo Kongresowe/Dzielnica Austrjacka, in: Peretiatkowicz, Antoni (Hrsg.), Encyklopedja Prawa obowiązującego w Polsce, Część III: Prawo cywilne, Poznań 1925, S. 1–146.

Longchamps de Berier, Roman, Ernest Till jako Cywilista, Lwów 1926.

Longchamps de Berier, Roman, W Dziesiątą Rocznicę, PPiA 1928, S. 417–424.

Longchamps de Berier, Roman, Projekt Francusko-Włoski o Zobowiązaniach z. r. 1927, GSW 1929, S. 373–374, 405–407, 421–426.

Longchamps de Berier, Roman, O zagadnieniu międzynarodowego ujednostajnienia prawa o zobowiązaniach, Them. Pol. 1928/29, Tom IV, S. 30–43.

Longchamps de Berier, Roman, Zasada wolności umów w projektach polskiego prawa o zobowiązaniach, in: Księga Pamiątkowa ku czci Władysława Abrahama, Tom I, Lwów 1930, S. 351–365.

Longchamps de Berier, Roman, Henryk Konic, Prawo o zobowiązaniach. Zobowiązania szczególne (Rezension), PPiA 1930, S. 304–310.

Longchamps de Berier, Roman, Śp. Teodor Kipp (Nachruf), PPiA 1931, S. 258.

Longchamps de Berier, Roman, Formation et inexécution des contrats en géneral, Rapport au Congrès international de droit comparé à la Haye 1932, Them. Pol. 1931/32, Tom VII, S. 100–137.

Longchamps de Berier, Roman, Zjednoczenie Prawa obligacyjnego w państwach słowiańskich, PPiA 1933, S. 167–178.

Longchamps de Berier, Roman, Zasady kodeksu zobowiązań, RPEiS 1934, Nr. 2, S. 77–93.

Longchamps de Berier, Roman, Uzasadnienie Projektu Kodeksu Zobowiązań, z uwzględnieniem ostatecznego tekstu kodeksu, W opracowaniu głównego referenta projektu prof. Romana Longchamps de Bérier, Art. 1–167, KKRP, Podkomisja Prawa o Zobowiązaniach, zeszyt 4, Warszawa 1934 (= *Longchamps*, Gesetzesbegründung I).

Longchamps de Berier, Roman, Uzasadnienie Projektu Kodeksu Zobowiązań, z uwzględnieniem ostatecznego tekstu kodeksu, W opracowaniu głównego referenta projektu prof. Romana Longchamps de Bérier, Art. 168 – 238, KKRP, Podkomisja Prawa o Zobowiązaniach, zeszyt 5, Warszawa 1935 (= *Longchamps*, Gesetzesbegründung II).

Longchamps de Berier, Roman, Uzasadnienie Projektu Kodeksu Zobowiązań, z uwzględnieniem ostatecznego tekstu kodeksu, W opracowaniu głównego referenta projektu prof. Romana Longchamps de Bérier, Art. 239–293, KKRP, zeszyt 6, Warszawa 1936 (= *Longchamps*, Gesetzesbegründung III).

Longchamps de Berier, Roman, Le nouveau Code des obligations polonais. Bulletin trimestriell de la Société de Législation comparé 1935, Nr. 3, S. 329–347.

Longchamps de Berier, Roman, Przelew dla Zabezpieczenia, in: Księga Pamiątkowa ku czci Leona Pinińskiego, Tom II, Lwów 1936, S. 88–116.

Longchamps de Berier, Roman, Dwa Kongresy prawa porównawczego, PPiA 1937, S. 177–183.

Longchamps de Berier, Roman, Wyniki obrad II kongresu prawa porównawczego w Hadze, PPiA 1937, S. 231–244.

Longchamps de Berier, Roman, Zobowiązania, 2. Auflage, Lwów 1938.

Longchamps de Berier, Roman, Kodeks Napoleona, Palestra 2007, Nr. 7/8, S. 194–198 (Nachdruck aus PPiA 1921, S. 141–147).

Luchterhandt, Otto, Gegenstand, Ziele und Methoden der Ostrechtswissenschaft. Kritische Zusammenfassung einer Fachdiskussion, OstEurR 1976, S. 85–107.

Luchterhandt, Otto, Künftige Aufgaben der Ostrechtsforschung, WGO-MfOR 1996, S. 159–175.

Lück, Heiner, „Deutsches Recht im Osten" - Strukturen, Kontexte und Wirkungen eines sensiblen Forschungsthemas (19. Jh. bis 1990), ZRG GA 126 (2009), S. 175–206.

Malec, Dorota, Das ABGB in den Arbeiten der polnischen Kodifizierungskommission 1919–1939. Ein positives oder negatives Modell?, in: Dölemeyer, Barbara/Mohnhaupt, Heinz (Hrsg.), 200 Jahre ABGB (1811–2011), Die österreichische Kodifikation im internationalen Kontext, Frankfurt/Main 2012, S. 235–253.

Mankowski, Peter/Wudarski, Arkadiusz, Das Fehlen der subjektiven Geschäftsgrundlage im deutschen, polnischen und europäischen Privatrecht, in: Bar, Christian von/Wudarski, Arkadiusz (Hrsg.), Deutschland und Polen in der europäischen Rechtsgemeinschaft, München 2012, S. 159–191.

Materniak-Pawłowska, Małgorzata, Adwokatura II Rzeczypospolitej, Poznań 2009.

Maurach, Reinhart, Aus der Frühzeit der Ostrechtsforschung, JOR 1967, S. 7–24.

Mazeaud, Henri, Kilka nowych postawień w polskim Kodeksie Zobowiązań, GSW-NKZ 1936, S. 29–31, 33–35, 37–40.

Mazeaud, Henri, Essai de classification des obligations, Rev. Trim. de dr. civ. 1936, S. 1–58.

Mazeaud, Henri/Mazeaud, Léon, Traité théorique et pratique de la responsabilité civile délictuelle und contractuelle, Tome Premier, 2. Auflage, Paris 1934.

Mączyński, Andrzej, Das ABGB in Polen, in: Fischer-Czermak, Constanze/Hopf, Gerhard/Kathrein, Georg u. a. (Hrsg.), Festschrift 200 Jahre ABGB, Bd. I, Wien 2011, S. 175–193.

Medicus, Dieter/Lorenz, Stephan, Schuldrecht I, Allgemeiner Teil, 18. neu bearbeitete Auflage, München 2008.

Meyer, Ernst, Polnische Rechtsprobleme, Zeitschrift für polnisches Recht 1924, S. 84–94.

Meyer, Heinz, Das juristische Studium in Polen, DJZ 38 (1933), Sp. 1451 f.

Molik, Witold, Polskie peregrynacje uniwersyteckie do Niemiec 1871–1914, Poznań 1989.

Molik, Witold, Inteligencja polska w Poznańskim w XIX i początkach XX wieku, Poznań 2009.

Molitor, Erich, Grundzüge der neueren Privatrechtsgeschichte, Karlsruhe 1949.

Münchener Kommentar zum Bürgerlichen Gesetzbuch, hrsg. v. Krüger, Wolfgang/Bachmann, Gregor/Basedow, Jürgen u. a., Bd. 2: Schuldrecht, Allgemeiner Teil (§§ 241–432), 6. Auflage, München 2012 (= MüKoBGB/*Bearbeiter*, BGB).

Nocuń, Mateusz Jerzy, Ogólnopolska Konferencja naukowa „Kodeks Zobowiązań - Historia i Współczesność“, CPH 2013, Nr. 2, S. 491–492.

Nowakowski, Zygmunt Konrad, Zobowiązanie rezultatu i starannego działania, RPiE 1959, Nr. 2, S. 97–114.

Nußberger, *Angelika* (Hrsg.), Einführung in das russische Recht, München 2010.

Oertmann, Paul, Das Recht der Schuldverhältnisse im deutschen Civilgesetzbuch (zweite Lesung). Socialrechtliche Betrachtungen, Jahrbuch für Gesetzgebung, Verwaltung und Volkswirtschaft im Deutschen Reich, Bd. 19 (1895), Nr. 4, S. 1095–1142.

Oertmann, Paul, Bürgerliches Gesetzbuch, Kommentar, Zweites Buch: Recht der Schuldverhältnisse, 5. Auflage, Berlin 1928.

Ogris, Werner, Das ABGB innerhalb und außerhalb Österreichs, in: Geistlinger, Michael/Harrer, Friedrich/Mosler, Rudolf u. a. (Hrsg.), 200 Jahre ABGB – Ausstrahlungen. Die Bedeutung der Kodifikation für andere Staaten und andere Rechtskulturen, Wien 2011, S. 1–23.

Ohanowicz, Alfred, Zarys prawa cywilnego byłej dzielnicy pruskiej, Część 2, Zobowiązania, Poznań 1922.

Ohanowicz, Alfred, Dzielnica pruska, in: Peretiatkowicz, Antoni (Hrsg.), Encyklopedja Prawa obowiązującego w Polsce, Część III: Prawo cywilne, Poznań 1925, S. 147–192.

Ohanowicz, Alfred, Zobowiązania, Część ogólna, Poznań 1958.

Ohanowicz, Alfred/Górski, Józef, Zarys Prawa Zobowiązań, Warszawa 1970.

O. V., W sprawie ujednostajnienia terminologji polskiej, PPiA 1897, S. 647–657.

O. V., Die Kodifikationskommission der polnischen Republik, Ostrecht 1926, S. 343–344.

O. V., Wolność umów w przysłym polskim kodeksie zobowiązań (Die Vertragsfreiheit im zukünftigen polnischen Zivilkodex). Von Dr. Alfred Ohanowicz (Rezension), Ostrecht 1926, S. 1132.

O. V., Z piśmiennictwa, Prace dotyczące zagadnień kodyfikacji prawa cywilnego i zobowiązań w sczczególności w Gazecie Sądowej Warszawskiej (1918–1933), GSW-NKZ 1934, S. 7–8.

O. V., Zjazd Grup Porozumienia prawniczego polsko-francuskiego w Warszawie, PPiA 1939, S. 226–227.

Pajor, Tomasz, Odpowiedzialność dłużnika za niewykonanie zobowiązania, Warszawa 1982.

Palandt, Bürgerliches Gesetzbuch, Kommentar, hrsg. v. Palandt, Otto, 1. Auflage, München/Berlin 1938.

Palandt, Bürgerliches Gesetzbuch, Kommentar, bearb. v. Bassenge, Peter/ Diederichsen, Uwe/Edenhofer, Wolfgang u. a., 48. Auflage, München 1989.

Parczewski, Alfons, Uwagi nad kodyfikacją prawa cywilnego w Polsce, Rocznik Prawniczy Wileński 1925, S. 1–69.

Paszkowska, Marzenna, Z dziejów wydziału prawa Cesarskiego Uniwersytetu Warszawskiego (1869–1915), Studia Iuridica, Tom 42 (2003), S. 151–161.

Patkaniowski, Michał, Dzieje Wydziału Prawa Uniwersytetu Jagiellońskiego od Reformy kołłątajowskiej do końca XIX stulecia, Kraków 1964.

Pauli, Lesław, Polnisches Recht, in: HRG, III. Bd., Berlin 1984, Sp. 1808–1813.

Petraniuk, Juliusz Seweryn, Odstąpienie od Umowy w Prawie cywilnym, Lublin 2009.

Petrażycki, Leon, Die Lehre vom Einkommen: vom Standpunkt des gemeinen Civilrechts unter Berücksichtigung des Entwurfs eines bürgerlichen Gesetzbuchs für das Deutsche Reich, Bd. II., Einkommensersatz, Berlin 1895.

Płaza, Stanisław, Historia prawa w Polsce na tle porównawczym, Część 3, Okres międzywojenny, Kraków 2001.

Płaza, Stanisław, Kodyfikacja prawa w Polsce międzywojennej, CPH 2005, Nr. 1, S. 219–230.

Podrecka, Małgorzata, Zaspokojenie interesu wierzyciela przez zastępcze spełnienie świadczenia, KPP 1999, zeszyt 1, S. 97–123.

Pokrovac, Zoran, Vorwort, in: Pokrovac, Zoran (Hrsg.), Rechtswissenschaft in Osteuropa. Studien zum 19. und frühen 20. Jahrhundert, Frankfurt/Main 2010, S. VII–IX.

Pol, Krzysztof, Poczet Prawników polskich, Warszawa 2000.

Polkowski, Adam, Die polnische Zivilprozessordnung von 1930/33, Frankfurt/Main 2009.

Polski Słownik Biograficzny (Polska Akademia Nauk/Instytut Historii PAN), Kraków u. a. 1935 ff.

Poralla, Curt, Die jüngste Rechtsentwicklung in Polen: unter besonderer Berücksichtigung der Gesetzgebung von 1950 – 1952, Berichte des Osteuropa-Instituts an der Freien Universität Berlin / Rechtswissenschaftliche Folge Nr. 5, Berlin 1954.

Posner, Stanisław, Dziś a przed stu laty. Nasz stosunek historyczny do Kodeksu, GSW 1908, S. 357–362.

Posner, Stanisław, Nasza Komisja Kodyfikacyjna, Palestra 1925, Nr. 5, S. 780–794.

Przybyłowski, Kazimierz, Wpływ zmiany stosunków na zobowiązania, PPiA 1926, S. 10–43, 117–148, 233–274, 345–383, PPiA 1927, S. 1–32.

Przybyłowski, Kazimierz, Der Einfluß veränderter Umstände auf die Schuldverhältnisse in der polnischen Rechtsprechung und Literatur, Zeitschrift für Ostrecht 1929, S. 169–193.

Przybyłowski, Kazimierz, Ś. p. Roman Longchamps, PiP 1947, Nr. 5/6, S. 64–68.

Rabel, Ernst, Unmöglichkeit der Leistung, Eine kritische Studie zum Bürgerlichen Gesetzbuch, Gesammelte Aufsätze, Bd. I, Tübingen 1965, S. 1–55.

Rabel, Ernst, Zur Lehre von der Unmöglichkeit der Leistung nach österreichischem Recht, in: Festschrift zur Jahrhundertfeier des Allgemeinen Bürgerlichen Gesetzbuches, 1. Juni 1911, Bd. II, Wien 1911, S. 821–846.

Rabel, Ernst, Der Entwurf eines einheitlichen Kaufgesetzes, RabelsZ 1935, S. 1–79, 339–363.

Rabel, Ernst, Das Recht des Warenkaufs, Bd. I, Berlin 1936.

Rabel, Ernst, Das Recht des Warenkaufs, Bd. II, Berlin, Tübingen 1958.

Rabel, Ernst, Zu den allgemeinen Bestimmungen über Nichterfüllung gegenseitiger Verträge, Gesammelte Aufsätze, Bd. III, Tübingen 1967, S. 138–179.

Rabel, Ernst, On Comparative Research in Legal History and Modern Law, Gesammelte Aufsätze, Bd. III, Tübingen 1967, S. 247–260.

Radwański, Zbigniew, Kształtowanie się polskiego systemu prawnego w pierwszych latach II Rzeczypospolitej, CPH 1969, Nr. 1, S. 31–47.

Radwański, Zbigniew, Die Entwicklung des Zivilrechts in Polen (1918–1965), in: Csizmada, Andor/Kálmán, Kovács (Hrsg.), Die Entwicklung des Zivilrechts in Mitteleuropa (1848–1944), Budapest 1970, S. 121–138.

Ranieri, Filippo, 200 Jahre Code civil. Die Rolle des französischen Rechts in der Geschichte des europäischen Zivilrechts oder zum Aufstieg und Niedergang eines europäischen Kodifikationsmodells, in: Schubert, Werner/Schmoeckel, Mathias (Hrsg.), 200 Jahre Code civil. Die napoleonische Kodifikation in Deutschland und Europa, Köln, Weimar, Wien 2005, S. 85–125.

Ranieri, Filippo, Europäisches Obligationenrecht: ein Handbuch mit Texten und Materialien, 3. Auflage, Wien 2009.

Ranieri, Filippo, Zur Bedeutung nationaler Privatrechte im heutigen Europäischen Zivilrecht, ZNR 33 (2011), S. 137–151.

Rappaport, Emil Stanisław, Die Tätigkeit der Kodifikationskommission in Polen, Internationales Anwaltsblatt 14 (1928), S. 196–203.

Rappaport, Emil Stanisław, The works of the Commission for Codification in Poland, Review of Polish Law and Economics (Zeitschrift für polnisches Recht und Wirtschaftswesen) 1928, S. 16–22.

Redzik, Adam, Roman de Longchamps de Berier (1883–1941), KPP 2006, zeszyt 1, S. 5–108.

Redzik, Adam, Profesor Ernest Till (1846–1926) – w stusześćdziesięciolecie urodzin i osiemdziesięciolecie śmierci, Palestra 2006, Nr. 3/4, S. 125–132.

Redzik, Adam, Prawo prywatne na Uniwersytecie Jana Kazimierza we Lwowie, Warszawa 2009.

Regelsberger, Ferdinand, Pandekten, Bd. I (Systematisches Handbuch der deutschen Rechtswissenschaft, hrsg. von Karl Binding, Abth. 1, Teil 7), Leipzig 1893.

Reischauer, Rudolf, Leistungsstörungsrecht des ABGB im Vergleich zu dem des BGB mit einem Blick auf das UN-Kaufrecht, in: Festschrift für Hans Stoll zum 75. Geburtstag, Tübingen 2001, S. 345–360.

Reischauer, Rudolf, Die Entwicklung des Leistungsstörungsrechts im 20. Jahrhundert bis zur Gegenwart, in: Fischer-Czermak, Constanze/Hopf, Gerhard/Kathrein, Georg u. a. (Hrsg.), Festschrift 200 Jahre ABGB, Bd. I, Wien 2011, S. 577–616.

Reiter, Christian, Vertrag und Geschäftsgrundlage im deutschen und italienischen Recht, Tübingen 2002.

Riehm, Thomas, Der Grundsatz der Naturalerfüllung, Tübingen 2015.

Riezler, Erwin, Der Werkvertrag in rechtsvergleichender Darstellung, RabelsZ 1952, S. 522–577.

Rütten, Wilhelm, Zur Entstehung des Erfüllungszwangs im Schuldverhältnis, in: Festschrift für Joachim Gernhuber zum 70. Geburtstag, Tübingen 1993, S. 939–959.

Rukser, Udo, Das neue polnische Obligationenrecht, RabelsZ 1934, S. 342–375.

Rukser, Udo, Heinrich Freund und das Ostrecht, OstEurR 1960, S. 2–7.

Rundstein, Szymon, Niemożność wykonania zobowiązań a wojna, Them. Pol. 1918, S. 293–364.

Schenk, Dieter, Der Lemberger Professorenmord und der Holocaust in Ostgalizien, Bonn 2007.

Scherner, Karl Otto, Rücktrittsrecht wegen Nichterfüllung, Wiesbaden 1965.

Schneider, Winfried-Thomas, Abkehr vom Verschuldensprinzip? Eine rechtsvergleichende Untersuchung zur Vertragshaftung (BGB, Code civil und Einheitsrecht), Tübingen 2007.

Schnur, Roman, Einflüsse des deutschen und österreichischen Rechts in Polen, Berlin/New York 1985.

Schollmeyer, Friedrich, Recht der Schuldverhältnisse, Erste Hälfte, Allgemeiner Theil des Rechts der Schuldverhältnisse (§§ 241–432), Kommentar zum Bürgerlichen Gesetzbuch (bearb. von Hölder, Eduard/Schollmeyer, Friedrich/Fischer, Otto u. a.), München 1900.

Schultz, Lothar, Russische Rechtsgeschichte von den Anfängen bis zur Gegenwart einschließlich des Rechts der Sowjetunion, Lahr 1951.

Schwarz, Andreas B., Einflüsse deutscher Zivilistik im Auslande, in: Thieme, Hans/Wieacker, Franz: Rechtsgeschichte und Gegenwart, Gesammelte Schriften zur Neueren Privatrechtsgeschichte und Rechtsvergleichung von Dr. Andreas B. Schwarz, Karlsruhe 1960.

Schwimann, Michael/Kodek, Georg (Hrsg.), ABGB-Praxiskommentar, Bd. 4, 4. Auflage, Wien 2014.

Seeler, Nicolaus von, Bürgerliches Gesetzbuch, Buch V, Das Recht der Forderungen, Entwurf der Allerhöchst eingesetzten Redactionscommission zur Abfassung eines Bürgerlichen Gesetzbuchs, Riga 1900.

Sessler, Anke, Die Lehre von den Leistungsstörungen. Heinrich Stolls Bedeutung für die Entwicklung des allgemeinen Schuldrechts, Berlin 1994.

Siemianowski, Josef/Jeszke, Konrad, Gläubigerschutz in Polen, Danzig 1937.

Sitnicki, Zygmunt, Uwagi językowe nad projektem Kodeksu Postępowania Cywilnego, Głos Sądownictwa I (1929), S. 461–467.

Skąpski, Józef, O język polski w kodeksie procedury cywilnej, Palestra 1931, Nr. 1/2, S. 44–52.

Skąpski, Józef, Wpływ zmiany stosunków na zobowiázania, in: Radwański, Zbigniew (Hrsg.), Studia z prawa zobowiązań, Profesorowi Alfredowi Ohanowiczowi, Warszawa/Poznań 1979.

Slapnicka, Helmut, Österreichs Recht außerhalb Österreichs. Der Untergang des österreichischen Rechtsraums, Wien 1973.

Slystschenkow, Wladimir A., Der Entwurf eines russischen Zivilgesetzbuchs von 1905. Einflüsse westeuropäischer Rechtstraditionen, ZNR 27 (2005), S. 189–201.

Sohm, Rudolph, Über den Entwurf eines bürgerlichen Gesetzbuches für das Deutsche Reich in zweiter Lesung (Vortrag), Beiträge zur Erläuterung des Deutschen Rechts, Bd. 39 (1895), S. 737–766.

Sójka-Zielińska, Katarzyna, Organizacja prac nad kodyfikacją prawa cywilnego w Polsce międzywojennej, CPH 1975, Nr. 2, S. 271–280.

Sójka-Zielińska, Katarzyna, Ernest Till (1846–1926), KPP 1997, zeszyt 3, S. 396–427.

Sójka-Zielińska, Katarzyna, Kodeks Napoleona. Historia i współczesność, 2. Auflage, Warszawa 2008.

Sójka-Zielińska, Katarzyna, Wielkie kodyfikacje cywilne. Historia i współczesność, Warszawa 2009.

Stasiewicz-Jasiukowa, Irena (Hrsg.), Lwowskie środowisko naukowe w latach 1939–1945, Warszawa 1993.

Staub, Hermann, Kommentar zum Allgemeinen Deutschen Handelsgesetzbuch, 5. Auflage, Berlin 1897.

Staub, Hermann, Die positiven Vertragsverletzungen und ihre Rechtsfolgen, in: Festschrift für den XXVI. Deutschen Juristentag, Berlin 1902, S. 31–56.

Staudinger, Kommentar zum Bürgerlichen Gesetzbuch, Bd. 2, Teil 1, Recht der Schuldverhältnisse, 9. Auflage, München/Berlin/Leipzig 1930.

Staudinger, Kommentar zum Bürgerlichen Gesetzbuch. Erg.-Bd. 100 Jahre BGB – 100 Jahre Staudinger: Beiträge zum Symposium vom 18.-20. Juni 1998 in München, Berlin 1999.

Steuerwald, Hans, Verjährung, in: Schlegelberger, Franz u. a. (Hrsg.), RvglHWB, Bd. VII, Berlin 1939, S. 138–173.

Stoll, Hans, Die Reduktionsklausel im Schadensrecht aus rechtsvergleichender Sicht, RabelsZ 1970, S. 481–503.

Stoll, Heinrich, Die Lehre von den Leistungsstörungen. Denkschrift des Ausschusses für Personen- Vereins- und Schuldrecht (Schriften der Akademie für Deutsches Recht), Tübingen 1936.

Stoll, Heinrich, in: Schubert, Werner (Hrsg.), Akademie für Deutsches Recht 1933–1945, Protokolle der Ausschüsse, Bd. III/3 – Ausschuß für Personen-, Vereins-, und Schuldrecht 1934–1936, Berlin 1990, S. 190–228.

Stürner, Michael, Der Grundsatz der Verhältnismäßgkeit im Schuldvertragsrecht, Tübingen 2010.

Suligowski, Alfred, Bibljografja Prawnicza Polska – Bibliographia Juridica Polonica, XIX i XX wieku, Warszawa 1911.

Szpunar, Adam, Prawo cywilne, in: Szpunar, Adam/Przybyłowski, Kazimierz/Siedlecki, Władysław, Nauka prawa prywatnego i procesowego w Polsce, Kraków 1948.

Ślaski, B., Z zagadnień terminologicznych, RPEiS 1925, S. 597–600.

Till, Ernest, Czy rewizya kodeksu cywilnego konieczna? PPiA 1906, S. 601–614.

Till, Ernest, Revision oder Ergänzung des allgemeinen bürgerlichen Gesetzbuches? Allgemeine österreichische Gerichtszeitung 1907, S. 41–45.

Till, Ernest, Der Entwurf einer österreichischen Zivilgesetznovelle vom Jahre 1907. Vortrag gehalten in der Juristischen Gesellschaft zu Wien am 19. Februar 1908, Wien 1908.

Till, Ernest, Literatura projektu noweli do kod. cywilnego (Rezension), PPiA 1908, S. 325–328, 604–608.

Till, Ernest, Józef Unger, PPiA 1913, S. 433–444.

Till, Ernest, Nowela do kodeksu cywilnego austryackiego, Kraków 1915.

Till, Ernest, Druga i Trzecia Nowela do Austryackiego Kodeksu cywilnego z objaśnieniami na podstawie materyałów, Lwów 1916.

Till Ernest, Die dritte Teilnovelle zum allg. b. Gesetzbuch. Drei Berichte erstattet gelegentlich der Vollversammlung des Reichsverbandes deutscher Sparkassen in Oesterreich (Rezension), PPiA 1917, S. 42–44.

Till, Ernest, Polskie Prawo Zobowiązań (Część ogólna), Projekt wstępny z motywami, Lwów 1923 (= *Till,* Gesetzentwurf AT).

Till, Ernest, Polskie Prawo Zobowiązań, Część ogólna, Projekt wstępny z motywami, Objaśnienia (Erläuterungen zu Art. 111–215), PPiA 1924, S. 1–52 (= *Till,* Gesetzentwurf AT, PPiA 1924).

Till, Ernest, Prof. Dr. Fryderyk Zoll: Prawo cywilne dzielnic polskich (w zarysie). Cz. III. Prawo cywilne b. dzielnicy pruskiej. Opracowali prof. Dr. Fr. Zoll i prof. Alfred Ohanowicz. Tom I. Wstęp. Część ogólna. Zobowiązania (Rezension), PPiA 1924, S. 89–91.

Till, Ernest/ Longchamps de Berier, Roman, Polskie Prawo Zobowiązań, Część szczegółowa, Projekt wstępny z motywami, Komisja Kodyfikacyjna Rzeczypospolitej Polskiej, Podsekcja III Prawa Cywilnego, Tom I, zeszyt 2, Lwów 1928 (= *Till/Longchamps,* Gesetzentwurf BT).

Till, Ernest/Wolf, Franz, Die Teilnovelle zum allgemeinen bürgerlichen Gesetzbuche, mit Erläuterungen aus den Motiven zur Regierungsvorlage und aus dem Bericht der Herrenhauskommission nebst einem Sachregister, Wien 1915.

Titze, Heinrich, Rechtsvergleichendes Handwörterbuch für das Zivil- und Handelsrecht (Rezension), RabelsZ 1928, S. 304–307.

Titze, Heinrich, Rechtsgeschäft, in: Schlegelberger, Franz u. a. (Hrsg.), RvglHWB, Bd. V, Berlin 1936, S. 789–845.

Volkmer, Gerhard, F., Die deutsche Forschung zu Osteuropa und zum osteuropäischen Judentum in den Jahren 1933–1945, Forschungen zur osteuropäischen Geschichte, hrsg. von Hans-Joachim Torke, Bd. 42, Wiesbaden 1989, S. 109–214.

Wacke, Andreas, Historische Verbindungen zwischen polnischem und westeuropäischem Recht und seiner Wissenschaft – ein Überblick, in: Uruszczak, Wacław/Święcicka, Paulina/Kremer, Andrzej (Hrsg.), Leges sapere, Studies and essays dedicated to Professor Janusz Sondel, Kraków 2008.

Wahle, Karl, Welche währungsrechtlichen Bestimmungen empfehlen sich auf dem Gebiete des Privatrechtes, in: Sechster Deutscher Juristentag in der Tschechoslowakei, Gutachten, Reichenberg 1933, S. 181–217.

Wałaszek, B., Chlamtacz, Marceli: Sposoby wynagrodzenia szkody w polskim Kodeksie Zobowiązań i prawodawstwach nowożytnych, Lwów, 1936 (Rezension), PPiA 1937, S. 81–82.

Wechsler, W., Rękojmia a roszczenia z tytułu niewykonania lub nienależytego wykonania zobowiązania w przypadku wad fizycznych rzeczy sprzedanej, Głos Prawa 1937, Nr. 7/8, S. 381–416.

Wesenberg, Gerhard, Neuere deutsche Privatrechtsgeschichte im Rahmen der europäischen Rechtsentwicklung, Lahr 1954.

Wesenberg, Gerhard, Neuere deutsche Privatrechtsgeschichte im Rahmen der europäischen Rechtsentwicklung, 2. Auflage, Lahr 1969.

Westen, Klaus, Funktion und Aufgaben der Ostrechtsforschung in Gegenwart und Zukunft, WGO-MfOR 1991, S. 11–22.

Wieacker, Franz, Privatrechtsgeschichte der Neuzeit, Göttingen 1952.

Wieacker, Franz, Privatrechtsgeschichte der Neuzeit, 2. Auflage, Göttingen 1967.

Witz, Claude/Kull, Annette, Der französische Code civil – Bestandsaufnahme nach 200 Jahren, NJW 2004, S. 3757–3761.

W. M., Język prawniczo-sádowy w Polsce odrodzonej, GSW 1922, S. 76–77, 84–85.

Wojciechowski, Rafał, Das ABGB und die polnische Zivilistik, in: Geistlinger, Michael/Harrer, Friedrich/Mosler, Rudolf u. a. (Hrsg.), 200 Jahre

ABGB – Ausstrahlungen. Die Bedeutung der Kodifikation für andere Staaten und andere Rechtskulturen, Wien 2011, S. 183–196.

Wolter, Aleksander, Die Kodifikation des polnischen Zivilrechts, ZfRV 1962, S. 65–74.

Wolters, Michael, Die Zentrumspartei und die Entstehung des BGB, Baden-Baden 2001.

Wrzyszcz, Andrzej, Die Juristenausbildung an polnischen akademischen Einrichtungen im 19. und zu Beginn des 20. Jahrhunderts, in: Pokrovac, Zoran (Hrsg.), Juristenausbildung in Osteuropa bis zum Ersten Weltkrieg, Frankfurt/Main 2007, S. 191–249.

Zatley, Adam, Nasz język prawniczy, GSW 1922, S. 190–192, 197–199.

Ziegler, Antje, Die anfängliche Unmöglichkeit der Leistung in der schweizerischen Lehre, Bern/Stuttgart/Wien 1992.

Zoll, Fryderyk, W sprawie reformy kodeksu cyw. austr., PPiA 1904, S. 535–553.

Zoll, Fryderyk, Zobowiązania w zarysie według polskiego Kodeksu Zobowiązań, 2. Auflage, Warschawa 1948.

Zoll, Frederyk, The Future of European Contract Law from the Perspective of a Polish Scholar, ERA-Forum 2006, S. 90–95.

Zoll, Fryderyk, The Impact of the Vienna Convention on the International Sale of Goods on Polish Law, With some References to Other Central and Eastern European Countries, RabelsZ 2007, S. 81–98.

Zoll, Fryderyk, Der österreichische Einfluss auf die polnische Regelung des Irrtums, in: Fischer-Czermak, Constanze/Hopf, Gerhard/Kathrein, Georg u. a. (Hrsg.), Festschrift 200 Jahre ABGB, Bd. I, Wien 2011, S. 319–330.

Zoll, Fryderyk, Die Arbeiten am neuen polnischen Zivilgesetzbuch – Kodifikation in einer schwierigen Zeit, OstEurR 2012, S. 29–39.

Zolondek, Eduard-Bruno, Deutsch-polnisches/Polnisch-deutsches juristisches Wörterbuch, Leipzig 1931.

Zweigert, Konrad/Kötz, Hein, Einführung in die Rechtsvergleichung auf dem Gebiete des Privatrechts, 3. Auflage, Tübingen 1996.

III. Karten

Die Zweite Polnische Republik in den Grenzen von 1918–1939

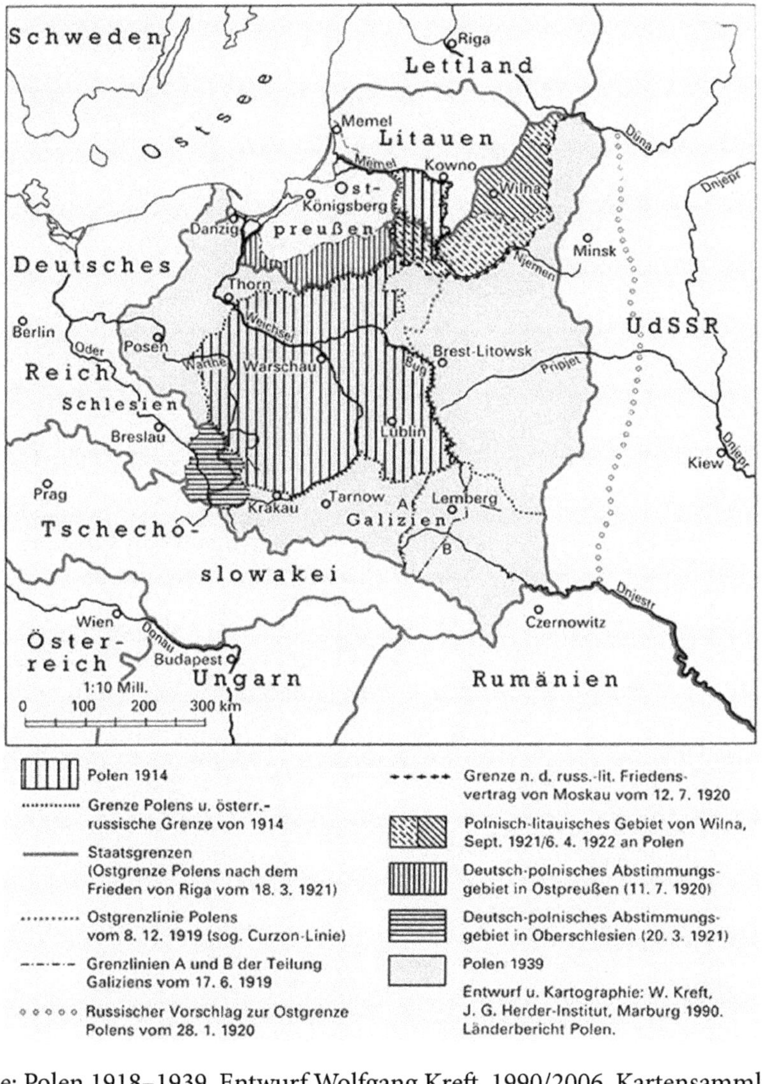

Karte: Polen 1918–1939, Entwurf Wolfgang Kreft, 1990/2006, Kartensammlung, Herder-Instiut, Marburg. Der Abdruck erfolgt mit freundlicher Genehmigung des Herder-Instituts.

Die Rechtsgebiete Polens 1918–1939

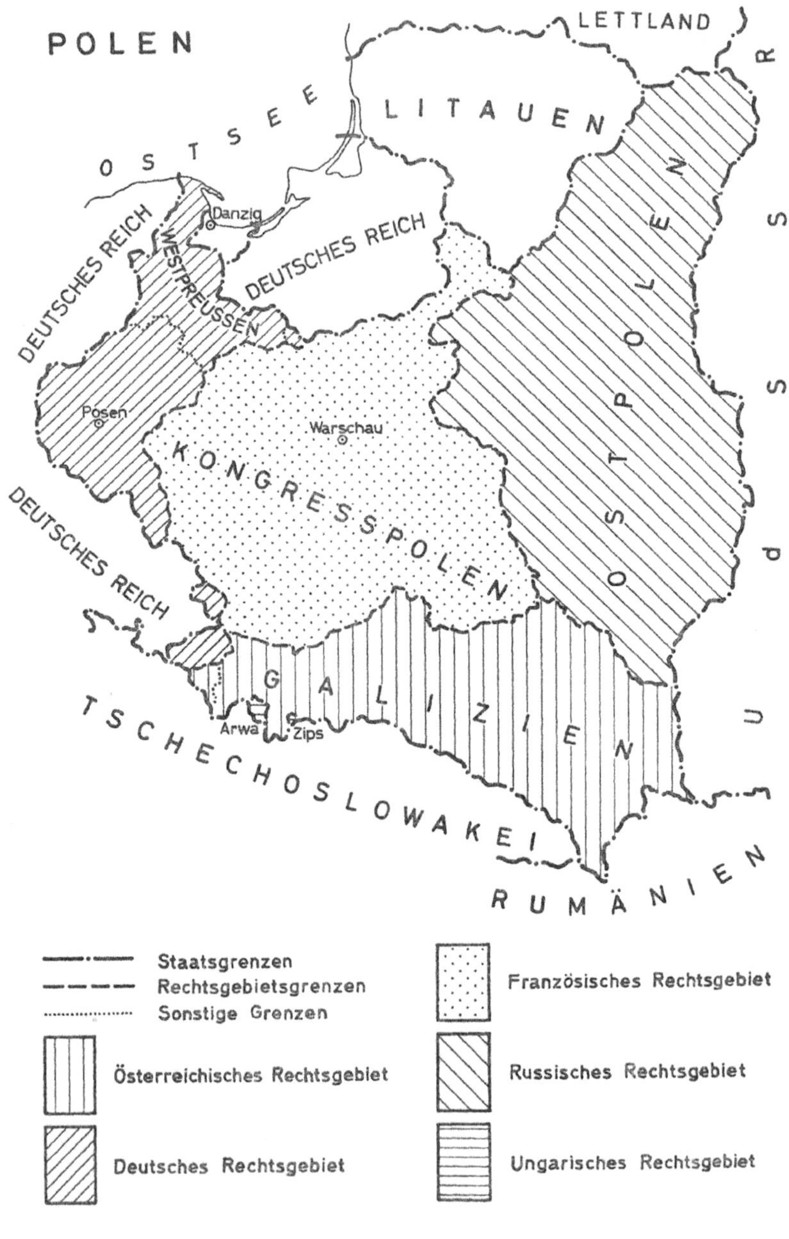

Die Karte wurde dem Werk von Helmut Slapnicka, Österreichs Recht außerhalb Österreichs, Wien 1973, S. 83, entnommen. Der Abdruck erfolgt mit freundlicher Genehmigung des Böhlau-Verlages GmbH & Co. KG, Wien. Trotz aller Bemühungen konnten möglicherweise nicht alle noch bestehende Rechte an der Abbildung geklärt werden. Gegebenenfalls wird um Rückmeldung gebeten.

IV. Fotografien

Quellenangabe zu den Fotografien von Ernest Till, Roman Longchamps de Berier, Ludwik Domański (S. 64, 79, 81):

www.audiovis.nac.gov.pl, NARODOWE ARCHIWUM CYFROWE Narodowe Archiwum Cyfrowe, Warszawa

www.ingramcontent.com/pod-product-compliance
Ingram Content Group UK Ltd.
Pitfield, Milton Keynes, MK11 3LW, UK
UKHW021844290926
8980IPUK00005B/645